제9판

알기 쉽게 배우는

21세기 경영학

| 지호준 · 이재범 · 김대완 |

집현재

어려운 일은 그것이 아직 쉬울 때에 처리하고,

큰일은 그것이 아직 미세할 때에 해결하라.

천하의 어려운 일은 반드시 쉬운 데서부터 일어나고,

천하의 큰일은 반드시 미세한 데서부터 시작된다.

(圖難於其易, 爲大於其細,

天下難事必作於易, 天下大事必作於細)

- 老 子 -

제 9 판을 내면서

「21세기 경영학」은 경영을 처음 접하는 비전공학생은 물론, 전공학생들에게 경영학의 개념과 이론을 쉽게 이해할 수 있도록, 기업의 경영사례를 이야기 형태로 담아 놓은 책입니다. 이와 같은 형식으로 인하여 본서는 경영을 이해하고자 하는 많은 독자들로부터 오랫동안 분에 넘치는 사랑을 받아왔습니다. 그럼에도 불구하고, 제8판의 주요 내용들이 시간의 흐름으로 색이 바랜 과거의 모습으로 남게 되었습니다. 따라서 최근 경영현장에서 발생되는 생생한 경영의 목소리를 담고자 개정판을 출간하게 되었습니다.

제9판 개정작업은 제8판(2018년)과 동일하게 실제의 경영사례를 중심으로 전개됨으로써 강의실과 경영현장에서 발생되는 갭(gap)들을 최소화하도록 하였습니다. 이를 통해 현장에서 사라지는 메아리성의 지식이 아니라 경영현장의 숨소리를 생생하게 담은 실사구시(實事求是)적인 경영의 목자리가 되도록 노력하였습니다. 제9판 개정작업에서는 이를 위해 몇 가지 주요 부문에 초점을 맞추었습니다.

첫째, 경영관리(계획 · 조직화 · 지휘 · 통제)과정을 중심으로 과거의 자료를 최근의 자료로 대체하고 내용을 보완하였습니다. 사례, 현장수첩 등을 통해 경영의 속살을 충분히 이해할 수 있도록 하였습니다. 이와 같은 프레임을 통하여 경영의 세계를 이해하지 못한 초심자의 입장이라 할지라도 나무와 숲을 동시에 바라볼 수 있는 경영의 전문가가 될 수 있도록 하였습니다.

둘째, 4차 산업혁명(4th Industrial Revolution)의 도래 등 패러다임 쉬프트(paradigm shift)로 인하여 발생되는 험난한 파도를 슬기롭게 극복하기 위해 어떤 형태의 경영마인드(Business Mind+Efficiency)를 소유하고, 어떤 방향으로, 어떻게 슬기롭게 나아가야 하는지를 이해할 수 있도록 하였습니다. 간혹 '비즈니스'의 정글 속에서 지도와 나침반(경영) 부재로 방향을 상실할지라도 실족하지 않고 미래의 목표지점으로 안전하게 나아갈 수 있는 경영의 안내지도를 제공하고자 하였습니다.

셋째, 전사적(全社的) 측면에서 경영이라는 큰 그림(big picture)이 요구될 때,

완성된 퍼즐(management)의 모습을 미리 살펴볼 수 있도록 경영의 사례들을 비교적 정교하게 차곡차곡 정리하였습니다. 이를 통해 경영 전반에 대한 지식의 소유 정도에 관계없이 학습활동이 가능하도록 하였습니다. 또한 최근 이슈로 등장하고 있는 공유가치창출(Creating Shared Value: CSV), 기업가정신(Entrepreneurship), 인공지능(Artificial Intelligence: AI), 사물인터넷(Internet of Things: IoT), 빅데이터(Big data), ESG 경영 4차 산업혁명 등에 대해서도 간략하게 소개하였습니다.

제9판 개정작업은 경제신문, 시사잡지, 경제연구소의 보고서, 칼럼, 인터넷 사이트 등을 참조하였습니다. 개정작업에 임할 때마다 누구나 알기 쉽게 배울 수 있는 최고의 성과물 탄생을 기대하였습니다만, 부족한 부분들이 많이 있으리라 사료됩니다. 올해의 개정작업 역시 경영이라는 큰 그림 하에 세부 가지들을 가다듬는 여정이었습니다. 추후 경영에 대한 깊은 통찰을 통하여 최고의 경영서가 될 수 있도록 노력을 다하고자 합니다.

끝으로 헌신적인 사랑을 베풀어주신 부모님과 딱딱한 이론서가 아니라 살아있는 경영의 이야기를 위해 동분서주하시는 도서출판 집현재의 위호준 사장님, 전충영 상무님께 감사의 마음을 전합니다.

2021년 2월
저자 일동

머리말

우리는 지금 새로운 천년을 맞이하였다. 하지만 주변환경을 둘러보면 편안하게 안주해서는 생존조차 어려운 치열한 글로벌 경쟁사회에 속해 있음을 금방 알 수 있다. 이런 상황에서 경쟁우위를 확보하기 위해서는 뭐니뭐니해도 국가경제의 기초가 튼튼해져야 할 것이다.

그러한 과제를 달성하기 위해 지금 당장 필요한 것은 제대로 된 대학교육이다. 대학에 다니면서 많은 돈을 들여 몇 년이나 공부를 하였음에도 사회에 나와 다시금 재교육을 받아야 한다면 이는 엄청난 사회적 비용을 지불하게 되는 것이다. 현실 응용학문인 경영학의 경우에는 더욱더 문제가 될 것이다.

기업현장의 경험을 학생들에게 전달하다보니 보다 생생하게 피부에 와 닿으면서 쉽고 재미있는 경영학 책이 필요하다는 것을 절실하게 느꼈었다. 그래서 몇 년간 준비해 온 자료들을 토대로 기존의 책들과는 다른 관점에서 새로운 경영학의 체계를 세워보고자 하였다.

첫째는 현장감 있는 살아 숨쉬는 경영학 책이 되고자 노력하였다. 지금까지 수년간 강의시간 절반은 경제신문을 가지고 토론하고 나머지 절반은 일반교재를 중심으로 첨단기자재를 사용해서 압축된 설명과 추가적인 과제수업을 실시하여 왔다. 이론과 현실을 접목시키기 위한 의도에서였다. 이러한 강의방식은 지난 5년간 국내외 대학(원)생 논문대회에서 30여편 이상 연속해서 입상하는 데 기초가 되었다. 또한 사회에 진출한 후 적응하는 네 큰 도움이 되었다는 졸업생들을 보면서 철저한 현장 위주의 책이 필요하다는 생각을 하게 되었다.

둘째, 미래의 비전을 제시하는 경영학 책이 되고자 노력하였다. 과거의 이론들을 하나하나 분석하기보다는 불확실한 미래에 슬기롭게 대응할 수 있는 방안과 과제를 함께 생각해 보고자 하였다. 각 장마다 실린 21세기의 추진과제나 방향을 참고로 미래사회의 변화를 예측하고 적응하는 데 이 책이 도움이 되었으면 한다.

셋째, 한눈에 이해할 수 있는 경영학 책이 되고자 노력하였다. 학문적으로 매우 일천한 수준임을 너무도 잘 알고 있지만 과거에서부터 21세기까지 이어지는 경영학의 흐름에 대해 나름대로 하나의 체계를 세워 일관된 설명을 하고자 하였다. 특히 이러한 내용을 경영학과 무관한 전공을 공부하는 학생이나 사회초년생들도 충분히 이해할 수 있도록 알기 쉽게 풀어서 설명하였다.

넷째, 독자들과 양방향성으로 소통이 되는 경영학 책이 되고자 노력하였다. 사실상 경영학에는 정답이 없다고 생각한다. 상황에 따라 또는 보는 관점에 따라 달라질 수 있기 때문이다. 따라서 일방적으로 주장을 전달하기보다는 인터넷을 이용해서 토론마당을 열고 서로의 의견을 주고받음으로써 보다 나은 해결책을 찾아나가고자 하였다. 저자의 홈페이지에 인터넷 토론마당 게시판을 설치하여 여기에 각자의 주장을 얼마든지 개진할 수 있도록 하였다.

이와 같은 네 가지 측면에 초점을 두고 출간한 초판이 많은 분들에게 너무도 과분한 평가를 받았다. 이에 조금이라도 보답하기 위해서 서둘러 사례부분을 최근의 자료로 대체하고 일부 내용을 보완하여 개정판을 내게 되었다. 이론적 접근 부분은 큰 차이가 없겠지만 사례부분은 신속하고도 꾸준하게 수정, 보완이 필요하기 때문이다.

이를 위해 많은 선배교수님들과 동료교수님들이 유익한 조언을 아끼지 않았으며, 새롭고 적합한 사례를 발굴하기 위해 구암연구회 김형한군, 권태하군, 김결양, 김상은양이 애정을 쏟아주었다.

하지만 아직 여러 면에서 부족한 책이라는 것을 느끼고 있으므로 더욱 개선할 수 있도록 노력할 것을 약속 드린다. 아무쪼록 우리 모두가 경영마인드를 갖춘 진정한 경영자가 되어 우리나라가 선진 일류국가가 되는 데 이 책이 미미하나마 보탬이 되기를 기원한다.

필립리서치센타에서
지 호 준

목 차

제 1 부 경영 · 경영마인드 · 경영학

제 1 장 경영의 이해

제 2 장 경영마인드의 이해

제 3 장 경영학의 이해

제 4 장 기업의 창업

제 2 부 경영활동은 순환된다

제 5 장 계획활동

제 6 장 조직화활동

제 7 장 지휘활동

제 8 장 통제활동

제 3 부 경영활동은 부문 간 조화가 필요하다

제 9 장 인사활동

제10장 마케팅활동

제11장 생산활동

제12장 재무활동

제4부 21세기 현대경영의 핵심

제15장 정보경영

Management

제 1 부

경영 · 경영마인드 · 경영학

MANAGEMENT

제 1 장

경영의 이해

1. 경영이란?
2. 경영에는 무엇이 필요한가?
3. 경영자는 무엇을 하는가?
4. 기업과 경영의 관계

1. 경영이란?

경영은 모든 조직의 기본원리

경영이란 사회적 존재로 생존하고 발전하기 위하여 목적을 세우고 그 목적을 달성하려고 내리는 최적의(optimal) 의사결정과정이라고 할 수 있다. 다시 말하면 경제주체가 사회적 존재로 생존하고 발전하기 위해 인적·물적자원, 자본 등을 계획·조직화·지휘·통제하는 연속적인 과정을 의미한다고 볼 수 있다.

경영의 개념은 좁은 의미로 영리조직인 기업의 경영만을 의미하지만 넓은 의미로는 기업을 포함하여 가계, 국가, 학교, 종교단체 등 비영리조직(non-profit organization)의 경영까지도 포함한다. 과거에는 국가행정, 도시행정, 학교운영, 병원운영이라고 하던 것을 최근에는 국가경영, 도시경영, 학교경영, 병원경영이라고 칭하고 있다. 이는 경영의 개념을 좁은 의미가 아니라 넓은 의미로 이해하고 활용하려는 것이다. 이처럼 현대경영은 영리조직뿐 아니라 비영리조직을 포함한 모든 조직을 운영하는 기본원리라고 할 수 있다.

경영의 이해과정을 통하여 조직의 구성원들은 경영활동에 대하여 단기적이고 지엽적인 의사결정 시스템에서 벗어나 효과적이고 효율적인 결과를 산출할 수 있는 최적의 대안을 마련할 수 있는 것이다.

사례 이제 병원도 경영이다: 코로나 위기일수록 문제해결 능력이 중요하다

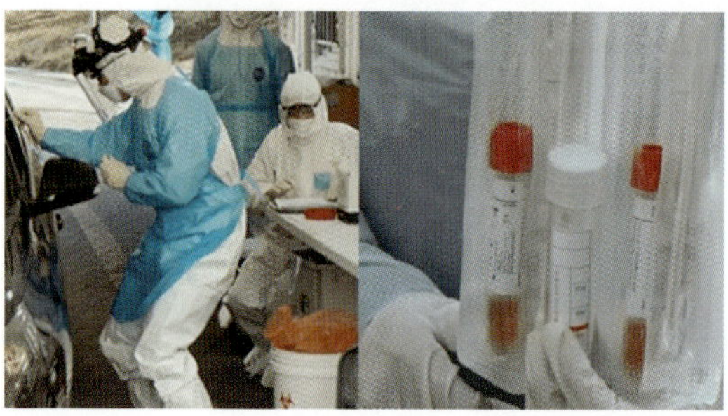

최근 코로나로 많은 중소상공인들이 어려움을 겪고 있듯이 병원들을 만나다 보면 위기 속에 들어가 있는 병원들이 많다. 누구도 겪어보지 못한 상황이기에 보다 창조적으로 문제를 해결해 나갈 역량

이 필요하다. 우선, 문제를 해결해 나가는 방향을 정확하게 설정해야 한다.

첫째, 고객들이 지금 움직이지 못하는 것은 바로 감염에 대한 두려움이다. 따라서 이러한 감염을 예방할 수 있는 최적화된 내부 시스템, 감염관리, 감염 교육 등을 내세워 고객들이 안심하고 오게 할 수 있는 전략이 필요하다. 그리고 온라인 비대면 관련된 산업들은 엄청난 속도로 성장을 했다. 결국 코로나 상황에 기회가 온 회사들 또한 많이 있다. 병원은 최신 기술들을 통해 병원에 두려움 없이 방문할 수 있게 마케팅을 강화할 필요가 있다.

둘째, 이러한 위기 시대에는 기존 고객들과 관계가 강한 병원들만 안정적 운영이 가능하다. 소비자들이 보다 신뢰가 있는 병원들과 관계를 해 나가기 때문이다. 기존 고객들과 관계를 더욱 잘 만들기 위한 CRM(Customer Relationship Management)에 집중해야 한다. 결국 고객 확보를 위한 마케팅으로 문제를 해결해야 한다.

셋째, 문제를 보는 방식이 변해야 한다. 새로운 기회는 위기일 때 온다. 지금이 위기이지만 이를 잘 전략화하여 기회로 가져올 수 있는 지혜가 필요하다. 문제를 회피하기보다는 끈질기게 매달려 풀어간다면 오히려 기회의 지혜를 얻을 수도 있다. 그리고 이 시기에는 전문가들의 다양한 도움을 받아야 한다. 한 명이 가진 역량이 여러 명이 가진 역량을 이기기가 어렵다. 특히, 문제해결 역량은 집단 지성을 통해 다양한 통찰력을 가질 때 더욱 강한 힘을 발휘하게 된다. 따라서 겸손한 마음으로 나를 돌아보고 전문가들과 위기를 기회로 가져오기 위한 전략이 필요하다. 지식이 필요한 시기가 아닌 이제 우리가 배우지 못한 문제해결 역량과 지혜가 필요한 시기이다. 보다 적극적인 문제해결을 통해 기회로 가져올 수 있는 지혜가 필요하다.

자료원: 아라메디컬 그룹, 2020.9.19에서 발췌 정리.

경영을 보는 세 가지 관점

경영은 실제 경영활동이 이루어지는 과정측면과 각 부문별 업무측면, 그리고 의사결정이 이루어지는 측면에서 보는 관점으로 나누어진다.

과정측면에서 보는 관점

기업목표를 효율적으로 달성하기 위하여 프로세스(process)별로 경영활동을 나누는 것이다. 경영활동을 프로세스별로 살펴보면 계획을 세우고(planning), 계획을 달성할 조직을 구성(organizing)하여, 목표에 따라 계획이 실행되도록 종업원들을 지휘(leading)하고, 계획에 따라 실행이 이루어졌는지를 평가하는 통제활동(controlling)으로 나누어진다.

- **계획활동(planning)**: 기업의 경영목표를 세우고 이를 달성하기 위한 최적의 방안을 찾는 활동.
- **조직화활동(organizing)**: 수립된 계획을 성공적으로 달성하기 위하여 어떠한 형태로 조직을 구성할 것인가를 결정하고 인적·물적자원, 자본, 정보, 지식 등을 배분하고 조정하는 활동.
- **지휘활동(leading)**: 기업의 경영목표를 달성하기 위하여 요구되는 업무를 잘 수행하도록 종업원들의 동기를 유발(motivation)하고 이끄는 활동.
- **통제활동(controlling)**: 종업원이 수행하는 업무가 제대로 추진되고 있는가를 확인하고 문제가 있을 때 잘할 수 있도록 수정해주는 활동.

업무측면에서 보는 관점

경영활동을 업무의 성격별로 구분하여 보는 관점이다. 인사, 마케팅, 생산, 재무 등 경영학에서 가르치고 있는 전공분야는 업무측면에 의하여 구분된 것이다. 일반적으로 기업에서 부서를 만드는 경우에도 업무측면을 중심으로 구분하는 경우가 많다.

- **인사활동**: 기업에서 사람과 관련된 모든 활동으로, 종업원들을 채용하여 교육훈련 활동을 통해 적재적소에 배치하는 인적자원관리 활동과 원만한 노사관계를 유지하도록 하는 노사관계관리 활동.
- **마케팅활동**: 고객의 욕구와 기업의 목표를 만족시키기 위해 제품과 서비스를 교환하는 활동.
- **생산활동**: 필요한 모든 자원을 활용하여 고객이 원하는 제품이나 서비스를 개발하고 창출하는 활동.
- **재무활동**: 기업의 목표를 달성하기 위해 필요한 자본을 합리적으로 조달하고 조달된 자본을 효과적으로 운용하는 활동.

의사결정 측면에서 보는 관점

다양한 경영활동을 의사결정이 이루어지는 측면에서 보는 관점이다. 전략적 의사결정, 관리적 의사결정, 기능적 의사결정으로 구분된다.

- 전략적 의사결정: 기업의 장기목표 및 자원배분과 관련되어 기업 전체에 영향을 미치는 활동(최고경영층에서 이루어지는 활동).
- 관리적 의사결정: 기업의 목표를 달성하기 위한 자원의 획득 및 효율적인 사용과 관련된 활동(중간경영층에서 이루어지는 활동).
- 기능적 의사결정: 특정업무의 효율적이고 효과적인 수행과 관련된 활동(일선경영층에서 이루어지는 활동).

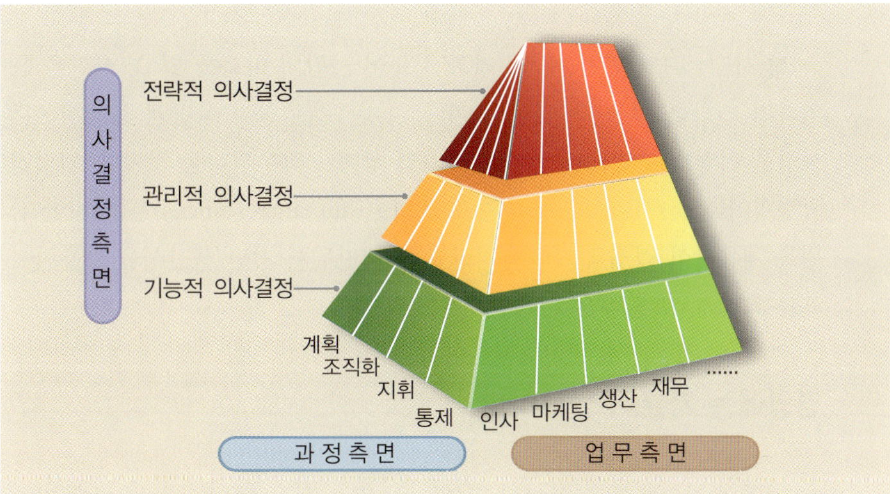

그림 1-1 경영을 보는 관점

경영활동을 종합해보면 기업목표를 달성하기 위해 계획을 세우고 이를 수행할 조직을 구성하고 지휘하며 통제하는 활동이 인사활동, 마케팅활동, 생산활동, 재무활동 등 각각의 부문별로 이루어진다. 이때 각각의 경영활동 과정상에서 계층별로 필요한 의사결정이 이루어지게 된다.

이와 같은 경영활동은 어느 한 부분을 따로 떼어 보기보다는 전체적인 측면에서 보아야 할 것이다.

2. 경영에는 무엇이 필요한가?

과거 산업사회에서는 경영활동이 이루어지기 위한 자원으로 토지, 노동(사람), 자본이 요구되었으며, 이러한 자원을 효율적으로 관리하는 방법을 중심으로 경영학이 발전되어 왔다. 그러나 패러다임(paradigm)의 변화로 정보화가 급격히 진전되고, 국경을 초월한 치열한 경쟁이 펼쳐지는 현대사회에서는 사람, 자본, 정보, 전략 등이 중요한 경영자원으로 등장하게 되었다.

경영에는 사람이 필요하다.

'인사(人事)가 만사(萬事)'라고 하듯이 사람의 마음을 읽고, 사람을 움직일 수 있다면 천하를 얻을 수 있을 것이다. 이는 모든 일이 사람에 의해서 이루어지고 사람을 어떻게 다루느냐에 따라서 기업 성패가 좌우된다는 것이다. 기업경영을 사람경영이라고 하는데, 사람이란 인적자원(human resources)을 의미한다. 인적자원을 채용하여 적재적소에 배치하고, 인적자원이 지닌 생산성을 활용하여 경영목표를 효과적 · 효율적으로 달성하게 된다.

경영에는 자본이 필요하다.

기업의 경영활동에 있어서 자본(capital)은 돈을 의미한다. 자본은 기업을 창업하고 운영하는 데 필요한 자금으로 자체적으로 마련할 수도 있으며 주식, 채권 등을 발행하여 투자자로부터 제공 받을 수 있다. 이렇게 마련된 자본으로 생산설비를 갖추거나 사무실을 확보하거나 종업원을 채용하게 된다. 기업의 경영활동에 있어서 자본은 생존을 결정하는 중요한 자원이라고 할 수 있다.

경영에는 정보가 필요하다.

기업의 경쟁력은 정보력에 의해서 좌우된다. 정보는 기업에 있어서 인적자원이나 자본의 중요성 못지않게 중요한 자산이며, 정보사회가 진전될수록 중요성은 더욱 높아질 것이다. 치열한 경영환경에서 경쟁우위(competitive advantage)를 확보하기 위해서는 외부환경에 대한 정보를 신속·정확하게 파악하고 이를 전략적으로 사용할 수 있어야 할 것이다. 또한 경쟁우위정보를 구비하기 위해서는 외부적 정보만 필요한 것이 아니라 자사의 생산제품을 대체할 수 있는 것이 무엇인지에 대한 정보도 고려해야 한다.

경영에는 전략이 필요하다.

전략(strategy)은 최고경영자의 의지가 담긴 포괄적인 계획 내지 비전(vision)이다. 전략은 기업이 미래에 도달하고자 할 방향을 정하는 것이다. 즉, 기업이 어떤 방향으로 나아가야 할지, 기업목표를 실현시키기 위한 방법이 무엇인지를 결정하는 것을 말한다. 우수한 인적자원 및 자본뿐만 아니라 급변하는 환경에 대한 정보까지 갖추었다 하더라도 이를 효과적으로 운용할 수 있는 경영전략이 없다면 경영목표를 달성할 수가 없다. 결국 경영활동은 경영목표를 달성하기 위하여 기업에서 이용가능한 모든 자원을 어떻게 활용할 것인가에 대한 전략을 수립하여 이를 실행에 옮기는 연속적인 작업이라고도 볼 수 있다.

이와 같이 경영목표 달성을 위한 경영의 구성요소에는 사람, 자본, 정보, 전략이 있어야 한다.

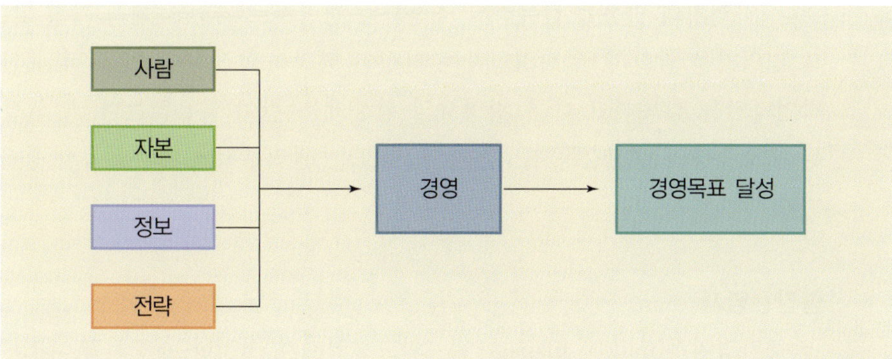

그림 1-2 경영의 구성요소

3. 경영자는 무엇을 하는가?

경영자란?

사회가 급격히 변화하고 기업이 대규모화됨에 따라 기업의 경영활동도 전문화·복잡화되므로 오늘날의 기업은 전문적 능력을 갖추지 않은 경영자에 의해서는 성공적으로 경영될 수 없다.

경영자(manager)는 '조직체의 전략, 관리 및 운영활동을 능동적으로 주관하는 사람 또는 타인 활동을 조정하고, 조직이 목표를 달성할 수 있도록 방향을 제시하고 조정기능을 수행하는 사람'을 의미한다. 경영자는 효율적인 경영활동을 위하여 조직의 인적자원, 재무적 자원, 물적자원, 정보자원을 효과적이고 효율적으로 활용하는 의사결정자(decision maker)를 의미한다.

현대의 경영자는 기업의 장기적인 존속·성장·발전을 추구하기 위하여 창조적이고 혁신적인 마인드로 기업을 성장·발전시켜 나가려는 적극적인 노력을 해야 한다. 경영자는 기업 내 위치에 따라 각각 서로 다른 업무와 책임을 갖는다. 경영자를 계층에 따라서 일선경영자, 중간경영자, 최고경영자로 분류할 수 있다.

일선경영자

일선경영자(first-line manager)는 현장경영자(supervisory manager)라고도 불린다. 작업자의 활동을 감독하고 조정하는 경영자로 기업 내에서 가장 낮은 단계의 경영자를 말한다. 일선경영자는 자신이 담당하고 있는 작업을 직접 실행하는 작업자만을 감독하고 다른 경영자의 활동에는 관여하지 않는다. 일선경영자로는 제조공장의 생산감독자, 기술감독자 또는 관리부서의 사무감독자 등을 들 수 있다.

중간경영자

중간경영자(middle manager)는 최고경영자가 설정한 경영전략, 경영목표 등 경영철학이 회사 전체에 전달될 수 있도록 사원들과 상호작용하여, 최고경영자와 일선경영자 중간에서 최고경영자를 보좌하는 역할을 수행한다. 중간경영자는 공장장, 마케팅담당 관리자, 부서장 등의 직급에 해당되는 경영자를 지칭한다. 이들은 상위에서 설정된 목적과 계획을 보다 구체적인 목표와 활동으로 전환시키는 책임을 지고 있다는 의미에서 전술적(tactical) 경영자라고도 한다.

최고경영자

최고경영자(top manager)는 회사 내 전반적인 조정과 각 부문이나 구성단위의 주요 활동을 운영·관리하는 데 최고책임이 부여된 계층이다. 최고경영자는 전반적인 조직 운영에 대하여 거시적(macro)인 관점에서 계획을 수립하고 이를 수행한다.

최고경영자는 기업의 목표달성을 위한 계획, 조직화, 지휘, 통제활동 및 소비자와 같은 다양한 외부 그룹의 요구사항과 관련된 잠재적인 문제와 기회를 인식하기 위해 조직의 대내·외적 환경을 분석해야 한다. 또한 최고경영자는 변화하는 환경 속에서 새로운 시장이나 고객을 찾아 신규사업 기회를 창출해 나가야 한다.

최고경영자는 각각 다른 명칭을 가지고 있다. 우리나라에서는 회장, 대표이사, 부회장, 사장, 부사장 등의 임원이 여기에 해당한다. 미국에서는 전문경영자의 성격을 가지고 있는 최고의사결정책임자(chief executive officer: CEO)가 이 범주에 속한다.

'Chief'란 의사결정을 내리고 이에 대한 무한책임을 지는 존재를 의미한다. 'Executive'란 앞장서서 실행하는 사람을 의미한다. 훌륭한 리더가 되기 위해서는 위대한 사상가(thinker)나 달변가(talker)보다 행동가(doer)가 되는 것이 더 중요하다. 'Officer'란 의사결정을 내리고 실행하는 과정에서 높은 기준과 가치를 지켜야 하는 의무가 있는 사람을 의미한다.[1)]

패러다임 쉬프트(paradigm shift)로 인하여 변화와 혁신이 요구되는 경영환경에서 '지속가능한 기업(sustainable corporation)'으로 성장을 견인하기 위해서 최고경영자는 핵심문제 해결을 위한 바이탈 포인트(vital point, 급소)를 찾을 수 있는 직관력을 겸비해야 한다.[2)]

---

1) Weekly BIZ, 2014.5.17.
2) 한국경제매거진, 2013.1.25.

그림 1-3 경영자 계층

계층별 경영자는 조직의 자원을 효과적이고 효율적으로 활용하여야 한다. 경영자의 계층변화는 [그림 1-3]에서 보는 바와 같이 피라미드형 조직에서 고객주도형(역피라미드형) 조직으로 변화되는 경향이 있다. 변화의 주된 요인은 경영조직이 경영자에 의한 명령보다 고객의 욕구에 따라서 설계되고 운용되기 때문이라고 볼 수 있다.

현장수첩 소유 · 경영 분리 – 업무효율 극대화, 105개 기업 중 38곳 각자 · 공동대표로 운영

코스피(KOSPI) 및 코스닥(KOSDAQ) 상장 제약바이오기업 105곳의 대표이사 현황을 분석한 결과, 1인 대표이사 체제로 운영되는 제약사는 67곳으로 파악됐다. 상장 제약바이오기업 10곳 중 6곳 이상은 단독대표이사 시스템으로 운영되고 있는 것이다.

1인 대표이사 시스템은 의사결정의 신

속성과 업무 효율성이 높은 반면, 대표이사의 독단적인 결정에 의해 회사가 운영될 우려가 지적돼 왔다. 상장 제약바이오기업 중 신속한 의사결정을 필수로 하는 연구개발 중심의 바이오기업들의 대다수는 1인 대표이사 시스템으로 운영되고 있는 것으로 파악됐다.

2인 이상 대표이사 체제를 운영하고 있는 제약사는 38곳(공동대표이사 22곳, 각자대표이사 16곳)으로 집계됐다. 제약회사 5곳 중 2곳 가량은 2인 이상 대표이사 체제로 운영되는 것이다. 2인 이상 대표이사 체제는 공동대표이사와 각자대표이사로 구분된다.

공동대표이사 체제는 대표가 2명 이상의 공동대표 전원이 동의해야 의사결정을 할 수 있는 구조이고, 각자대표이사 체제는 대표이사 개개인이 회사를 대표하고 다른 대표이사의 동의없이 의사결정을 할 수 있다.

공동대표이사 체제는 대표권의 남용 및 오용을 방지할 수 있고, 상호 견제로 방만한 경영을 미연에 방지할 수 있다는 장점이 있다. 하지만 대표이사 상호간 동의가 있어야 하므로 의사결정이 느리고, 대표이사 간 충돌이 있을 경우에는 사업 추진이 원활치 않다는 단점이 있다.

각자대표이사 체제는 각 부문(관리, 사업 등)의 전문가가 책임경영을 통해 해당 분야의 전문성을 바탕으로 신속한 의사결정을 할 수 있다. 단점은 각자가 자신의 의사결정에 따라 대표행위를 하기 때문에 대표이사 간 상호 견제 미비와 함께 의사결정의 신중성을 떨어뜨릴 수 있다. 제약바이오기업들은 효율적인 경영을 실현하기 위한 방안으로 다양한 시스템의 대표이사 체제를 운영하고 있다.

자료원: HiT NEWS, 2020.6.11에서 발췌 정리.

사례 정몽구 현대자동차 명예회장 강철 리더십 – 세계 5위 기적 일궜다.

"2010년까지 세계 5대 자동차 제조사로 거듭납시다."

2000년 9월 당시 정몽구 현대자동차그룹 초대 회장의 취임 일성이었다. 당시 업계에서는 "실현불가능한 발언"이라는 비아냥이 나왔다. 1999년 현대자동차와 기아자동차의 연간 생산량은 213만대, 세계 11위 수준이었다. 게다가 당시 세계시장에서 현대차는 '싸구려차'의 대명사였다. 불가능에 가까웠던 꿈은 기적처럼 10년 만에 현실이 됐다. 현대 · 기아차는 2010년 574만대를 판매해 세계 5위에 올랐다. 그룹도 급성장했다. 2000년 그룹 출범 당시 재계 순위 5위였던 현대차그룹은 5년 만인 2005년 국내 자산 56조원, 매출 67조원의 2위 그룹으로 자리매김했다.

품질 위해 2, 3협력사까지 방문: 재계 관계자들은 정 명예회장의 ▸품질에 대한 고집 ▸위기를 기회로 삼는 역발상 ▸실패를 두려워하지 않는 뚝심 등이 지금의 현대

차그룹을 만들었다고 평가한다. 그는 수시로 "품질은 우리의 목숨이자 기업의 존재 이유"라고 말했다. 품질총괄 본부를 발족시키고 매달 품질회의를 주재했다. 공장을 수시로 방문해 직접 차량 밑바닥부터 문틈 사이 공간까지 하나하나 지적했다. 품질이 기대보다 못하면 생산라인을 멈추거나 신차 출시 일정을 미루기도 했다. 결과는 성공적이었다. 세계적 권위의 미국 시장조사업체 JD파워의 신차품질조사(IQS) 결과를 보면 현대차는 2000년 37개 브랜드 중 34위에 그쳤지만, 2004년 7위로 수직상승했다. 2018년과 2019년에는 현대차그룹 3개 브랜드(제네시스, 현대차, 기아차)가 나란히 1~3위를 차지했다. 미국 경제전문지 포브스가 "사람이 개를 물었다"고 평가할 정도로 놀랍다는 반응이 나왔다.

역발상 경영으로 판을 뒤집다: 정 명예회장은 모두가 움츠릴 때 공격적으로 치고 나가는 '역발상 경영'으로 현대차그룹을 빠르게 성장시켰다. 2008년 글로벌 금융위기가 터졌을 때 미국에서 '어슈어런스 프로그램'을 실시한 게 대표적이다. 소비자가 차를 구매한 지 1년 이내에 실직하면 차를 무상으로 반납할 수 있는 프로그램이었다. 글로벌 자동차업체가 보수적인 경영체제로 전환하던 시기에 전개된 현대차의 공격 마케팅에 대해 당시 시장에서는 "미쳤다"는 반응이 나왔다. 하지만 결과는 정반대였다. 현대 · 기아차의 미국시장 점유율은 2008년 4.8%에서 2011년 8.9%로 급증했다. 1999년엔 '10년 · 10만 마일 품질보증'을 들고 나왔다. 당시까지만 해도 '5년 · 6만 마일 보증'이 일반적이었다. 미국 앨라배마에 생산공장까지 지었다. 업계 관계자는 "미국시장에 다시 뛰어들지 않았다면 현대 · 기아차는 내수 기업에 머물고 있을 것"이라며 "당시의 승부수가 '글로벌 현대차'를 만드는 원동력"이라고 말했다.

정 명예회장은 올 2월 한국인 최초로 세계 자동차산업 최고의 권위에 빛나는 '자동차 명예의 전당'에 헌액되기도 했다. 역대 명예의 전당에 입성한 인물은 포드자동차 창립자 헨리 포드, 벤츠 창립자 카를 벤츠 등이다. 자동차 명예의 전당 측은 "기아차의 성공적인 회생, 세계 생산기지 확대, 고효율 사업구조 구축 등의 성과를 내 자동차업계의 전설적 인물들과 견줄 만하다"고 평가했다. '세계 자동차업계 역사상 가장 놀라운 기적(미국 시사잡지 타임)'을 일군 정몽구 명예회장이 10월 14일 정의선 회장에게 총수 자리를 넘기고 경영일선에서 물러났다.

자료원: 한국경제신문, 2020.10.15에서 발췌 정리.

경영자의 활동이 기업을 좌우한다.

경영자의 활동비중

경영자는 계층별로 최고경영자, 중간경영자, 일선경영자 등으로 구분된다. 계층별 경영자들은 각각 계획을 수립하고 조직화하여 경영목표를 효율적으로 달성하기 위해 지휘하고 통제하는 등 경영활동을 수행하게 된다.

경영자 계층별로 요구되는 경영능력의 상대적 중요성은 서로 다르다. [그림 1-4]에 따르면 미국의 모든 경영자들은 계층에 관계없이 종업원들을 지휘하는 일에 가장 많은 시간을 보내고 있는 것으로 나타났다. 상대적으로 최고경영자의 경우에는 계획활동에 많은 시간을 보내고, 중간경영자는 조직화하는 데 시간을 많이 보내며, 일선경영자는 통제활동에 비중을 많이 두는 것으로 나타났다. 우리나라에

그림 1-4 계층별 경영자 활동비중(미국)

서도 상대적으로 최고경영자는 계획활동에, 중간경영자는 조직활동에, 일선경영자는 통제활동에 역점을 두고 있다고 볼 수 있을 것이다.

경영자에게 요구되는 능력

드러커(P. F. Drucker)는 성실성, 도덕성, 원만한 인격, 창의성, 리더십, 솔선수범, 포용력, 설득력 등을 경영자가 갖추어야 할 능력이라고 하고 있으며, 버나드(C. I. Barnard)는 도덕성, 용기, 결단력, 인내력, 지구력, 그리고 지식과 설득력을 경영자에게 요구되는 능력이라고 하고 있다. 경제학자 슘페터(J. Schumpeter)는 창조적 파괴과정을 두려워하지 않고 추진하여 신제품 개발, 신시장 개척 등을 이루어내는 역할이야말로 경영자로서 가장 중요한 능력이라고 보았다. 문국현 (前) 유한킴벌리 대표이사는 "CEO의 새로운 역할은 '고전적인 Chief Executive Officer에서 Chief Ethics Officer, Chief Environment Officer, Chief Educational Officer'로 바뀌어야 한다"고 주장하였다. 즉, CEO의 역할이 윤리경영, 환경경영, 교육경영의 최고책임자로 확대되어야 한다는 것이다. 경영자가 갖추어야 하는 능력은 크게 상황판단능력, 대인관계능력, 현장실무능력 등 세 가지로 구분된다.

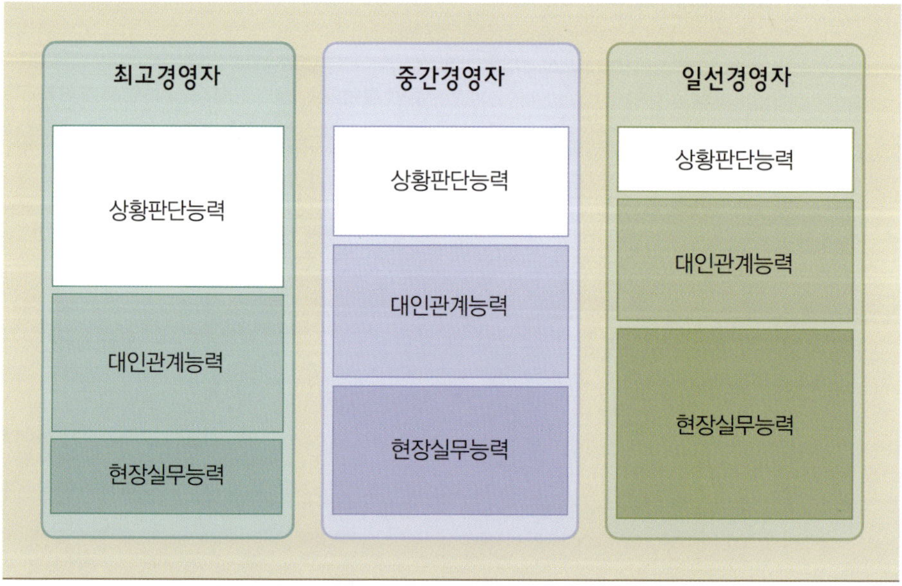

그림 1-5 경영자에게 요구되는 능력

상황판단능력(conceptual skills). 기업의 모든 이해관계와 활동을 조정하고 통합할 수 있는 능력을 말한다. 기업을 전체적인 관점에서 바라볼 수 있고, 기업 내 각 부문은 서로 어떤 연관성이 있으며, 한 부문에서의 변화가 기업 전체에 어떤 영향을 미칠 것인가를 예측할 수 있는 능력을 말한다. 상황판단능력은 특히 최고 경영자에게 상대적으로 더 중요하게 요구되는 경영능력이다.

사례 삼성회장의 상황판단능력

故 이병철 회장

1983년 이병철 선대 회장은 “반도체 사업은 나의 마지막 사업이자 삼성의 대들보가 될 사업”이라고 예고했다. 주변의 만류에도 불구하고 누구도 이 의지를 꺾을 수 없었으며 그 결과는 현재 전 세계가 주목하는 삼성전자 반도체의 시발점이다. 이후 삼성전자는 64K D램을 전 세계 3번째로 개발했다. 국내에선 최초였다. 이를 계기로 반도체 사업이 본격적으로 궤도에 올라 지금과 같은 ‘반도체 코리아’의 주춧돌을 세웠다.

1992년 0.35 미크론의 초미세 가공기술을 적용해 세계 최초로 64메가 D램을 개발하고, 1993년 D램 시장 점유율 1위를 차지했다. 이후 ‘초격차’ 전략 등이 어우러지면서 삼성전자는 27년 연속 전 세계 D램 시장 점유율 40%를 넘는 등 1위를 놓치지 않고 있다. 낸드플래시 역시 2002년부터 17년 연속 1위를 굳건히 지키고 있다. SSD(solid state drive)도 2006년부터 13년 연속 1위다. 디지털 신호를 아날로그로 전환해 화면에 표시하는 디스플레이 드라이버 IC(display driver integrated circuit)도 17년 연속 정상이다. 스마트카드 IC도 13년 연속 세계 1위에 우뚝 섰다. 지난해 기준 삼성전자 전체 영업이익 58조 8900억원에서 반도체 사업은 76%(44조 5700억원)를 차지했다.

자료원: 뉴스웨이, 2019.11.1에서 발췌 정리.

대인관계능력(human relations skills). 경영자가 개인 또는 집단의 일원으로 다른 집단과 더불어 일하고, 원활한 의사소통을 하며, 동기부여를 할 수 있는 능력을 의미한다. 대인관계능력은 경영계층에 관계없이 모든 경영자에게 요구되는 능력이다. 경영자에게는 자신의 의견을 효과적으로 전달할 수 있는 능력, 상대방을 이해하고 경청할 수 있는 자세, 협조하고 타협할 줄 아는 용기, 포용력 등이 요구된다.

현장실무능력(technical skills). 특정 업무분야와 관련된 지식을 활용할 수 있는 능력을 말한다. 예를 들어, 어느 기업의 생산담당 부장은 과거에 생산과장이나 그 이하의 직급에서 생산과 관련된 업무를 수행하였을 것이다. 이때 현장실무에서 필요한 활동을 하였기 때문에 중간경영자의 위치에서 직무와 관련된 전문적 지식을 토대로 하급자를 이끌어 나갈 수 있을 것이다. 기업에서 경영자들은 현장실무와 관련된 능력을 가지고 있어야 하며, 특히 일선경영자에게 가장 중요하게 요구되는 경영능력이라고 할 수 있다.

사례 현장중심 CEO – 삼성전자 이재용 부회장

이재용 부회장

이재용 삼성전자 부회장이 발 빠른 현장중심 경영 행보를 보이고 있다. '코로나19 팬데믹' 사태로 인한 대내외 불확실성 확대로 경영환경이 급속하게 악화하자 현장을 직접 찾아 임직원을 독려하는 한편 위기 극복을 위한 실질대책 마련에 골몰하고 있는 것이다. 2020년 9월 10일 이재용 삼성전자 부회장은 전날 오후 서울 강남구에 있는 프리미엄 가전 전시장을 방문했다. 이날 방문은 이 부회장이 삼성전자 세트부문 사장단과 전략회의를 가진 직후 예고 없이 이뤄진 것으로 알려졌다. 이 같은 행보의 배경에는 평소 이 부회장이 강조해 온 '현장경영' 중심의 경영철학이 자리하고 있기 때문으로 알려졌다. 하지만 무엇보다 코로나19로 경영 불확실성이 커지고 있는 상황에서 어려움을 겪고 있는 가전사업부문 등 주요 사업부문의 경쟁력을 끌어올리지 않으면 자칫 그룹 전체의 경쟁력 약화로까지 이어질 수 있다는 이 부회장의 '위기의식'이 작용했다는 게 재계의 관측이다. 이 부회장이 한 달 만의 현장 행보 재개 첫 장소로 비(非) 반도체 부문인 가전사업부문 현장을 택한 것도 이와 무관치 않다는 분석이다. 이 부회장은 총수 자리에 오른 이후 주력사업인 반도체 · 소재 및 정보통신기술(ICT)반도체 계열사를 중심으로 현장경영에 매진해온 바 있다.

재계 한 관계자는 "이 부회장이 검찰 기소에도 아랑곳하지 않고 현장경영을 재개한 것은 그만큼 현재의 경제위기 상황에 심각성을 느끼고 있다는 뜻"이라며 "코로나19 사태가 장기화하며 총수가 직접 나서지 않으면 안 될 정도로 경영환경이 악화하고 있는 만큼 최종 의사결정권자인 그룹 총수들의 발 빠른 행보는 다른 기업으로도 확산할 것"이라고 말했다.

자료원: 팍스경제TV, 2020.9.10에서 발췌 정리.

21세기형 최고경영자란?

21세기형 경영자가 갖추어야 할 자질은 크게 세 가지로 구분할 수 있다. 첫째는 비전 제시를 통해 기업의 방향을 올바르게 결정할 수 있어야 하고, 둘째는 글로벌 환경변화에 적응할 수 있는 능력을 갖추어야 하며, 셋째는 기업에 한정된 경영자원을 효율적으로 개발하고 활용하는 능력을 갖추어야 한다. 이를 위해서 CEO들에게 필요한 것은 '미래에 대한 통찰력'과 '혁신', 그리고 '전략적 사고'다.

비전 제시로 기업의 방향 결정

비전(vision)이란 조직이 장기적으로 지향하는 목표, 가치관, 이념 등을 통칭하는 개념이다.

최근 급격한 환경변화에 따라 미래에 대한 불확실성이 증대하고 있으므로 미래를 자신 있게 예측할 수 있는 기업은 없을 것이다. 이러한 상황에서 최고경영자에게는 기업의 비전을 제시하여 앞으로 나아가야 할 바를 명쾌하게 제시해야 하는 것이 첫 번째 과제라고 할 수 있다. 치열한 경쟁 속에서 기업이 유지·발전하기 위해서는 위기를 기회로 바꿀 수 있는 힘이 있어야 한다. 이러한 힘은 최고경영자의 확고한 비전에서 찾을 수 있을 것이다. 최고경영자는 자신이 제시하는 비전에 대해서 종업원들이 공감할 수 있도록 다각도로 노력해야 할 것이다.

사례 글로벌 삼성 만든 (故)이건희 회장의 '패러독스 경영(paradox management)'

"국제화 시대에 변하지 않으면 영원히 2류나 2.5류가 되고 지금처럼 잘해봐야 1.5류입니다. 마누라와 자식 빼고 다 바꿉시다."

(고)이건희 삼성전자 회장이 1993년 독일 프랑크푸르트 켐핀스키 호텔에서 임원 200여명을 모아놓고 설파한 신경영선언 중 일부다.

1992년 그룹임원연수에서 이 회장은 "국경을 초월한 기업 간 초경쟁 시대를 맞이하고 있음에도 불구하고, '삼성이 국내에서는 최고'라는 안일한 자세가 팽배해 있다"며 "현 위치와 실상이 어떠한지를 항시 비교해 긴장을 늦추지 말자"고 강조했다. 이 회장의 '위기론'을 바탕으로 신경영은 삼성이 글로벌 기업으로 우뚝 선 이후, 지금까지 반도체와 스마트폰 등 각 분야에서 견고한 1위를 유지할 수 있었던 배경으로 꼽힌다.

삼성이 1997년 외환위기에서 생존할 수 있었던 것도 위기를 준비했던 '이건희 리더십'이 긍정적으로 작용했다는 평가다. 삼성은 외환위기 당시 적자사업과 저부가가치, 비핵심사업을 대부분 정리했다. 1997년 말 59개였던 계열사는 1년 만에 40개로 줄어들었을 정도다. 삼성중공업의 건설기계부문, 지게차사업 등이 대표적이다. 1000억원(연간)의 이익이 나던 경기 부천 반도체 공장을 매각하기도 했다.

품질경영은 자리 잡았고, 세계 1위에 도전할 수 있는 삼성 계열사만 남으며 그룹의 역량이 강화됐다. 1997년 296%였던 부채비율은 2000년에는 66%로 크게 내려갔고, 1999년에는 삼성전자의 모든 해외 사업장이 흑자를 기록했다. 2000년에는 6조원의 당기순이익을 내며 위기에서 완전히 벗어났다.

자료원: 아주경제, 2020.4.20에서 발췌 정리.

글로벌 환경변화에 적응능력

글로벌 환경변화 속에서 최고경영자가 유연한 사고를 바탕으로 대응 방안을 강구하지 못한다면 기업은 지속가능한 기업으로 살아남지 못할 것이다. 반면, 최고경영자가 글로벌 환경의 동향을 감지하여 적절한 대처를 하게 되면 기업은 성공할 수 있는 조건을 조성하게 될 것이다.

기업에 있어서 급격한 환경변화는 위험요인으로 작용할 수 있지만 이를 기회로 삼을 수도 있다. 아마존(Amazon), 애플(Apple), 구글(Google), 트위터(Twitter), 페이스북(Facebook), 테슬라 등이 월가에서 최고의 인기를 끌고 있다. 이와 같은 현상은 미래에 대한 가능성을 제시함과 동시에 인터넷이나 소셜네트워크서비스(SNS) 등이 21세기를 주도할 것이라는 환경변화를 직감하고 발빠른 대응을 하였기 때문일 것이다.

경영자원의 효율적 개발과 활용능력

오늘날 정보사회 · 지식사회로 구조변화가 빠르게 진행되고 있으므로 정보자원이나 지식자원의 적절한 확보 및 활용은 기업경영의 핵심 사항이 되고 있다. 따라서 최고경영자는 기업이 보유할 수 있는 다양한 경영자원을 효율적으로 개발 · 활용할 수 있는 능력을 갖추어야 한다.

세계경제포럼(WEF)은 농업혁명, 기계화와 대량생산에 따른 산업혁명, 디지털 혁명에 이은 '4차 산업혁명'이 진행 중이라고 분석했다. 제조업과 첨단 과학기술, 정보통신기술(Information & Communication Technology: ICT)이 융합되면서 이전의 산업혁명 때와 같이 모든 경제의 근간이 달라질 것이라고 분석한다. 제프리 가렛(Geoffrey Garrett) 펜실베이니아대 와튼 스쿨(Wharton School) 학장은 이런 환경에서 비즈니스 리더에게 필요한 자질로 첨단 기술에 대한 지식을 이해하는 '뉴 하드스킬(new hard skill)'이 필요하다고 강조하고 있다.[3] 21세기에는 현재와 미래시장의 트렌드를 선견(foresight)하고, 급변하는 시장에서 살아남을 수 있는 경영자원을 효율적으로 개발 · 활용할 수 있는 최고경영자가 요구된다.

4. 기업과 경영의 관계

기업이란?

일반적으로 경제주체는 가계 · 기업 · 정부 등으로 구분된다. 이 가운데 기업(enterprise)은 경영활동이 가장 두드러진 경제주체로 현대자본주의의 근간이 되고 있다.

기업은 인간의 욕구를 만족시켜주는 제품이나 서비스를 생산하고 판매하여 이

3) ChosunBiz.com, 2016.8.13.

윤을 추구하는 경제주체를 말한다. 인간의 생활은 어떤 형태로든지 기업이 제공하는 제품이나 서비스로 이루어지고 있다. 기업이 제공하는 제품이나 서비스가 부족하거나 제공되지 않는다면 인간의 생활은 사실상 불가능하게 될 것이다. 이처럼 인간의 생활과 기업 간에는 밀접한 관계가 있으므로 현대자본주의사회에서 기업은 없어서는 안 될 가장 중요한 경제주체로 그 중요성이 날로 커지고 있다.

경영은 기업의 생명이다.

기업이 이윤창출을 통해 기업가치를 극대화하려는 활동을 경영활동이라고 한다. 기업과 경영의 관계를 살펴보면, 기업은 외형적으로 나타나는 조직체로 하드웨어(hardware)라고 할 수 있다. 이에 비해 경영은 기업을 유지 · 발전시킬 수 있는 방안을 제시하는 소프트웨어(software)라고 할 수 있다. 기업은 외형적으로 보이는 기업 그 자체로는 아무런 의미를 갖지 못한다. 건물과 기계를 갖추고 종업원들을 채용한다고 해서 기업이 유지 · 발전되는 것이 아니다. 기업이 정상적으로 운영될 수 있도록 자원들을 효과적으로 활용하여 계획 · 조직화 · 지휘 · 통제하는 활동이 경영이다.

기업은 사회적 책임을 지는가?

기업의 회계부정과 비윤리적 경영, 환경오염 등의 사례가 늘어나면서 기업의 사회적 책임(corporate social responsibility: CSR)에 대한 관심이 증대되고 있다. 기업의 사회적 책임은 기부, 봉사 등 자선활동과 법령 준수뿐만 아니라 환경에 대한 책임, 인권 존중, 지역사회공헌 등 다각적인 활동을 포괄한다.

종래 기업들은 비자발적 내지 이미지 제고 차원에서 기부(contribution) 및 자선(philanthropy)활동, 법령 준수(legal compliance) 등의 형태로 사회에 대한 책임을 수행하여 왔다. 그러나 최근에는 사회나 이해관계자에 대한 기업의 일방적인 공헌에서 더 나아가 기업의 미래가치를 높이고 발생 가능한 리스크(risk)를 관리하기 위한 경영기법의 하나로 사회적 책임을 추진하고 있다.

기업의 사회적 책임에는 기업을 계속적으로 유지 · 발전시켜야 하는 책임, 다른 기업과 공정한 경쟁을 해야 하는 책임, 이윤을 공평하게 분배해야 하는 책임, 환경을 보호하고 개선시켜야 하는 책임, 지역사회에 대한 책임 등을 들 수 있다.

기업의 유지 · 발전 책임

기업은 개인이나 대주주의 사적 소유물이기보다 사회가 필요로 하는 공동체로서의 존재가치가 더 크다. 기업을 전체사회를 구성하는 하나의 공동체라고 볼 때, 경영자에게는 적정이윤을 확보함으로써 기업을 유지하고 발전시켜야 할 책임이 있다.

베인앤컴퍼니(Bain & Company)는 지속성장에 성공한 기업들은 '집중', '적응', '내재화'의 3가지 원칙을 성공적으로 실행해왔다고 분석한다.

집중(focus)은 핵심(core)사업에 집중하고, 경쟁역량을 선발해 다른 기업과 차별화한다는 것이다. 핵심은 핵심적인 역량과 기술 그리고 핵심적 가치를 뜻하기도 한다. 적응(adapt)은 경쟁우위 요소를 끊임없이 개발하고 외부환경 변화에 대응하기 위해 선제적으로 기업을 바꾸는 노력을 의미한다. 내재화(embed)는 핵심역량의 내재화와 문화의 혁신을 이뤄내야 한다는 것이다. 이처럼 핵심사업에 주력함으로써 타기업과 차별화, 외부환경 변화에 발 빠르게 대응, 성공경험을 자사의 문화로 정착시킬 때 지속가능한 기업으로 성장하고 발전할 것이다.[4]

공정경쟁의 책임

기업이 적정이윤을 통해 기업을 유지 · 발전시켜야 한다는 책임 속에는 다른 기업과 공정한 경쟁을 통해서 적정한 이윤을 획득해야 하는 것도 포함된다. 우리나라는 급속한 경제발전을 이룩하는 과정에서 기업의 발전만을 강조하고 공정경쟁의 의미가 강조되지 않았기 때문에 일부 대기업 위주로 특혜를 누려온 것이 사실이다. 또한 대기업의 우월적 지위를 이용, 중소기업에 대하여 비효율적인 경영활동을 요구하는 불공정경쟁이 있어 왔다.

글로벌 경쟁시대에 국제경쟁력을 확보하기 위해서 대기업의 무분별한 문어발식 기업 확장은 더 이상 용납되어서는 안 될 것이다. 대기업만이 일방적인 이익을 보는 제로섬(zero-sum) 게임이 아니라 대기업과 중소기업 간 협조 · 보완체제를 통해 서로가 이익을 볼 수 있는 포지티브섬(positive-sum) 게임이 될 수 있어야 한다.

---

4) 매일경제신문, 2014.12.5.

사례 LG전자, 포스코, 한국생산기술연구원이 중소 · 중견기업의 기술경쟁력을 높이기 위해 손을 잡았다.

이들은 최근 경기 평택시 소재 LG디지털파크에서 '생산성 혁신 고 투게더' 사업을 위한 업무협약(MOU)을 체결했다. 협약식에는 이낙규 한국생산기술연구원 원장, 이덕락 포스코 기술연구원장 부사장, 홍순국 LG전자 생산기술원장 사장 등이 참석했다. 생산성 혁신 고 투게더 사업은 대기업이 축적한 제조기술력을 기반으로 협력사의 연구개발을 지원해 기술경쟁력을 높이고 제조산업을 발전킨다는 취지다. 주관사는 한국생산기술연구원이다.

LG전자, 포스코, 한국생산기술연구원은 이번 협약에 따라 ▸제조산업 분야 공동 연구과제 발굴 및 개발 ▸중소·중견기업 기술경쟁력 향상을 위한 공동 기술지원 ▸이를 위한 인력교류 및 교육 등을 위해 협력할 계획이다. 앞서 3곳은 지난 2017년 국제제조기술컨소시엄(ICIM)에 공동 가입하고 매년 기술 교류 및 개발을 함께 해왔다.

한국생산기술연구원은 국내 제조업 발전을 위해 필요한 뿌리기술, 청정기술, 융합기술 등을 개발하고 있다. 또한 개발한 기술을 상용화해 중소·중견기업에 지원해 기술 경쟁력 강화를 돕는다.

LG전자 생산기술원은 생산기술 경쟁력을 확보하기 위해 차별화된 생산 공법, 장비, 생산요소기술 등을 개발하며 제조 선진화를 추진해왔다. 이번에 고 투게더 사업에 참여해 이렇게 축적된 기술력을 협력사와 공유해 동반성장의 기회로 삼을 예정이다. 또한 포스코는 철강 소재 사용에 어려움을 겪는 LG전자 협력사를 대상으로 철강 솔루션을 무상으로 지원하기로 했다.

이낙규 한국생산기술연구원 원장은 "협약을 기점으로 대기업·협력사·한국생산기술연구원 간의 협업체계가 구축되고 안정적인 R&D(연구개발) 재원이 마련되어 협력업체들의 기술애로 해결과 공정 혁신에 도움이 되길 기대한다"고 말했다.

이덕락 포스코 기술연구원장 부사장은 "회사 경영이념인 기업시민 '비즈니스 위드 포스코'의 일환으로 중소기업 상생 지원사업 협약을 체결하게 됐다"고 말했다.

홍순국 LG전자 생산기술원장 사장은 "그 동안 쌓아온 노하우를 바탕으로 중소·중견기업을 지원하며 한국 제조업의 경쟁력을 더욱 높이는 데 기여할 것"이라고 말했다.

자료원: 스페셜경제, 2020.7.16에서 발췌 정리.

이윤의 공평한 분배 책임

기업은 적정이윤을 유지하면서 종업원이나 기업관계자들에게 공평한 분배를 통해 삶의 질을 향상시킬 책임이 있다. 기업에서 경영자는 근로자에게 적정임금을 지급하고, 출자자에게는 적정배당을 하고, 국가에는 합당한 세금을 지불해야 하며, 협력업체나 거래처에 대해서는 거래에 대한 확실한 대가를 지불해야 하는 책임이 있다.

환경에 대한 책임

최근 급격한 산업화에 따른 각종 오염으로 인하여 생활환경이 날로 악화되고 있다. 기업은 환경오염의 주요 원인제공자이기 때문에 많은 비난을 받고 있다. 기업이 경제적 책임을 다하여 물질적 생활수준이 높아졌다 하더라도 오염물질을 배출한다면 생활환경이 악화되면서 생활의 질은 떨어지게 된다. 따라서 기업은 오염을 방지하여 생활환경을 보호하고 개선해야 할 의무를 저버려서는 안 될 것이다. 환경에 대한 책임이 강조되고 있음은, 인류의 모든 경제활동에 있어서 지구환경을 고려하지 않고서는 그 활동이 가능하지 않기 때문이다. 선진국이든 후진국이든 지구상에서 존립하기 위해서는 온 인류의 생활 터전인 지구환경을 보호하고, 보전하지 않으면 안 된다는 의미이다.

사례 대한항공, 세계 곳곳서 나눔 실천 – 글로벌 CSR 본격 가동

대한항공은 몽골과 중국 등에서 글로벌 플랜팅 프로젝트(Global Planting Project)를 진행하고 있다. 2007년부터 13년 동안 중국 쿠부치 사막에 '대한항공 녹색생태원'을 조성하고, 매년 자사 임직원과 중국 현지 주민이 나서서 사막버드나무와 포플러나무 등을 심는다. 총 491만㎡ 규모의 대한항공 녹색생태원에는 약 143만 그루의 나무가 자라고 있다. 대한항공은 이 생태원이 지역 사막화 방지뿐 아니라 황사를 막는 방사림으로 우리나라와 중국, 일본 등 동북아시아 환경을 개선하는 역할을 할 것으로 기대하고 있다.

대한항공은 지난달 말 중국 항저우 통루현 통루창업학교 학생들을 위한 '꿈의 도서실' 행사를 진행했다. 지난 2010년부터 10년째 이어진 '꿈의 도서실'은 중국 향촌지역 학교에 도서실을 만들어 교육용 기기를 지원함으로써 책을 읽을 공간과 장서가 부족한 중국 어린이에게 보다 나은 학습 환경을 조성하는 글로벌 사회공헌 활동이다.

지난 9월에는 베트남 꽝남성 소재 쯔위투초등학교, 베트남 벤째성에 위치한 빈칸중학교를 찾아 100명의 학생에게 통학용 자전거를 선물하는 '희망의 자전거' 기증 행사를 열었다. 이 행사는 형편이 어려운 가정이 많은 하노이 인근 지역의 학교를 선정해 통학용 자전거를 선물함으로써 어려운 가정환경에서도 학업에 힘쓰는 학생들을 돕기 위해 지난해부터 이어온 행사다.

자료원: 매일경제신문&mk.co.kr, 2019.12.17에서 발췌 정리.

현장수첩 환경친화경영

우리는 일상생활에서 갖가지 환경문제에 부딪친다. 쓰레기, 생활하수, 매연, 소음, 유해물질 등 생활주변의 환경문제는 물론 지구온난화, 오존층 파괴, 생물종의 감소 등 지구환경문제에 이르기까지 다양하다.

이러한 환경문제를 어떻게 해결할 것인가? 사실 환경문제는 모든 생산·소비활동과 연결되기 때문에 정부뿐만 아니라 기업과 국민 모두가 참여하고 실천해야 할 과제이다. 하지만 이제까지 기업은 성장과 경쟁력이라는 현실적 명제를 내세워 환경문제에 다소 소극적으로 대응해왔다. 그 이유는 환경보전 노력은 불필요한 비용이요 부담이라는 생각 때문이었을 것이다.

그러나 이러한 시각은 크게 잘못된 것이다. 이미 선진국 기업들 대부분은 환경보전과 기업이익이 상반되는 것이 아니라 동시에 추구할 수 있는 명제로 받아들이고 있다. 나아가서 환경은 더 이상 비용이 아닌 경쟁력을 확보할 수 있는 수단으로 인식되고 있는 추세이다.

환경친화경영(environment-friendly management)은 정부의 환경규제기준 준수에 그치는 소극적이고 미봉적인 대응방식이 아니라 기업이 구체적인 환경목표를 설정하여 지속적으로 환경개선을 도모하는 능동적이고 적극적이며 창조적인 경영방식이다.

오염물질이 적은 원료를 사용한다든지, 제품의 제조과정상 환경문제를 최소화하는 시스템을 도입하는 것 그리고 공정의 효율을 높이는 것 모두가 환경친화적 경영방식이다. 이러한 관점에서 생각하면 환경과 기업경영은 결코 상반되거나 모순되는 관계가 아니라는 사실을 쉽게 알 수 있다.

환경경영과 관련하여 간과해서는 안 될 또 하나 중요한 것은 환경친화적 제품을 생산하는 일이다. 즉, 제품을 만들 때는 자원 사용이 최소화되도록 디자인을 개발해야 하고, 튼튼히 만들어 오랫동안 사용할 수 있도록 해야 하며, 수리와 재활용이 쉽도록 만들어야 한다. 이러한 제품들은 간접적으로 환경보전에 이바지함으로써 소비자에게 기업이미지를 높일 뿐만 아니라 녹색소비에 부응하여 기업이윤을 증대시킬 수 있다.

지역사회에 대한 책임

기업이 영리추구를 목적으로 이윤을 확보하였다면 그 이윤은 기업만의 노력으로 달성된 것이 아니라 주변의 많은 사람과 단체, 기관들이 지원하였기 때문에 가능할 수 있었을 것이다. 그러므로 사회에 대한 보답으로 기업이윤을 지역사회사업에 기부하는 등의 사회공헌 활동은 아무리 강조해도 지나침이 없을 것이다.

우리나라에서도 지방자치시대를 맞이하면서 기업은 지역주민과 소비자의 복지증대를 위해 지역의 경제 · 사회 · 문화발전에 기여하여 기업과 지역주민이 함께 살 수 있도록 해야 한다. 예를 들면, 기업의 장학금이나 연구비 지급, 공중보건 개선을 위한 시설의 마련이나 자선단체에 기부, 직업훈련, 낙후지역에 대한 투자 등은 지역사회에 대한 책임의 성격을 띤 것이다.

사례 삼성 · SK '직원 쌤' 교과서 밖 교육봉사

기업의 교육 봉사활동은 다양한 방식으로 진행된다. 어려운 환경에서 공부하는 학생에게 장학금을 제공하는 것에서 벗어나 지역 교육시설을 방문해 과학지식을 알려주는 활동까지 미래인재 성장동력을 강화하는 데 목표를 둔다.

삼성디스플레이의 '삼성과학교실'과 SK하이닉스의 '해피드리밍(Happy Dreaming)'이 대표적인 사례다. 프로그램은 공통적으로 양사 사업장에 위치한 지역에서 이뤄지고, 임직원이 강사로 참여한다. 삼성과학교실과 해피드리밍은 각각 초등학생과 고등학생들을 대상으로 한다.

삼성과학교실과 해피드리밍은 학생들에게 교과서에서도 나오지 않는 과학의 원리를 알려준다. 삼성과학교실의 경우, 디스플레이와 밀접한 관련이 있는 제품 및 기술을 이용한 간단한 실험을 진행한다. 실험을 통해 복잡한 디스플레이 기술을 쉽게 설명한다. 해피드리밍은 학생들에게 4차 산업혁명과 연관된 기술뿐 아니라 연계직업을 체험하게 한다. 진로와 관련한 학생들의 질문을 받아 대답해주는 등 진로 가이드도 진행한다. 지역인재를 양성하는 두 프로그램은 앞으로도 계속 진행될 예정이다.

현대모비스는 2010년부터 매년 투명우산 10만여 개를 제작해 초등학교 등 전국 교육기관에 제공하고 있다. 지난해까지 전국 1,400여 개 교육기관의 어린이 90만 명에게 무료로 나눠줬고 올해는 100만 개를 돌파했다. 현대모비스의 투명우산은 투명 캔버스와 빛 반사 소재를 적용해 사용자와 운전자 모두가 쉽게 시야를 확보할 수 있다는 점이 특징이다. 부착된 호루라기로 위급상황을 알리는 데도 도움이 된다.

현대모비스의 '투명우산 나눔 캠페인의 효과성 검증에 관한 연구 논문'에 따르면 최근 2년간 캠페인에 참가한 어린이들의 교통사고율은 평균 27% 감소했다. 104개 교육기관 6만 4,000명의 어린이를 표본으로 조사한 결과다. 현대모비스는 2013년 6월 중국 장쑤성에서 투명우산 나눔 프로그램을 시작한 이후 현재 베이징, 상하이 등에서도 매년 3만여 개의 투명우산을 중국의 어린이들에게 전달했다.

자료원: 이투데이, 2019.9.5; dongA.com, 2020.12.24에서 발췌 정리.

기업가치는 이제 CSV(공유가치창출)로 통한다.

기업과 사회가 공존하는 한 방식으로 '기업의 사회적 책임(corporate social responsibility: CSR)' 개념이 대두되었다.

과거 CSR 개념은 대체로 단순한 물적 기부나 인적 봉사 차원으로 구성되었다. 그러나 현재 변화된 소비자들은 기업이 추구하는 사회적 가치에 주목한다. 전통적인 마케팅 관점에서 소비자가 기업의 제품이나 서비스 품질로 그 기업을 평가해 왔다면, 현재의 소비자는 시대적 어젠더(agenda)에 공감하고, 그 해결을 위해 행동하는 기업가치를 구매 준거로 생각한다. 기업이 표방하는 이야기에 따라 기업 활동에 동참하기도 하고, 디지털 디바이스를 이용해 그들 스스로 기업의 이야기를 공유하고 확대해 주는 메신저가 되기도 한다.

이처럼 기업의 사회공헌 활동도 리스크 헤지(risk hedge) 내지 비용투자의 관점에서 벗어나 기업가치 공유와 고객 참여를 전제로 한 새로운 마케팅 방법론, 즉 '공유가치창출(creating shared value: CSV)' 개념으로 전환되고 있다.[5] CSV는 마이클 포터(Michael E. Porter) 하버드대 교수가 2011년 1월 하버드 비즈니스 리뷰(HBR)에 '자본주의를 어떻게 치유할 것인가(How to Fix Capitalism)'란 논문을 발표하면서 주장한 개념이다.

국내 주요 기업은 새로운 사회공헌 활동에 대해 고민하고 있다. 특히 사업으로 얻은 '수익 일부를 사회에 환원한다'는 개념이 강한 '기업의 사회적 책임' 대신 '공유가치창출'이 최신 트렌드로 자리 잡고 있다. 기업의 입장에서 CSV는 사회가 기업에 요구하는 사회공헌 활동이기 때문에 기업 홍보에도 도움이 된다. 또한 대중에게 기업의 긍정적인 이미지를 심어주면서 수익 창출로도 이어질 가능성이 크다.

CJ대한통운이 2013년부터 시작한 '실버택배' 사업은 해외에서도 주목받고 있다. 국제연합(UN)은 실버택배가 노인 일자리 문제를 개선한 공로를 인정해 UN의 '지속가능발전목표(sustainable development goals: SDGs) 이니셔티브 2019' 우수

5) 매일경제신문, 2013.5. 25-26.

사례로 선정했다.

실버택배는 택배 차량이 아파트 단지나 주거 밀집 지역에 물건을 싣고 가면 인근에 사는 만 60세 이상의 배송원이 전동카트를 이용해 소비자 집 앞까지 배송하는 사업방식이다. CJ대한통운은 주로 해당 지역에 거주하는 노인을 택배 기사로 채용해 지역사회의 일자리 창출에 기여한다. 지금까지 170개 거점을 중심으로 1,400명에게 일자리를 제공했다. 실버택배 배송원은 하루에 3~4시간 근무하면서 40~60개의 상품을 배달한다. CJ그룹 관계자는 "실버세대의 경제적 안정은 물론 건강 증진, 사회생활 참여 등의 가치를 구현하고 있다"고 말했다.

CJ제일제당이 2009년 내놓은 '햇반 저단백밥' 역시 CSV를 구현하는 사례다. 햇반 저단백밥은 단백질이 적게 들어간 밥이다. 선천적으로 단백질을 분해하는 효소가 부족한 페닐케톤뇨증(phenylketonuria: PKU)이라는 희귀질환을 앓는 사람을 위한 제품이다. CJ제일제당은 단백질 함유량이 일반 햇반의 10분의 1 수준인 햇반 저단백밥을 개발하는 데 8억원을 투자한 것으로 알려졌다. 햇반 저단백밥의 연 매출은 5,000만원 수준이다. 별도의 생산라인을 관리해야 하는 등 추가비용이 들어간다. 하지만 CJ제일제당은 세상에 꼭 필요한 제품을 내놓으면서 CSV에 힘을 주고 있다.

SK텔레콤은 홀로 지내는 노인을 대상으로 '인공지능(AI) 돌봄 서비스'를 내놓았다. SK텔레콤의 AI 스피커 '누구(NUGU)'가 독거노인의 말벗이 되도록 하는 사회공헌 활동이다. 최근에는 치매 위험을 낮추는 프로그램을 더했다. 현재 SK텔레콤의 AI 돌봄 서비스는 전국 8개 지자체에서 2,100여 명의 노인이 이용 중이다.

SK하이닉스는 사회공헌의 하나로 '공유 인프라 포털'을 만들었다. 협력사의 경쟁력을 강화해 반도체 산업 생태계를 육성하는 것이 목표다. 공유 인프라 포털은 '반도체 아카데미' '분석·측정 지원센터' 등으로 나뉘어 있으며 SK하이닉스가 30년 이상 축적한 기술과 노하우가 담겨 있다. 협력사는 회원 가입 이후 반도체 아카데미 코너가 제공하는 제조 공정, 소자, 설계, 통계 등 120여 개 온라인 교육을 수강할 수 있다.

유한킴벌리는 37주 이전 혹은 2.2㎏이 되지 않은 채 태어나는 미숙아를 위한 초소형 기저귀를 생산한다. 미숙아는 태어나자마자 인큐베이터에서 지낸다. 일반 신생아보다 연약해 먹고 입고 쓰는 것에 세심한 주의가 필요하지만, 미숙아를 위한 제품과 종류는 다양하지 않다. 유한킴벌리는 2017년부터 미숙아 전용 제품 '하기스 네이처 메이드 이른둥이 소형'을 출시했다. 사탕수수 소재를 이용해 일반 기저귀보다 부드럽게 만들어 피부 자극을 줄였다. 가격도 자사의 일반 기저귀보다 저렴한 편이다.

두유(豆乳)의 대명사 베지밀은 모유나 우유를 소화하지 못하는 아이들을 위한 치료식에서 출발했다. 베지밀을 만드는 정식품은 환자용 영양식 '그린비아'를 생산 중이다. 1991년에 개발된 제품으로 소아 당뇨, 신장 질환을 앓고 있는 환자에게 영양을 공급한다. 입으로 식사할 수 없는 환자들이 튜브로 섭취하는 제품이기도 하다.

교보생명은 보험회사라는 특성을 살려 역경을 극복할 수 있는 프로그램을 만드는 데 초점을 맞추고 있다. 2003년 시작한 '교보 다솜이 간병 봉사단'은 저소득층 환자와 취약계층 여성 가장을 연결하는 프로그램이다. 환자에겐 무료 간병 서비스를, 여성 가장에겐 일자리를 제공해 경제적 자립을 돕고 일자리를 창출한다. 교보 다솜이 간병 봉사단은 2007년 10월 '다솜이재단'으로 이름을 바꿨다. 20명으로 시작한 간병인은 2019년 12월 현재 400명으로 늘었다. 서비스 지역은 서울뿐 아니라 경기 · 인천 · 대전 · 대구 · 부산 등으로 확대됐다.

현대엔지니어링이 사회적기업 '빅워크(Big Walk)'와 함께 비대면 걸음 기부 사회공헌활동을 진행한다. '설레는 발걸음'이라는 컨셉으로 진행한 1차 비대면 걸음 기부 사회공헌활동에는 현대엔지니어링 임직원 1,560명이 참여해 한 달여 동안 총 2억 2,500여 걸음(1인당 평균 약 14만 4,000여 걸음)을 기록했다. 당초 기부목표 걸음(3,000만보) 대비 750%를 초과 달성한 것이다. 현대엔지니어링은 이를 통해 서울지역 5개 쪽방촌에 3,000만원 상당의 '여름나기 보양식' 2,600인분과 생수 8만 8,500병을 기부했다.

2차 캠페인은 현대엔지니어링 임직원만 참여한 1차 캠페인보다 규모를 확대해 일반인들도 참여할 수 있는 공개형 캠페인으로 진행된다. 모바일 어플리케이션 '빅워크'를 스마트폰에 설치하면 누구나 손쉽게 기부할 수 있다. 현대엔지니어링은 목표걸음 수를 3억 걸음으로 정하고, 걸음 기부를 통해 서울 쪽방촌에 3,000만원 상당의 겨울나기 용품을 기증할 계획이다. 현대엔지니어링은 올해 신종 코로나바이러스 감염증(코로나19) 사태가 장기화되면서 모바일 사회공헌 플랫폼을 활용한 비대면 사회공헌활동을 추진하고 있다. 무인 물품 수거를 통해 장애인 고용 창출 사회적기업인 '굿윌스토어(GoodWi11 Store) 밀알일산점'에 두 차례에 걸쳐

1만 1,000점의 물품(약 3,200만원 상당)을 기부했다.[6)]

사례 원포원 비즈니스모델(One4One Business Model)

원포원 비즈니스모델의 원조인 탐스슈즈는 어떤 기업일까? 이 회사는 블레이크 마이코스키(Blake Mycoskie)에 의해 2006년, 캘리포니아에서 설립됐다. 창업자는 휴식차 아르헨티나를 여행 중에 비포장 길을 맨발로 걷는 가난한 어린이들을 보게 된다. 이들이 토양의 기생충이나 상피병 등에 노출되지 않도록 하기 위해 신발을 만들기로 결심한다.

소비자가 한 켤레의 신발을 구입하면 회사가 한 켤레의 신발을 제3세계 어린이들에게 기부하는 일대일 기부방식을 도입한 것이다. "내일을 위한 신발"이라는 슬로건으로 시작된 이 신발의 디자인은 아르헨티나의 전통 신발인 '알파르가타'에서 영감을 얻었다. 알파르가타의 디자인을 일체형 밑창과 고무소재를 덧댄 가죽 인솔(insole)을 사용하여 착화감을 극대화시켰다. 현재 전 세계 70개 이상의 국가에서 100개 이상의 기빙 파트너와 함께 사회공헌 활동을 펼치고 있다.

와비파커(Warby Parker)브랜드로 유명한 잔드(JAND.Inc)도 '하나를 사면 하나를 준다(buy one, give one)'는 비즈니스모델로 성장한 대표적인 기업이다. 표현은 다르지만 탐스슈즈의 원포원 비즈니스모델을 미러링해 2013년 창업했다. 고객이 하나를 사면 하나를 기증하거나, 그 금액만큼 안경을 만드는 비영리단체(Vision Spring)에 생산비용을 지원하는 구조다. 또한 소외계층에 찾아가는 시력검사를 할 수 있는 자원봉사자를 훈련시키는 비영리단체와도 협력한다. 잔드는 세계에서 유일하게 온실가스(탄소)를 다시 흡수해 실질 배출량을 제로로 만드는 소위 탄소중립(carbon neutral) 정책을 채택하고 있다. 안경은 프레임과 렌즈를 포함하여 95달러에서 시작한다. 구매 후, 1년 안에 렌즈가 긁히면 무료로 교체해 준다. 구매하기 전에 최대 5개의 제품을 받아 착용해 본 후, 5일 이내에 반환하면 선택한 제품에 렌즈를 끼워 다시 배송해 주는

6) ECONOMYChosun, 2019.12.23; 매일신보, 2020.6.4; 한국경제신문, 2020.10.23에서 발췌 정리.

'Home-Try-On 프로그램'으로 인기를 끌고 있다.

잔드(JAND.Inc)와 같은 해인 2013년 뉴욕에서 창업한 양말기업 봄바스(Bombas)도 의류업계의 원포원 비즈니스모델로 성공했다. 홈리스들에게 가장 필요한 것이 양말이라는 점에 착안해 노숙자커뮤니티에 양말을 지원하는 모델이다. 2019년, 티셔츠로 확대하면서 전국의 3천여개 파트너들과 협력해 홈리스들에게 2,660만 켤레의 양말과 티셔츠를 제공했다.

스라이브마켓(Thrive Market)은 로스엔젤레스에서 천연 및 유기농식품을 도매가로 판매하는 온라인 소매기업으로 2015년에 설립됐다. 유기농, 비 유전자변형 식료품(non-GMO)을 일반소매가보다 최고 50% 할인된 가격으로 판매한다. 다만 미국의 유통업체 코스트코(Costco)처럼 연간 60달러의 멤버십에 가입해야 구매할 수 있다. 창업 초기에는 50개 이상의 VC(Venture Capital)에 투자요청을 했지만 모두 거절당했다. 하지만 스라이브 기부(Thrive Gives) 프로그램 덕분에 데미 무어(Demi Moore), 존 레전드(John Legend) 등의 유명인사들이 투자에 나서자 VC들도 참여해 1억 5천만 달러를 투자받아 성장할 수 있었다. 스라이브 기부(Thrive Gives) 프로그램은 학생, 퇴역군인, 저소득층 가정에 무료 멤버십을 제공하는 프로그램이다. 누구나 신청할 수 있고, 월 소득, 정부지원금 등을 검토한 후 가부를 알려준다.

언급한 사례들에서 보듯 원포원 비즈니스모델은 다양한 업종에서 도입해 성공을 거두고 있다. 그 배경에는 크게 3가지 핵심전략이 숨어 있다. 첫째, 비즈니스모델의 아이데이션(ideation)은 사회문제에서 출발한다는 점이고, 둘째로는 목표시장이 명확하다는 점, 마지막으로 목표고객이 공감할 수 있는 스토리텔링이 필요하다는 점 등이다.

자료원: 이방인, 2020.5.6에서 발췌 정리.

마이클 포터는 CSV를 추진하기 위한 원칙과 CSV에 대한 범주를 제시한다. 먼저 CSV는 경영전략으로 간주해야 하며, 기업활동의 부수적 산물이 아니라 핵심목적이 되어야 한다고 주장한다. 단순히 조직을 개편하거나 사회공헌 측면에서 아이템을 찾아내 CSV라고 주장하는 것이 아닌, 경영활동 전반에 대한 혁신을 이루어야 한다는 것이다.[7)]

7) 주간동아, 2016.2.19.

현장수첩 ESG 경영은 미래 세대를 위한 필수적인 과제

ESG는 환경보호(Environment)·사회공헌(Social)·윤리경영(Governance)을 의미한다. 전 세계적인 핵심과제인 환경 문제와 사회적 약자에 대한 사회공헌 활동, 기업의 법과 윤리 준수가 기업의 지속적인 성장 동력이 될 수 있다는 뜻으로 전 세계적으로 기업을 평가하는 데 중요한 지표로 확산되고 있다.

기업이 위기 국면에 있는 인류의 미래를 위해 ESG 경영에 적극 뛰어들고 있는 현상은 비단 국내뿐만이 아니다. 유럽과 미국 등 선진국은 ESG 경영이 기업의 수익성 창출과 투자의 기본 지표가 되고 있다는 시각이 지배적이다.

유럽과 미국을 비롯해 국내 기업들은 기존의 경영체계를 'ESG 경영체계'로 새롭게 스케치하고 기업의 재무성과와 비재무성과를 통합한 목표 수립과 함께 세부 전략과제 도출을 위한 ESG 핵심 아젠다를 세심하게 검토하고 있다. 이를 위해 글로벌 시장에서 경쟁하고 있는 국내 기업들의 경우 ESG 경영을 통해 4차 산업혁명 신기술을 비즈니스에 접목해 기업이 직면한 이슈와 사회, 환경 문제를 해결하고 신기술을 활용한 지속가능한 발전을 추구하고자 역점을 두고 있다. 특히 온실가스 감축을 바탕으로 한 기후변화 대응에 적극적으로 대처해 나가겠다는 ESG 활동 계획과 함께 이를 수행할 수 있는 다양한 환경 기술 솔루션을 제시하고 있다.

한화그룹은 ▸에코백 하나로 131번 사용하기(일회용 비닐봉투 1개분의 탄소 저감) ▸이메일 10% 삭제(매년 1톤의 탄소 저감) ▸하루 한 장 모바일 영수증 받기(매년 14.6kg 탄소 저감) ▸텀블러 하나로 17번 이상 사용하기(일회용 종이컵 1개분 탄소 저감) ▸취침 전 동영상 스트리밍 끄기(시간당 3.2kg 탄소 저감) 등 ESG 활동을 수행하고 있다.

SK그룹 계열사 SK이노베이션의 자회사 SK인천석유화학은 친환경 혁신기술을 바탕으로 '그린 밸런스 2030 달성 및 ESG 경영 강화'를 위해 친환경 기술을 접목해 혁신기술을 완성한 친환경 탱크 클리닝과 지능형 하폐수처리 솔루션을 통해 ESG를 달성하겠다는 방침이다. SK종합화학 역시 폐플라스틱을 고온 분해해 얻은 열분해유로 솔벤트와 윤활기유 등 시제품 제조에 성공하면서 ESG 경영 차원에서 폐플라스틱을 다시 자원으로 만들고 환경문제를 근본적으로 해결해 플라스틱의 순환경제를 구축한다는 계획이다.

삼성전자 역시 ESG 경영에 적극 뛰어들고 있다. 이재용 삼성전자 부회장은 지난 3분기 실적 발표에서 "ESG 투자를 확대해 지속가능경영에 속도를 붙이고 주주와 협력사, 사회가 같이 나누고 함께 성장하는 길에 나설 것"을 강조한 바 있다.

CJ대한통운은 2020년 11월 택배업계 최초로 1t 전기화물차를 투입했다. 경기도 군포와 울산에 총 4대의 전기화물차를 투입하고 EV(Electric Vehicle) 충전소도 함께 설치했다. 두산이엔티는 강북구에서 수거된 페트병을 파쇄해 재생섬유의 원료가 되는 고품질 플레이크 생산에 나서며, 이 플레이크로 티케이케미칼은 원사를 뽑아내 블랙야크에 공급한다.

아웃도어 브랜드 K2는 '클린백 챌린지'를 진행하고 있다. '클린백 챌린지'는 등산객들에게 배낭에 매달거나 가볍게 휴대할 수 있는 소형 백을 나눠주는 자연보호활동이다. 클린백(CLEAN BAGK)은 '자연을 깨끗하게 되돌리자'라는 의미의 'CLEAN BACK'과 쓰레기를 담을 수 있는 가방을 뜻하는 'CLEAN BAG'의 합성어다.

KB금융지주는 모든 계열사가 참여하는 '탈석탄 금융'을 선언하는 등 활발한 활동을 하고 있다. '탈석탄 금융' 선언을 계기로 KB금융그룹은 석탄화력발전 감축을 위해 국내·외 석탄화력발전소 건설을 위한 신규 프로젝트 파이낸싱과 채권 인수에 대한 사업 참여를 전면 중단할 예정이다.

신한은행은 국내 시중은행 최초로 금융기관의 환경·사회적 책임 이행을 위한 '적도원칙(Equator Principles: EPs)'에 가입했다. 적도원칙은 대규모 개발 사업이 환경을 훼손하거나 해당 지역 주민의 인권을 침해하는 등 환경·사회 문제를 야기할 수 있는 경우, 해당 프로젝트에 자금 지원을 하지 않겠다고 금융회사들이 자발적으로 맺은 행동협약이다. 적도원칙에 따라 신한은행은 대규모 프로젝트 파이낸싱이나 기업대출을 실행할 때 환경·사회적 리스크를 고려하게 됐다.

하나금융은 '그룹 ESG 경영 TFT'를 설치하고 중장기 ESG 전략 수립에 박차를 가하고 있다. 구체적인 검토 과제는 기후변화 대응을 위한 환경경영 강화, 환경·사회 리스크 관리 프로세스 도입, 지속가능금융상품 분류체계 정비, TCFD(Task Force on Climate-related Financial Disclosures: 기후변화 재무정보 공개 태스크포스) 가이드라인 도입 등이다.

ESG와 함께 '5P'도 주목된다. 5P는 평화(Peace), 협력(Partnership), 번영(Prosperity), 지구(Planet), 그리고 사람(People)이다. 평화와 협력을 기반으로 이윤이 아닌 상호 번영을 추구해 깨끗한 지구를 만들어가려는 의지 있는 사람이 성공한다는 의미다('마켓 4.0' 공저자이자 세계마케팅협회 회장인 허마원 카타자야 마크플러스 회장이 제안한 개념).

독일 화학기업 바스프(BASF), 영국과 네덜란드에 본사를 둔 생활용품 기업 유니레버(Unilever) 등이 ESG·5P 경영에 깊은 관심을 기울이고 있다. 글로벌 1위 화학기업 바스프는 ESG 행동강령을 본사뿐 아니라 7만여개 이상 협력사에 12개 언어로 제공한다. 환경 보호에도 앞장선다. 바스프는 2018년 폐플라스틱을 화학 공정에 재사용하는 '켐사이클링(ChemCycling: Chemical+Recycling)'을 시작했다. 폐플라스틱을 녹여 오일이나 가스 등의 원료를 추출한 뒤 이를 새 플라스틱으로 만드는 방식이다. 바스프는 켐사이클링을 통해 냉장고 부품, 단열재 등을 만들기 위해 10여개 기업과 손잡고 시제품을 개발 중이다.

도브(Dove) 등으로 유명한 유니레버는 사업 포트폴리오에서 건강관리에 도움이 되는 제품군 비중을 꾸준히 늘리고 있으며, 2025년까지 플라스틱 사용량을 절반으로 줄이겠다는 목표를 세웠다. 더불어 연간 플라스틱 60만t을 수집해 이를 재활용할 예정이다.

노스페이스에 이어 미국 아웃도어 시장에서 2위를 점한 브랜드 파타고니아(Patagonia) 역시 ESG·5P 경영에서 두각을 나타내는 기업이다. 파타고니아는 매년 매출 1%를 '지구에 내는 세금(Earth Tax)'이라며 환경단체에 기부한다. 옷을 만들 때에도 유기농, 친환경 소재를 주로 사용한다.

자료원: 데일리포스트, 2020.12.28; 매일경제신문&mk.co.kr, 2020.1.10; 한국경제신문, 2020.11.22; 중앙일보, 2016.5.3; 매일경제신문&mk.co.kr, 2020.12.28; 경향신문, 2021.2.8에서 발췌 정리.

강/의/요/약

1. 경영이란 모든 경제주체가 사회적 존재로 생존 · 발전하기 위해 인적 · 물적 자원 및 정보 등을 계획 · 조직화 · 지휘 · 통제하는 연속적인 과정을 의미한다. 경영의 원리는 영리조직인 기업뿐 아니라 가계나 국가 등 비영리조직에도 적용될 수 있다.

2. 경영은 활동과정 측면에서 보면 계획 · 조직화 · 지휘 · 통제로 구분되며, 기능이나 업무 측면에서 보면 인사, 마케팅, 생산, 재무 등으로 구분된다. 경영활동은 의사결정이 이루어지는 측면에서 보면 전략적 의사결정, 관리적 의사결정, 기능적 의사결정으로 나누어진다.

3. 과거 산업사회에서는 경영활동이 이루어지기 위해서 토지, 노동, 자본이 필요했지만 정보사회 · 지식사회에서는 사람, 자본, 정보, 전략이 필요하다. 사람, 자본, 정보, 전략의 경영자원이 결합되어 경영활동이 이루어짐으로써 경영목표를 달성할 수 있다.

4. 경영자는 기업을 이끌고 결과를 책임지는 사람으로 계층별로는 최고경영자, 중간경영자, 일선경영자로 구분된다. 최고경영자는 계획과 지휘활동에, 중간경영자는 조직화와 지휘활동에, 일선경영자는 지휘와 통제활동에 상대적으로 많은 비중을 두게 된다. 최고경영자에게는 상황판단능력이, 일선경영자에게는 현장실무능력이 상대적으로 많이 요구되며, 모든 경영자는 원만한 대인관계능력을 갖추어야 한다.

5. 기업이 이윤을 추구하기 위해 모인 영리조직으로 외형적으로 나타나는 부분을 하드웨어라고 한다면, 경영은 기업 그 자체를 유지 · 발전시킬 수 있는 방안을 제시하는 소프트웨어라고 할 수 있다. 기업이 다양한 형태의 '사회적 책임(CSR)'을 수행할 때 국가경제뿐아니라 기업 자체도 생존과 번영을 누릴 수 있을 것이다. 오늘날 기업가치는 사회와 '공유가치창출(CSV)'을 통해서 평가된다.

MANAGEMENT

제 2 장

경영마인드의 이해

1. 경영마인드란?
2. 경영마인드의 핵심요소
3. 경영마인드가 있는 기업과 경영마인드가 없는 기업

1. 경영마인드란?

경영마인드는 효과성과 효율성 추구마인드

경영마인드(business mind)는 경영자가 기업목표를 달성하기 위하여 효과성(Doing better things, effectiveness)과 효율성(Doing things better, efficiency)을 가진 여러 가지 아이디어나 지혜를 적용하는 것을 의미한다.

효과성이란 기업이 미리 설정해 놓은 목표를 어느 정도 달성하였느냐 하는 것으로 유효성과 같은 말이다. 목표에 가장 근접하게 또는 그 이상으로 달성할수록 효과성이 높다고 한다. 효율성은 투입에 대한 산출의 비율을 말한다. 제품을 만드는 데 노동력, 원재료, 시간 등 투입에 비해 더 많은 산출물을 생산하는 경우에 효율성이 증가되었다고 한다. 효율성은 자원의 활용 정도와 관련이 있다고 할 수 있다.

효과성을 높이기 위해서는 기업이 추구하는 목표를 설정하고 이를 달성하기 위해 모든 노력을 기울여야 할 것이다. 효율성을 높이기 위해서는 최소비용으로 최대효과를 추구해야 할 것이다. 예를 들어, 광고제작에서 매출에 대한 기여도가 큰 '잘 팔리는 광고'를 만들었다면 효과성을 추구한 마인드라고 할 수 있다. 한편 제작비용을 보다 저렴하게 하여 '잘 만든 광고'를 제작했다면 이는 효율성을 추구한 마인드라고 할 수 있다. 이처럼 효과성과 효율성을 추구하는 마인드가 경영마인드다.

경영마인드와 행정마인드의 비교

오늘날 자동차는 한 집에 한 대가 있을 정도로 그 수가 급증하고 있다. 이로 인하여 자동차 증가율만큼이나 자동차 사고도 빈번하게 발생하고 있다. 자동차 접촉사고가 발생했을 때 사고처리를 위해서 달려오는 차는 견인차, 경찰차 등이다. 그 가운데 가장 먼저 도착하는 차는 십중팔구 견인차다. 그 이유는 자동차 접촉사고 소식이 들리면 다른 견인차가 오기 전에 빨리 차를 견인해 가야만 견인비 · 수리비 등으로 이익이 발생하기 때문이다. 경찰차의 경우에는 그렇지 않다. 늦게 오더라도 정해진 법률규정에 따라 정확하게 사고내용을 처리하기만 하면 된다. 이것이 바로 경영마인드와 행정마인드의 다른 점이다. 그렇다면 경영마인드와 행정마인드가 구체적으로 어떻게 다른지 개념과 특성을 가지고 비교해보자.

경영마인드는 물적자원의 투입이나 자본을 투자하면 그 이상의 산출물이나 이익이 있어야 하며 그것이 기업의 성장으로 연결되어야 한다. 효과성이나 효율성을 창출한 부문에 대하여 이에 상응하는 추가적인 대가가 지불될 수 있다고 보는 것이다.

행정마인드란 형평성(equity)과 일관성(consistency)을 추구하는 마인드라고 할 수 있다. 형평성의 의미는 투입과 산출이 똑같은 것이 최선이며 모두에게 똑같이 1/n씩 배분하는 사고방식을 의미한다. 행정마인드는 누구에게나 정해진 규정에 따라 동일하게 적용하는 사고방식을 의미하기 때문에 상황에 따른 가변적인 생각을 요구하지 않는다. 이 점에서 행정마인드는 경영마인드와 다르다.

경영마인드에는 유연한 사고방식이 요구된다. 시대·환경·상황에 따라서 얼마든지 결과물이 달라질 수 있으므로 어느 하나를 고집해서는 안 되는 것이 경영마인드이다. 경영마인드와 행정마인드를 비교해보면 다음과 같다.

- 행정마인드는 현실을 있는 그대로 받아들이지만, 경영마인드는 현실에 도전한다.
- 행정마인드는 현상유지를 위한 관리를 하지만, 경영마인드는 개혁을 통해 창조를 한다.
- 행정마인드는 당장 눈앞에 보이는 손(損)과 득(得)을 계산하지만, 경영마인드는 먼 앞날을 계산한다.
- 행정마인드는 '언제, 어떻게'를 문제삼지만, 경영마인드는 '무엇을, 왜' 하는지를 문제삼는다.

지구촌이 하나의 시장으로 통합되면서 지속적인 성장을 하지 않고서는 생존할 수 없는 무한경쟁 시대에 놓인 기업들은 강력한 경쟁력을 보유하기 위해서 모든 계층의 경영자가 경영마인드를 갖추어야 할 것이다.

현장수첩 경영혁신, 패스트웍스(FastWorks)

경영혁신(management innovation)은 기업목표를 달성하기 위해 새로운 생각이나 방법으로 기존 업무를 계획하고 조직화하여 지휘하고 통제하는 것이다. 즉 새로운 제품이나 서비스, 새로운 생산공정기술, 새로운 구조나 관리시스템, 종업원을 변화시키는 새로운 계획이나 프로그램을 의도적으로 실행함으로써 기업의 중요한 부분을 본질적으로 변화시키는 것을 말한다.

GE는 급변하는 시장에 대응하기 위해 '패스트웍스(FastWorks)'라는 처방전을 내놨다. 패스트웍스는 조직 내 기업가정신을 고취하고 스타트업(startup)과 같은 민첩함을 갖추기 위한 경영철학으로 단순한 경영기법이 아닌 기업문화를 조성하는 행동양식의 총체다.

패스트웍스의 핵심 요소는 의사결정 절차를 간소화하고, 고객과 지속적인 소통을 유지하는 것이다. GE는 고객의 요구를 충족시킬 해결방법을 찾기 위해 빠른 의사결정을 내린다. 제품 개발 진행과정에서 지속적으로 고객의 반응을 모으고, 이를 제품 개발 및 모든 과정에 수시로 반영함으로써 고객 만족도와 성공 가능성을 높이고 있다. 제프리 이멜트 GE 회장은 "규모와 속도를 겸비하면 규모가 크고 속도 경쟁력이 없는 기업은 물론, 빠르지만 규모가 작은 기업보다도 경쟁우위를 갖게 된다"며 "GE는 패스트웍스를 통해 규모, 자본, 기술력 등의 장점을 유지하면서 오늘날 시장에서의 성공을 위한 핵심 요소인 신속함 또한 갖추게 됐다"고 말했다.

패스트웍스 도입에 따라 모든 임직원이 사업 아이디어를 제안할 수 있다. 직원들은 사업 아이디어를 바탕으로 2~3명의 소그룹이 프로젝트를 시작한다. 프로젝트가 가능성이 있다고 판단되면 그 다음 과정으로 진행하면서 팀의 규모를 키운다. 이때도 7명 안팎으로 '스타트업(startup)' 수준이다. 구성원은 각 부서의 핵심 인재들이다. GE 내에서 수많은 벤처기업이 운영되는 셈이다. 직원에게 권한이 주어지면 책임이 따른다. 막대한 책임 부여는 직원이 적극적으로 아이디어를 내고 추진하는 것을 주저하게 할 수 있다.

GE의 패스트웍스는 직원들의 책임을 덜어주기 위한 일종의 보호막을 갖고 있다. 패스트웍스에는 정해 놓은 규칙을 통해 사업을 시작할 때 무엇을 질문하고 파악해야 하는지 등에 대한 가이드라인이 있기 때문이다. 추진 중인 사업이 더 이상 고객에게 가치를 제공하지 못한다고 판단된다면 중단해도 괜찮다고 직원들을 격려한다. 이는 실패가 아니라 잘못된 가설을 하나 더 알아냄으로써 실패 확률을 줄였다고 판단하기 때문이다.

GE는 패스트웍스를 처음 도입했을 때 20~30개의 프로젝트에만 적용했지만, 이제는 400여개의 프로젝트를 패스트웍스로 운영하고 있다. 나아가 패스트웍스를 보편적인 작업 프로세스로 확대시켜 나갈 계획이다. 패스트웍스를 통한 혁신적인 성과도 나오고 있다. 대표적인 예가 2014년에 개발한 동급 최고 효율과 출력을 자랑하는 HA 가스터빈 시리즈다. GE는 HA 가스터빈 개발 당시 패스트웍스를 활용해 신제품 개발 주기를 2년 단축했다. 개발 비용도 과거

GE의 패스트웍스

〈자료 : GE〉

GE의 업무 원칙(GE 빌리프)

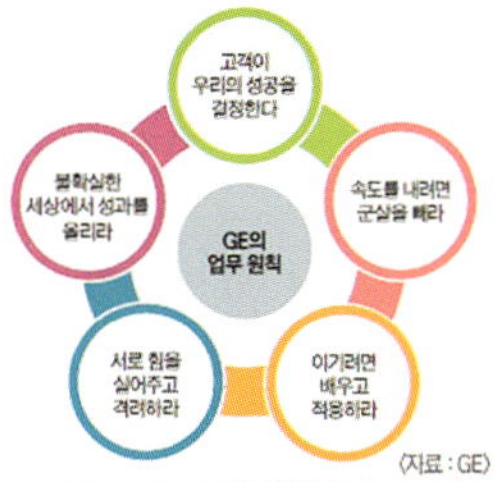

〈자료 : GE〉

보다 40% 이상 줄였다.

패스트웍스 기법을 적용한 세계 최대 규모의 가스터빈 공장인 GE의 그린빌 생산시설은 '하버드 비즈니스 리뷰' 등에서 혁신 사례로 소개되고 있다.

GE는 혁신하는 기업문화를 위해 'GE 빌리프(GE Belief)'라는 새로운 기업철학도 선보였다. GE 빌리프는 간소화라는 대전제하에서 사내 업무 방식과 제도, 직원들의 사고방식과 행동 등을 개선해 나가고자 하는 기업이념이다. GE 빌리프는 간소화와 신속함, 고객과 밀접하게 일하는 것을 핵심으로 한다. 직원들이 간소화된 관리체계 속에서 신속하게 움직이고, 직원들에게 보다 많은 권한과 책임감을 부여해 영업 일선조직을 강화하는 것이다.

자료원: ECONOMYChosun, 2017.10.9에서 발췌 정리.

2. 경영마인드의 핵심요소

기업이 경쟁력을 확보하기 위해서 경영자가 가져야 할 경영마인드는 고객을 최우선으로 하는 고객중심 마인드, 치열한 경쟁 속에서 경쟁우위를 확보할 수 있는 방안을 찾는 경쟁우위 마인드, 기업 자체의 가치를 극대화시키는 가치극대화 마인드 등이다. 세 가지 마인드가 종합적으로 연계되어 기업현장에서 추진될 때 경영마인드를 통한 혁신적 경영활동이 이루어졌다고 볼 수 있다.

고객중심 마인드

성공하는 기업들은 '고객은 왕이다'·'고객 말은 항상 옳다' 등의 표현을 자주 사용해 왔다. 그만큼 고객중심적(customer-oriented) 사고와 고객만족(customer satisfaction)이 기업에 있어서 중요하다는 의미일 것이다.

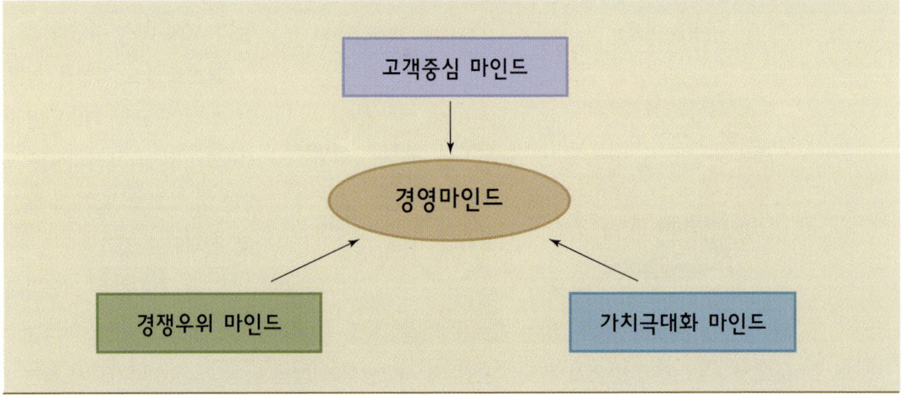

그림 2-1 경영마인드의 핵심요소

고객중심 마인드는 경영자가 기업을 경영하는 데 있어 가장 먼저 생각하는 것이 고객이라는 것이다. 즉, 고객에게 제공되는 일체의 물질적·심리적 행동이 최상의 고객만족을 가져다주는 활동으로 이루어지도록 하는 것을 의미한다. 최근에는 고객만족을 넘어서 고객감동, 고객성공(customer success)에 이르도록 고객중심적 경영활동이 요구되고 있다.

보통 우리는 고객의 의미를 단지 최종소비자로만 이해하고 있지만, 기업에 있어서 고객은 최종소비자뿐만 아니라 기업에 투자하고 있는 주주, 기업에서 열심히 일하는 종업원까지도 고객이 될 수 있다. 따라서 고객의 의미를 좀 더 폭넓게 이해할 필요가 있을 것이다.

사례 고객 목소리 실시간 공유 · 해결, 고객의 소리 반영한 상품 · 서비스 개발

삼성카드는 '카드를 넘어 신뢰의 세상을 만든다(A World of Trust over The Card)'는 비전 아래 차별화된 마케팅과 창의적인 상품·서비스를 제공해 고객의 생활 속 가치와 삶의 질을 지속적으로 높여가고 있다. 또 고객중심 경영을 통해 업무 효율성을 높이고, 업무 프로세스 전반에 고객의 생생한 목소리를 반영하기 위해 다양한 노력을 기울이고 있다. '언제나 고객의 소리에 귀 기울이면서 소비자의 권익을 보호하겠다'는 의지를 담아 2014년에는 임직원 모두의 실천지침인 '금융소비자 보호헌장'을 제정했다.

삼성카드는 이를 바탕으로 고객 중심의 조직문화를 구축하기 위해 매월 최고경영자(CEO)와 모든 임원이 참석하는 'CS-Day'를 개최하고 있다. CEO와 고객 패널, 전문 자문위원, 임직원들로 구성된 '소비자보호위원회'를 통해 고객들의 개선 요구사항을 경영활동에 적극 반영하고 있다. 또한 '고객의 마음으로 생각하고 판단합니다'라는 슬로건 아래 고객의 목소리(voice of customer: VOC)를 실시간으로 공유 · 해결하는 'VOC-Dashboard' 시스템을 구축해 운영하고 있다. 임원이 고객과 직접 상담하고 VOC 사례집을 공유하는 등 다양한 제도를 운영함으로써 고객 만족도를 높이고 있다.

기아자동차는 현대자동차그룹 핵심 계열사로 현대차그룹 비전인 '더 나은 미래를 향한 동행'을 추구한다. 기업의 외형적 성장을 넘어 최상의 만족을 고객에게 전달하고자 기아차의 미래전략은 '플랜-S'를 바탕으로 끊임없는 변화를 위해 노력하고 있다. 플랜-S는 전기차 리더십 확보와 사업 다각화를 위해 29조원을 투자하는 기아차의 중장기 미래 전략이다.

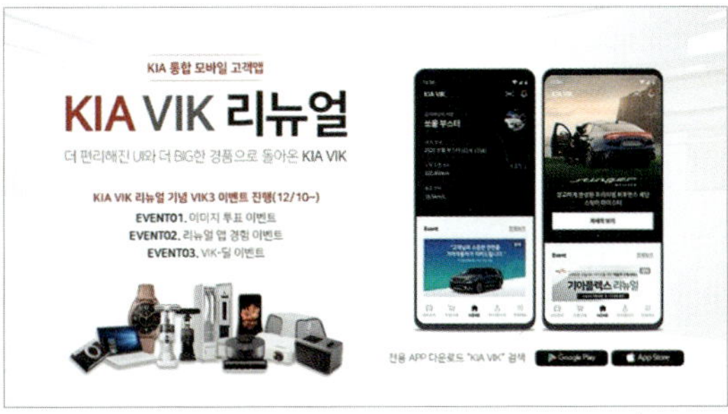

기아차의 서비스 이념은 역발상이다. '기아(KIA)' 로고를 돌리고 뒤집은 모양인 'VIK'를 지난해부터 국내 영업본부 슬로건으로 사용하고 있다(VIK, 고객에게 차별화된 큰(Big) 가치를 제공한다는 의미).

새롭게 추구하는 기아차 미래전략인 플랜-S의 선도적 대응을 위해 미래 모빌리티 비전 'Boundless for all(경계 없는 모빌리티의 혜택)'을 모티브로 혁신적이고 선제적인 고객상담 대응을 위한 혁신을 이뤄갈 계획이다. 이를 위해 모빌리티 전략 구현의 핵심인 전기차 시장의 확대와 이에 따른 고객상담 증가에 발맞춰 전기차 전문 상담을 강화하고 소유 개념을 넘은 공유 니즈 변화에 맞춰 '기아렌터카' 전문 상담을 운영하고 있다.

KB국민카드는 매월 초 화상 경영협의회 '고객의 소리' 공유 시간을 통해 소비자 보호 이슈에 관한 제도 개선 노력을 유도한다. 또 주간 단위로 고객의 소리(VOC)와 종업원의 소리(voice of employee: VOE)를 모니터링해 개선점을 찾아 실행한다. 고객중심 상품 및 서비스 개발을 위한 오프라인 고객패널단 'The Easy Talker'도 운영하고 있다. 이와 더불어 고객 불편요소의 즉각적인 개선과 민원 감축을 위한 'OSS(one-stop solution)' 제도를 운영하고 있다.

자료원: 매일경제신문&mk.co.kr, 2019.10.15; 매일경제신문&mk.co.kr, 2020.5.26; 중앙일보, 2020.7.1; 아이뉴스24, 2020.12.10에서 발췌 정리.

최종소비자를 고객으로 보는 마인드

현대사회를 서비스경쟁 시대라고 말한다. 서비스 능력이 부족하면 고객만족을 달성할 수 없고 경쟁력을 확보할 수 없다. 이제 상품의 개념은 단순한 제품만이 아니라 서비스가 합쳐진 것으로 인식되고 있다. 따라서 고객만족은 품질이 좋은 제품을 고객에게 제공하는 것에서 나아가 고객의 욕구를 파악하여 그 욕구를 충족시켜 주는 것을 말한다.

세계적으로 성공한 기업들은 제품이 잘 팔리고 있을 때에도 항상 고객의 불만을 경청하는 데 최선을 다하고 있다. 그러나 실패하는 기업들은 현재의 고객들이 이탈하는 것을 대수롭지 않게 생각하고 새로운 고객을 찾아내려는 데에만 많은 시간과 비용을 쏟아붓고 있다. 성공하는 경영자가 되기 위해서는 새로운 고객뿐만 아니라 현재의 고객도 만족할 수 있도록 하는 데 모든 생각의 초점을 모아야 할 것이다.

사례 최종소비자의 소리에 귀 기울이다

SK네트웍스의 스피드메이트는 자동차 종합관리 브랜드다. 가맹점 사업을 하다 보니 본사에서 직접 고객을 상대할 일이 없다. 따라서 고객 관리는 직접 고객을 대면하는 스피드메이트 가맹점주의 몫이었다. 본사 입장에서는 협력사라 할 수 있는 가맹점주가 고객이기 때문에 가맹점주와 만나더라도 제품 가격이나 매출 목표에 대한 이야기를 나누는 정도였다. 매장을 찾는 고객의 요구나 불만은 전적으로 가맹점주가 알아서 처리하면 되는 일이라고 여겼다.

하지만 요즘은 본사 차원에서 고객의 고객, 즉 스피드메이트 매장을 이용하는 고객의 소리에도 귀를 기울이고 있다. 결국 최종소비자들의 요구가 매장을 개선하는 핵심 자산이 되기 때문이다. 그러한 노력은 곧 매장의 변화로 나타났다. 정비하는 동안 기다리는 것이 지루하다는 고객의 불만을 반영해 카페형 매장을 만들고 타이어도 판매하기 시작했다. 그동안에는 가맹점 관리에 집중했다면, 이제는 해당 서비스를 직접 이용하는 고객에 집중해 새로운 고객 가치를 창출하고 있다.

자료원: KMAC Books, 2020.6.16에서 발췌 정리.

주주를 고객으로 보는 마인드

기업들이 투자자관계(Investor Relations: IR)를 통해 미래전망에 대한 포괄적인 정보를 투자자들에게 제공함으로써 주주이익과 경영의 투명성을 높여 기업의 자본조달을 원활하게 하고 있다.

기업은 최종소비자만을 고객으로 볼 것이 아니라 자본을 조달하는 창구인 주주도 고객으로 볼 필요가 있다. 기업이 주주로부터 자본을 조달하기 위해서는 주주에게 신뢰감을 형성하도록 하고 정확한 정보를 전달하는 것이 무엇보다 필요하다. 경영자는 주주를 중요한 고객으로 보고 주주의 입장에서 경영활동을 수행함으로써 주주에게 이익이 돌아갈 수 있도록 해야 할 것이다. 우호적인 주주집단을 형성하고 이를 바탕으로 기업이미지를 높여 자본조달을 위한 최적의 환경을 조성할 때 기업은 지속적인 성장과 발전을 이룰 수 있는 토대를 마련하게 되는 셈이다.

종업원을 고객으로 보는 마인드

경영자의 입장에서는 매일매일 대면하는 종업원이 고객(내부고객)이 될 수도 있다. 경영자는 종업원을 같은 배를 탄 공동운명체라는 생각으로 서로간 정을 나누는 데 소홀해서는 안 된다. 최근에는 기업경영을 잘하는 필수적인 요건의 하나로 '종업원을 가족처럼 대하라'고 강조하고 있다. 종업원은 근무시간에는 종업원에 불과하지만, 근무시간 이외에는 자사제품을 소비할 수 있는 최종소비자로 바뀔 수 있다. 기업을 경영하는 경영자는 종업원도 고객이라고 생각하며 가족처럼, 최종소비자처럼 대해야 할 것이다.

사례 하나금융, 직원행복 실현 위한 '랜덤커피' 프로그램 실시

하나금융그룹이 그룹 내 자유로운 소통과 협업의 일환으로 매주 직원을 일대일로 매칭해 함께 커피를 마시고 대화를 나누는 '랜덤커피(Random coffee)' 프로그램을 실시하고 있다. 이 프로그램은 동일회사 또는 관계사 직원 간 소통과 협업문화 확산, 금

정적이고 활기찬 기업문화 조성을 통한 즐거운 직장, 직원행복 실현을 위해 마련됐다.

하나금융지주와 KEB하나은행은 프로그램 운영을 통해 타 부서의 잘 알지 못했던 직원들과 ▸공통 관심사 발견 ▸타 부서의 업무에 대한 새로운 아이디어 도출 ▸자발적인 랜덤커피 후기 공유 등 참여 직원들로부터 큰 관심과 호응을 이끌어내고 있다. 이외에도 하나금융은 '휴매니티(Humanity)'를 키워드로 사람 중심의 경영, 이를 위한 직원 행복을 올해 주요 경영목표로 그룹 관계사의 근로문화를 혁신하고 일과 삶에서 행복을 찾을 수 있는 근무환경 조성을 위해 다양한 '워라밸(work-life balance: 일과 삶의 균형)' 프로그램을 운영하고 있다.

정시퇴근문화 확산을 위해 저녁 7시 본점 일괄소등과 지점장 정시퇴근 의무화 등을 실시 중이며, 시중은행 최초로 초등학교 입학 자녀가 있는 직원 대상으로 출근시간을 1시간 늦추는 '자녀안심돌봄 근무시간 단축 프로그램'을 도입했다. 이외에도 시중은행 최초로 본점과 영업점 직원을 대상으로 연중 상시적인 노타이(No-Tie) 근무를 시행 중이며, 저출산 · 고령화 문제 해결을 위해 2020년까지 향후 3년간 국공립어린이집 90개와 직장어린이집 10개 등 총 100개의 어린이집을 건립할 방침이다.

자료원: 매일신보, 2018.4.29에서 발췌 정리.

경쟁우위 마인드

경영마인드에는 고객을 먼저 생각하는 고객중심 마인드와 함께 경쟁회사와 비교해볼 때 어떻게 하면 상대적으로 더 큰 만족을 제공할 수 있는가를 찾는 경쟁우위 마인드가 요구된다. 경쟁우위 마인드는 경쟁의 범위가 넓어지고 경쟁 정도가 격화될수록 더욱 더 중요하게 작용한다.

경쟁우위는 절대우위나 비교우위와 다른 개념으로, 글로벌 무한경쟁이 펼쳐지는 21세기에는 경쟁우위를 확보하지 않으면 살아남기 힘들다. 그렇다면 경쟁우위가 절대우위나 비교우위와 어떻게 다른가를 살펴보도록 하자.

절대우위

절대우위(absolute advantage)는 한 나라나 기업이 특정 제품에 대하여 독점적 지위를 갖거나 가장 낮은 비용으로 생산할 수 있어서 독보적인 위치를 차지하고 있는 경우를 말한다. 절대우위를 확보한 국가나 기업은 독점적 지위에 따른 초과 이익을 얻을 수 있지만, 절대우위를 갖는 경우는 매우 드물다. 그 이유는 특정국가나 기업에서 단독으로 생산되는 제품은 거의 없으며, 경제적 조건이 급속하게 변화하기 때문에 생산비용에서 우위를 지속적으로 유지할 수 없기 때문이다.

전통적으로 남아프리카는 다이아몬드에 있어서 절대우위를 가지고 있었다. 이는 생산되는 지역이 한정되어 있었기 때문이었다. 하지만 독점적 이익을 겨냥한 많은 국가들이 다이아몬드를 찾아 세계 여러 곳을 탐사한 결과, 캐나다 등지에도 매장돼 있다는 것을 발견하고 개발하게 되면서 남아프리카의 절대우위는 사라지게 되었다.

국가 간 경계가 사라지고 글로벌 경쟁이 이루어지고 있는 현재 상황에서 특정 기업이 제품생산에 있어서 독점적 지위에 따른 절대우위를 확보하기란 매우 어렵다. 기업들은 부존자원을 독점적으로 확보하기가 어렵고 생산비용에서 가장 낮은 수준을 지속적으로 유지하기 불가능하기 때문에 절대우위를 확보하는 경우는 거의 없다.

비교우위

비교우위(comparative advantage)는 한 나라가 다른 나라의 모든 제품에 대해 절대우위 또는 절대열위에 처해 있다고 할지라도 상대적으로 효율성이 높은 제품을 전문화하면 두 나라 모두에게 이익이 발생한다는 것이다. 예를 들면, A국가는 B국가에 비해 첫 번째 제품은 3배의 효율성을 갖고 있으며, 두 번째 제품은 2배의 효율성을 갖고 있다고 하자. A국가는 첫 번째 제품에 대해 비교우위를 갖고 있으며, B국가는 두 번째 제품에 대해 비교우위를 갖고 있게 된다. 물론, B국가는 절대우위라는 측면에서 보면 첫 번째 제품이나 두 번째 제품 모두에서 절대열위에 놓여 있게 된다.

대부분의 국가 간 무역이 비교우위에 입각해서 이루어지고 있다. 예를 들어, 인도네시아는 더운 날씨와 값싼 노동력을 이용하여 농산물을 수출하고, 반면에 우리나라는 기술력을 바탕으로 전자제품이나 자동차 등을 수출하는 경우가 여기에 해당된다. 자유무역에 의해 이익을 얻는 것은 비교우위에 근거를 두고 있다.

비교우위는 주로 국가 간 교역에서 적용되지만, 기업에서는 비교우위를 적용하기가 곤란하다. 그 이유는 비교의 원리가 부존자원의 양에 의해 결정되기 때문이며, 또한 생산비용의 비교는 한 국가 내에서 기업 간 큰 차이가 없기 때문이다. 기업 간 비교는 단지 몇 개 기업만을 비교해서 우위가 결정될 문제가 아니다. 해당제품마다 수많은 기업들에서 생산되고 있으므로 하나의 상대기업만을 대상으로 비교우위를 갖는다는 것에 큰 의미는 없다고 할 수 있다.

경쟁우위

경쟁우위(competitive advantage)는 특정기업이 수많은 기업과의 경쟁에서 우위에 설 수 있는지 여부를 판단할 때 사용하는 개념으로 두 국가간 우위를 판단하는 비교우위와 다르다. 비교우위가 임금, 금리, 환율, 부존자원 등 거시변수를 가지고 특정산업이나 분야의 국제경쟁력을 판단하는 개념이라면 경쟁우위는 개별기업에 한정된 개념이다.

기업이 경쟁우위를 확보하기 위해서는 기업 특유의 기술이나 탁월한 경영능력 등이 필요하다. 경쟁우위 원천으로 가치활동(value activities)과 핵심역량(core competency)을 들 수 있다. 가치활동은 창조적인 경영활동을 의미하고, 핵심역량은 고객에 대해서 기업의 핵심 경쟁력 확보에 결정적인 역할을 하는 중요한 경영자원이라고 할 수 있다.

가치활동과 핵심역량은 밀접하게 관련되어 있다. 경영활동은 경영자원을 기초로 이루어질 수 있으며, 경영자원은 경영활동을 수행함으로써 획득될 수 있기 때문이다. 예를 들면, 기업의 핵심역량이라고 할 수 있는 기술능력은 연구개발이라는 경영활동을 통해 축적될 수 있으며, 축적된 기술력으로 경쟁력있는 제품을 개발해 낼 수 있는 것이다. 따라서 특정한 기업활동이나 경영자원이 경쟁기업에 비해 우위에 있어야 지속적인 성장과 발전을 도모할 수 있을 것이다. 기업이 소유하고 있는 특정한 경영자원이 경쟁기업에 비해서 우위를 가지려면 다음의 두 가지 조건이 충족되어야 한다.

- 기업이 가진 자원은 다른 기업들이 갖지 못한 희소한 자원이어야 한다. 즉 어느 기업이 소유하고 있는 기술이 산업 전반에 널리 퍼져 있어서 타기업들

도 그 기술을 쉽게 획득할 수 있다면 그 기술은 더 이상 그 기업에게 경쟁우위를 가져다 줄 수 없다.

- 기업이 소유하고 있는 자원이 핵심역량이 되려면 현재 그 산업에서 중요하게 작용하는 것이어야 한다. 진정한 핵심역량은 경쟁자와 차별화될 때 인정된다. 경쟁자와 차별화된다는 것은 시장지배력이 있음을 의미한다.

지속가능한 경쟁우위를 확보하는 것은 모든 기업의 바람이다. 그러나 모든 경쟁우위는 다른 기업의 모방과 혁신에 의해 언젠가 소멸된다. 경쟁우위 요소가 소멸되는 이유는 시장의 불확실성이 높아지고 기업 간 경쟁이 빠르고 공격적으로 이루어지면서 '하이퍼컴피티션(hyper competition: 초경쟁)'이 일어나기 때문이다. 하이퍼컴피티션 상황에서 기업은 기존의 우위요소를 스스로 허무는 노력뿐만 아니라, 공급자 중심의 경쟁구도에 함몰되지 말고 고객가치중심경영을 최우선적으로 고려해야 할 것이다.[1)]

사례 전기차 배터리 수주 잔고 110조 - 글로벌 시장 주도

LG화학은 국내 화학기업 중 유일하게 매년 매출액의 3~4%를 연구개발(R&D)에 투자하고 있다. 2018년에는 사상 처음으로 연구개발 비용이 1조원을 넘었고, 이 가운데 30% 이상을 배터리 분야에 투자했다. 최근 5년간 배터리 부문 연구개발에만 1조 3,000억원 넘게 투자했다. 이 같은 과감한 투자를 통해 LG화학은 배터리 분야에서 1만 6,685건의 특허와 영업 비밀을 확보하고 있다. 투자활동을 통해 차별화한 기술력을 확보, 글로벌 전기차 배터리 시장을 선도하고 있다.

LG화학은 1995년부터 리튬이온 배터리 연구를 본격적으로 시작했다. 1999년 국내 최초로 대규모 양산에 성공했고, 2009년에는 세계 최초로 미국 자동차 제조사인 GM의 전기차 볼트에 배터리를 공급했다. 이후 10년 만에 전기차 · 소형 · ESS(Energy

1) LG Business Insight, 2011.9.21, pp. 15~21.

Storage System) 등 배터리 사업은 급성장했다. 2024년에는 배터리 사업에서 30조원 이상 매출을 올릴 것으로 예상된다. LG화학은 국내를 비롯해 순수 전기차 시장의 약 90%를 차지하는 미국·중국·유럽에 자동차 배터리 생산 거점을 구축한 유일한 회사다. LG화학은 전 세계 배터리 메이커 중 유일한 화학 기반 회사로 소재 내재화를 통한 원가 경쟁력을 갖췄다는 평가다.

LG화학의 전기차용 배터리는 분리막의 표면을 '세라믹 소재'로 얇게 코팅해 특허를 획득한 '안전성 강화 분리막(Safety Reinforced Separator: SRS)'을 적용하는 것은 물론, 배터리의 형태가 캔(can) 타입이 아닌 파우치(pouch) 타입이어서 폭발 위험이 전혀 없고, 표면적이 넓어 열 발산이 쉽기 때문에 배터리 수명이 길다는 장점이 있다.

LG화학은 대규모 투자와 확보된 기술력으로 고에너지 밀도 구현을 통한 긴 주행거리 확보, 급속 충전 및 오랜 수명 확보를 통한 사용자 편의 증대, 높은 디자인 자유도 실현을 통한 공간 최적화 등 글로벌 자동차 기업이 요구하는 배터리를 안정적으로 제공하고 있다. 이와 같은 결과로 2019년 1분기 말 기준으로 전기차 배터리 수주 잔액은 110조원에 달한다. LG화학은 글로벌 자동차 브랜드 가치 상위 20곳 중 65%인 13개 브랜드에 배터리를 공급하며 글로벌 전기차 배터리 시장을 주도하고 있다.

자료원: 조선일보, 2019.10.31에서 발췌 정리.

가치극대화 마인드

지금까지 우리는 경영마인드를 갖는다는 것은 구체적으로 고객을 먼저 생각하고 그러한 고객에게 어떻게 하면 경쟁기업에 비해 더 큰 만족을 제공할 수 있을까를 찾아보려는 노력이라고 하였다. 그런데 경쟁기업에 비해 더 많은 투자를 했는데 이익이 적게 돌아오면 오히려 상대적으로 손해를 보게 될 것이다. 따라서 경영마인드를 가진 의사결정은 위의 두 가지 조건을 따르되 수익성이라는 또 하나의 조건이 반드시 수반되어야 할 것이다.

수익성(profitability)은 효과적이면서 효율적인 아이디어에 의해서 얻어질 수 있다. 즉 인적·물적 자원, 자본 등 경영자원을 투입할 때 효과적이면서 효율적인 아이디어가 가미되면 투입 이상의 산출이 발생하게 되며 이것이 기업의 성장으로 연결된다. 효과적이면서 효율적인 아이디어에 의해 수익성이 커지면 커질수록 경영활동의 최종목표인 기업가치 극대화에 도달할 수 있게 된다.

일반적으로 기업가치 극대화를 위해서는 두 가지 방법이 있다. 주식시장에서 주가를 높여 기업가치를 극대화하는 방법과 브랜드나 특허권 등 무형자산의 가치를 높여 기업가치를 극대화하는 방법이다.

주가를 통한 가치극대화

영리를 추구하는 기업에 있어서 주식가격을 통해서 기업가치를 높이는 것은 매우 중요하다. 기업의 주가가 상승한다는 것은 투자자들이 투자가치가 있다고 판단하여 해당기업에 투자하는 것이기 때문이다. 또한 주가가 높아진다는 것은 원활하게 자본을 조달할 수 있다는 것을 의미하기도 한다.

주식시장에서 결정되는 주가에 발행주식수를 곱한 것이 기업의 시장가치가 되기 때문에 주가가 높을수록 기업가치는 커지게 된다. 기업가치를 높이는 가장 직접적인 방법은 주가를 높이는 것이다.

주가를 높이기 위해서는 실질적으로 기업의 수익성이 확보되어야 한다. 주가는 미래에 발생하게 될 현금흐름의 현재가치라고 표현된다. 눈에 보이는 비용 절감에 의한 단기적인 이익 창출뿐 아니라 눈에 보이지 않는 방법에 의한 장기적인 이익 창출도 주가를 크게 높일 수 있을 것이다. 따라서 다양한 아이디어를 토대로 주가를 높일 수 있는 방안을 마련하는 것이 경영마인드를 갖추는 한 가지 방법이 될 수 있다.

최근 기업들이 IR(investor relations) 활동을 강조하는 추세이다. IR은 '기업의 상대적 가치를 극대화하는 것을 목표로 기업의 재무 커뮤니케이션 및 마케팅 기능을 활용하여 금융기관을 비롯한 여러 관련 기관에 전달하는 기업정보의 흐름과 내용을 관리하는 전략적인 경영책무'이다. IR 활동은 현재 혹은 미래 기업가치(혹은 주식가치)의 공정한 평가에 있다고 할 수 있다. 즉, 현재 혹은 미래의 기업의 업적, 성과 및 장래성에 관한 정확한 모습과 위상을 제공하는 것에 IR의 궁극적 목적이 있다고 하겠다.[2)]

2) Corporate Governance Service, pp. 2~3.

사례 LG전자, '2020 한국 IR대상' 우수상 수상

LG전자는 한국IR협의회가 주최한 '2020 한국IR대상'에서 우수상을 수상했다. LG전자는 투자자의 의견을 귀담아 듣고 이를 회사 경영진의 의사결정에 충분히 반영할 수 있도록 노력하고 있다. 정기적으로 회사의 실적과 중장기 전략을 설명하는 국내외 투자자설명회(NDR), 분기별 실적발표회에서 투자자와 소통하고 있다.

LG전자는 주주와 투자자에게 보다 신속하고 효과적으로 경영실적을 전달하기 위해 2016년 1분기부터 잠정실적을 공시하고 있다. 잠정실적뿐 아니라 각종 신뢰성 있는 정보를 적시에 공시해 주주와 투자자의 가치판단을 돕고 있다. LG전자는 ESG(Environment(환경), Social(사회), Governance(지배구조))에 대한 IR 역량을 강화하고 있다. 기업에 대한 투자를 위해 중요한 지표 중 하나인 ESG 관련 정보를 홈페이지를 통해 주주와 투자자에게 충실하게 공개하고 있다.

자료원: Live LG, 2020.10.21에서 발췌 정리.

브랜드 등 무형자산을 통한 가치극대화

미국마케팅협회(American Marketing Association: AMA)는 브랜드(brand)란 개인이나 단체가 제품이나 서비스를 특정 짓고 경쟁자의 제품과 서비스로부터 차별화시킬 의도로 만들어진 이름, 용어, 사인, 심벌을 의미한다고 정의한다. 동일한 제품이라도 브랜드 유무에 따라 소비자들에게 큰 차이를 보이기 때문에 기업은 가격, 품질 그리고 촉진활동을 통해 자사의 브랜드 가치를 높이기 위해 노력한다. 강력한 브랜드는 소비자가 가격에 상관없이 항상 그 상품을 구매하도록 만드는 로열티(선호도)를 형성한다.

현대사회에서는 제품의 실체보다 이미지를 중시하는 경향이 강해지고 있다. 효과적인 측면으로 브랜드 전략을 사용하기 위해서는 브랜드가 뚜렷한 경영목표나 비전을 담고 있어야 한다. 제너럴일렉트릭(GE)은 1996년부터 GE라는 명칭과

로고, '전기를 통한 보다 나은 삶'이라는 슬로건을 만들어 사용하고 있다. 자동차 회사 아우디(Audi)는 '독일인의 장인정신이 배어있는 승용차', 베네통(Benetton)은 '다양한 인종이 조화롭게 살아가는 하나의 세계'라는 비전을 일관되게 제시하고 있다.

브랜드 전략이 효과를 보기 위해서는 소비자의 심리를 정확히 읽어낼 수 있어야 한다. 1980년대 중반 포드(Ford)는 소비자조사 결과를 토대로 베이비붐 세대를 목표시장으로 설정했다. 이들의 특성이 레저를 선호하고 가족중심적이라는 점을 파악한 포드는 모델개발부터 광고에 이르기까지 고객의 욕구를 반영하는 일관된 전략으로 일본 자동차들을 물리칠 수 있었다. 이처럼 기업이 추구할 경영목표나 비전을 담고 있으면서 고객의 욕구를 반영한 브랜드를 개발함으로써 기업가치를 극대화할 수 있을 것이다.

사례 2020 소비자 선정 최고의 브랜드 대상

2020 소비자 선정 최고의 브랜드 대상

브랜드	부문	기업명	연속
KB국민은행	은행	KB국민은행	9년
금호타이어	타이어	금호타이어	9년
롯데슈퍼	대형슈퍼	롯데슈퍼	9년
하이포크	축산식품	팜스코	9년
KB프라이빗뱅킹 GOLD&WISE	프라이빗뱅킹	KB국민은행	8년
마리오아울렛	패션쇼핑몰	마리오아울렛	8년
코베아	캠핑용품	비젼코베아	8년
코오롱스포츠	아웃도어	코오롱인더스트리FnC부문	8년
엘리트학생복	학생복	형지엘리트	8회 수상
그린알로에	알로에건강기능식품	그린알로에	7년
QLED TV	TV	삼성전자	7년
싱가포르항공	국제항공사	싱가포르항공	7년
생각하는피자	학습지	재능교육	7년
뉴트리나 건강백서	펫푸드	카길애그리퓨리나	7년
KJ CHOI GOLF & SPORTS	골프웨어	슈페리어홀딩스	6년
하카	전자담배	하카코리아	6년
그린알로에 알로에스테	알로에화장품	그린알로에	5년
끌리메	에스테틱서비스	끌리메	5년
삼성 셰프컬렉션 패밀리허브	냉장고	삼성전자	5년
신한미래설계	은퇴설계	신한은행	5년
리안	유모차	에이원	5년
충남농사랑	농특산물쇼핑몰	충청남도경제진흥원	5년
TS샴푸	탈모케어	TS트릴리온	5년
쉐보레 스파크	소형경차	한국지엠	5년
한솥도시락	도시락프랜차이즈	한솥	5년
이대목동병원	종합병원	이화의대부속목동병원	5회 수상

요즘 소비자들은 어떤 브랜드에 높은 점수를 주고 있는지 중앙일보·포브스코리아가 알아봤다. 지난해 8월부터 2개월 가량 소비자, 전문가 집단과 함께 분야별 브랜드의 가치를 평가해 '2020 소비자 선정 최고의 브랜드 대상'을 선정했다. 금융·유통·교육 등 14개 분야에서 총 49개 기관·기업, 56개 브랜드를 뽑았다. 올해로 9회째를 맞은 이 행사는 중앙일보·포브스코리아가 주최·주관하고 과학기술정보통신부·산업통상자원부·JTBC가 후원한다.

먼저 9년 연속 대상을 받은

브랜드를 살펴본다. 이들은 이미 국내 소비자의 생활 속에 깊이 뿌리내렸다. KB국민은행은 이름처럼 국내를 대표하는 '국민' 은행으로 생활 속에 꼭 필요한 금융 서비스를 제공한다. 'KB국민은행'과 프라이빗 뱅킹 브랜드인 '골드앤와이즈'가 각각 9년 연속, 8년 연속 최고의 브랜드에 이름을 올렸다. 특히 핸드폰 셀프개통, 잔여데이터 환급 등이 가능한 모바일 서비스 '리브엠(Liiv M)'을 시작하며 금융·통신을 융합한 새로운 서비스 시장을 개척하고 있다. 1960년 타이어를 만들기 시작한 금호타이어는 현재 180여 개국에 연간 18억 달러 이상을 수출하는 글로벌 타이어 기업이다. BMW, 메르세데스 벤츠, 폴크스바겐 같은 자동차 생산업체에 타이어를 공급하고 있으며 지난해 업계 최초로 파키스탄 센츄리사에 타이어 제조 기술을 수출하기로 했다.

끊임없는 혁신을 기치로 내건 롯데슈퍼는 다변화하는 국내 소비환경에 발맞추기 위한 노력을 게을리하지 않는다. 옴니채널 서비스, 프리미엄 슈퍼마켓, 새벽배송 시스템 등을 도입하며 차세대 슈퍼마켓이 나아갈 방향을 적극적으로 제시하고 있다.

하이포크는 팜스코가 국내 최초로 만든 냉장육 브랜드다. 도축이 이뤄지는 '하이포크푸드센터'는 1인 가구 증가, 간편 가정식 시장이 커짐에 따라 지난해부터 육가공사업을 확대했다.

자료원: 중앙시사매거진, 2020.1.23에서 발췌 정리.

3. 경영마인드가 있는 기업과 경영마인드가 없는 기업

경영마인드 있는 기업

경영마인드가 있는 기업은 고객중심 마인드, 경쟁우위 마인드, 가치극대화 마인드 등을 갖고 계획·조직화·지휘·통제 등의 경영활동을 효과적이고 효율적으로 수행하는 기업을 말한다. 강력한 경쟁력을 바탕으로 성장해 가는 기업들은 이와 같은 경영마인드를 갖추고 있다. 특정 조건을 중심으로 성공하는 것이 아니라 고객중심, 경쟁우위, 가치극대화 마인드를 토대로 체계화된 경영활동이 성공요인으로 작용한 것이다.

사례 2020 대한민국 최고의 경영대상 – 25개 기업 · 기관 선정

국내 최고의 경영철학을 가진 기업과 기관을 선정하는 '2020 대한민국 최고의 경영대상' 시상식이 열렸다. 올해 시상식에서는 민간기업, 공기업, 기관 등 총 25곳이 선정됐다. 부문별로는 ▸리더십 경영(3개) ▸글로벌 경영(2개) ▸지속가능 경영(2개) ▸상생협력 경영(1개) ▸사회적가치 경영(1개) ▸사회공헌 경영(1개) ▸소비자중심 경영(1개) ▸일자리창출 경영(1개) ▸고객행복 경영(1개) ▸기술혁신 경영(2개) ▸문화관광 경영(1개) ▸최고품질 경영(3개) ▸고객만족 경영(2개) ▸고객중심 경영(2개) ▸인재 경영(1개) ▸환경친화 경영(1개) ▸기업가정신 경영 등이다.

올해 시상식에서는 9곳이 연속 수상, 나머지 16곳이 신규 수상했다. 특히 NH농협은행(소비자중심 경영), 두리잡(일자리 창출 경영), 듀오정보(고객행복 경영), 신영기술개발(기술혁신 경영), 애드브레인(리더십 경영)은 4년 연속 수상해 눈길을 끌었다. 단양군은 3년 연속 수상, 한국투자저축은행은 3회 수상, 서울에프엔비와 장안칼스는 2년 연속 수상했다. 이 밖에 골드라인그룹, 국립생태원, 그린코스, 다온닷컴, 대한과학그룹, 대한바이오팜, 보람그룹, 스타벅스커피코리아, 에이티세미콘, 유니크패밀리, 이노바이오써지, 인타임즈인, 지에이코리아, 축산물품질평가원, 통인H&C, 한국지방재정공제회 등은 신규 수상자에 이름을 올렸다.

자료원: 매일경제신문&mk.co.kr, 2020.6.12에서 발췌 정리.

경영마인드 없는 기업

경영마인드가 없는 기업은 고객의 중요성도 모르고, 경쟁우위를 확보하기 위한 핵심역량도 없으며, 가치극대화를 위한 노력도 소홀히 하는 특징을 가지고 있다. 계획 · 조직화 · 지휘 · 통제 등 경영활동에 일관성도 없고 체계도 없는 기업들이다.

경영마인드가 없는 기업은 외견상으로는 바쁘고 활기차 보일 수 있다. 하지만 실제 내용은 예상하지 못한 상황에 대처하기 위해 우왕좌왕하는 경우가 많다. 달리 말해 계획 · 조직화 · 지휘 · 통제 등 각자가 맡은 일이 가장 중요하다고 판단하여 순간순간 일의 중요도가 바뀌고, 분위기에 따라 휩쓸리는 경향이 있음을 볼 수 있다.

사례 자본금의 30배 넘는 빚 가진 석유공사

'고강도 긴축경영'을 추진 중인 한국석유공사의 부채비율이 역대 최고인 3,000%를 넘어섰다. 기업이 가지고 있는 자본금 대비 부채비율 30배가 넘었다는 의미로 공기업 부실화가 더 심각해졌다는 의미다. 총부채 규모는 다시 18조원을 돌파, 위험수위를 넘어섰다.

석유공사는 작년 연결기준으로 매출액 25억 달러, 영업이익 4억 9,000만 달러, 당기순손실 7,000만 달러를 기록했다. 매출은 유가하락(−10%)에 따라 전년대비 3억 5,000만달러 감소하고, 영업이익은 전년(4억 9,000만달러)과 유사한 실적을 유지했다. 당기순손실은 2018년(10억 5,000만달러) 보다 93% 이상 줄어든 7,000만달러를 기록했다. 2011년 이후 9년 만의 최소 수준이다. 공사측은 지난해 3월 비상경영 선포 이후 비용 감축과 '아랍에미리트연합(UAE) 할리바 광구' 조기생산 등 자구노력의 성과라고 설명했다. 하지만, 자산 건전성은 1년 전보다 크게 악화됐다. 석유공사의 작년 총자산은 5억 2,000만달러, 총부채는 15억 6,000만달러로, 지난해 평균환율(1,165.35원)을 적용할 경우, 총자산은 6조 원, 총 부채는 18조 2,000억원 정도로 추정된다. 이에 따라 자본금 대비 부채비율은 3,021%로 1년 사이에 부채비율이 733%p 급증했다.

공사측은 고강도 긴축경영으로 차입금을 1억 8,000만달러 감축하며 부채수준을 3,000만달러 증가로 억제하였으나, 세후순손실 및 파생상품손실 발생으로 1억 7,000만달러 자본 감소가 발생했다고 밝혔다.

석유공사는 2008년부터 2012년에 걸쳐 추진한 공격적 해외투자사업의 부실화로 부채난에 빠지면서 총부채 규모는 2007년 3조원대에서 2010년 12조 3,000억원, 2011년 20조 8,000억원으로 20조원대를 넘어섰다. 자산매각 등 고강도 구조조정으로 2018년 17조 5,000억원으로 낮췄다가 지난해에는 파생상품 손실 등으로 다시 18조원대를 넘어섰다. 이에 따라 석유공사 부채비율은 2009년 101.5%에서 2010년 123.4%, 2017년 718.5%에서 2018년 2287%로 3배 이상 껑충 뛰었고, 지난해에는 3,000%를 돌파했다. 석유공사는 지난해 3월 '부채비율 1,200% 이하' 목표달성을 제시하며 자산매각, 인력구조조정, 비용절감 등의 자구책을 내놨지만, 기업 부실화를 막기는 역부족이었다.

자료원: 경상일보, 2020.3.3에서 발췌 정리.

강/의/요/약

1. 경영마인드는 기업목표를 달성하기 위하여 효과성과 효율성을 가진 여러 가지 아이디어나 지혜를 적용하는 것을 의미한다. 경영마인드는 효과성과 효율성을 추구한다는 점에서 형평성과 일관성을 추구하는 행정마인드와 다르다.

2. 경영마인드에는 고객을 최우선으로 하려는 고객중심 마인드, 치열한 경쟁 속에서 우위를 확보하려는 경쟁우위 마인드, 기업가치를 극대화시키려는 가치극대화 마인드가 핵심요소로 작용한다.

3. 고객중심 마인드는 최종소비자뿐만 아니라 종업원이나 주주도 고객으로 보는 마인드가 요구되며, 경쟁우위 마인드는 절대우위, 비교우위에서 더 나아가 가치활동과 핵심역량을 통한 차별화된 제품이나 서비스 제공이 요구된다. 가치극대화 마인드는 주가를 통해서뿐만 아니라 브랜드 가치를 높이거나 다양한 방법을 통해서 기업가치를 극대화시키는 마인드를 요구한다.

4. 경영마인드가 없는 기업은 계획 · 조직화 · 지휘 · 통제 등 경영활동이 일관성 없는 기업으로, 고객의 중요성을 인식하지 못하고 경쟁우위 확보나 가치극대화에 노력을 기울이지 않는 외형 중심의 기업을 의미한다.

MANAGEMENT

제3장

경영학의 이해

1. 경영학이란?
2. 경영학의 성격
3. 경영학의 어제와 오늘

1. 경영학이란?

경영학은 기업의 효과성과 효율성을 위한 체계적 학문

경영학은 기업목표를 달성하기 위해 자본과 물적자원, 인적자원, 정보, 지식 등을 이용하여 계획 · 조직화 · 지휘 · 통제하는 활동을 체계적으로 연구하는 학문이다. 즉, 기업목표를 효과적 · 효율적으로 달성하기 위한 활동을 체계적으로 연구하는 학문이다.

우리가 살고 있는 사회는 많은 개인과 조직 또는 집단들로 구성되어 있는데, 경영학은 개인보다는 조직 또는 집단을 그 연구대상으로 하고 있다. 이와 같은 조직을 학교, 교회, 병원, 정부 등과 같은 비영리조직과 기업, 은행 등과 같은 영리조직으로 나눈다면 경영학은 영리조직인 기업조직을 주된 연구대상으로 한다.

경영학은 특정한 활동에 국한되어 연구하는 학문이 아니라 수많은 관련 활동의 학문을 접목시켜 적용하는 통합된 학문이다. 최근 경영학의 연구대상은 비영리조직도 포함하는 등 우리 사회 모든 유형의 조직을 대상으로 하고 있다. 왜냐하면 비영리조직에도 경쟁의 개념이 도입되면서 경영원리가 그대로 적용되기 때문이다.

2. 경영학의 성격

이론으로서의 경영학과 실제로서의 경영학

경영학은 이론적 학문의 성격과 실천 가능한 실제적 학문의 성격도 가지고 있다고 평가받고 있다. 이론적 학문으로서 경영학은 기업조직의 제반 현상을 기술(description)하고 설명(explanation)하며 예측(prediction)하는 것을 목적으로 하는 이론과학(theoretical science) 또는 순수과학(pure science)으로서 특성을 갖는다. 이는 경영학이 현재 나타나고 있는 경영현상에 대하여 이론적 연구방법을 통하여 하나의 원칙으로 정립해 나가는 특성을 가지고 있다는 뜻이다.

반면, 경영학은 실제적인 학문으로 기업경영의 실무를 위한 규범적 방향을 제시하는 실천과학(practical science) 또는 응용과학(applied science)으로서의 특성도 갖는다. 기업이 가진 목적을 달성하기 위하여 어떤 수단이나 방법을 선택하는 것이 가장 이상적이겠는가를 연구하는 것이 경영학이기 때문이다. 경영현상에 대한 단순한 설명이 아니라, 경영은 적어도 이렇게 전개되어야 한다는 경영의 실천원리를 추구해 가는 방법도 사용하게 된다.

이론적 학문과 실제적 학문으로서 경영학은 상호보완 관계로 다루어져야만 한다. 이론과 실제가 상호보완 관계를 통해 큰 성과를 거둘 수 있기 때문이다.

사례 해녀처럼 경영하라, 기러기 리더십

바닷물 속에서 깊이 무자맥질해서 해산물을 캐내는 해녀는 바다의 주역이자, 생활 전사이다. 목숨을 걸고 하는 물질, 그러기에 한 치 앞도 내다볼 수 없는 경영환경에 맞닥뜨린 경영자의 모습과 닮아 있다. 해녀들의 삶은 놀랍기만 하다. 물에서의 삶보다 더 쉽게 흔들리는 뭍의 삶을 사는 우리들에게 새로운 도전정신을 불러일으킨다.

뼈 시린 겨울 바닷물 속. 어둠과 불투명성의 비즈니스 영토에서 이들은 생존을 위해 순간순간 즉각적인 판단을 내려야 하고, 경영성과를 만들어 내야 한다. 모든 결과는 철저히 실행을 통해 얻어지는 결과물들, 요행이란 있을 수 없다. 경제가 어렵다고 타박하는 대신, 솔선수범해서 찬물에 뛰어드는 삶의 주도자들. 어려운 환경은 스스로 일어날 최적의 외적 조건임을 알고, 스스로 분발해서 경제적 독립을 이뤄내는 사람들. 새로운 시장을 찾아 불확실성이 내포된 바다라는 신천지로 떠나는 사람들. 그들은 뭍의 사람들이 안으로 파고들 때, 국내 연안의 바다뿐만 아니라, 일본 · 중국 · 러시아까지 원정 물질을 다녀오는 글로벌 리더십을 발휘했다.

바다에서의 물질은 목숨을 내놓는 일. 한 번의 실수로 삶은 죽음으로 순식간에 전환된다. 열악한 환경에서도 해녀는 1인 기업을 이뤄내고, 바다의 개척자이자, 벤처 모험가로 거듭난다. 그래서 물질은 삶이 부활하는 뜨거운 현장이다. 해녀의 삶은 초인적이다. 가장 조직적이다. 누구보다 탁월한 비전을 내포하고 있다. 헌신적이며, 어느 분야의 사람들보다 일에 대한 몰입도가 높다. 삶의 엄숙함을 절실히 체득하고 있다. 해녀들의 강인함과 바다풀 같은 질김을 통해 우리는 우리 안에 내재한 개척정신과 리더십의 원형을 발견한다.

기러기는 겨울 철새다. 북극권에서 봄과 여름을 보내고 가을이 되면 한반도로 날아온다. 기러기의 비행거리는 약 4만km 정도라고 한다. 기러기가 V자 비행을 하는 이유는 앞서가는 새가 만들어 내는 상승기류를 이용해서 비행에 소요되는 에너지를 절약하기 위한 것이라고 한다. V자형의 편대비행을 하는 경우, 가장 앞에 날아가는 리더 역할이 매우 중요하다. 리더 역할을 하는 새는 바람의 저항을 크게 받기 때문에 편대비행을 하는 철새들 가운데 경험이 많은 새가 그 역할을 맡게 된다. 그리고 가장 앞에 있던 리더가 지치면 그를 살펴보던 다른 기러기가 자리를 교대해 주고 리더인 기러기가 일정 시간 힘을 비축하면 다시 앞으로 가서 무리를 이끌어 간다. 이때 기러기들은 끊임없이 울음소리(Honk, 파이팅, 힘내라)를 내는데, 놀랍게도 그 울음소리는 앞에서 거센 바람을 가르며 힘들게 날아가는 리더 기러기에게 보내는 응원의 소리이자 서로에 대한 격려의 소리라고 한다.

자료원: 전경일, 해녀처럼 경영하라, 2010, pp.5~7; The Public, 2016.11.30에서 발췌 정리.

과학으로서의 경영학과 기술로서의 경영학

경영학의 성격에 관한 또 다른 논란은 경영학이 과학(science)으로서 특성을 갖느냐 아니면 기술(art)로서 특성을 갖느냐 하는 것이다. 경영학이 과학으로 다루어질 때 경영의 실천원리에 필요한 비전과 원리를 제시하게 된다. 경영학이 기술로 다루어질 때 현실로서 기업이 추구하는 목표를 쉽게 달성할 수 있는 실천적 처방전을 제시하게 된다.

경영학이 과학으로만 다루어지게 된다면 현실과 동떨어진 공론으로 지식을 위한 지식으로 전락하게 된다. 반대로 경영학이 기술로만 다루어진다면 경험과 직관에만 의존하게 되므로 시행착오를 거듭하는 혼란을 낳게 된다.

이와 같이 경영학은 이론과 실제를 함께 추구할 뿐만 아니라 과학과 기술의 또 다른 양면적 성격을 가지고 있다. 경영학은 경영활동을 연구대상으로 이론과 실제, 과학과 기술의 네 가지 측면을 모두 지니는 종합학문이라 할 수 있다.

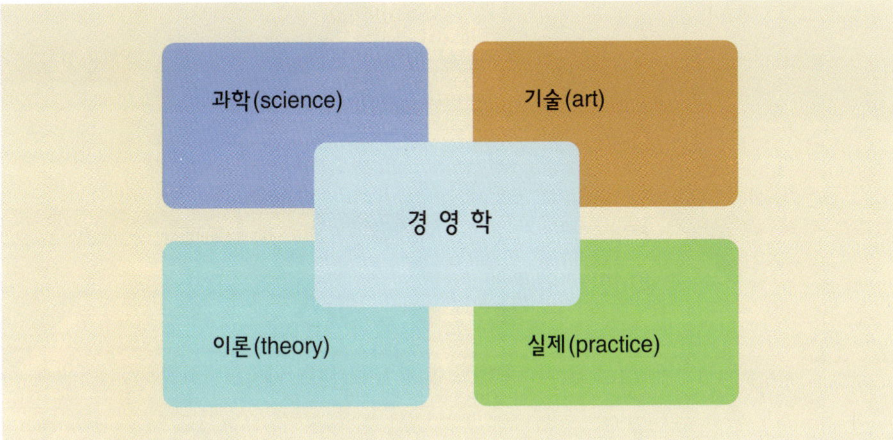

그림 3-1 경영학의 성격

3. 경영학의 어제와 오늘

경영활동은 인류의 역사와 함께 오랫동안 이어져 왔지만, 경영이론에 대한 연구는 그리 오래되지 못했다. 일반적으로 경영이론을 종합해보면 크게 다섯 가지 단계로 구분해서 살펴볼 수 있다.

첫째, 개인과 작업장에서 효율성을 강조하는 테일러의 과학적 경영이론과 패욜의 관리적 경영이론으로 구분되는 고전적 경영학이다.

둘째, 인간의 심리적인 측면과 행동 측면을 강조하는 행동론적 경영학으로, 메이요의 호손실험과 맥그리거의 X이론과 Y이론 등을 들 수 있다.

셋째, 경영활동을 투입과 변환과정, 산출 간 상호작용으로 보는 시스템적 경영학이다.

넷째, 경영환경이 급변하고 있으므로 보편적 원리보다 상황에 따라 다른 의사결정을 내리도록 하는 상황적합적 경영학이다.

다섯째, 기업이 활용할 수 있는 물적자원뿐 아니라 정보 · 지식 등의 자원을

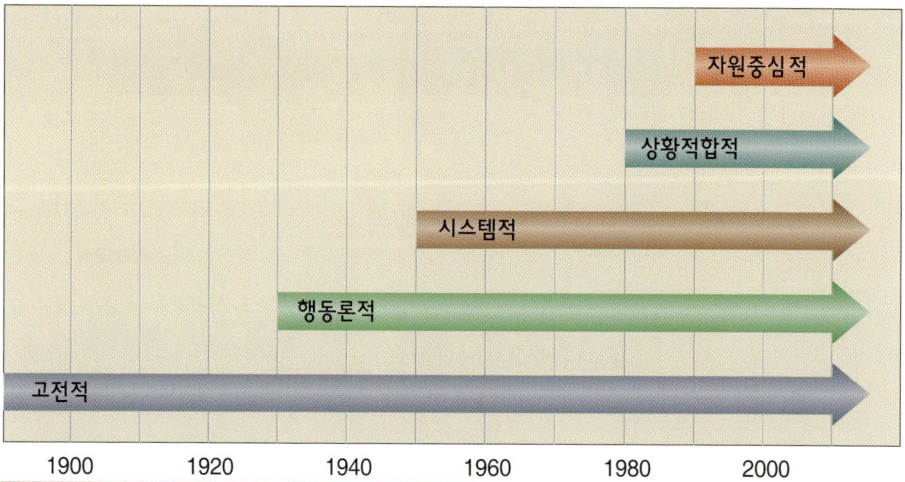

그림 3-2 경영학의 발전사

전사적 차원에서 효율적으로 관리하고 활용하는 데 초점을 두는 자원중심적 경영학이다.

21세기 글로벌 무한경쟁 시대에는 환경변화에 능동적 대처를 요구하는 글로벌 경영, 전략경영과 같은 상황적합적 경영학이 대두되고 있다. 또한 정보사회 및 지식사회로의 변화에 따라 정보경영, 지식경영과 같은 자원중심적 경영학이 경영이론의 핵심으로 대두되고 있다.

이와 같은 경영학의 패러다임 변화는 기업들에게 더 나은 경영 프로세스를 갖게 하는 방법을 제공함으로써 최적의 성과를 올리게 하는 경영방식의 진화(evolution)과정이라고 볼 수 있다.

고전적 경영학

1890년대 이후 작업과 조직을 효율적으로 관리하는 방법에 대한 연구를 강조하면서 발전한 경영이론을 말한다. 고전적 경영학은 작업자 개인의 직무에 초점을 둔 과학적 관리와 기업 전체에 초점을 둔 조직관리로 구분된다.

테일러의 과학적 관리론(노동 및 생산의 과학화 추구)

과학적 관리론(scientific management)은 생산성 향상을 위해 미국의 테일러(Frederick Winslow Taylor)가 창안한 경영이론이다. 경영 현상에 대한 체계적인 관찰, 실험 또는 판단을 통하여 획득한 사실에 의해서 도출된 표준을 근거로 사업 또는 업무를 수행하는 관리방식을 말한다.

테일러가 활동하던 19세기 후반은 산업혁명이 급속하게 진행되면서 대규모 공장이 생기고 철도 · 도로 · 통신 등 산업사회를 위한 간접시설들이 건설되었다. 당시 종업원들 대부분의 교육수준은 낮은 상태였고 경영자들도 경영에 관한 별다른 지식이 없이 상식과 경험에 의존해서 기업을 경영하고 있었으며, 작업에 대한 표준(standards)도 없었다. 이러한 상황 속에서 테일러는 자신의 경험을 통하여 작업현장 곳곳에 비효율적인 요소가 산재해 있음을 발견하였다.

테일러는 이와 같은 형태의 주먹구구식 경영을 바로잡기 위해서는 과학적인 관리원칙이 있어야 된다고 주장하고 노동 및 생산의 과학화를 추구한 것이다.

테일러의 과학적 관리법은 하루의 공정한 작업량을 과학적으로 정하고, 태업(soldiering)을 방지함으로써 고능률과 고임금을 동시에 보장하자는 것이 주된 내용이다. 이것이 근대 경영이론의 효시를 이룬 「과학적 관리론」이다. 테일러의 과학적 관리론은 조직의 낮은 단계에 있는 노동자를 중심으로 한 현장조직의 공헌을 중시하고 있다. 과학적 관리론은 크게 네 가지로 요약할 수 있다.

- 과학적인 작업과정 연구

  종업원들이 자신의 생산성을 최대로 발휘할 수 있도록 작업에 관한 일련의 행위를 면밀히 분석한 후[시간연구(time study) · 동작연구(motion study)] 직무에 적합하게 작업원칙 및 관리방법을 개발하여야 한다는 것이다.

- 종업원의 과학적 선발

  종업원 채용 후에는 생산성을 극대화시키기 위한 작업훈련에 한계가 있으므로 종업원을 선발할 때부터 특정 작업에 적합한 사람들을 과학적으로 선발하여야 한다는 것이다.

- 차별적 성과급제

  테일러는 종업원들이 일률적인 시간제 임금을 받기 때문에 맡은 일을 게을리하므로 하루에 생산한 생산량에 비례하여 서로 다른 임금을 받도록 하는 차별적 성과급제(인센티브)를 주장하였다.

- 직능별 감사제도

  테일러는 작업의 내용이나 성격이 바뀌면 그 작업을 관리·감독하는 사람도 바뀌어야 종업원들이 자신의 작업에 집중할 수 있다고 보았다. 작업계획, 작업지시, 작업평가 등 각 기능별로 나누어 감독함으로써 높은 생산성을 올릴 수 있다고 주장하였다.

패욜의 경영관리론(관리의 과학화 추구)

테일러의 과학적 관리가 개별 종업원의 직무에 초점을 둔 반면, 패욜(Henry Fayol)은 기업 전체를 관리하는 데 초점을 두어 현대 경영관리이론(administrative management)의 발전에 결정적인 역할을 하였다.

패욜의 경영관리론은 조직의 높은 단계에 있는 경영자를 중심으로 관리조직의 공헌을 중시하고 있다. 관리활동의 경영적 능력을 중시해 모든 조직에 건전한 관리원칙과 관리요소를 적용할 것을 강조하였다. 테일러가 과학적 관리론의 아버지라고 한다면 패욜은 경영관리론의 아버지라고 불릴 만큼 고전적 관리이론에 기여

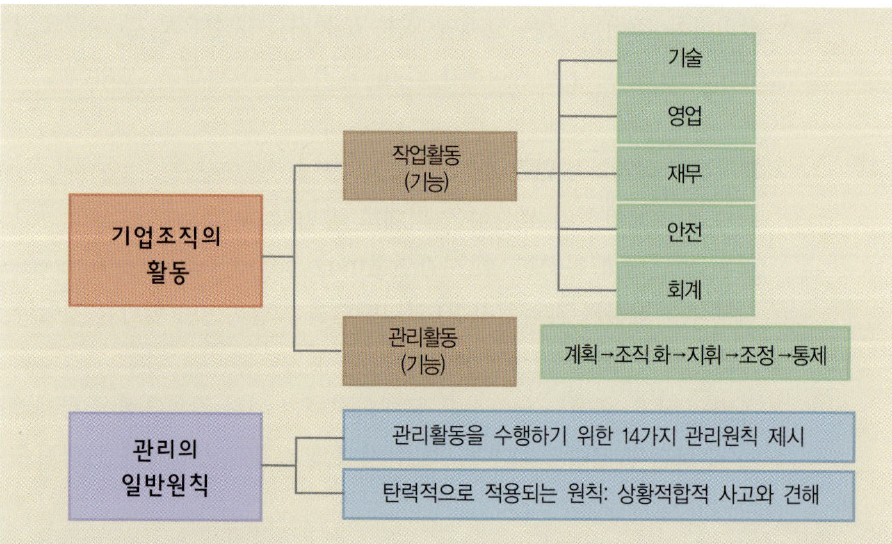

그림 3-3 패욜의 관리원칙[1)]

1) 이명호 외, 경영학으로의 초대, 제3판, 박영사, 2010.

하였으며, 경영이론의 발전에 많은 영향을 주었다.

패욜은 기업의 조직 내부 활동을 체계적으로 분류하고, 각 활동에 대해 계획·조직화·지휘·조정·통제라는 경영관리기법을 적용하였다. 기업을 경영할 때 유용하다고 깨달은 14개 원칙들을 체계화한 관리기법은 기업뿐만 아니라 정부, 군대, 종교기관 등에도 적용될 수 있다고 주장하였다.

경영관리를 위한 14개 원칙 가운데 대표적인 것들은, 작업은 가능한 전문화시켜야 한다, 종업원은 오직 한 사람의 상사로부터 명령을 받아야 한다, 보상은 공평하게 이루어져야 한다, 기업을 원활하게 운영하기 위해 규율은 필요하되 하급자들을 친절하고 공정하게 대해야 한다, 이직을 방지해야 한다, 개인의 이익보다 기업의 이익을 우선하도록 해야 한다 등이다.

패욜은 현장보다는 최고경영층을 대상으로 5개 관리요소 중에서도 계획과 조직화 활동에 초점을 둔 조직 전체 차원의 효과성을 추구했다. 패욜의 경영관리론은 관리활동의 보편성과 관리 교육에 대한 필요성을 처음으로 최고경영자의 관점에서 전개한 경영관리의 일반이론이라고 할 수 있다. 패욜의 이론은 오늘날까지 경영학의 주요 토대가 되고 있다.

행동론적 경영학

호손실험의 인간관계론

20세기 초반에서는 과학적 관리론에 입각하여 고도로 분업화된 생산방식이 주요 생산형태였다. 그 속에서 종업원의 인격은 무시되고 생산라인의 부품처럼 기계화되었다. 그러나 생산성을 향상시키는 최선의 방법이 조직과 개인행동에 관한 과학적 관리만은 아니라는 사실이 밝혀진 것은 1924년에서 1932년 사이에 실시되었던 호손실험(Hawthorne studies)에서였다.

호손실험은 메이요(Elton Mayo)를 포함한 하버드대학 연구팀이 시카고에 있는 웨스턴 전기회사의 호손공장에서 인간행동에 관한 연구를 4차 실험으로 구분하여 실시하였다. 1차 실험에서는 조명과 같은 환경 변화가, 2차 실험에서는 작업시간, 임금인상, 휴식시간 등 작업관련 요인들이, 3차 실험에서는 작업자의 태도나 감정이, 4차 실험에서는 사회적으로 인정받고 싶은 욕구가 생산성에 어떠한 영향을 미치는지 알아보았다. 놀랍게도 실험변수에 관계없이 작업 여건의 변화마다 생산성이 38% 향상되는 결과가 나타났다.

이 실험으로 생산성에 크게 영향을 미치는 것은 작업자들의 심리적 반응이라는 결과를 얻게 되었다. 즉, 작업능률을 향상시키는 것은 조명의 밝기와 같은 물리적 작업환경이나 임금, 초과수당 등과 같은 경제적인 노동조건에 의해서만이 아니라 종업원의 태도나 감정 등 인간관계에 의해서도 크게 좌우된다는 것을 알아냈다. 또한 종업원들 간 비공식적인 조직이 생산성 향상에 중요한 역할을 하고 있음이 밝혀졌다.

호손실험은 경영이론에 중요한 영향을 미쳤다. 과학적 관리에서 인간적 요인을 소홀히 다루었다는 점에 의문을 제기하면서 경제적 욕구(월급 · 작업환경) 충족뿐만 아니라 인간의 사회적 욕구를 충족시켜 주는 인간중심 경영을 지향하는 '인간관계론(human relations management)'의 출발점이 된 것이다. 호손연구는 조직에서 개인과 집단에 관한 연구, 즉 조직행동 분야의 연구에 지대한 공헌을 하였다.

맥그리거의 X이론과 Y이론

행동론적 경영학에서는 호손실험에서 주장한 인간관계론 이외에 미국 심리학자이자 경영학자인 더글러스 맥그리거(Douglas McGregor)의 X이론과 Y이론이 있다. 맥그리거는 인간의 본질적 특성에 대한 두 가지 상반된 가정을 토대로 경영을 해야 한다고 주장하였다.

X이론이란 인간은 작업을 통해서는 본질적인 만족을 느낄 수 없고 가능한 한 작업을 피하려고 하며 야망이나 독창성이 거의 없다고 보는 이론이다. X이론에서는 조직구성원들을 동기부여하기 위해서는 금전적 보상과 함께 철저한 감독과 통제에 기초한 관리전략이 필요하다는 것이다. X이론은 조직구성원을 기계에 비유하는 인식론으로 관리감독자는 생각(thinking)하고, 종업원은 행동(doing)하는 이원화 체제를 바탕으로 하고 있다.

반면, Y이론은 사람을 긍정적으로 파악하여, 사람은 일을 즐기고 책임감이 있으며 문제해결에 창의력과 상상력을 발휘하고 스스로 통제할 수 있을 뿐만 아니라 자아실현욕구 등을 가지고 있다고 가정하는 이론이다. 이러한 본성을 지닌 구성원들을 관리하기 위해서는 긍정적인 생각을 북돋워주고 상호 협력하는 분위기를 조성하는 형태로 조직을 구성해야 한다는 것이다. Y이론에서는 사람은 일을 할

X이론(타율적 인간관)의 가정	Y이론(자율적 인간관)의 가정
• 사람은 본래 일하기를 싫어하며 일을 피하고자 한다. • 사람은 별로 야망이 없으며 책임을 회피하려고 하며 명령받기를 좋아하고 안전을 추구한다. • 많은 사람들은 기업의 문제를 해결할 창의성이 없다.	• 사람은 강제나 처벌이 없어도 자기관리를 한다. • 사람이 가장 중요시하는 보상은 경제적 보상만이 아니라 자아실현의 욕구를 충족하는 것이다. • 사람은 모두 문제해결을 위한 창의성을 갖고 있다.

그림 3-4 X이론과 Y이론의 가정

때 작업조건에 따라 고통스럽게 느낄 수도 있지만 기쁨을 가져올 수도 있으므로 강제적인 분위기보다 협력적인 분위기가 필요하다는 것이다.

맥그리거는 인간의 본성에 대한 두 가지 가정 중에서 Y이론이 관리방식으로서 바람직하다고 보고 구성원들을 통제하기보다 자발적으로 협력하도록 유도하는 것을 강조하였다. X이론과 Y이론은 인간에 대한 성악설과 성선설을 경영학에 적용한 다른 표현이라고도 할 수 있다.

시스템적 경영학

최근 경영환경 여건이 변화하면서 시스템이론 등 새로운 이론들이 큰 영향을 미치고 있다. 새로운 경영이론들은 경영에 대한 사고의 혁신을 가져왔기 때문에 현대적인 경영학의 모습으로 평가받고 있다.

우리가 건강검진을 받을 때 심장이나 위장 등 신체 일부기관만 건강상태를 체크할 수 있다. 이 경우, 심장의 건강상태가 양호하다 하더라도 이것만을 근거로 신체가 전체적으로 건강하다고 판단할 수는 없다. 신체의 건강은 각 부분을 단편적으로 보지 말고 각 부분들의 상호관련성 속에서 몸 전체의 상태를 파악해야 올바

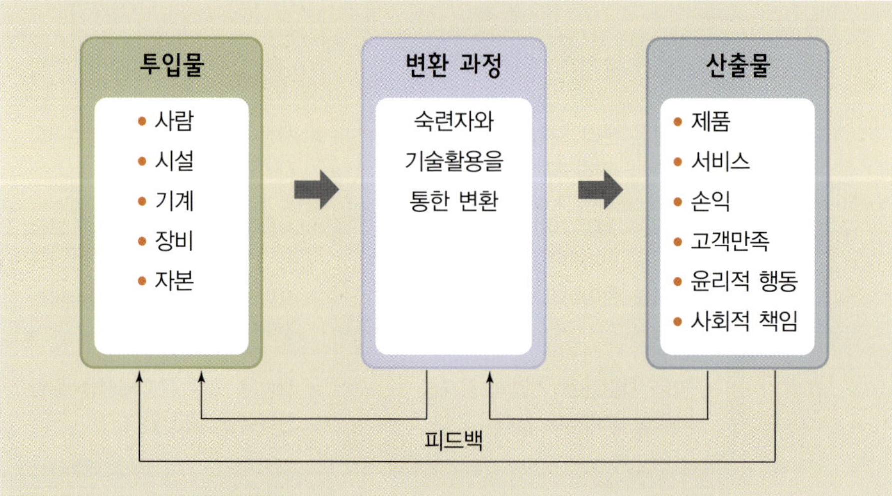

그림 3-5 시스템의 기본형태

른 판단을 할 수 있는 것이다. 이와 마찬가지로 경영활동을 부분적으로 이해하고 분석하기보다 전체적인 시스템 속에서 복잡하고 다양한 기업의 경영활동을 포괄적·체계적으로 살펴보는 것이 바람직할 것이다. 이를 시스템적 경영학(systems management)이라고 부른다.

시스템은 상호 연결되어 있고 상호 의존적인 부분들로 구성되는 조직체로 투입과 변환과정, 산출 간 상호작용으로 이루어진다. 경영활동을 시스템으로 보면 인적자원과 시설·장비 등 물적자원 및 자본, 정보 등이 투입되고 숙련된 기술을 통해 투입물이 변환되면 제품이나 서비스가 산출된다고 볼 수 있다.

시스템 이론(systems theory)에 따르면 모든 기업은 공동의 목표를 달성하기 위해 각기 다른 부분들로 구성되어 있으며, 각 부분의 변화는 나머지 부분들에게 영향을 미치게 된다. 경영자들은 기업을 상호 작용하는 부분들의 집합체로 보고 시스템적으로 경영의 문제를 해결해야 한다는 것이다.

상황적합적 경영학: 글로벌 경영, 전략경영

과거의 경영이론은 보편타당한 원리를 찾기 위해 공통요인을 찾는 실험이나 조사를 토대로 만들어졌다. 그러나 오일쇼크나 환율의 급등락과 같이 경영환경

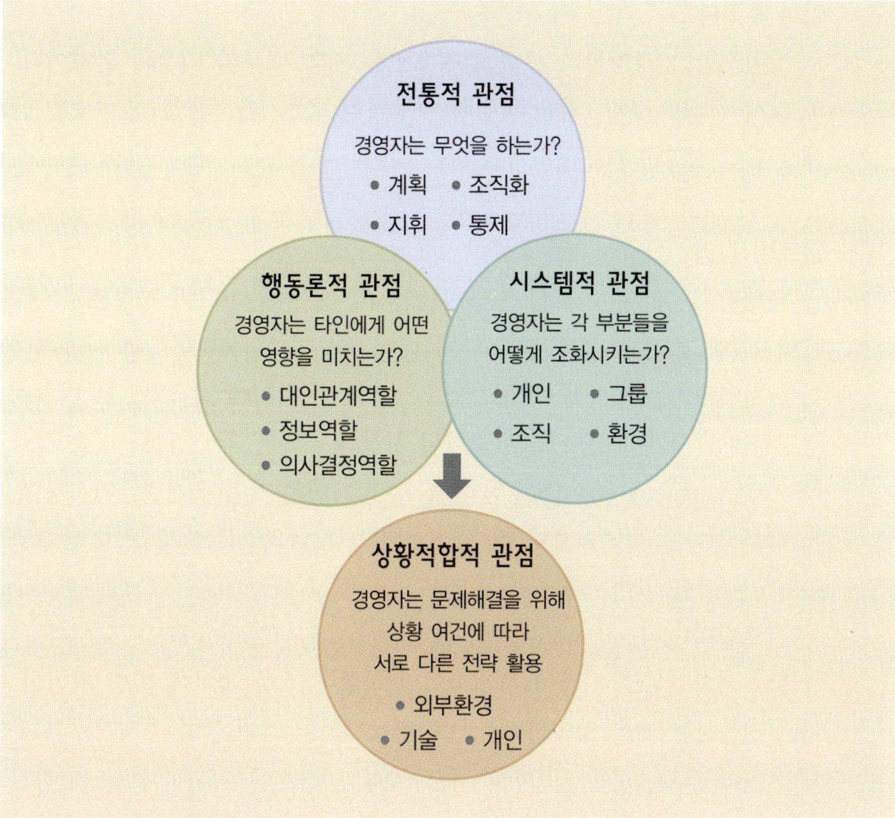

그림 3-6 상황적합적 관점

이 급속하게 변화되면서 모든 상황에 동일하게 적용될 수 있는 경영이론은 없다는 결론에 이르게 되었다. 이에 따라 등장한 것이 상황적합적 경영학(contingency management) 또는 환경적응적 경영학이다.

상황적합적 경영학은 1980년 이후 환경이 급속히 변화되면서 과거에 적용되었던 경영원리가 더 이상 적용될 수 없는 상황이 발생하자 다양한 이론으로 발전되어가고 있다. 이 이론에 따르면 경영자는 급속하게 변하는 경영상황에 대처하기 위해서 기업의 목표달성에 최적인 경영기법을 결정하게 된다. 예를 들어, 생산성 증대를 위해 작업 단순화를 위한 새로운 방안을 제안할 것이고, 종업원의 동기부여를 통한 방안을 제안할 것이다. 그러나 상황적합적 경영학에서는 현재의 작업장 상황에서 어떤 방법이 최적의 솔루션을 제공할 것인가를 분석하여 해결방안을 제안하게 된다.

상황적합적 경영학의 주된 결정요인은 기업 내부와 외부의 환경이다. 외부적인 경제·사회·정치·기술 환경과 내부적인 보유기술·과업·인적자원 등의 환경에 적합한 경영이 이루어져야 한다는 것이다.

글로벌 경영

국제화·개방화·정보화가 추진되면서 지구촌이 하나의 시장으로 변화되므로 국내시장에 한정된 경영원리는 무의미해지고 있다. 글로벌화된 시장에서 경쟁이 더욱 치열해지는 양상을 보이고 있으므로 기업은 이에 적극적으로 대처해 나가는 경영원리를 찾아야 한다. 글로벌화된 시장에서 적용되는 경영원리를 글로벌 경영(global management)이라고 한다. 글로벌 경영은 기업이 개별국가시장에 대해 각기 다른 전략을 취하기보다 전 세계 시장을 하나의 시장으로 보고 통합된 전략을 수립하는 것을 의미한다.

글로벌화(globalization)는 국제화(internationalization)와 비교된다. 국제화는 종전의 국가단위로 시장이 구성되었던 상황에서 한 국가에 있던 기업이 다른 국가로 진출하는 것을 의미한다. 반면, 글로벌화는 국경에 따른 시장구분의 의미 자체가 없어졌다는 것을 의미한다. 글로벌경영은 제품·기술·서비스가 각국으로 자유롭게 이동하며, 인적자원과 자본의 흐름도 자유로운 상황에서 효율적인 의사결정을 내리도록 하는 경영활동을 의미한다.

전략경영

전략경영(strategic management)은 기업이 장기적인 목표를 설정하고, 이를 실현하기 위해 자원을 배분하는 경영활동을 말한다. 치열한 경영환경에서 경쟁기업과 비교, 어떤 전략으로 경쟁우위를 획득할 수 있는가를 찾는 활동이라 할 수 있다. 전략경영을 통해서 변화하는 환경에 효과적으로 대응할 수 있는 의사결정을 내리게 된다.

사례 LG화학, "친환경으로 지속가능한 혁신사업모델 구축"

"LG화학을 더 글로벌하게, 더 혁신적으로 바꾸겠다." 신학철 LG화학 부회장이 밝힌 지난해 취임 당시 포부다. LG화학은 현재 사업 체질전환 과도기에 있다. 기업 주력사업 무게 중심이 석유화학에서 배터리로 이동하고 있다. 이외 다른 사업부도 친환경과 디지털로 대표되는 글로벌 트렌드를 따라잡기 위한 첫 발을 내디뎠다.

전환기에 있는 기업들은 기존 시스템과 충돌로 혁신 추진력을 잃는 경우가 많다. 더군다나 LG그룹은 조직문화가 보수적이라는 평을 듣는다. 이럴 경우 외부에서 검증된 리더를 수혈하는 것이 효과적일 수 있다. LG화학이 '혁신 전도사'라는 별칭을 가진 신 부회장을 글로벌 기업 3M에서 전격 영입한 것도 변화에 대한 절실함에서 비롯됐다. 취임 이후 1년간 보다 유연한 조직문화 조성에 힘쓴 신 부회장이 최근 사업적으로도 본인의 경영색깔을 입히는 데 속도를 내고 있다.

• '황금알' 배터리 뚝심 투자

신 부회장은 2019년 핵심사업 전환기에 있는 LG화학 최고경영자(CEO)로 부임했다. 신 부회장은 지난해 8조원 수준인 배터리사업 매출을 자동차배터리를 중심으로 2024년까지 32조원으로 4배 늘리겠다고 선언했다. 명실상부 배터리 기업으로 거듭나겠다는 포부다. 이를 위해 투자에도 공격적이다.

• 친환경은 거스를 수 없는 대세

이러한 자신감의 근거는 전 세계 전기차 시장의 '장미빛' 성장 전망에서 나온다. 시장조사기관 SNE리서치는 2023~2024년 경 전기차 배터리 수요가 공급량을 앞지를 것으로 내다봤다. 특히 유럽연합이 자동차가 배출하는 이산화탄소에 대한 강력한 규제를 시행했다. 2023년에는 이 기준이 62g/km로 줄어든다. 이를 지킬 수 있는 유일한 현실적인 대안인 전기차 사업에 드라이브를 걸고 있다. 폭스바겐 · 테슬라 등이 배터리 자체 생산을 시도한다.

그러나 제품 기술력이나 투자부담을 논외로 하더라도 수십년간 배터리 제조사들이 쌓은 공정 노하우까지 단기간에 따라잡기 힘들 것이란 관측이 지배적이다. 내연기관차 시장에서 완성차가 부품협력사에게 '슈퍼갑' 입장이었다면, 배터리사는 완성차와 대등한 협상력을 갖췄다는 이야기까지 나온다.

• 석유화학 · 첨단소재 · 생명과학 개편 '속도'

신 부회장은 배터리를 제외한 다른 사업부에서도 체질전환에 서두르고 있다. 석유화학부문은 친환경제품 개발에 박차를 가한다는 계획이다. 신 부회장은 "지속가능성을 핵심 경쟁력으로 삼아 혁신적이며 차별화된 지속가능 솔루션을 제공하고, 고객은 물론 환경, 사회의 페인 포인트(불만사항)까지 해결하여 영속할 수 있는 비즈니스 모델을 만들겠다"고 밝혔다.

첨단소재사업부는 LG그룹의 '탈LCD' 전략에 따른 중장기적인 개편 작업을 수행하고 있다. LG는 경쟁력을 잃은 LCD 사업을 정리하기로 하고 차세대 먹거리인 OLED로 사업전환을 가속하고 있다. LG화학은 '친환경'과 더불어 '디지털전환'을 핵심 성장 전략으로 삼고 있다. 인공지능(AI) · 빅데이터 등 디지털 기술이 축적되면 신약 개발 속도도 빨라질 것으로 기대한다.

자료원: 한국금융신문, 2020.7.13에서 발췌 정리.

자원중심적 경영학: 정보경영, 지식경영

정보사회 · 지식사회에 능동적으로 대처하기 위해서는 끊임없는 기술개발과 기업이 보유하거나 도입할 수 있는 모든 자원을 효과적으로 활용할 수 있어야 할 것이다. 이때 핵심적 요인으로 등장하는 것이 정보 · 지식 등 자원이라 할 수 있다. 정보나 지식을 체계적으로 수집하여 기업가치 극대화를 위해서 자원중심적 경영학(resource-based management)의 활용이 새롭게 요구된다.

상황적합적 경영학에서는 기업이 처한 상황에서 기업에 가장 적합한 경영 방법이 무엇인가를 찾는 데 초점을 두었다. 이에 비해서 자원중심적 경영학은 기업이 활용할 수 있는 핵심적 자원을 가지고 해당 산업에서 경쟁우위를 찾는 방법에 초점을 두고 있다. 정보사회 · 지식사회로의 변천에 따른 정보경영과 지식경영을 통해 이를 해결할 수 있는 것으로 기대하고 있다.

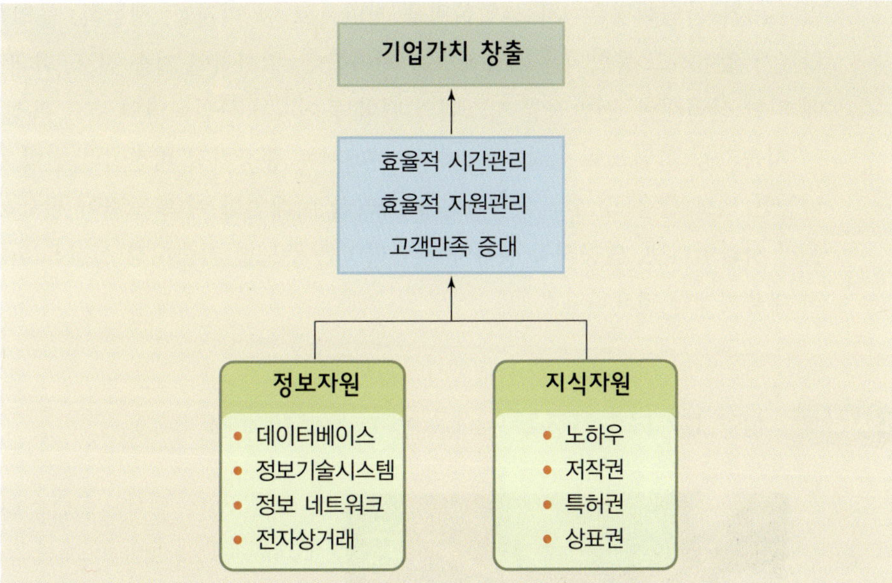

그림 3-7 자원중심적 경영학의 원리

정보경영

정보경영(information management)은 치열한 경쟁환경 하에서 경영자가 경쟁력을 강화하기 위하여 정보자원 및 정보기술을 효과적으로 이용하여 경영활동을 수행하는 것을 말한다. 과거에는 경쟁력 강화를 위한 전략이 인적자원이나 물적자원에 치중하였다. 하지만 현대의 정보사회에서는 인적·물적자원 외에도 정보자원과 정보기술을 중심으로 경쟁력 강화전략이 강구되어야 한다고 보는 것이다.

정보(information)는 재고물량, 경쟁기업의 임금수준 등을 나타내는 데이터(data)와 구별된다. 데이터가 경영자의 목적에 부합되도록 가공 처리된 것을 정보(value-added data)라고 할 수 있다. 정보자원을 체계적으로 처리하는 정보기술을 활용하여 효율적인 경영의사결정을 내림으로써 기업의 경쟁력을 강화하는 것이 정보경영의 핵심이다. 기업경영에서 대표적으로 활용되는 정보기술로는 빅데이터(Big Data), 클라우드(Cloud) 컴퓨팅, 사물인터넷(Internet of Things: IoT), 센서, 인공지능(AI), 로봇 등이 있다.

최근 글로벌 경제의 저성장 기조와 생산성 하락으로 신성장동력이 필요한 가운데 주요국들이 산업경쟁력 강화전략을 추진하면서 '4차 산업혁명'이 촉발되고 있다. 4차 산업혁명은 3차 산업혁명을 기반으로 한 디지털, 생물학, 물리학 등의 경계가 없어지고 융합되는 기술혁명을 의미한다. 획기적인 기술 진보, 파괴적 기술에 의한 산업재편, 전반적인 시스템의 변화 등이 4차 산업혁명의 주요 특징이다.

지속가능 기업으로 성장·발전하기 위해서는 중장기적 비전이나 전략 수립 시 다양한 정보 활용 및 4차 산업혁명을 고려한 미래변화 예측 노력이 필요하다. 아울러 사물인터넷, 인공지능 등 4차 산업혁명을 주도할 기술시장 선점을 위한 선제적 대응체계가 필요하다.[2)]

사례 삼양그룹, ERP 재구축으로 디지털 트랜스포메이션 가속화

삼양그룹이 '디지털 트랜스포메이션(Digital Transformation)'을 가속화하고 일하는 방법을 변화시키기 위해 ERP(Enterprise Resource Planning: 전사적 자원관리) 재구축에 나선다. ERP는 구매, 생산, 영업, 회계, 관리 등 기업 경영활동 전체를 하나의 체계로 통합 관리해 데이터를 축적하고 정확한 정보를 바탕으로 의사결정을 지원하는 경영 시스템이다.

삼양그룹은 국내 기업 중 선도적으로 ERP를 도입해 지난 2001년부터 활용해왔지만 최근 데이터의 중요성이 더욱 강조되고 업무환경이 급격히 변화하면서 이에 맞게 재구축을 진행하기로 했다.

새로 구축될 ERP는 국내·외 사업장을 하나의 시스템으로 통합하고 클라우드 기술을 활용해 효율을 높인다. 이어 AI(인공지능)를 활용한 예측 분석, 모바일 업무환경 등을 도입해 데이터 기반의 업무 혁신을 선도한다는 목표도 세웠다. 삼양그룹은 업무 절차, 시스템, 데이터 등을 글로벌 베스트 프랙티스(모범 사례)에 부합하도록 전면 재설계하는 '업무 혁신 프로젝트'를 시작으로 국내법인 시스템 구축, 해외법인 시스템 연동의 절차를 거쳐 2022년 신규 ERP를 가동할 계획이다.

포스코는 인공지능(AI) 용광로, 스마트 팩토리 등 4차 산업혁명의 핵심기술을 도입

2) 현대경제연구원, 경제주평(705호), 2016.8.12.

하며 위기 극복에 나서고 있다. 포스코는 세계경제포럼에서 선정한 '등대공장'으로 이름을 올리는 등 스마트 혁신을 이뤄내고 있다. 등대공장은 어두운 밤하늘에 '등대'가 불을 비춰 길을 안내하듯 4차 산업혁명 기술을 적극적으로 도입해 세계 제조업의 미래를 혁신적으로 이끌고 있는 공장을 말한다.

포스코 등대공장의 핵심에는 철강 공정 데이터를 수집하고 정형화하는 플랫폼 '포스프레임(PosFrame)'이 있다. 사물인터넷(IoT), 인공지능(AI), 빅데이터 등 신기술을 이용해 최적의 공정 조건을 내놓고 공장을 제어한다. 직원들의 경험에 의존하는 의사결정을 최소화하고, 단순 반복업무도 줄이는 데 도움을 준다.

포스프레임은 수주·제선·제강·도금 공정에 모두 관여하며 효율성을 높이고 있다. AI 용광로인 포항 2고로는 원료양·노열 등을 데이터화하고 딥러닝(Deep Learning)하는 기술 적용 후, 일일 용선량이 240톤 늘었다. 포스프레임이 적용된 뒤, 제강공정의 전로 최종온도 적중률은 기존 80%에서 90%로 올랐고, 도금공정의 도금량 제어 적중률을 89%에서 99%까지 높였다.

포스코는 스마트 CCTV 기술로 안전성도 높이고 있다. 스마트 CCTV는 일반 CCTV와 달리, 제철소 현장의 특정 문자, 형상, 움직임을 자동으로 감지하고 수집한 정보에서 이상이 있으면 관리자에게 알려준다. 열화상 등 다중 영상장치로 화재 위험을 사전에 감지해 예방한다. 포스코는 스마트 데이터 센터도 운영하며 데이터를 모으고 있다. 스마트 데이터 센터는 포항제철소 내 공장에 설치된 사물인터넷 센서를 통해 얻은 빅데이터를 실시간으로 수집·저장하는 곳이다. 포스코가 추진하는 스마트 팩토리 사업의 컨트롤타워 역할을 하는 핵심 인프라로 인정받고 있다.

자료원: 파이낸셜뉴스, 2020.5.20; 매일경제신문, 2020.1.31에서 발췌 정리.

지식경영

21세기는 산업사회에서 지식사회로 전환이 이루어지고 있다. 산업사회에서는 자본과 노동을 집약적으로 사용하였지만, 인간의 창의력과 정보기술이 결합된 지식사회로 세계경제구조가 재편되고 있는 것이다.

지식사회에서는 자본과 노동의 투입비율보다 창의력과 정보기술이 결합된 지식의 투입비율이 훨씬 커진다. 지식을 중요한 자원으로 활용해야 하는 지식사회에서 경영활동은 기존의 방식에서 변화해야 한다. 이에 따라 대두되는 것이 지식경영이다.

지식경영(knowledge management)은 기업이나 종업원 개개인이 지니고 있는 지식을 체계적으로 발굴, 기업 내부의 보편적인 지식으로 발전시킴으로써 기업 전체의 경쟁력을 향상시키는 원리를 말한다.

지식경영은 암묵적 지식(tacit knowledge)을 기업의 구성원들에게 체화시킬 수 있는 명시적 지식(explicit knowledge)으로 전환하여, 구성원들의 지식자산 공유를 통해 기업경쟁력을 높이는 경영방식이다. 암묵적 지식은 경험이나 체험을 통해 개인에게 습득되어 있긴 하지만 겉으로 드러나지 않는 상태의 지식을 의미하며, 명시적 지식은 문서나 매뉴얼처럼 외부로 표출되어 공유할 수 있는 지식을 의미한다. 성공적인 지식경영활동을 위해서 기업은 내부에 보유된 지식뿐만 아니라 외부로부터 지식을 축적하고 이를 활용함으로써 보유지식 가치를 극대화할 필요가 있다.

지식은 끊임없이 변화하고 혁신된다는 속성을 지니고 있다. 인간의 지식능력에 기반을 둔 지식사회에서는 기업이 보유할 수 있는 지식을 끊임없이 혁신하고, 새롭게 창조해 나가야 한다. 종업원 모두가 자발적으로 참여하는 정보공유의 문화 속에서 현장에서 실제로 사용될 수 있는 시장중심적 지식을 축적·활용하는 지식경영은 미래 기업의 생존을 좌우할 수 있는 핵심적인 원리로 작용할 것이다.

현장수첩 시장경영학

경영학은 이론적인 내용으로서도 가치가 있어야 할 뿐만 아니라 실무에서도 활용될 수 있어야 가치가 있다고 평가받는다. 이러한 측면에서 볼 때 이제까지 살펴본 많은 경영이론들을 따로따로 볼 것이 아니라 하나의 이론으로 통합하여 기업에서의 경영목표를 달성하기 위해 활용할 수 있도록 해야 할 것이다. 이와 같이 많은 이론들이 통합되어 실제의 기업환경에서 적용되고 있는 경영학을 우리는 시장경영학(management in market)이라고 부른다.

기업현장의 경영문제를 해결하고 보다 나은 대안을 제시하는 시장경영학은 특정한 어느 하나의 경영이론만이 적용되는 것이 아니라 다양한 종류의 많은 경영이론들이 복합적으로 적용된다. 그러므로 시장경영학에서는 기업이 효율적인 경영활동을 하기 위해서 고전적 경영학, 행동론적 경영학, 시스템적 경영학, 상황적합적 경영학, 자원중심적 경영학 등을 모두 활용하게 된다.

시장경영학이 활용하는 각종 경영학의 내용을 보면 우선 고전적 경영학에서는 개인의 생산성을 향상시키고 기업의 효율성을 높이기 위한 조직설계의 원리를 제공한다. 행동론적 경영학에서는 생산성을 향상시키고 작업현장에서의 환경을 개선하는 데 도움이 될 수 있는 인간의 심리적인 욕구와 동기부여에 관한 많은 지식을 제공한다. 또한 시스템적 경영학에서는 상호 연결되어 있고 상호 의존적인 많은 부분들이 어떻게 구성되어 있는지를 이해하는 데 도움이 된다.

상황적합적 경영학에서는 기업이 각 시점에서 가장 최적의 경영방법이 무엇인가를 찾는 방법에 초점을 두었는데, 이때 과감한 글로벌 경영과 전략경영을 통해서 이를 달성할 수 있다. 따라서 상황적합적 경영학은 어떤 한 상황에서는 적절할지 몰라도 다른 상황에서는 그렇지 않을 수도 있다는 것을 알 수 있도록 하여 유연한 사고를 하는 데 도움이 된다.

마지막으로 자원중심적 경영학은 기업이 활용할 수 있는 핵심적 자원을 가지고 해당 산업에서 경쟁우위를 찾는 방법에 초점을 두었다. 이때 정보사회·지식사회로의 변천에 따른 정보경영과 지식경영을 통해 이를 해결할 수 있다고 보았다. 따라서 자원중심적 경영학은 기업이 경영목표를 달성하기 위해서 핵심역량을 찾아 이를 더욱더 개발·발전시킬 수 있는 혁신적 사고를 하도록 하는 데 도움을 준다.

이와 같이 실제의 기업현장을 설명하려는 시장경영학에서는 어느 특정한 경영이론만이 아니라 여러 이론들이 복합적으로 연계되어 이루어지고 있으므로 이들을 종합적으로 보는 시각이 필요하다.

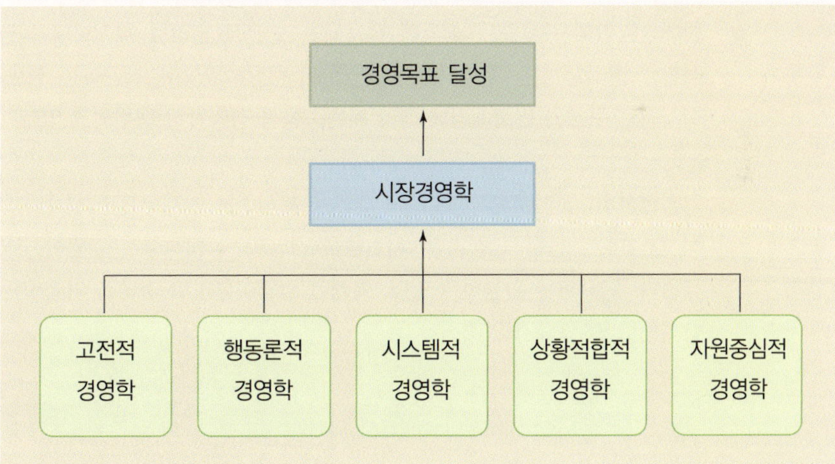

그림 3-8 시장경영학

MANAGEMENT

강/의/요/약

1. 경영학은 기업목표를 효과적 · 효율적으로 달성하기 위해 인적자원, 물적자원, 자본, 정보, 지식 등을 이용하여 계획 · 조직화 · 지휘 · 통제 활동을 체계적으로 연구하는 학문이다. 경영학은 영리조직을 주된 연구대상으로 하지만 비영리조직도 연구대상에 포함될 수 있다.

2. 경영학은 이론과 실제를 함께 추구하는 성격을 가질 뿐만 아니라 과학과 기술의 또 다른 양면적 성격을 가지고 있다. 경영학은 이론적 학문과 실천적 학문의 성격뿐 아니라 과학과 기술로서 성격을 가지고 있다.

3. 경영학은 1890년대 테일러의 과학적 관리론 및 패욜의 경영관리론 등 고전적 경영학에서부터 시작하여 호손실험이나 맥그리거의 X이론, Y이론 등과 같이 인간행동에 중점을 둔 행동론적 경영학으로 이어졌으며, 이어 전체적인 시스템으로의 접근을 주장한 시스템적 경영학이 등장하였다.

4. 현대경영학에서는 모든 상황에 적용되는 보편적 원리를 찾기보다 해당 상황에 적합한 원리를 찾는 상황적합적 경영학이 등장하였으며, 최근에는 정보사회 · 지식사회로 구조가 변화해감에 따라 자원중심적 경영학이 대두되고 있다.

5. 기업현장의 경영문제를 해결하고 대안을 제시하는 실제 시장에서 경영학은 고전적 경영학, 행동론적 경영학, 시스템적 경영학, 상황적합적 경영학, 자원중심적 경영학 등을 모두 활용하고 있다. 특정한 경영이론만이 아니라 여러 이론들을 종합적으로 볼 필요가 있다.

MANAGEMENT

제4장

기업의 창업

1. 창업이란?
2. 벤처창업과 소자본창업
3. 창업의 과정
4. 창업의 성공전략

1. 창업이란?

창업은 아이디어와 자본의 결합

창업(startup, foundation)은 창업자가 고객의 욕구를 만족시키기 위하여 창업아이디어를 가지고 자본을 동원하여 특정한 제품이나 서비스를 생산하는 기업을 설립하는 것을 뜻한다. 창업자는 특정한 창업아이디어를 기초로 기업을 창업하여 이익을 창출할 수 있다고 판단하는 경우, 경영자원을 동원하여 기업을 설립하게 된다. 기업을 창업하려고 할 때에는 어떤 제품·서비스를 생산·판매할 것인가 하는 창업아이디어가 성공적인 창업의 관건이 된다.

기업을 창업하는 데에는 창업아이디어 이외에 창업에 따르는 자본이 반드시 필요하다. 창업자본은 창업자가 기업을 실제로 설립하고 운영하는 데 필요한 자본으로 기술, 시설, 노하우, 인력, 지식 등을 살 수 있는 돈을 말한다.

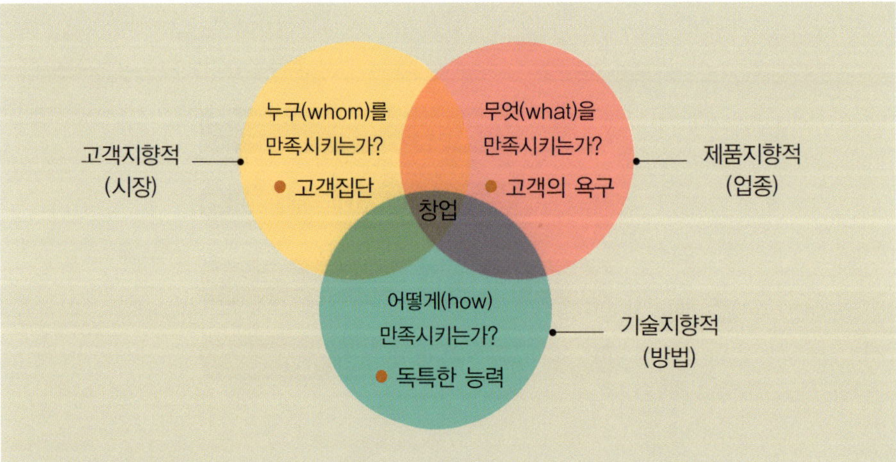

그림 4-1 창업의 구상

창업의 특성

창업의 특성을 보면, 첫째로 창업 결정은 전형적인 불확실성하에서 이루어지는 의사결정이라는 점이다. 창업은 경험하지 못한 새로운 사업을 시작하는 것이기 때문에 결과를 예측하기가 어렵고 불확실할 수밖에 없다. 완벽하게 창업 준비를 마쳤다 하더라도 풍요로운 결실을 확신할 수는 없다. 창업아이디어가 훌륭하다는 이유만으로 수요가 저절로 창출되는 것은 아니기 때문이다.

둘째로 창업은 신규사원의 투입을 선제로 하고 있으므로 위험부담을 안고 시작하게 된다는 점이다. 창업은 새로운 인적자원과 자본이 투입될 때 비로소 가능하게 된다. 투입자원에 대한 결실은 장기간에 걸쳐서 서서히 이루어지며, 결실의 크기도 불확실하기 때문에 창업에는 큰 위험이 수반되는 특징이 있다.

셋째로 창업은 진취적이고 창조적이며 모험적인 성격을 가지고 있다는 점이다. 이는 창업이 가지고 있는 불확실성과 위험 때문이기도 하지만, 창업이 주로 변화를 감지할 줄 알며 상상력과 창의력이 뛰어나고 결단력 있는 기업가정신(entrepreneurship)을 가진 사업가에 의해서 추진되기 때문이기도 하다.

창업과 경기변동

많은 사람들은 경기가 호황일 때 창업을 해야 하며, 불황일 때는 창업을 미루는 것이 좋다고 생각한다. 하지만 위기(危機)라는 말이 위험과 기회를 동시에 포함하듯이 위기 때 새로운 사업 기회가 창출될 수도 있다. 불황에는 부동산가격과 인건비 등이 낮기 때문에 저렴하게 창업할 수 있다는 장점이 있다. 불황일 때 설립하여 성장한 기업은 경쟁력이 강한 체질을 갖게 된다. 그러므로 창업을 호황일 때 하느냐 불황일 때 하느냐가 관건이 아니라, 어떠한 창업아이디어를 갖고 있으며, 이를 성사시키기 위한 자본조달을 어떻게 할 것인가에 초점을 맞추어야 한다. 창업한다는 것은 불확실성과 위험이 따르게 되므로 체계적인 분석에 입각한 창업과정을 거치는 것이 바람직할 것이다.

현장수첩 기업가정신

기업가정신(entrepreneurship)은 독일의 경제학자 슘페터(J. Schumpeter, 1883~1950)가 1930년대 대공황을 극복하기 위한 해법으로 도입되었던 개념이다.

기업가정신은 미래의 불확실성과 높은 위험에도 불구하고, 창업자가 현재 가지고 있는 경영자원에 구애받지 않고 주도적으로 기회를 포착하고, 도전하며 혁신활동을 통해 새로운 가치를 창출하는 실천적 역량이라고 할 수 있다.

일반적으로 보수적인 기업의 경영자들은 현재 보유하고 있는 자원이 무엇인지를 파악하여 그 자원의 범위 내에서 기회를 추구하고 자원 활용의 극대화를 위해 노력한다. 그러나 기업가 정신을 가진 경영자는 먼저 기회를 파악한 후, 기회를 실현하는 데 필요한 자원을 필요한 시기에 외부조달(outsourcing) 등의 방법으로 확보하고 활용한다. 현재 보유하고 있는 자원에 제약받지 않고 기회를 파악하여 그것을 추구하는 데 몰두하는 것이다.

기업가정신은 창업자들만의 전유물이 아니며 기존의 대기업에도 필요한 실천양식이 되어 가고 있다. 3M, 코닥 등과 같은 기업들은 일찍부터 '사내기업가정신(intrapreneurship)'의 중요성을 인식, 사내벤처제도를 적극적으로 활용하고 있으며 사내기업가를 배출하고 있다.

최근 기업가정신 교육은 단순한 지식과 스킬을 넘어 기업가에게 필요한 역량이 무엇인지를 모델링한 후 해당역량 개발을 중심으로 한 교육프로그램이 증가하고 있다. 기업가들에게 필요한 역량은 기회 인식 및 평가, 위험관리, 자기 효능감, 네트워크 능력, 가치 창조, 창의적 문제해결 등이 포함되고 있다. 역량개발 중심의 교육프로그램 운영에서 중요하게 고려되어야 할 것은 기업가정신 혹은 창업에 있어 필요한 기본요건으로서 기본 역량과 실제 비즈니스 환경에서 이를 어떻게 적용할지에 대해 가르치는 것이 주가 되어야 한다는 점이다.

패러다임 쉬프트에 따른 '4차 산업혁명' 시대에 적합한 기업가정신 덕목으로는 문제해결능력보다 문제인식능력이 더 중요하다. 왜냐하면 방대한 데이터가 수집되는 시대 흐름에 맞춰 데이터가 가리키는 문제점을 정확히 인식하고, 향후 결과를 예측하는 능력이 있어야 이에 맞는 솔루션을 개발하고 문제를 해결할 수 있기 때문이다.

최근에는 '사회적 기업가정신(social entrepreneurship)'에 대해서도 높은 관심을 기울이고 있다. 사회적 기업가정신은 환경적 또는 사회적 사명감을 가지고 가난한 지역에서 은행 서비스를 제공하거나 질병을 가진 고아 등 사회적 약자를 돕기 위해 회사를 설립하는 것이다. 사회적 기업가는 사업 수완도 갖추어야 하지만 단순이 이윤만이 목적이 아니라 사회에 더 많은 도움을 주기 위해 얻어진 수익은 다시 사업에 투자한다. '사회적 기업가정신'은 세상을 더 나은 곳으로 만들기 위한 것이다. 사회적 기업가는 단순히 사업을 잘 경영하는 사람이 아니라, 규모에 상관없이 조직에서 선한 일을 하는 것으로 귀착되는 생활방식과 사고방식을 가진 사람이다.

전 세계의 바다에는 5조 개가

넘는 플라스틱이 있다. 태평양 중앙에서 발견됐다고 알려진 둥둥 떠다니는 쓰레기 섬에는 '태평양 거대 쓰레기 지대(Great Pacific Garbage Patch)'라는 이름이 붙여졌다. 플라스틱은 바다를 떠다니다가 더 작은 조각으로 분해된다. 해양 생물이 쉽게 삼킬 수 있는 크기 정도이다.

해양 쓰레기들이 괴물이 되어 바다 생태계와 동물들의 삶을 위협하게 된 것이다. 네덜란드 비영리단체의 대표인 보얀 슬랫(Boyan Slat)은 해양 생태계 파괴로 이어질 해상 쓰레기를 효율적으로 수거할 수 있는 창의적인 아이디어와 함께 '오션클린업(The Ocean Cleanup)'이라는 단체를 만들어 해양쓰레기 문제를 해결하고 있다.

자료원: 전자신문, 2016.7.13; 이로운넷, 2020.9.12; BBC SCIENCE, 2020.8.4에서 발췌 정리.
https://crevate.com/article/이코-바다가-스스로-청소-하게-만들자-오션클린업/

2. 벤처창업과 소자본창업

벤처창업

IMF체제 이후부터 오늘에 이르기까지 많은 사람들이 벤처창업 전선에 나서고 있다. 그러나 벤처창업에 대한 일반 사람들의 인식은 아직 낮은 수준이다.

벤처창업은 모험기업(venture business)의 설립

벤처기업은 새로운 기술을 보유했지만 위험부담을 지닌 모험기업(venture business)을 의미한다. 새로운 기술을 개발하여 대기업이 하기 어려운 특수한 분야를 담당하는 도산의 위험이 높은 모험적인 기업을 말한다.

벤처기업의 일반적인 특징으로는 첫째, 첨단기술이 필요한 미개척분야 기업이다. 둘째, 기술혁신의 템포(tempo)가 빠른 분야의 기업으로 총매출액 대비 기술개발비의 비율이 높다. 셋째, 지식집약적인 기업으로 유전공학 · 의료기기 · 영상멀티미디어 분야가 많은 부분을 차지한다. 이러한 특성을 가진 벤처기업을 설립하는 것을 벤처창업(venture foundation)이라고 한다.

벤처창업은 일반적인 창업에 비해 위험이 높은 반면에 이익도 높다는 특징이 있다(high risk, high return). 그 이유는 벤처창업은 신기술을 이용하므로 제품의 인지도, 안전성 등이 떨어져서 도산위험이 큰 반면 이러한 제품이 일반화되는 경우에는 폭발적인 성장이 가능하기 때문이다.

첨단기술과 모험정신의 결합

텔슨전자는 1994년 세계 최초로 광역무선호출기 개발에 성공했지만 상품화는 1년 가까이 지연됐다. 기차는 있는데 기차가 달릴 철로가 없었던 탓이다. 만약 무선호출통신회사들이 광역호출서비스를 시작하지 않았다면 텔슨전자의 광역무선호출 서비스는 '죽은 기술'로 전락했을 것이다. 새로운 기술도 일상에서 활용될 수 있어야 비로소 상품화하여 성공할 수 있는 것이다.

성공한 벤처기업가가 되기 위해서는 스스로 기회를 만들어가는 모험정신이 중요하게 작용한다. 벤처창업에 성공하기 위해서는 '실패하면 죽는다'는 강한 모험정신이 필요하다. 창업을 하는 사람이 성공에 대한 확신이 없고, 전력투구하지 않는다면 백전백패일 수밖에 없다. 벤처기업에 있어서 성공이란 반짝이는 벤처기술과 강한 모험정신으로 무장한 사람들에게만 주어지는 것이다.

사례 유럽 9개 · 미국 7개 – K-바이오시밀러 글로벌 공략

국내 개발 바이오시밀러(biosimilar)가 글로벌시장 침투에 속도를 내고 있다. 삼성바이오에피스와 셀트리온이 유럽에서 9개, 미국에서 7개의 바이오시밀러 승인을 받았다. 후발주자로 바이오시밀러 시장에 뛰어든 삼성바이오에피스는 가장 많은 항체 바이오시밀러를 확보하며 물량공세를 예고했다.

삼성바이오에피스는 유럽연합 집행위원회(EC)로부터 항암제 아바스틴의 바이오시밀러 에이빈시오의 판매허가를 최종 획득했다. 아바스틴은 로슈가 판매 중인 블록버스터 바이오의약품으로서 유럽 시장에서 전이성 대장암, 비소세포폐암 등에 사용 중인 항암제다. 아바스틴의 지난해 글로벌시장 매출은 70억 7,300만 스위스프랑(약 8조 5,000억원)에 달한다. 이 중 유럽 시장에서의 매출은 약 17억 9,400만 스위스프랑이다. 삼성바이오에피스는 파트너사인 MSD를 통해 유럽 주요 5개국(독일, 영국, 프랑스, 이탈리아, 스페인)에서 순차적으로 에이빈시오 판매에 나설 계획이다.

셀트리온은 지난 2013년 8월 램시마가 '세계 첫 항체 바이오시밀러' 타이틀을 달고 유럽에서 판매 승인을 받았다. 램시마는 레미케이드의 바이오시밀러다. 셀트리온은

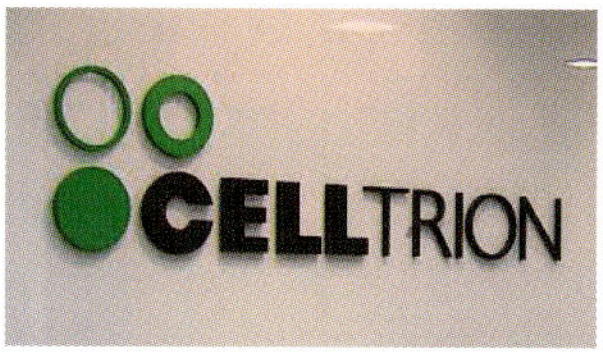

2017년과 2018년에 각각 트룩시마와 허쥬마의 유럽 허가를 받았다. 트룩시마는 항암제 맙테라의 바이오시밀러 제품이다. 허쥬마의 오리지널 제품은 허셉틴이다.

셀트리온은 지난해 11월 유럽에서 레미케이드의 피하주사 제형 램시마SC를 허가받고 본격적인 시장 공략에 돌입했다. 램시마SC는 셀트리온이 판매 중인 램시마를 기존 정맥주사(IV)에서 피하주사(SC)로 제형을 변경해 자체 개발한 바이오의약품이다. SC제형이 출시될 경우 환자가 의약품 투여를 위해 병원에 자주 내원하지 않아도 된다는 점에서 편의성과 의료접근성을 크게 높일 것으로 회사 측은 기대하고 있다. 인플릭시맵 성분 의약품 중 피하주사 제형은 램시마SC가 세계 최초다. 셀트리온은 미국 시장에도 3종의 바이오시밀러가 출격했다.

자료원: 데일리팜, 2020.8.21에서 발췌 정리.

소자본창업

소자본창업이란?

소자본창업(small capital foundation)은 특별한 기술 없이 적은 자본(1천만원~1억원 정도)으로 사업을 시작할 수 있는 다양한 형태의 사업을 말한다. 벤처창업은 대기업이 하기 어려운 특수 분야의 사업에 손을 대는 것이지만, 소자본창업은 오히려 대기업과 손을 잡고 대리점을 운영하거나 부품공급 협력업체 등을 운영하게 된다. 따라서 전문기술과 영업상 노하우가 필요한 컴퓨터 관련 업종부터 자본 없이 시작할 수 있는 부분에 이르기까지 다양한 사업이 소자본창업의 대상이 될 수 있다. 소자본창업은 제조업에서부터 도소매업, 서비스업에 이르기까지 모든 형태의 소규모 창업을 의미하게 된다.

소자본창업은 업종선정과 입지선정이 중요

소자본창업은 업종선택 및 입지선정이 매우 중요하다. 유망업종을 선정할 때에는 창업자 자신의 적성과 능력에 맞는 업종을 선택해야 한다. 해당 업종이 현재 성장산업인지, 쇠퇴산업인지도 살펴보아야 한다. 업종선택을 면밀히 검토 후, 입지를 선정해야 한다. 아무리 좋은 상품이라도 유동인구가 적은 곳에서 상품이 취급되면 판매활동에 어려움이 발생할 것이다.

사례 소자본창업아이템 '플랜에이 스터디카페'

세계적으로 코로나19 팬데믹(pandemic) 현상이 이어지며, 국내 소비시장에 큰 타격을 입은 외식프랜차이즈 업체들은 폐업까지 이르는 경우가 허다하다. 문제가 지속되자 소자본외식창업아이템 대안으로 빨래방창업, 스터디카페창업과 같은 비대면(언택트) 서비스 브랜드에 대한 관심이 높아지는 추세다.

그 가운데, '플랜에이 스터디카페'는 비대면 시장이 성장하기 이전부터 최적화된 무인 시스템으로 수익성과 간편함을 모두 갖춰 완성도 높은 브랜드로 호평이 이어지고 있다. 해당 브랜드의 무인시스템은 최첨단 IoT 기술을 결합하여 소비자와 가맹점주 모두를 만족시키는 운영 방식이다. 소비자들에게는 키오스크를 통해 결제, 좌석선택 등 스터디카페를 이용하며 필요한 모든 과정을 직접 비대면으로 간편하게 이용할 수 있도록 하며, 휴대폰 어플로도 출입이 가능해 안전성을 높였다.

새로운 사업아이템 플랜에이 스터디카페는 창업자를 위한 다양한 상생 정책을 시행하고 있어 착한 프랜차이즈 기업으로 손꼽힌다. 이는 오픈 후 가맹점의 안정적인 정착을 위해 체계적인 영업관리를 지원해 주며, 24시간 본사 모니터링 시스템을 가동해 매출과 현황을 밀착 관리하는 것이다. 이를 통해 매출 감소 시, 본사에서 축적된 데이터를 활용해 빠른 대응이 가능하며, 매출을 다시 원상복귀시키고 성장시키는 원동력이 된다. 가맹점주들의 신뢰를 얻어 폐업률 0%, 재계약률 100%를 이어나가고 있으며, 부부창업, 소자본여자창업아이템을 찾는 이들의 관심이 쏠리고 있다.

자료원: The Public, 2020.9.20에서 발췌정리.

벤처창업과 소자본창업의 비교

소자본창업은 벤처창업과는 달리 적은 자본으로 기존의 사업성이 분석된 안정된 사업을 설립하는 특징을 가진다. 소자본창업은 상대적으로 적은 자본으로 하는 사업이므로 큰 위험을 부담하지 않아도 되는 특성이 있다.

3. 창업의 과정

창업에는 상당한 자본이 투자되면서 큰 위험성이 따르므로 치밀한 준비와 체계적 절차가 반드시 필요하다. 창업에 대한 치밀한 준비는 사업의 방향과 길을 안내해 주는 항해지도나 나침반과 같은 것이다. 사업을 시작하는 창업자도 해야 할 많은 일들과 비즈니스 환경의 변화로 발생되는 문제점들을 슬기롭게 해결하기 위해서는 선행적으로 사업의 목적 및 전략, 표적시장, 재무예측 등을 기술한 사업계획서가 준비되어야 한다. 사업계획서는 사업의 목적 및 전략, 표적시장, 재무예측 등을 기술한 문서이다. 그에 맞추어 창업자 자신의 목적을 일깨워가며 위기에 대한 전략적 대안을 제시할 수 있게 된다.

일반적으로 창업은 [그림 4-2]와 같은 4단계 과정을 거치게 된다. 내부적 여건을 토대로 외부환경을 분석하여 최적의 창업 아이템을 탐색·선정하고, 선정된 창업 아이템에 대한 세부적인 타당성을 분석한 다음 사업계획을 수립하고 이를 추진하는 것이다.

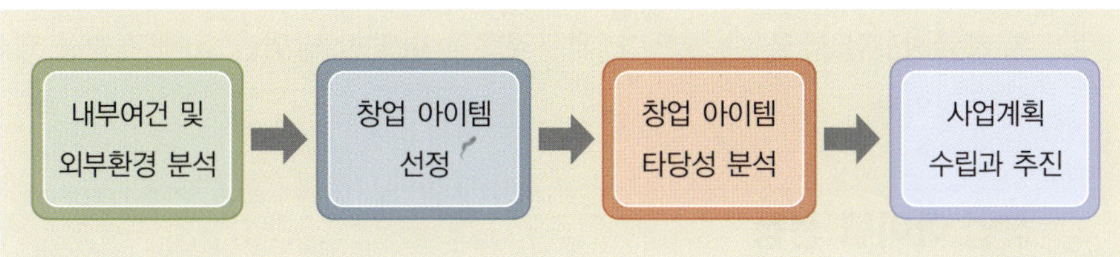

그림 4-2 창업의 과정

내부여건 및 외부환경 분석

사업을 시작하는 데 있어서 가장 먼저 고려해야 할 것은 내부적 여건이 갖추어져 있는지 살펴보는 것이다. 내부적 여건은 내부에서 활용할 수 있는 인적·물적 자원의 양과 질을 말한다. 이를 토대로 해당분야에 대한 외부환경도 분석하여 창업에 따르는 위험을 최소화해야 한다.

내부적 여건을 살펴보면 창업자가 가진 기술·경험·자본뿐 아니라 동업자가 가진 각종 정보나 자원들을 종합적으로 검토해 보는 것이 창업의 첫걸음이다. 창업자나 동업자가 경험해 보지 않거나 사전지식이 없는 분야에서 사업을 시작한다는 것은 무모한 결정이라고 할 수 있다.

창업자나 동업자는 활용할 수 있는 모든 자원을 종합적으로 분석한 결과를 중심으로 새롭게 개척해 볼 수 있는 몇 개의 분야를 선정하게 된다. 창업자는 선정된 각각의 분야들이 다른 경쟁자에 비해 상대적 강점(strength)을 갖는지 살펴보아야 한다. 또한 창업자는 경쟁상대가 되리라고 예상되는 기업이나 경영자에 비해 상대적 약점(weakness)이 무엇인지 검토해 보아야 한다.

선정된 분야(아이템)들이 도입(introduction)단계에 있는지 아니면 성장(growth)단계에 있는지도 분석해 보아야 한다. 도입단계에 있을수록 위험부담은 커지지만 수익성은 높아질 수 있으며, 성장단계에 속하면 위험은 줄어들지만 상대적으로 수익성도 줄어들 수 있을 것이다. 창업을 계획할 때에는 제품이나 산업의 수명주기(product life cycle: PLC)를 검토해 볼 필요가 있다. 또한 경쟁상대 기업과 비교하여 자신들이 가지고 있는 기회(opportunities)와 위협(threats)을 파악하여 위험에 대비하는 방안을 마련해야 한다.

창업하고자 하는 해당분야가 정부에서 정책적으로 육성되는 분야이거나 사회적 관심이 높은 분야일수록 창업에 유리해질 수 있다. 특히 금융기관으로부터 쉽게 자금지원을 받을 수 있으며, 외부적으로 다양한 방법을 통해 지원을 받을 수도 있을 것이다.

창업 아이템 선정

창업자가 내부적인 여건을 토대로 몇 개의 분야를 선정하고, 내부적인 강점과 약점 및 외부적 환경을 분석하게 되면 최적의 창업 아이템을 선정할 단계에 들어서게 된다. 창업을 하는 데 있어서 가장 핵심적인 단계는 창업 아이템을 탐색하고 선별하는 것이라고 할 수 있다. 그 이유는 창업의 성공 여부를 결정하는 데 가장 크게 작용하는 것이 창업 아이템 선정이기 때문이다.

창업 아이템은 크게 두 가지 기준으로 선정해 볼 수 있다. 첫째, 현재 충족되지 않은 욕구를 탐색하고 이를 충족시킬 수 있는 제품을 생산하는 방법이다. 둘째, 기존 제품에서 새로운 기능을 추가한 차별화된 새로운 제품을 생산하는 방법이다. 이와 같은 두 가지 기준에 포함되지 않는 것은 기존제품과 거의 유사한 제품이라고 할 수 있으므로 이를 생산하는 것은 성공가능성이 매우 낮을 것이다.

창업 아이템을 선택할 때에는 창업자 입장보다 소비자 입장에서 해당제품이 얼마나 필요한지를 파악해야 할 것이다. 또한 수익이 안정적으로 발생하는 아이템과 타깃(target) 고객이 명확한 아이템을 선정해야 한다.

이와 같이 창업 아이템의 선정은 창업의 성공 여부를 결정하는 가장 중요한 의사결정이 된다.

사례 모두를 위한 시계 '브래들리 타임피스(Timepiece)'

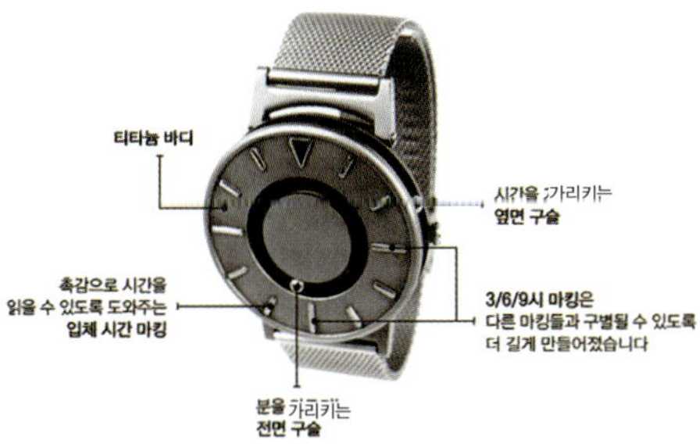

임 대표는 미국 대학원 재학 시절 함께 수업을 듣던 시각 장애인 친구가 계속 시간을 묻는 것을 계기로 시각 장애인용 시계에 관심을 가지게 됐다. 음성으로 시간을 알려주는 기존 시계는 공공장소에서 사용이 어렵다는 점에서 착안해 만지는 시계를 개발했다.

임 대표는 시각 장애인만을 위한 제품을 만드는 것이 오히려 편견이 될 수 있다고 생각해 장애 유무에 관계없이 누구나 착용할 수 있는 제품을 만들게 됐다고 전했다.

시계 모델명은 아프가니스탄 전쟁에서 폭탄 제거 중 사고로 시력을 잃은 전직 미해군 장교 브래들리 스나이더의 이름에서 가져왔다. 그는 부상에서 회복 후 2012년 런던 패럴림픽(Paralympics) 수영종목에서 금메달 두 개, 은메달 한 개를 수상한 미국 시각 장애인 수영선수이다.

임 대표는 “많은 사람들이 그가 장애를 극복하고 메달을 땄다고 말했지만 정작 브래들리 본인이 극복한 것은 장애가 아니라 ‘장애에 대한 편견과 장애를 가진 사람이 생활하기 어려운 환경’이었어요. 장애는 한 사람의 수많은 특징 중 하나일 뿐 극복의 대상이 아니라고 생각합니다. 이원(Everyone, Eone) 브랜드를 통해 장애에 대한 우리의 인식에 대해 이야기하고 싶었습니다”라고 말했다.

브래들리 타임피스로 시계를 읽는 방법은 간단하다. 시계 원형 몸통 전면부와 측면부에는 각각 하나씩 총 2개의 구슬이 움직인다. 전면부는 분침이고 측면부는 시침이라 보지 않고도 구슬의 위치를 만져 시간을 확인할 수 있다.

브래들리 타임피스는 영국박물관 시계 소장품으로 선정될 만큼 디자인 가치와 의미를 인정받고 있다며 심플하고 세련된 디자인으로 제품 자체가 독특해 고객들의 관심이 점차 높아지고 있다고 말을 이었다. 브래들리 타임피스의 가치에 동참하는 고객들도 점차 늘어나면서 창업 대비 매출도 2배 가량 증가하며 점진적으로 성장하고 있다고 설명했다.

사회적기업(social enterprise)인 ‘디스에이블드(Disabled, This abled)’는 발달장애인 예술가들의 꿈과 재능을 살릴 방법이 없을까 생각하다가 사업이 시작되었다. 발달장애인이 활동하는 여러 분야 중 미술 분야를 선택했다. 당장 제품화가 쉽고 구매자들도 쉽게 접근할 수 있어서다. 발달장애 작가들의 아이디어와 작품을 휴대폰 케이스, 보조배터리 케이스, 여권 케이스, 노트북 파우치, 아트 테이블, 골프공 등 판매 가능한 상품으로 만들어 판매수익금의 30%를 작가에게 돌려주는 시스템이다. 남은 수익금으로 다시 전시회를 개최한다. 장애 작가들에게 금전적인 수입만 보장하는 것이 아니라 그들이 활동을 이어갈 무대를 만들어주는 것이다.

자료원: 머니투데이, 2019.8.22; 공감, 2018.12.1에서 발췌 정리.

현장수첩 시니어 창업의 6가지 성공전략

코로나19 등의 사회적 영향으로 재취업도 힘든 시기에 시니어 세대가 선택할 수 있는 길은 사실 창업밖에 없다. 시니어 창업의 원인은 여러 가지가 있겠지만, 연금이나 퇴직금 또는 금리수입 등으로는 노후를 보장받기가 쉽지 않은 게 현실이다.

이로 인해 좀 더 수익성 있는 모델로 창업을 선택하는 경우가 많다. 또한 고령화 사회가 되면서 부모를 부양해야 하는 한편 자녀들의 취업난으로 인한 지원 등의 경제적 이유도 있다. 그만큼 생계와 현실을 스스로 개척하기 위한 시니어들의 선택이 창업 증가의 원인이다.

그렇다면 시니어 창업으로 성공하기 위한 6가지 전략에 대해 살펴본다. 첫째는 미리 준비하고 대비해야 한다. 어떤 일이든 준비 없이 닥치면 혼란의 연속이다. 사전에 준비 없이 실행된 창업은 오래가지 않는다. 실패를 경험하게 되고, 그때는 모든 것이 끝장이다.

둘째는 서두르지 말아야 한다. 창업하겠다고 결정한 시점부터 모든 일을 일사천리식으로 밀어붙이다가 실패의 나락으로 떨어지는 경우가 많다. 점포를 얻는 일, 업종을 정하는 일, 모든 것이 급하다. 하지만 창업의 기본을 갖춘 후에 시작해야 성공을 보장받을 수 있다.

셋째는 치밀하게 계획해야 한다. 사업계획서를 붙들고 씨름하는 나날의 연속이어야 한다. 규모가 작더라도 검토에 검토를 거듭해야 한다. 100만원을 투자하는 일도 사업계획서를 만들고 투자 타당성을 분석해서 실행해야 한다.

넷째는 나의 이야기보다 남의 말을 들어야 한다. 시니어 세대의 특징은 다양한 경험과 연륜이다. 장점이지만 단점도 된다. 자아도취하지 말고 주변 사람들의 조언을 받아들이고 활용해야 한다.

다섯째는 기본을 지켜야 한다. 창업을 시작하고 공격적으로 사업을 추진하는 것은 좋지만, 숙련된 기술과 경험, 노련함은 장점으로 삼아 십분 활용해야 한다. 단, 기본에 충실해야 한다. 공격적으로 실행하되 철저한 기본을 지키는 원칙이 성공의 열쇠다.

여섯째는 건강과 체력이다. 창업은 장기 레이스이다. 한두달, 1년 안에 지친다면 매장을 더 이상 운영하기 힘들어진다. 규모나 아이템을 자신이 소화할 수 있는 범위에서 맞춰야 한다.

장기불경기와 코로나19 상황으로 자영업 시장이 위기를 맞고 있지만, 위기에는 기회가 찾아올 수도 있다. 변화된 사회 트렌드에 맞는 아이템들이 잇따라 새롭게 등장하고, 프랜차이즈 가맹본부의 지원도 광범위해진 상태다. 자신의 경험과 노하우, 전문성이라는 장점을 최대한 활용한다면 지금이 창업의 새로운 기회가 될 수 있다.

자료원: 여성소비자신문, 2020.9.20에서 발췌정리.

창업 아이템 타당성 분석

창업 아이템 가운데 매력적인 아이템이 선별되면, 이에 대한 타당성을 분석할 필요가 있다. 타당성(feasibility) 분석은 선별된 창업아이디어에 대하여 선택 여부를 최종적으로 결정하기 위해 시장성, 기술성, 경제성 등을 분석하는 것을 말한다.

- 시장성분석: 시장동향분석, 경쟁력분석, 수요분석, 판매전략분석 등을 통해서 제품이 적절한가 분석한다.
  - 장동향분석: 시장전체 규모를 측정하고 소비자의 연령별 · 계층별 · 성별 분포, 소비자의 구매패턴 변화 추이 등을 분석한다.
  - 경쟁력분석: 예상 경쟁기업의 매출실적, 제품가격, 재무상태 등 현황을 파악하고 제품의 장단점을 분석한다.
  - 수요분석: 경쟁기업의 시장점유율과 창업목표로 하는 시장점유율을 분석한다.
  - 판매전략분석: 경쟁기업의 판매전략은 무엇인지, 어떠한 차별성을 가질 수 있는지, 차별성에 따른 장점은 무엇인지 분석한다.
- 기술성분석: 생산기술과 관련된 공학적 측면, 원가계산 등 회계적 측면, 판매 및 일반관리와 같은 관리적 측면 등의 전문지식에 대해서 분석한다.
- 경제성분석: 계획하고 있는 사업아이템이 경제성 · 수익성이 있는지를 분석하는 것으로 예상되는 투자수익률, 매출액마진율, 손익분기점(break-even point: BEP) 등을 분석한다.

사업계획 수립과 추진

창업 아이템이 매력적인 투자로 밝혀지고 위험분석이 끝나면 구체적인 사업계획을 수립한다. 사업계획에는 추진할 구체적인 사업내용과 세부일정계획을 담게 된다.

사업계획은 새로운 건축물을 지을 때 필요한 설계도면 · 건축일정과 같이 창업에 관한 청사진이다. 사업의 규모가 작고 간단한 사업이라도 구체적인 사업계획 없이 즉흥적으로 대처한다면 성공하기 어렵다. 어떤 경우의 창업이든 사업계획서를 통해서 사업계획을 수립하는 것이 필요하다.

사업계획서는 연구계획서가 아니다. 사업계획서는 창업자 자신이 창업 및 발전전략을 설계해 볼 수 있는 기회를 제공한다. 사업계획서를 통하여 주관적인 사업구상 측면에서 벗어나, 객관적이고 체계적으로 사업타당성을 검토할 수 있다.

사업계획서 수립은 창업을 준비하는 자에게 미래의 위험을 최소화할 수 있는 기본기를 제공해 주는 과정이다. 프로야구선수들이 다음 시즌에 성공적인 플레이를 할 수 있도록 '오프 시즌(off season)'에 훈련하는 과정과 동일하다. 성공적인 사업을 위하여 사업계획서(동계합숙훈련)를 빈틈없이 작성하였다면, 경영환경이 어렵고 경쟁이 치열하다고 할지라도 경쟁기업과의 싸움에서 승리할 수 있는 대응 방안을 모색할 수 있을 것이다.

현장수첩 강소상인 'ABCDE 법칙' & 'S·T·R·O·N·G'

강소상인들을 꿰뚫는 5가지 성공 키워드는 ① 명확한 목표의식(Aim), ② 기본에 충실하라(Basic), ③ 틈새에 기회를 뚫는 것(Chance), ④ 아이템 차별화(Differentiate), ⑤ 업(業)에 대한 열정(Energy)으로 요약된다.

뚜렷한 목표 설정은 강소상인들의 공통적인 특징이다. 상대적으로 규모가 작은 사업일수록 목표 설정이 중요하다. 과당 경쟁에 시달리는 자영업 분야에서 여러 가지를 동시에 노리기에는 장애물이 너무 많기 때문이다. 고객은 기본을 잘 알아본다. 사업이 발전할수록 초심을 다지는 자세가 중요하다. 내가 팔고 싶은 것을 파는 게 아니라 고객이 원하는 것을 파는 기본에 충실해야 한다. 고객의 요구는 계속 변한다. 고객 입장에서 생각하고 학습해야 틈새에서 기회를 찾을 수 있다. 인구변화, 라이프스타일(Life style) 변화 등에 민첩하게 대응해야 한다. 차별화의 핵심은 제품과 서비스의 '차이'에서 발생한다. 기능을 곁치레로 덧붙이거나 크게 개선된 점 없이 구색을 맞추기 위해 다양화하는 것은 금물이다. 상인의 혼을 지니고 절실함과 성실함으로 어려움을 뚫어야 한다. 현실적인 어려움을 핑계로 적당히 타협하거나 포기해서는 안 된다.

삼성경제연구소는 "한국과 일본의 잘나가는 전통시장 상인 30명을 분석한 결과, 작지만 강한 시장상인들은 모두 'STRONG' 키워드를 따르고 있다"고 소개했다. 절실함·성실성(Spirit), 명확한 목표설정(Target), 고객관계(Relation), 고유의 아이템(Only one), 네트워크(Network), 기본에 충실(Ground)이라는 의미를 담으면 영어단어 'STRONG'이 된다.

충남 홍성군 광천전통시장에 있는 '하서방 광천토굴 새우젓'은 고객의 나이에 따라 다른 염도의 새우젓을 내놓는다. 젊은 고객일수록 짠 것을 싫어하는 점에 착안한 것이다. 한번 방문한 고객은 컴퓨터에 주소, 전화번호, 주문한 물품, 선호 젓갈 등을 꼼꼼히 기록해 비수기에 홍보문자를 보낸다. 덕분에 과거보다 매출이 25% 늘었다.

고유의 아이템을 말하는 'O'는 일본 토쿄 무사시노 시(市)의 '오자사'란 양갱가게를 예로 들 수 있다. 1인당 구매량을 5개로 제한하고 있는데도 40년간 새벽부터 가게 앞에 고객들이 장사진을 친다. 그 비밀은 팥과 설탕이다. 팥은 홋카이도 최고급 상품만 50년째 한 업체에서 사온다. 설탕은 주문생산한다. 가게는 1평 남짓하지만 연매출이 무려 3억엔(약 35억원)이나 된다.

경남 김해시 동상시장의 '유성식육점'은 자기 점포는 물론, 주변 상인들에게도 점포 리모델링을 설득해 시장을 찾는 고객 자체를 늘렸다(네트워크·N). 제주 제주시 통문수산시장의 제주수산은 40년 가까이 어촌계와 해녀를 찾아 상품을 직접 떼어온다(기본에 충실·G).

홍대스타일의 전통시장을 꾸려놓은 전북 전주시 남부시장, 인터넷으로 배송시간 실시간 공지서비스를 해주는 전남 목포종합수산시장의 홍어전문집 '해양수산', 가게를 찾는 고객마다 '충성'을 외치며 거수경례하는 충남 논산시 화지중앙시장의 신발 백화점 '골든슈' 등이 'STRONG' 키워드를 따르는 강소상인이다.

자료원: 중앙일보, 2013.12.30; 국민일보, 2013.3.27에서 발췌 정리.

4. 창업의 성공전략

기업을 경영함에 있어서 경영활동 모두를 성공적으로 수행한다는 것은 불가능한 일이다. 특히 창업의 경우에는 더욱 그렇다. 따라서 성공에 필요한 핵심 요인을 찾아내어 자신의 장점으로 만들고 여기에 이용 가능한 경영자원을 집중하는 것이 성공의 지름길이라고 할 수 있다.

창업자가 성공할 수 있는 대표적 전략은 비어있는 시장을 찾는 빈 집 찾기 전략, 아무도 개척하지 않은 새로운 시장을 개척하는 새 집 짓기 전략, 핵심역량을 통해 활로를 찾는 한 집 짓기 전략, 작은 무대가 아닌 큰 무대에 진출하여 생존을 모색하는 큰 집 짓기 전략 등으로 나눌 수 있다.

비어있는 시장을 찾는 빈 집 찾기 전략

'빈 집 찾기 전략'은 창업을 할 때 소비자의 욕구는 있으나 아직 충족되지 않은 시장을 겨냥하는 전략으로 소비자 욕구를 간파하여 비어있는 시장을 찾아 공략히는 것을 말한다. 빈 집 찾기 전략을 구사하는 기업은 비어있는 시장, 즉 틈새(niche)시장을 발견하여 그 자리를 선점하는 것이다. 빈 집 찾기 전략은 가장 쉽게 접근할 수 있을 뿐 아니라 성공 가능성도 높은 전략이라고 할 수 있다.

빈 집 찾기 전략을 구사한 대표적인 사례가 크린토피아다. 1992년에 설립한 (주)크린토피아는 전문적인 세탁기술과 고객만족 서비스를 제공하는 국내 최초의 선진국형 세탁전문 브랜드로 동네 세탁소에서 세탁전문점으로 국내의 세탁문화를 변화시킨 세탁전문 브랜드다.

크린토피아는 새로운 세탁문화를 만들기 위해 자동화 시스템을 도입하여 세탁비의 70%를 차지하는 인건비를 줄여 합리적인 세탁요금을 유지할 수 있도록 하였다. 자동 분배 컨베이어 시스템과 본사, 지사 및 대리점 간 온라인 시스템을 이용한 업무 전산화 등 안정적인 시스템을 구축, 틈새시장인 세탁편의점을 개척하였다.

싱글족, 맞벌이 부부의 증가와 여가를 즐기려는 라이프 스타일 변화에 맞춰 일본, 미국 등 세탁 선진국에서 보편화된 '코인 빨래방'의 장점과 기존 세탁편의점을 결합시킨 새로운 형태의 토털 세탁전문 공간 세탁멀티숍인 '크린토피아 +코인워시'를 신개념 사업모델로 내세워 세탁전문 브랜드로서 꾸준한 성장세를 보이고 있다.[1)]

사례 스카이랩스, 반지형 심장 모니터링 기기 '카트-원'

스카이랩스는 세계 최초 반지형 심장 모니터링 기기 '카트-원(CART-1, Cardio Tracker)'이 유럽 의료기기 품목 허가 CE-MDD(Medical Devices Directive)를 획득하였다. 이번 유럽 의료기기 인증 획득으로 '카트-원'은 국내뿐만 아니라 영국 및 유럽에서 본격적인 판매에 나설 계획이라고 한다.

유럽 의료기기 품목 허가 CE-MDD는 유럽연합이 제시한 품질과 성능, 내구성, 안전성에 대한 규정으로 엄격한 요구 사항과 심사 기준을 적합성 절차에 따라 모두 통과

1) 중앙일보, 2013.11.15.

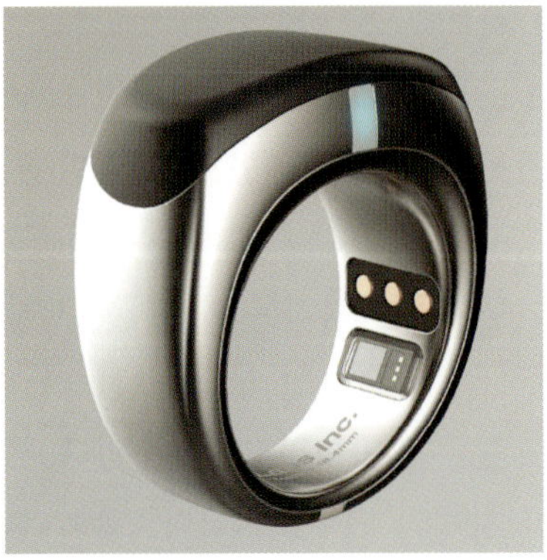

한 제품에 한해 발급된다. 유럽으로 제품을 수출하고 판매하기 위해서 반드시 취득해야 하는 인증이다.

스카이랩스의 의료용 웨어러블 디바이스 '카트-원'은 광학센서(PPG)를 사용해 심방세동 환자의 불규칙한 맥박을 측정하는 기기로 손가락에 착용하고 있기만 해도 자동으로 365일 24시간 연속 측정이 가능하다.

'카트-원'은 하드웨어 변경 없이 소프트웨어 업데이트만으로 새로운 질병 모니터링을 추가할 수 있어 향후 부정맥 외 고혈압, 심부전과 같은 심장질환 및 호흡기질환 등 다른 질병관리 기기로 기능을 확장할 계획이다.

세계 시장에서는 벌써 뜨거운 반응을 얻고 있다. 스카이랩스는 카트의 혁신성을 인정받아 지난해 세계경제포럼에서 테크놀로지 파이어니어(기술선도기업)로 선정됐다. 2015년 카카오가 선정됐던 이후 한국에서 두 번째다. 세계적으로 권위 있는 심장학회인 유럽심장학회(ESC)의 디지털헬스 부문 발표에서도 2018년부터 2년 연속 우승을 차지했다.

카트가 상용화되면 원격의료에도 활용될 수 있다. 환자 본인이 스스로 상태를 점검하고, 이 정보를 의료진과 공유하면 된다. 코로나 사태 이후 국내에서도 일부 규제가 풀려 카트가 심장병 진단에 사용될 길이 열렸다. 보건복지부는 2020년 2월 원격의료를 일시적으로 허용해 환자가 의료기관을 직접 방문하지 않아도 전화 상담과 처방을 받을 수 있도록 했다.

자료원: 조선일보, 2020.6.18; 메디칼이코노미, 2020.8.12에서 발췌 정리.

새로운 시장을 개척하는 새 집 짓기 전략

'새 집 짓기 전략'은 소비자의 욕구 변화와 기술개발 추세에 따라 새롭게 시장이 열릴 것으로 예상되는 부문에 진출하는 것으로 개척자적인 자세가 요구된다. 빈 집 찾기는 이미 있는 시장에서 고객의 욕구를 발견하여 충족시켜주는 것을 의미하지만, 새 집 짓기는 새롭게 시장을 개척해가는 것이다. 새 집 지을 곳을 고르는 것은 빈 집을 찾는 것보다 훨씬 복잡하고 위험성도 크다고 할 수 있다. 새 집 짓기 전략을 구사하려는 경우에는 철저한 시장성과 기술성 분석이 요구된다.

사례 '탈 밀폐용기' 락앤락(LocknLock) – 생활용품 '핫플레이스'로 이미지 변신

락앤락은 '밀폐용기 회사'라는 이미지를 벗고 종합생활용품 기업으로 이미지 변신에 나서고 있다. 국내 소비자들의 눈높이에 맞춘 라이프 스타일 매장 '플레이스엘엘(PlaceLL)' 매장을 확대하는 전략도 그 일환이다.

락앤락은 자사 제품들을 판매하는 30여개 오프라인 매장을 운영해왔지만 밀폐용기를 주축으로 판매하는 락앤락 전문매장에 불과했다. '이케아(IKEA)'나 '무인양품(MUJI)'처럼 쇼룸 형태로 공간을 꾸미고 라이프 스타일을 제안하는 매장들이 각광을 받으면서 락앤락도 젊은층을 사로잡기 위한 '플레이스엘엘'을 확대하고 나섰다. 락앤락 관계자는 "1인가구가 늘고 살림을 하는 연령대가 다양해지면서 이들을 모두 만족시킬 수 있는 오프라인 매장이 필요했다"며 "밀폐용기 회사라는 이미지가 강한데 종합생활용품 기업이라는 인식을 자연스럽게 심어주기 위한 목적"이라고 말했다.

락앤락은 '플레이스엘엘'과 해외 사업장에서의 판매호조를 발판으로 외형과 내실 두 마리 토끼를 잡는다는 계획이다. 지난해에는 매출원가가 상승하고 경영개선 작업을 하면서 매출은 증가했지만 영업이익이 감소했다. 2018년 연결기준 매출액은 전년대비 4.06% 증가한 4,343억원, 영업이익은 29.2% 감소한 365억원을 기록했다.

지역별 매출은 국내의 경우 경기 침체로 실적이 소폭 감소한 반면, 베트남과 인도네시아 그리고 해외 선진국 시장에서의 매출은 성장했다. 베트남의 경우, 프리미엄 이미지를 바탕으로 매년 꾸준히 매출이 증가하고 있으며, 2018년 전년대비 24.7% 성장을 기록했다. 전통적 강세 제품인 저장용품과 음료용기 외에도 소형가전에 대한 인기가 높아지면서 다양한 카테고리에서 실적을 견인하고 있다.

해외 온라인 시장에서 성장세도 눈에 띈다. 인도네시아 지역에서 온라인 판매 성장률이 352%를 기록했고, 베트남 온라인 매출이 188% 늘었다. 미국과 유럽 지역에서도 지난해 온라인 시장을 새롭게 공략하며 전체 매출이 각각 88%, 39% 증가했다. 락앤락은 저장용기 외에도 판매 품목을 다변화하면서 텀블러와 쿡웨어(주방용품) 카테고리 매출이 전년 대비 각각 25%와 16% 성장했다고 밝혔다.

자료원: 아시아경제신문, 2019.9.17에서 발췌 정리.

핵심시장을 겨냥하는 한 집 짓기 전략

'한 집 짓기 전략'은 이미 존재하고 있는 제품시장에서 그 기업만의 핵심기술을 강점으로 시장진입을 시도하는 창업전략을 말한다. 한 집 짓기 전략은 새로운 핵심기술을 적용한 신제품을 선보이기 때문에 위험이 높은 반면, 그에 따른 수익성도 높아 소규모로 창업하는 경우에 유리할 수 있다.

지식의 발전과 더불어 기술변화 속도가 빠르게 진행되는 시대에는 기존의 독점기술이나 전문기술 확보만으로 성공이 보장되지 않는다. 끊임없이 발전하는 기술변화를 따라가면서 남들보다 신속하게 기술을 상품화할 수 있어야 한다. 이를 위해서는 기술상 우위가 아닌 핵심적인 분야의 기술역량이 필요하다.

사례 TS트릴리온, 국내 탈모샴푸 시장 1위

'TS샴푸'를 제조 판매하는 TS트릴리온이 국내 탈모샴푸 시장에서 대기업들을 제치고 점유율 1위를 굳건히 지키고 있다. 탈모샴푸라는 수요 잠재력이 큰 틈새시장을 파고들어 제품 개발에 집중한 결과다. 스타를 내세운 과감한 마케팅 전략도 시장에 빠르게 안착하는 데 원동력이 됐다는 평가다.

금융감독원에 따르면 TS트릴리온은 2019년 매출 704억 원을 올렸다. 영업이익은 48억 원이었다. 업계에선 탈모 방지 샴푸와 린스 등 헤어 상품 단일 브랜드로 이룬 결과라는 점을 높이 평가한다. 글로벌 마케팅 리서치업체 칸타에 따르면 국내 전체 샴푸 시장에서 탈모 증상을 완화해주는 기능성 샴푸(탈모샴푸)의 비중은 지난해 21.7%였다. 이 중 TS샴푸 제품군은 탈모샴푸 상위 제조사 가운데 점유율 1위(41.3%)를 차지했다.

아모레퍼시픽, LG생활건강 등 대기업들과 경쟁해 얻은 성과다. 대기업들이 탈모샴푸 시장을 크게 보지 않았을 때 한발 빨리 제품을 내놓고 과감한 마케팅을 통해 시장을 파고든 결과라는 분석이다. TS샴푸는 2014년 GS홈쇼핑을 시작으로 현재 CJ오쇼핑, 현대홈쇼핑 등에서 판매되고 있다.

TS트릴리온은 해외 진출도 적극 추진하고 있다. 미국과 중국, 인도네시아 등이 주요 공략 대상이다. 중국 시장은 2017년 말 중국식품약품감독관리총국(CFDA)으로부터 TS샴푸에 대해 위생허가를 받아 현지 판매 기반을 마련했다. 이어 지난해 상하이 동방홈쇼핑 등 현지 홈쇼핑 업체를 통해 TS샴푸 판매에 나서는 등 현지화 전략을 구사하고 있다.

자료원: 한국경제신문, 2020.5.6에서 발췌정리.

넓은 시장을 공략하는 큰 집 짓기 전략

'큰 집 짓기 전략'이란 작은 무대가 아닌 큰 무대에 진출하여 가격 및 품질을 차별화하는 전략을 말한다.

큰 집 짓기 전략은 핵심기술을 가지고 있으면서 비용절감 효과 등을 통해 세계시장을 대상으로 경쟁력 있는 제품을 생산·판매함으로써 국내외 생산기지를 형성하여 성공하는 전략을 말한다. 국내시장에서 눈을 돌려 세계시장으로 진출해서 창업에 성공한 기업들이 여기에 속한다.

사례 풍력발전 타워(기둥) 글로벌 1위 '씨에스윈드(CSWIND)', 해상풍력 진출

"씨에스윈드는 글로벌 공급망을 갖추고 있습니다. 6개 생산법인에서 전 세계 모든 풍력 프로젝트를 소화할 수 있기 때문에 글로벌 1등에 올라설 수 있었습니다."

CSWIND 본사(충남 천안)에서 만난 김성권 씨에스윈드 회장은 "고객사가 어디서 수주를 하든 가장 경쟁력 있는 가격으로 풍력타워를 납품할 수 있는 글로벌 공급망을 갖추고 있다"며 "제너럴일렉트릭(GE), 지멘스가메사(Siemens Gamesa), 베스타스(Vestas) 같은 굵직한 풍력발전기 고객사를 확보한 비결"이라고 말했다.

씨에스윈드는 2003년 베트남을 시작으로 중국, 영국, 말레이시아, 터키, 대만 등 6곳에 현지 법인을 세웠고 국내에선 터빈용 베어링을 만드는 씨에스베어링을 자회사로 두고 있다. 지난해 기준으로 1만 1,000여개의 풍력타워를 납품했다. “글로벌 시장 점유율은 16%로 세계 1위”라며 “매년 20~30%씩 성장할 수 있도록 목표를 세우고 준비 중”이라고 말했다.

씨에스윈드가 생산하는 풍력타워는 날개인 블레이드와 발전기를 지탱하는 철 구조물 기둥이다. 육상 타워의 높이는 80~120m이고 해상 타워는 그 이상이다. 무게는 수백톤에 이른다. 여러 개의 원통 섹션을 용접으로 이어붙이기 때문에 정밀한 용접기술과 바람과 파도로 인한 부식을 막을 도장기술이 중요하다. 고객사마다 발주하는 타워가 제각각이라 품질관리가 관건이다.

김 회장은 “최고의 품질을 만들기 위해 ISO 세계품질규격 제정위원에게 직원 교육을 맡겼고, 용접공학박사 출신을 회사 고문으로 모시기도 했다”며 “현지인을 숙련공으로 키우는 건 어려운 도전이지만 글로벌품질관리시스템(QMS)으로 정착시킬 수 있었다”고 강조했다.

생산성 혁신도 중요하다고 거듭 밝혔다. 그는 “원가 경쟁력을 탁월하게 높여 고객사의 니즈를 충족시켜야 한다”며 “원가 절감을 매년 20%씩 하다 보니 경쟁력과 고객사의 신뢰를 얻을 수 있었다”고 말했다. 이러한 노력으로 3,000억원 안팎이던 매출이 2018년 5,022억원, 지난해는 7,993억원을 기록했다. 올해 상반기에는 4,216억원을 달성했다. 김 회장은 “육상풍력시장에서 10년 가량 검증을 거친 뒤 3년 전 아시아에서 유일하게 유럽 해상풍력시장에 진출했다”며 “올해 수주 목표인 7억달러(8,100억원)를 이미 달성했고, 연말까지 매출 1조원 달성을 목표로 뛰고 있다”고 말했다.

씨에스윈드의 또 다른 성장 전략으로는 글로컬라이제이션(glocalization)이 있다. 북미와 유럽 등에 수출하기 위해 설립한 베트남과 말레이시아 공장이 글로벌 전략에 해당한다. 시장 변화에 유연하게 대처할 수 있다. 씨에스윈드의 매출 확대 가능성은 열려있다. 미 동부 연안에만 2035년까지 25GW의 해상풍력단지가 조성될 예정이다.

자료원: ChosunBiz.com, 2020.9.26에서 발췌 정리.

강/의/요/약

1. 창업이란 소비자의 욕구를 만족시키기 위하여 창업아이디어를 가지고 자본을 동원하여 특정한 제품이나 서비스를 생산하는 기업을 설립하는 것을 의미한다. 불확실성 하에서 의사결정이라는 점과 신규자원의 투입에 따른 위험이 동반되는 기업가정신이 요구되는 특징을 가진다.

2. 벤처창업이란 새로운 기술을 이용하여 제품이나 서비스를 생산하는 모험기업을 설립하는 것을 의미한다. 일반창업에 비해 위험이 높은 반면, 성공하였을 때에는 높은 이익을 갖게 된다는 특징을 가진다.

3. 소자본창업이란 적은 자본으로 사업성이 분석된 안정적인 사업을 설립하는 것을 의미한다. 새로운 기술과 모험정신 그리고 대기업과 관련된 업종 제한을 요구하지 않는 점에서 벤처창업과 다르다.

4. 창업과정은 내부적 여건을 토대로 선정된 몇 개 분야에 대한 내부적 강점(strength) · 약점(weakness) 및 외부환경을 분석하고, 선정된 몇 개 분야에서 최적의 창업 아이템을 선정하고, 선정된 창업 아이템에 대한 타당성을 분석한 다음, 구체적인 사업계획을 수립하고 추진하는 과정으로 나누어진다.

5. 성공적인 창업전략으로 비어있는 시장을 찾는 빈 집 찾기 전략, 아무도 개척하지 않은 새로운 시장을 개척하는 새 집 짓기 전략, 핵심시장을 겨냥하는 한 집 짓기 전략, 넓은 시장을 통해 경쟁력 있는 제품을 생산 · 판매하는 큰 집 짓기 전략 등이 있다.

Management

제 2 부

경영활동은 순환된다

MANAGEMENT

제5장

계획활동

1. 계획활동이란?
2. 계획활동 4단계
3. 21세기 계획활동은?

1. 계획활동이란?

경영활동은 제1장에서 설명한 바와 같이 경영활동이 이루어지는 과정측면과 각 부문별 업무측면으로 구분할 수 있다. 과정측면에서 보는 관점은 조직목표를 효율적으로 달성하기 위하여 요구되는 기본적인 프로세스별로 나누어보는 관점이다. 이에 따르면 우선 계획을 세우고(planning), 그 계획을 달성할 조직을 구성(organizing)하고, 목표에 따라 계획이 실행되도록 종업원들을 지휘하고 이끌며(leading), 계획대로 이루어졌는지를 평가하는 통제활동(controlling)으로 나누어진다.

경영활동을 업무측면에서 보면 업무의 내용 또는 성격별로 구분된다. 사람과 관련된 활동인 인사활동, 제품과 서비스 교환활동인 마케팅활동, 제품과 서비스 창출활동인 생산활동, 자본의 조달과 운용활동인 재무활동 등으로 나누어진다.

인사활동이나 마케팅활동, 생산활동, 재무활동 등도 모두 계획·조직화·지휘·통제활동의 과정으로 이루어진다. 예를 들어, 마케팅활동도 먼저 마케팅계획을 세우고 이를 실행할 마케팅조직을 구성하고 이들을 보다 효과적으로 이루어지도록 지휘하며 결과에 대한 통제활동이 이루어진다. 이처럼 계획·조직화·지휘·통제는 모든 경영활동에서 이루어지는 기본과정이라고 할 수 있다.

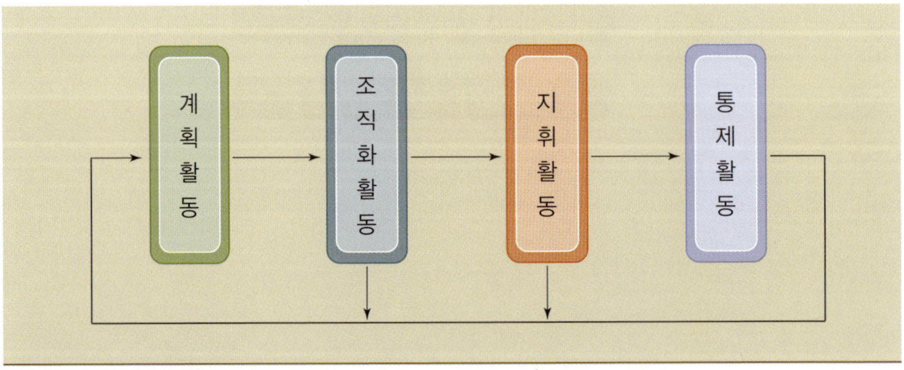

그림 5-1 경영활동의 과정

계획활동은 경영활동의 시작

경영활동에 있어서 계획(planning)은 가장 먼저 시작되는 활동이면서 기업성과에 가장 중요한 영향을 미치는 활동이다.

계획활동은 자동차 헤드라이트(headlight)에 비유할 수 있다. 대낮에는 헤드라이트가 없어도 운전하는 데 어려움이 없으나 깜깜한 밤에 헤드라이트가 없으면 자동차가 움직이기 곤란하다. 과거처럼 경영환경이 안정적이던 때에는 계획이 무의미할 수 있으나 경영환경이 급속하게 변하여 불확실한 상황에 처하게 되면 헤드라이트가 되어 미래를 비추어 줄 수 있는 계획이 필요한 것이다.

경영활동에서 계획이란 기업의 경영목표를 세우고 이를 달성하기 위한 최적의 방안을 찾는 활동이다. 즉, 무엇을 해야 할 것인가, 그것을 언제, 어디서, 누가, 어떻게, 얼마만큼 할 것인가를 미리 결정하는 것이라고 할 수 있다. '무엇'은 지금은 가지고 있지 않는 기업의 경영목표를, '언제'는 달성할 기간이나 시점을, '어디서'는 계획이 이루어지는 부서나 장소를, '누구'는 계획에 필요한 특정 과업을 달성할 구체적인 사람을, '어떻게'는 목표를 달성할 방법을, 그리고 '얼마만큼'은 목표 달성에 필요한 자원의 지출을 의미한다.

경영계획은 최고경영자뿐만 아니라 중간경영자, 일선경영자 모두에게 필요한 활동이다. 경영계획은 기업의 모든 경영활동을 포괄하는 청사진과 같다. 계획을 수립하여 경영활동에 활용한다는 것은 증상이 나타난 후 병을 치료하는 사후적인 경영활동이 아니라 미리 병을 예방하는 사전적 · 미래지향적 경영활동을 의미한다.

계획수립의 중요성

계획수립은 조직화 · 지휘 · 통제활동에 선행하는 관리활동의 출발점이자 가장 근본적인 활동이다. 계획수립 후 조직을 만들고 계획이라는 청사진 위에 인적자원을 배치하는 조직화 활동, 과업 성취를 위하여 조직구성원을 고무하고 이끄는 지휘활동, 목표 달성을 유도하고 그 여부를 확인하는 통제활동이 이어지는 것이다. 계획수립은 향후 조직 활동에 강력한 토대가 된다. 계획수립은 다음과 같은 이유에서 중요성을 갖는다.

미래의 관리방향을 제시할 수 있다.

계획수립은 기업경영의 방향과 목적의식을 제공한다. 계획은 경영자들로 하여금 미래의 경영환경 변화를 생각하게 하고 기업이 미래에 직면할 위협이나 기회를 고려, 미래사회의 환경변화에 합리적인 전망을 할 수 있게 하는 것이다. 계획은 조직과 조직구성원이 직면하게 되는 미래의 시간에 기업으로 하여금 효과적이고 효율적으로 업무를 수행할 수 있도록 준비하게 만든다.

업무수행과정에서 조정의 개선을 기할 수 있다.

업무가 계획적으로 수행되게 될 때, 조정의 개선을 도모할 수 있게 된다. 조직 내 부서나 집단들이 개별적으로 업무를 추진하게 될 때, 동일 업무는 중복·상충되어서 업무효율을 저하시킬 가능성이 크다. 이를 계획적으로 추진할 수 있다면 업무수행의 총체적 성과는 증대될 것이다.

계획활동은 조직 내에서 합리적인 의사결정이 이루어질 수 있도록 일관성 있는 체계를 제공하기 때문에 근시안적인 의사결정을 방지하여 준다. 계획은 회사의 전반적인 목적을 실현하기 위해 각 부문이 무엇을 할 것인가를 명시해 주며, 구성원들에게 목표달성을 위한 일관성 있는 직무를 수행케 하여 조직의 목표를 달성할 수 있도록 한다.

업무수행에 대한 통제를 개선할 수 있다.

통제는 계획에 기초하여 이루어지기 때문에 계획을 통하여 통제를 개선할 수 있다. 관리적 통제는 업무성과를 측정하고 평가해서 계획과 차질이 있다고 판단될 때 시정조치를 취함으로써 총체적 경영성과를 개선한다. 즉, 계획은 기업이 옳은 방향으로 나아가고 목적을 달성하는 데 도움을 주는 역할을 한다.

업무수행에 필요한 시간관리를 할 수 있다.

조직구성원들은 다른 사람들의 불필요한 행동 때문에 업무수행 중 방해를 받게 되는 경우가 많다. 업무수행에 대한 시간 계획을 체계적으로 수립해서 계획적으로 업무를 수행하게 되면 업무효율은 증대된다. 계획수립이 잘 이루어지면 시간을 어떻게 배분하여 활동할 것인지 준비되어 있기 때문에 시간관리를 용이하게 할 수 있다.

업무수행의 집중성과 신축성을 기할 수 있다.

계획적으로 업무수행을 할 경우, 최상의 업무수행 및 고객 요구에 부응할 수 있는 업무추진을 가능하게 한다. 뿐만 아니라 환경변화에 신축적으로 대응해 나갈 수 있는 방안을 사전에 강구할 수 있다. 이를 통하여 기업의 경영활동이 표류하지 않도록 도움을 제공한다.

미래의 기회와 위험 제시

드러커(Peter Drucker)는 "계획은 장기적인 의사결정의 위험을 제거해 주지는 못하지만 적어도 위험을 최소화시켜 주고 잠재적인 기회와 도전을 인식하게 해 준다"고 하였다. 즉, 장기경영계획은 기업 환경변화에 대응하여 성장과 발전을 도모하기 위해 수립되는 것이다.

장기계획 · 중기계획 · 단기계획

경영계획은 계획기간을 기준으로 장기계획, 중기계획, 단기계획으로 나뉘고, 계획의 성격을 기준으로 전략계획, 운영계획, 예산계획으로 나누어진다. 일반적으로 장기계획은 5년 이상의 계획을 말하며, 중기계획은 2~5년 정도의 계획을, 단기계획은 1년 이내의 계획을 말한다. 기간에 따라 계획을 구분하는 것은 절대적인 시간의 길이에 따라 엄격하게 나누는 것은 아니다. 기업 자체의 업종이나 성격에 따라 탄력적으로 규정되어야 한다.

장기계획

장기계획(long-term planning)은 최고경영층이 수립하는 조직 전체의 전략적 목적과 방향을 결정하는 계획이다. 장기계획은 기업이 신규사업 부문에 참여하여 수익을 발생시킬 수 있거나 기존사업으로부터 빠져나올 수 있을 만큼 충분한 기간을 가진 계획을 의미한다. 장기계획은 기업 전체를 대상으로 기업의 현재와 미래를 포함하는 전략적 계획(strategic planning) 개념이다. 장기계획의 목적을 살펴보면 다음과 같이 구분할 수 있다.

첫째, 사업구조 변혁을 통해 기업을 혁신하기 위해서다. 즉, 기존사업과 신규

사업 비중을 적절히 조정하고, 자원 배분을 올바르게 하는 것이 그 목적이다.

둘째, 시대조류에 대응한 신제품 및 서비스 개발을 계획적으로 추진하기 위해서다.

셋째, 현재 수익과 미래 수익의 균형을 맞추기 위해서다. 신규사업이나 신제품에 대한 투자 등을 추진해야만 현재뿐 아니라 미래에도 수익을 확보할 수 있기 때문이다.

넷째, 전사적(全社的) 목표를 명확히 하여 전략의 우선순위를 정하고, 올바르게 자원을 배분하기 위해서이다.

다섯째, 전 사원에게 미래의 비전(vision)을 제시하고 동기부여를 제공하여 기업의 경영체질을 강화하기 위해서이다.

여섯째, 장기적인 목표를 설정함으로써 단기적인 행동에 지침을 제시하고, 기업 전체의 목적과 부분의 목적을 일치시키기 위해서이다.

장기계획에서는 반드시 연동계획(roll-over planning)[1)]이 요구된다. 기업환경이 급속하게 변화하므로 5년 이상의 장기계획이 5년 이후에도 예측된 상황에 정확하게 맞을 가능성은 매우 낮다고 볼 수 있다. 다만, 장기계획은 현재시점에서 기업이 나아가야 할 장기적 발전방향을 설정하고, 연도별 또는 항목별로 구체적인 계획을 세움으로써 전체적인 지침서로 삼기 위해 필요하다.

그러므로 5년에 한 번씩 장기계획을 세울 것이 아니라 매년마다 연동해서 장기계획을 수립하면 보다 현실타당성이 높은 계획이 될 수 있다.

사례 "이제는 해상풍력이다" – 세계 5대 강국 · 일자리 8.7만개 목표

정부가 2030년까지 세계 5대 해상풍력 강국으로 성장하겠다는 비전을 세웠다. 이를 통해 연간 8만 7,000개의 일자리를 만들겠다는 계획이다. 지역사회 · 주민과 발전수익을 공유하는 상생 지원책을 통해 해상풍력 보급을 적극 확대할 방침이다. 산업통상자원부, 해양수산부, 환경부는 이러한 내용의 '해상풍력 발전방안'을 합동 발표했다.

1) 연동계획은 확정계획과 대비되는 계획이다. 확정계획은 우리나라 경제개발 5개년 계획과 같이 시작하는 시점과 끝나는 시점이 확정되어 있는 계획이다. 반면에 연동계획은 시작하는 시점과 끝나는 시점이 해를 지날 때마다 한 해씩 뒤로 밀리는 계획이다. 2020년에 연동계획으로 2020년~2024년간의 5개년 계획을 세운 회사에서는 2021년에 2021년~2025년간의 5개년 계획을 세우게 된다.

전 세계 해상풍력은 유럽, 중국을 중심으로 지난해 말 기준으로 29.1GW 규모가 설치됐다. 최근 일본, 대만 등도 해상풍력을 확대하기 시작해 2030년 전 세계 누적 설치량이 177GW에 달할 것으로 예상된다. 해상풍력은 높은 잠재량, 대규모 단지 개발 가능, 낮은 환경 피해, 높은 이용률 등의 장점을 갖고 있어 재생에너지 분야에서 빠른 성장속도를 보이고 있다.

현재 상업 운전 중인 국내 해상풍력은 탐라(30MW), 영광(34.5MW), 서남해 실증(60MW) 등으로 124.5MW 규모에 불과하다. 정부는 10년 후 해상풍력 설비 규모를 12GW까지 끌어올려 세계 5대 해상풍력 강국으로 도약하겠다는 목표다. 터빈 제조, 해상구조물 제작 · 운반 · 설치 등 해상풍력 관련 총 63조원에 달하는 대규모 민간투자를 통해 연간 8만 7,000개의 일자리를 창출할 것으로 전망했다.

해상풍력 3대 추진 방안은 ▸정부주도 입지발굴 및 인허가 간소화 ▸주민수용성 및 환경성 강화 ▸대규모 프로젝트 연계 산업경쟁력 강화 등이다. 올해 추경예산 10억원을 들여 입지정보도를 구축하고, 60억원을 투입해 경제성 · 환경성에 대한 기본 타당성 조사를 실시한다. 또한 40MW 이상 재생에너지 발전시설을 설치 · 운영하기 위한 '집적화단지'제도 도입을 추진한다. 해상풍력과 연계해 인근 지역 관광업, 수산업을 활성화하는 다양한 방법도 강구한다. 조업구역이 줄어드는 것을 최소화하는 한편 해상풍력 하부구조물을 양식장으로 조성하는 등 해상풍력 · 수산업 공존기술을 개발한다.

자료원: MEDI:GATE NEWS 2020.7.17에서 발췌 정리.

중기계획

중기계획(mid-term planning)은 기업이 생산시설을 확장하거나 축소하여 효과가 나타날 수 있는 시간 계획을 말한다. 중기계획은 생산시설 확장 또는 축소 등 변화를 통한 효과성 증대라는 중기목표를 달성하기 위해 수립하는 계획을 말한다. 전술적 계획(tactical planning)에 해당된다.

사례 현재자동차 중장기 전략 – 스마트 모빌리티 솔루션 기업

현대자동차는 스마트 모빌리티 솔루션 기업(Smart Mobility Solution Provider)으로 변모하기 위해 고객 중심의 중장기 혁신 계획인 〈2025 전략〉을 공개했다. 이 전략은 시대에 발 빠르게 대응하고자 하는 의지를 담고 있으며, 여기서 한 걸음 더 나아가 미래 모빌리티 산업을 주도하기 위한 현대자동차의 청사진이기도 하다. 스마트 모빌리티 솔루션 기업은 (1) 지능형 모빌리티 제품과 (2) 지능형 모빌리티 서비스라는 두 가지 사업 구조로 이루어져 있다.

지능형 모빌리티 제품

지능형 모빌리티 제품은 기존 제조사업 경쟁력 개선을 기본으로 지능형 모빌리티 서비스(Smart Mobility Service)와 시너지 효과를 내는 것을 목표로 한다.

1. 내연기관차 고수익화

자동차, 개인용 비행체, 로보틱스, 라스트마일 모빌리티(Last Mile Mobility)와 같은 내연기관차 고수익화를 추구하고 사업성장 기반을 제공한다.

2. 균형적이고 지속적인 성장 전략

손익과 물량, 지역과 지역, 내연기관과 자동차, 시장과 차종분야에서 물량확대 중심 운영에서 벗어나 균형적이고 지속적인 성장 전략을 추구한다.

3. 고객가치 증대와 원가구조 혁신

고객가치 증대 및 원가구조 혁신을 위해 (1) 디지털 기술과 (2) 개인화된 콘텐츠 두 분야에서 3대 스마트 차별화 요소를 선정하고 고객가치를 높이기 위한 수익성 강화를 목표로 한다.

지능형 모빌리티 서비스

지능형 모빌리티 서비스는 플랫폼 기반의 서비스와 콘텐츠를 통해 맞춤형 고객가치를 제공한다.

1. 플랫폼 사업기반 구축

현재자동차 고객을 중심으로 자동차와 정비, 금융, 보험, 충전 등 주요 서비스를 결합해 제공하는 비즈니스 모델을 추진한다.

2. 제품 + 서비스 결합 전략

현대자동차 커넥티드와 정보망을 통해 수집된 차령 제원, 차량 상태, 운행 정보 데이터를 활용해 보험, 정비, 주유, 중고차 등의 단순 제휴 서비스를 제공한다. 여기에 덧붙여 쇼핑, 배송, 스트리밍, 음식 주문, 다중 모빌리티(Multi-Modal) 등 지능형 모빌리티 '제품 + 서비스'가 삶이 중심이 된 세계 최고수준의 맞춤형 모빌리티 라이프도 함께 제공한다.

현대자동차는 '2025전략'을 추진하고 달성하기 위한 중장기 투자 대회, 수익성 및 시장 점유율 목표 등 3대 핵심 재무목표를 설정하였다.

1. 중장기 투자 규모

현대자동차는 스마트 모빌리티 솔루션 기업으로 거듭나기 위해 (1) 기존사업 경쟁력 강화, (2) 미래사업 역량 확보 등에 향후 6년간(2020년~2025년) 총 61조 1천억원을 투자한다.

2. 수익성 및 시장 점유율 목표

자동차 부문 영업이익률 목표도 기존 2022년 7퍼센트에서 2025년 8퍼센트로 상향하였다. 이를 달성하기 위해 (1) 전동화 비중 확대, (2) 지능형 모빌리티 서비스 사업 기반 구축에 적극 나서겠다는 구상이다.

위에서 살펴본 현대자동차의 '2025전략'은 제품과 서비스 등 폭넓은 변화를 암시하는 예고장이기도 하다. 급변하는 2020년대에 자동차 제조사가 발맞춰 나가기 위해서는 모든 면에 있어 유연한 사고와 대응이 필요하다는 것을 알 수 있다. 2025년 경에 우리가 보고 듣고 느끼게 될 자동차는 지금과 많이 다른 모습일 것으로 생각된다. 현대자동차 '2025전략'이 완성되었을 때 우리 주변의 모습이 어떻게 바뀌어 있을지 많은 기대가 그려진다.

자료원: 현대자동차 포스트, 2020.8.25에서 발췌 정리.

단기계획

단기계획(short-term planning)은 기업의 생산시설을 확장하거나 축소하지 않고 생산시설의 가동률만을 변경하여 효과가 나타날 수 있는 정도의 계획을 말한다.

장기 · 중기 · 단기계획들은 기업 자체의 성격에 따라서 차이가 생길 수 있다. 유통회사의 경우에는 생산시설 확보를 위한 고정자산에 투자가 별로 없으므로

6개월의 단기계획, 1년의 중기계획, 3년의 장기계획이 합당할 것이다. 이에 비해서 컴퓨터 제조회사의 경우에는 생산시설투자가 대규모로 필요하므로 1년의 단기계획, 3년의 중기계획, 5년의 장기계획이 적정할 것이다. 광산회사의 경우, 하나의 탐사를 위해서 계획부터 시공·생산까지 오랜 시간이 요구되므로 2~3년 정도의 단기계획, 5년 정도의 중기계획, 7~10년 정도의 장기계획이 필요할 것이다. 이와 같이 절대적 시간만으로 장기계획, 중기계획, 단기계획을 구분하기보다 기업의 성격을 감안해서 계획을 분류하는 것이 바람직하다.

전략계획 · 운영계획 · 예산계획

경영계획을 성격에 따라 전략계획과 운영계획 그리고 예산계획으로 나눌 수 있다. 전략계획은 사업구조나 제품구조와 같은 경영구조 자체의 혁신이나 변혁을 의도하는 계획을 의미하며, 운영계획은 전략계획에서 채택된 기본방향에 따라 자원의 배분을 결정하는 부문별 계획이다. 예산계획은 전략계획 및 운영계획이 실행될 수 있도록 자금을 편성하는 계획을 의미한다.

전략계획

전략계획(strategic planning)은 전사적이고 종합적이며 포괄적으로 계획이 진행된다. 최고경영자는 전략계획 수립단계에서 조직의 목표를 설정하고 이를 달성하기 위한 자원의 조달과 배분 그리고 수행의 방법을 결정한다. 전략계획은 최고경영자가 주축이 되어 기업의 생존과 성장을 위한 목적 하에서 수립되는 장기계

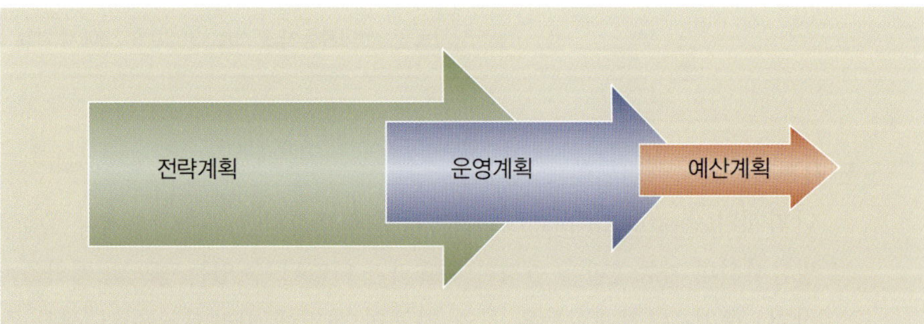

그림 5-2 성격별 계획의 관계

획의 성격을 가지고 있다.

전략계획과 비슷한 개념으로 전술계획이 있다. 전략계획이 추상적·장기적이며 최고경영자가 행하는 의사결정으로 외부환경이 강조된다면, 전술계획(tactical planning)은 전략계획에 근거하여 작성하는 계획으로 구체적·중기적이며 중간관리자가 행하는 의사결정으로 내부환경 의존적이라고 할 수 있다.

운영계획

운영계획(operational planning)은 전략계획에 따른 부문별 세부계획을 의미하며, 인력계획, 생산계획, 마케팅계획, 자본조달 및 운용계획, 신규사업계획, 연구개발계획 등이 포함된다. 운영계획은 기능별 업무계획으로 전략계획보다 혁신적이지 않으며 불확실성 정도가 낮은 성격을 가지고 있다. 운영계획은 중간경영자가 주축이 되어 전략계획의 개별 수행방법을 설정하기 위한 목적을 가지고 수립되는 중기계획의 성격을 지니고 있다.

예산계획

예산계획(budgeting)은 전략계획과 운영계획의 하부적인 성격을 지니고 있다. 예산계획은 일반적으로 1년 정도의 부문별·항목별 예상금액을 나타내는 단기계획이므로 계량적 판단이 가능하다. 예산계획은 해당기간 동안 경영활동 지침이 되는 성격을 가지게 되며, 주로 일선경영자가 주축이 되어 중간경영자와 협조 하에서 작성하게 된다.

현장수첩 목표관리(MBO)

MBO(management by objectives)는 피터 드러커(Peter Drucker)가 창안한 관리기법으로 '목표관리', '결과에 의한 관리' 등으로 불리고 있다. 조직의 상위관리자와 하위관리자가 조직의 공동목표를 협의하여 설정하고 이를 달성하기 위해 개인별 역할을 명시한 후 성과를 평가하는 방법이다. MBO는 보통 1년을 주기로 목표를 설정하고 업무를 수행한 후, 스스로 성과를 평가하는 과정을 따르게 된다. MBO는 세 가지 특징이 있다. 첫째는 목표설정에 종업원이 참여한다는 점, 둘째는 조직계층 간 목표를 통합할 수 있다는 점, 셋째는 목표와 성과를 연계시켜 평가한다는 점이다.

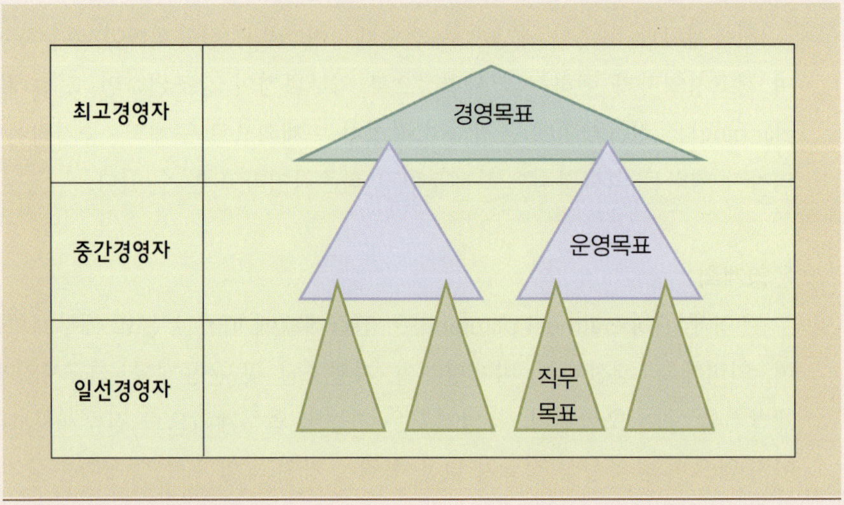

그림 5-3 경영자별 목표구성

따라서 상사와 부하가 목표를 설정할 때 서로 의사소통할 수 있고 부하의 아이디어를 조직에 흡수시킬 수 있다. 또한 각 조직구성원들을 자기과업에 관하여 일종의 관리자로 만들어 하향식 시스템을 상향식 시스템으로 변화시킬 수 있다.

목표설정은 경영자 계층에 따라 차이가 있게 된다. 즉, 일선경영자는 일상적인 업무와 관련된 직무목표를 세우고, 중간경영자는 업무의 운영목표를 설정하게 된다. 최고경영자는 기업을 이끌어가기 위한 경영목표를 설정한다. 목표는 서로 깊은 관련성을 가져야 한다. 왜냐하면 최고경영자가 설정한 경영목표를 바탕으로 중간경영자의 운영목표가 수립되고, 운영목표를 기본으로 일선경영자가 직무목표를 수립하기 때문이다.

MBO는 업무수행에 있어 '자율과 공헌'의 사고방식을 강조하는 기업들이 주로 채택하고 있다. 대표적인 기업으로 미국의 GM, 듀퐁(DuPont), GE, 일본의 후지쓰를 들 수 있다. 후지쓰의 경우, 과장급 이상을 대상으로 연초 목표달성 여부에 따라 평가된 성적을 상여금에 반영하는 목표관리(MBO) 제도를 운영해 오고 있다.

목표관리제가 성공적으로 뿌리를 내리기 위해서는 기업 운영의 근간을 목표관리 방식에서 세상에 어떤 가치를 제공하는가?라는 가치의 본질에 집중하는 가치지향 관리로 변화시키는 노력이 무엇보다도 중요하다. MBO의 효과는 다음과 같다.

- 종업원의 모티베이션을 향상시킨다.
- 피고과자의 전반적인 능력 측정이 가능하다(피고과자-평가를 받는 사람).

- 관리의 질을 개선할 수 있다.
- 능력개발에 기여한다.
- 기업의 성과 향상을 가져온다.
- 조직의 혁신을 유도한다.
- 이사소통이 원활화를 가져온다.
- 고과자에 의한 오류를 최소화한다(고과자-평가를 하는 사람).

2. 계획활동 4단계

기업이 합리적으로 경영계획을 수립하기 위해서는 네 가지 단계를 거치게 된다. 첫 단계는 기업의 경영목표를 구체적으로 설정하는 것이다. 두 번째는 이를 토대로 경영계획을 수립하기 위한 몇 가지 대안을 개발하는 단계이다. 세 번째는 이러한 대안을 합리적인 의사결정 방법에 따라 평가하는 단계이다. 네 번째는 경영계획안 평가를 토대로 가장 합리적인 계획안을 선택하는 단계이다.

모든 계획을 수립할 때마다 반드시 이와 같은 절차를 거치는 것은 아니다. 기업의 구조적 변화나 성장을 위한 장기계획이나 전략계획에서는 네 가지 단계를 거쳐야 환경변화에 적합한 계획을 수립할 수 있다. 그러나 1년 이내 단기계획이나 세부적인 예산계획을 수립하는 경우에는 네 가지 단계를 축소할 수도 있다.

경영목표 설정

경영계획을 수립하는 첫 단계에서는 기업의 존재 이유, 즉 기업의 사명(mission)을 토대로 경영목표(objective)를 설정하는 것이다. 사명이란 기업이 존재하는 근본적인 목적을 의미한다. 기업의 사명에 따라 기업의 경영목표가 설정되고, 기업의 경영계획이 수립된다.

경영목표 설정은 기업 전체에 대한 목표를 수립하고 이를 달성하기 위한 각 부

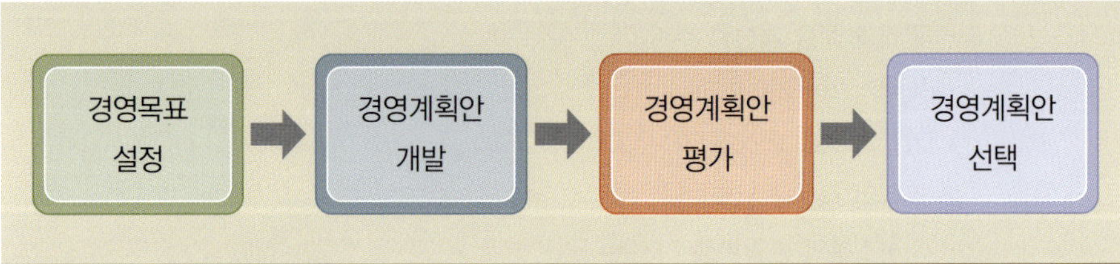

그림 5-4 계획활동 4단계

문별 목표를 세우는 것을 말한다. 경영목표는 궁극적으로 기업이 무엇을 할 것이며, 어디에 중점을 둘 것인지, 무엇이 달성되어야 할 것인가를 포함하게 된다.

최고경영자는 기업 전체의 목표를 수립하고, 중간경영자는 최고경영자가 수립한 기업목표를 이해하고 이를 토대로 운영목표를 설정하게 된다. 일선경영자는 기업 전체의 목표와 운영목표를 이해하고 이를 토대로 자기 부문의 직무목표를 수립하게 된다.

사례 LG디스플레이, '최고의 디스플레이 솔루션 기업'으로 경영목표 재정비

LG디스플레이가 경영목표를 '최고의 디스플레이 솔루션 기업(The Best Display Solution Company)'으로 재정비하였다. 기존 경영목표였던 '글로벌 넘버원 디스플레이 기업(Global No.1 Display Company)'이 8년 만에 변경되었다.

LG디스플레이가 경영목표를 변경한 것은 제품·기술뿐 아니라 서비스, 프로세스, 시스템, 인재 등 모든 분야에서 '최고 수준'이 되어 고객에게 '최고의 솔루션'을 제공해 나가겠다는 의미라고 회사 측은 설명했다. 또 사업범위를 패널 제조에 한정하지 않고, 비즈니스 모델 관점에서 생태계 전반을 아우를 수 있도록 확장해 나가겠다는 청사진도 담겼다.

LG디스플레이는 경영목표를 실현하기 위한 내부 혁신을 강조하고, 전 임직원이 실천해야 할 행동방식으로 ▸고객가치 최우선(Customer First) ▸인사이트(Insight Driven)

▸ 민첩(Agility) ▸ 치밀 · 철저(Thoroughness) ▸ 열린 협업(Open Collaboration) 등 5가지도 새롭게 선정했다.

LG디스플레이는 다만 비전인 '여러분이 꿈꾸는 미래, LG디스플레이가 펼쳐갑니다(You Dream, We Display)'는 그대로 유지한다. 시대가 변해도 LG디스플레이가 궁극적으로 추구하는 바는 고객의 꿈과 바람을 현실화시키는 것이기 때문이다.

LG디스플레이는 이를 바탕으로 ▸ 대형 OLED(유기발광다이오드) 대세화 ▸ 플라스틱 OLED 턴어라운드(흑자 전환) ▸ LCD(액정표시장치) 구조혁신 가속화 등 3가지 핵심 전략 과제를 차질 없이 달성한다는 각오다. 정호영 사장은 "경영환경의 불확실성이 여전히 짙지만, 비대면 · 비접촉 생활문화 확산과 디지털 혁신 가속화는 산업에 새로운 기회요인이 될 것"이라며 "세계 최고의 기술력 · 인재라는 자산을 바탕으로 새로운 목표, 행동방식을 통해 더 강하고 새로운 회사로 도약해 나가자"고 당부했다.

자료원: 조선비즈, 2020.6.16에서 발췌 정리.

경영계획안 개발

기업의 경영목표가 설정된 다음에는 목표달성을 위한 여러 가지 경영계획안(alternatives)을 개발하는 것이다. 경영계획안 개발을 위해 일반적으로 사용되는 방법으로 크게 세 가지가 있다.

① 최고경영자의 경영 의지에 의존하는 '하향식(top-down)' 방법, ② 하위계층으로부터 상위계층까지 의견을 모으는 '브레인스토밍(brainstorming)'과 같은 '상향식(bottom-up)' 방법, ③ 경쟁우위에 있는 기업의 경영활동을 비교 · 분석하는 '벤치마킹(benchmarking)' 방법 등이다.

이러한 방법들은 서로 다른 장단점을 갖고 있으므로 개별기업들이 갖는 특성에 맞추어 선택하여 사용할 수 있을 것이다. 우리나라 기업에서는 대부분 최고경영자의 의지나 지시에 의한 하향식 방법에만 주로 의존하고 있다. 그 이유는 다양한 의견 개진이 이루어지는 기업문화가 형성되지 않고 있으며, 밑에서부터의 대안 제시로 뛰어난 경영성과를 올리더라도 그에 따른 인센티브가 그다지 크지 않았기 때문이라고 할 수 있다. 이제는 하향식 내지는 지시에 의한 방법에서 벗어나 상향식 방법이나 벤치마킹 방법 등도 활용하여 다양한 대안이 개발될 수 있어야 할 것이다.

브레인스토밍은 참여자들에게 현실과 인습에 구애받지 않고 자발적으로 여러 계획안을 제안하도록 하여 문제를 해결하는 것이다. 브레인스토밍은 상위계층의 최고경영자에 의해서 이루어질 수도 있지만, 종업원이나 일선경영자부터 최고경영자까지 모든 계층이 참석하여 이루어질 수도 있다.

벤치마킹은 경쟁우위에 있는 기업의 경영활동을 비교·분석하여 경쟁우위를 이끌어내는 방법이 무엇인지를 발견하여 이를 적절하게 모방, 개선할 수 있는 계획안을 개발하는 방법이다. 단순히 경쟁우위 방법을 모방하는 것이 아니라, 벤치마킹하려는 기업의 자원이나 환경 등을 중심으로 자사의 실정에 맞도록 개선하는 것이 필수적이다. 이와 같은 과정을 통하여 지속가능 기업으로 성장·발전함에 요구되는 경쟁우위를 확보할 수 있는 계획안을 개발하게 되는 것이다. 벤치마킹은 SIS(steal ideas shamelessly)로 표현하기도 한다.

사례 브랜드 관리 – 기본에 충실하라

얼마 전 어느 유명기업의 경영자가 농담 반 진담 반으로 "일등 브랜드 만드는 비법은 없습니까? 확실한 비법 좀 알려주십시오"라며 브랜드 육성의 어려움을 호소했다. 그리고 며칠이 지난 뒤 비법이 담긴 한 장의 문서가 그에게 전달되었다. 그 문서에는 켈러(Kevin Lane Keller)교수 논문 중의 일부인 '세계에서 성공한 초일류 브랜드들의 10가지 공통점'이란 내용의 글이 담겨 있었다. 내용은 이렇다.

1. 초일류 브랜드는 고객들이 원하는 것을 남보다 앞서서 제공한다.
2. 초일류 브랜드는 변화를 받아들이면서 끊임없이 진화해간다.
3. 초일류 브랜드는 고객이 느끼는 가치에 맞춰 가격을 책정한다.
4. 초일류 브랜드는 차별성과 유사성이 혼합된 포지셔닝을 한다.
5. 초일류 브랜드는 일관된 커뮤니케이션 전략을 구사한다.
6. 초일류 브랜드는 브랜드 포트폴리오와 계층구조를 엄격히 관리한다.
7. 초일류 브랜드는 브랜드 자산 구축을 위해 마케팅의 모든 요소를 통합 관리한다.
8. 초일류 브랜드의 관리자는 브랜드가 소비자에게 주는 가치가 무엇인지 이해한다.
9. 초일류 브랜드는 한 브랜드에 대해 오랜 기간 지속적으로 지원한다.

10. 초일류 브랜드는 브랜드 자산의 원천을 항상 모니터링하고 감시한다.

그는 이 글을 읽더니 피식 웃으면서 "특별한 비법은 없는 것이군요"라고 말했다. 실제로 우리가 알고 있던 것 그 이상의 특별한 비법은 내용 중에 없다. 하지만 이 10가지의 평범한 것이 최고의 비법인 것은 확실하다.

흔히 아커(David A. Aaker), 켈러(Kevin Lane Keller), 캐퍼러(Jean-Noël Kapferer), 이 세 사람을 브랜드 분야의 세계 3대 석학이라고 부른다. 일류 브랜드를 만들기 위해서는 매일매일 쏟아져 나오는 새로운 브랜드 이론과 전략 · 전술을 익히고 용어들을 습득하는 것도 중요하지만, 이미 알고 있는 가장 기본적인 것들에 충실하도록 하는 것이 더욱 중요하다. 소비자의 마음을 움직이고 관리하는 최고의 방법은 언제나 기본에 있다. 고객에 충실하면 성공한다는 것이 바로 진리인 것이다.

경영계획안 평가

일반적으로 계획안은 현실성 · 충족도 · 적합성이라는 세 가지 기준으로 평가하고 있다. 첫째, 계획안을 평가하는 기준은 현실성(actualization)이 있는가를 분석하는 것이다. 아무리 좋은 계획안이라 하여도 기업의 인적 · 물적자원이나 자본 및 정보 등이 계획안을 지원할 수 없다면 실행이 불가능하게 된다. 또한 법적인 제약에 의해서도 실행이 불가능한 경우가 있을 것이다. 따라서 외형적으로 바람직한 계획안이라 하더라도 현실성이 낮은 경우에는 제외되어야 한다.

둘째, 계획안이 충족도(satisfactoriness)를 가지고 계획안을 평가하는 것이다. 계획안의 충족도란 계획안이 의사결정의 상황을 만족시키는 정도를 말한다. 예를 들어서, 어떤 경영자가 50%의 생산능력을 증가시키고자 하는데 이를 해결하기 위한 여러 계획안 가운데 다른 기업의 공장을 인수하는 계획안이 있다고 하자. 그런데 계획안대로 다른 기업의 공장을 인수해도 30% 정도밖에 생산능력을 증가시킬 수 없다면 그 계획안은 충족도가 낮은 계획안이 되는 것이다. 이와 같이 의사결정의 상황에 따라 계획안의 충족도가 다를 수 있으므로 낮은 충족도를 가져오는 계획안은 제외되어야 한다.

셋째, 계획안을 평가하는 기준은 실행 결과의 적합성(reasonability)을 분석하는 것이다. 계획안이 현실성이 있고 충족도가 높다고 평가되면 그 계획안을 실행했을 때 결과가 어떻게 될 것인가를 분석해야 한다. 즉, 특정 계획안을 선택함으로써 조직의 다른 부문에는 어떤 영향이 있는가, 계획안을 실행하는 데 소요되는 비용 등을 분석하게 된다. 현실성과 충족도가 높은 계획안이라도 조직 전체에 비용 부담이나 악영향을 수반하게 되면 적합한 계획안이라고 할 수 없게 된다. 이와 같이 경영계획안은 객관적이고 합리적인 기준에 따라 평가하게 된다. 현실성·충족도·적합성의 세 가지 기준 이외에도 기업의 개별적 특성에 따라 다른 기준이 추가되거나 기존의 기준이 변경될 수도 있을 것이다.

경영계획안 선택

경영의사결정은 주어진 여건에서 최적의 대안(alternative)을 선택하는 것을 뜻한다. 올바른 대안을 선정할 수 있는 능력은 모든 경영자에게 중요하다. 현명한 결정을 내릴 수 있는 능력이 클수록 자신이 바라는 상태에 도달할 가능성은 커지게 된다. 때로는 주어진 여건에서 비합리적으로 보이는 의사결정을 내리는 경우도 있다. 직관이라든가 감정에 지나치게 의존했기 때문에 비합리적인 의사결정이 되기도 한다. 반드시 분석적 방법에 의해서 내린 결정이 항상 올바른 의사결정이라고 할 수는 없다.

사례 한전KPS 2025 중장기 기술확보계획

한전KPS는 "세계 최고의 발전플랜트 Total 서비스를 제공하는 창조적 선도기업" 구현을 목표로 "KPS 2025 중장기 기술확보계획"을 수립하였다. 신성장동력 창출 및 정비신뢰도 제고를 기본방향으로 7대 전략과제, 16개 실행과제를 설정하여 개발을 추진하고 있다.

비전	세계 최고의 발전플랜트 Total 서비스를 제공하는 창조적 선도기업
목표	• 핵심기술 집중개발: R&D 역량강화를 통한 성장동력 지속 창출 • 정비 패러다임 전환: Upgrade & Restore To Original Condition • 시장중심: R&D 기술개발에 의한 사업 Seed 창출 • Engineering 역량 강화: Total 솔루션 및 엔지니어링 확대
R&D	국제경쟁력 강화 및 최상의 연구성과 창출

전략방향 • 중간진입(Mid-entry) • 수요지향(Demand-driven)
• 기술 사업화(R&BD) • 협력(Collaborate)
• 융 · 복합(Convergence)

7대 전략과제 및 실행과제

－성장동력 창출
- 로봇, 자동차 개발 및 운영기술
- 원전해체 기술
- Retrofit / ROMM 기술
- 가스터빈 부품 재생, 제작기술
- 신재생 기술

－정비신뢰도 제고
- 정비 지원 기술
- 장비 고도화 기술

R&D 투자

한전KPS는 핵심기술 집중개발 및 기술자립을 위해 매년 정부의 연구개발 투자권고 기준을 준수하여 연구개발을 하고 있으며, 특히 연구과제, 연구시설, 첨단장비 확충 및 전문인력 연구교육 등에 집중 투자하고 있다. 또한 원전해체, ROMM/Retrofit, 전략 에너지 신사업을 기반으로 한 중장기 R&D 투자계획을 수립하여 지속적으로 기술개발에 투자하고 있다.

자료원: 한전KPS(주) 홈페이지(www.kps.co.kr) 2020.10.3에서 발췌 정리.

경영자가 합리적인 의사결정을 내리기 위해서는 전문가들의 견해와 자신의 경험이나 직관을 균형 있게 활용할 줄 아는 지혜가 필요하다. 적절한 의사결정을 위해 여러 가지 계획안 가운데 부적절한 계획안을 하나씩 제거해 나감으로써 최선의 계획안을 선택하게 된다. 계획안을 선택할 때에는 누가 담당할 것인지, 어떻게 실행해 나갈 것인지, 실행 도중에 문제가 발생하면 어떻게 할 것인지 등도 사전에 고려하여 선택하여야 한다.

경영계획안을 선택하는 과정은 단순히 계획안을 선택하는 단계에서 끝나는 것이 아니라 실행을 통한 결과까지도 면밀하게 검토해 보고 이루어져야 한다. 경영계획안이 선택되면, 실행 결과의 효과를 평가하고 피드백(feedback)하는 과정도 필요할 것이다. 이 과정에는 결과의 부정적인 측면과 긍정적인 측면을 동시에 고려해야 한다. 이와 같은 과정은 새로운 계획안을 수립하는 데 중요한 지침이 될 수 있기 때문이다.

현장수첩 벤치마킹

벤치마킹(benchmarking)은 조직의 업적 향상을 위해 최고 수준에 있는 다른 조직의 제품, 서비스, 업무 방식 등을 비교하여 새로운 아이디어를 얻고 경쟁력을 확보해나가는 체계적이고 지속적인 개선활동 과정을 말한다. 즉, 최고의 경쟁력을 보유한 상대를 정해서 전체 또는 부분적으로 상대의 강점을 파악하고 최고와 비교함으로써 동등 이상이 되기 위한(최고를 추월하는) 경영혁신기법이다.

벤치마킹을 통한 장점은 최고 업체의 뛰어난 경영성과를 창조적으로 모방함으로써 연구개발과 시행착오 과정에 투입되는 막대한 시간과 금전적 손실을 절약할 수 있다는 점이다. 또한 시장에서 경쟁자가 추구하고 있는 목표를 쉽게 알 수 있으며, 경쟁력 확보에 필요한 새로운 기준을 쉽게 인식할 수 있다는 점이다. 벤치마킹 과정을 통하여 기업은 전략계획을 보다 쉽게 수립할 수 있게 된다.

벤치마킹의 대표적 사례로는 제록스가 일본의 캐논사를 상대로 행한 벤치마킹을 들 수 있다. 세계 복사기 산업의 선두주자였던 제록스는 일본 캐논사의 공격을 받아 1980년대에 80%나 되던 시장점유율이 30%선으로 급락하는 상황에 직면하였다. 제록스는 캐논의 디자인, 가격정책, 원가관리, 제조 및 판매에 이르는 부문을 자사와 비교·분석하여 혁신대상을 도출하고 명확한 목표와 계획을 세워 실천하였다. 그 결과 기계 불량을 90% 이상 줄이고 1인당 매출액을 30% 이상 신장시켰다.[2)]

세계 초일류기업인 GE는 구조조정을 위해 혁신적인 경영활동 기업들을 벤치마킹했다. DEC으로부터는 자산관리기법을 배웠고, 혼다로부터는 제품개발기법을, 아메리칸 익스프레스로부터는 고객만족기법을, 휴렛패커드로부터는 품질을 개선하는 방법을 배웠다. 벤치마킹의 순서는 다음과 같다.

① 범위 결정: 목표범위 결정
② 측정범위 결정: 측정항목 결정
③ 대상 결정: 비교분석 대상 기업/기관 결정
④ 벤치마킹: 벤치마킹 진행

2) 조동성 · 신철호, 「14가지 경영혁신기법의 통합모델」, 아이비에스, 1996, pp. 96~99.

⑤ 성과차이 분석: 성과차이 항목별로 분석

⑥ 개선계획 수립: 성과목표 달성을 위한 개선계획 수립

⑦ 변화관리: 변화사항 비교

3. 21세기 계획활동은?

글로벌 환경변화에 대응한 유연한 계획 수립

글로벌화 · 정보화가 진전되면서 기업 내부적으로 기능간, 부서간, 계층간, 사업부간 경계가 없어지고, 기업 외부적으로는 외부 관련집단이나 기관 사이에 존재하는 장벽이 없어지고 있다. 이처럼 기업 내 · 외부적으로 경계가 없는 무경계(boundaryless) 환경이 펼쳐지고 있다. 무경계환경 속에서 적시적기의 전략을 구사하여 환경변화에 민첩하게 적응하는 기업은 성공할 수 있지만 타이밍을 놓치면 치명적인 상황에 빠지게 된다.

글로벌 환경변화에 대응한 적절한 계획을 수립하는 활동은 변화를 예측함으로써 불확실성을 감소시켜 주며, 동시에 경영자들이 변화에 대응할 역할 제시 및 미래의 환경변화에 대한 대응 방안을 개발하도록 도와준다.

21세기 경영자는 체계적이고 유연한 계획활동을 통해 정치 · 경제 · 사회 · 기술 등 거시적인 외부환경뿐 아니라 제품에 대한 수요나 매출액처럼 구체적인 사항까지 그 추이를 가늠할 수 있어야 한다. 기업들은 주변 환경이 변화되는 방향을 정확하게 예측할 수 없으므로 단 하나의 계획만을 고집해서는 안 될 것이다. 기본적인 계획을 선택하되 발생 가능한 상황에 대한 몇 가지 시나리오를 설정, 상황별 계획을 수립해 놓아야 유연한 대처를 할 수 있을 것이다.

현장수첩 '시나리오 경영'과 위기관리

패러다임 쉬프트(paradigm shift)로 인하여 발생되는 경영의 위기는 '대안적 미래'를 사전에 준비하도록 강요한다. 여기에 '시나리오 경영(scenario management)'이 있다.

시나리오 경영은 기업의 경영환경에 영향을 줄 수 있는 다양한 변수를 모두 고려하여 각각의 상황에 대한 전략을 예상함으로써 위험요인을 최소화하는 경영기법이다.

시나리오를 가장 잘 활용한 기업으로는 세계적 에너지 기업인 셸(Shell)을 들 수 있다. 원유가격에 기업성과가 좌우될 수밖에 없는 셸은 오랫동안 유가가 어떻게 변화할 것인지에 초미의 관심을 쏟고 있다. 셸은 시나리오를 활용해 커다란 성공을 경험한 바 있다. 1970년대 유가가 급등한 오일 쇼크를 시나리오를 가지고 미리 예상했다.

셸은 조직 내부에 전문적인 시나리오 팀을 두고 회사의 명운이 걸린 중요한 전략적 사안에 대해서 시나리오를 만들어 미래의 불확실성에 대비하고 있다. 이들의 방법론은 이제까지 경영자들이 익숙한 전략계획 접근방법과는 본질적으로 차이가 있다. 과거의 자료를 분석하면 답을 찾을 수 있다는 계획적 사고와 달리, 미래는 과거와 단절되어 과거 자료를 아무리 잘 분석해도 치명적인 전략적 맹점이 있을 수 있다는 겸허한 사고를 기반으로 한다.

시나리오 경영에 있어 중요한 부분은 어떤 시나리오를 선정하고, 어떻게 실행할 수 있는가에 대한 실천방안을 구체적으로 적용하는 것이다. 시나리오 작성은 불확실한 기업환경을 있는 그대로 인정하는 것이 전제되어야 한다.

첫째, 불확실성을 우선순위화하고, 둘째, 불확실한 요인을 조합하여 다양한 경제상황에 능동적으로 대처할 수 있는 다수의 시나리오를 작성해야 하며, 셋째, 각각의 시나리오를 이끌어 내는 주된 요인을 정확히 분석하고, 넷째, 각 상황에 따른 기회와 위험 요소를 파악하는 단계를 거쳐 불확실성을 최소화할 수 있어야 한다. 예측 가능한 상황뿐 아니라 예측 불가능한 무의식의 패턴화까지, 과학적 데이터를 기반으로 단기간 내 급변하는 상황에 따라 신속한 판단이 가능하도록 작성하여야 하며, 선택된 시나리오를 효율적으로 적용하고, 시스템 순환의 유연성과 민첩성을 갖추는 것이 시나리오 경영 실천의 필수요건이다.

자료원: 넥스트이코노미, 2009.12.23; 한국경제신문, 2016.5.6에서 발췌 정리.

체계적 자원관리를 위한 장기계획 필요

정보사회의 급격한 변화의 흐름 속에서 정보와 지식은 경영활동의 중요한 자원이 되고 있다. 정보와 지식을 경영활동에 체계적으로 접목하기 위해서는 장기계획이 필요하다. 기업이 현재 소유하고 있는 인적자원, 물적자원, 자본만으로 단기적인 계획을 수립하는 차원에서 벗어나 장기적 측면에서 정보와 지식을 습득하고 이를 어떻게 효율적으로 활용할 것인가를 명확히 해야만 할 것이다.

장기계획은 단순히 예상되는 미래의 모습만을 제시하는 수준에서 마무리되어서는 안 된다. 체계적 자원관리를 통하여 기업이 소유하고 있는 경영의 자원을 효과적으로 활용했을 때 경쟁무기가 확보될 수 있을 것이다.

최고경영자의 직접적 참여와 지원이 관건

장기적이고 전략적인 계획을 수립할 때 가장 중요한 것은 기업의 최종적인 의사결정에 책임을 지는 최고경영자가 적극적으로 참여하여야 한다는 것이다. 장기계획을 수립하는 단계마다 최고경영자가 관심을 기울이고 주도할 때 최고의 성과가 창출될 것이다.

장기전략계획은 최고경영자의 참여와 관심 속에서 수립하는 것에만 그쳐서는 안 되며, 완성된 장기전략계획을 적극적으로 실천에 옮기는 데까지 지속되어야 한다. 경영활동에 있어서 장기계획은 안내서로서 계속 활용하여야 하며, 한두 해에 큰 효과를 보이지 않는다고 해서 그치지 말고 지속적인 관심을 보이며 실행되도록 해야 한다. 장기전략계획은 기업 내 전직원들에게 공개하여 공감대를 형성하여 추진한다면 더욱 바람직할 것이다.

사례 애터미 박한길 회장의 리더십

불과 10년 전인 2009년 5월에 애터미를 창업하여 10년 만에 연매출 1조원을 돌파한 국내 토종 다단계판매업 회사를 만든 박한길 애터미 회장. 그는 누구이고 어떤 사람일까? 국내 대기업을 제외하고 이렇게 단기간에 매출 1조원을 달성한 기업은 네이버와 애터미 두 곳밖에 없다고 한다.

박한길 회장은 암웨이, 허벌라이프, 뉴스킨과 같은 외국 다단계 기업들이 주도하고 있던 국내 업계에 2009년에 애터미를 창업하여 뛰어들어 불과 10년 만인 2019년에 1조원의 매출을 올리며 뉴스킨코리아와 한국허벌라이프를 제치고 한국암웨이에 이어 업계 2위의 자리에 올라섰다. 창업한 지 1년 만에 800억원대의 매출을 이룩한 것도 놀랍지만 매년 폭발적인 성장을 하여 2019년에는 매출 1조원대를 달성하였다. 박한길

회장은 '원리 원칙'을 지키는 경영을 최우선으로 삼는다 한다. 1992년에 당시 다니던 회사에서 호주에 출장을 갔다가 처음으로 다단계 사업에 대해 알게 되었다고 한다. 미국, 캐나다, 호주 같은 서양에서는 네트워크 마케팅을 상당히 높게 평가한다고 한다. 하지만, 박한길 회장이 다단계 사업에 대한 열망을 갖고 있었을 때 당시 우리나라에서는 다단계 하면 '불법 피라미드', '다단계 사기' 등으로 인해 불신이 팽배해 있었다고 한다. 하지만, 다단계 사업에 대한 가능성과 가치에 대해 여러가지 조사와 공부를 통하여 알게 된 박한길 회장은 '원리 원칙을 지키는 다단계 사업'을 구상하였고 그리하여 애터미가 탄생되었다 한다. '절대품질, 절대가격'과 '정선상략'을 회사 모토로 10년 동안 변함없이 원리 원칙과 정의로운 보상을 실천한 것이 애터미가 이 짧은 시간에 토종 다단계 업계로는 1위, 국내외 다단계 업계로는 암웨이를 바짝 추격하는 2위 자리를 수성하고 있는 이유라고 한다.

• 절대 품질 & 절대 가격: 애터미는 품질에서 승부를 거는 업체이다. 가장 좋은 품질의 제품을 발굴하고 개발, 육성하여 소비자가 믿고 안심하고 사용할 수 있는 절대 품질의 제품을 이보다 더 쌀 수 없는 절대 가격으로 가장 저렴하게 판매하는 것이 애터미의 사업 철학이다. 애터미는 공중파 광고나 일반 광고를 하지 않는다. 이마트나 롯데마트 같은 시중 매장도 없다. 오직 인터넷 쇼핑몰과 스마트폰 어플 쇼핑몰로만 운영되기 때문에 줄어든 엄청난 광고 운영비, 매장 유지비를 구매한 소비자들과 사업자들에게 돌려주는 보상 플랜을 갖고 있다.

• 정선상략: '정직과 선함이 최선의 전략'이라는 뜻이다. 마치 손자병법에나 나올 만한 말인데 박한길 회장의 경영철학이 이 네 글자에 고스란히 녹아 있는 것 같다. 박한길 회장은 회사 운영에 있어 언제나 원리 원칙을 지키고 투명한 경영을 하며, 어려운 이웃에게 통 큰 기부금을 내는 것으로도 유명하다. 최근에는 '사랑의 열매'에 100억 원을 미혼모를 비롯한 여성 취약계층을 위해 기부했다고 한다. 이는 대기업을 제외한 중소기업체의 기부액수로는 기록이라고 한다.

현장에서 보는 박한길 회장은 격식이 없고, 편하고 구수한 언변과 유머가 가득한 입담으로 듣는 사람이 쉽고 재미있게 이해하도록 말하는 화술을 가지고 있어 누구나 편하게 쉽게 이해하도록 한다. 잘 나가는 기업의 회장이 된 지금도 식당에 가면 식당 주인에게 애터미 제품을 소개한다고 한다. 네트워크 마케팅이 그 어느 것보다 가치 있는 산업이라고 생각하여 탄생한 애터미가 박한길 회장의 남다른 경영 철학으로 지금 우리나라의 다단계 사업에 대한 인식을 바꾸는 데 상당한 기여를 하고 있다.

자료원: 머니투데이, 2020.8.3에서 발췌 정리.

강/의/요/약

1. 계획활동은 기업의 경영목표를 세우고 이를 달성하기 위한 최적의(optimal) 방안을 찾는 활동을 말한다. 즉, 무엇을, 언제, 어디서, 누가, 어떻게, 얼마만큼 할 것인가를 명확히 설정하는 것이다. 계획기간에 따라 장기계획, 중기계획, 단기계획으로 구분되며, 계획의 성격이나 내용에 따라서 전략계획, 운영계획, 예산계획으로 구분된다.

2. 장기계획은 일반적으로 5년 이상의 계획을, 중기계획은 2~5년 정도의 계획을, 단기계획은 1년 이내의 계획을 의미하지만 기업 자체의 특성에 따라 차이가 있다. 기간을 개념적으로 구분하면 생산능력의 효율성만을 위한 계획은 단기계획으로, 생산시설의 확장이나 축소를 포함하는 계획은 중기계획으로, 신규사업 및 사업 철수 등 구조적 변화를 포함하는 계획은 장기계획으로 구분할 수 있다.

3. 전략계획은 경영구조 자체의 혁신이나 변혁을 의도하는 계획을, 운영계획은 전략계획에 따른 부문별 자원 배분을 결정하는 계획을, 예산계획은 전략계획 및 운영계획이 실행될 수 있도록 자금을 편성하는 계획을 의미한다. 전략계획은 주로 장기계획에, 운영계획은 중기계획에, 예산계획은 1년 정도의 단기계획에 적합한 성격을 갖고 있다.

4. 계획을 수립하기 위해서는 기업의 사명(mission)에 부합하는 경영목표를 설정하고, 이를 달성할 몇 가지 계획안을 개발하고, 합리적 의사결정 방법에 따라 평가하는 등 절차를 거쳐 최적의 계획안을 선택하게 된다. 이때 하나의 계획안이 아니라 상황별로 몇 개 대안을 선택할 수 있다.

5. 21세기에는 기업 내부 · 외부적으로 경계가 없는 무경계환경이 펼쳐지므로 글로벌 환경변화에 대응한 유연한 계획수립체제를 갖추어야 하며, 정보사회 및 지식사회로의 변화에 따른 자원의 효과적 관리를 위한 장기계획이 수립되어야 할 것이다. 계획수립에서 최고경영자의 직접적 참여와 지원은 계획의 성공 · 실패의 중요한 관건이 된다.

MANAGEMENT

제 6 장

조직화활동

1. 조직화란
2. 조직화 4단계
3. 조직구조의 유형
4. 21세기 조직화활동은?

1. 조직화란

조직화는 조직을 구성해 가는 과정

조직화(organizing)란 기업목표를 최상의 방법으로 실현할 수 있도록 어떠한 형태로 조직을 구성할 것인가를 결정하고 각종 경영자원을 배분하고 조정하는 활동을 말한다. 다시 말해 기업목표를 달성하기 위해 인적자원과 물적자원, 자본, 정보, 지식 등 모든 경영자원을 단위별로 나누어 배분하고 조정하는 활동이라고 할 수 있다.

조직화는 경영활동의 한 부문으로 목표달성을 위한 업무 세분화 과정의 성격을 갖고 있다. 어떤 업무가 이루어져야 하며, 누가 그것을 수행할 것인지, 업무분류는 어떤 식으로 이루어지며, 업무보고는 누가 하고, 의사결정이 어디에서 이루어지는가에 관한 문제를 다룰 수 있도록 조직구성원의 직무와 상호간 관계를 규정하는 것을 말한다.

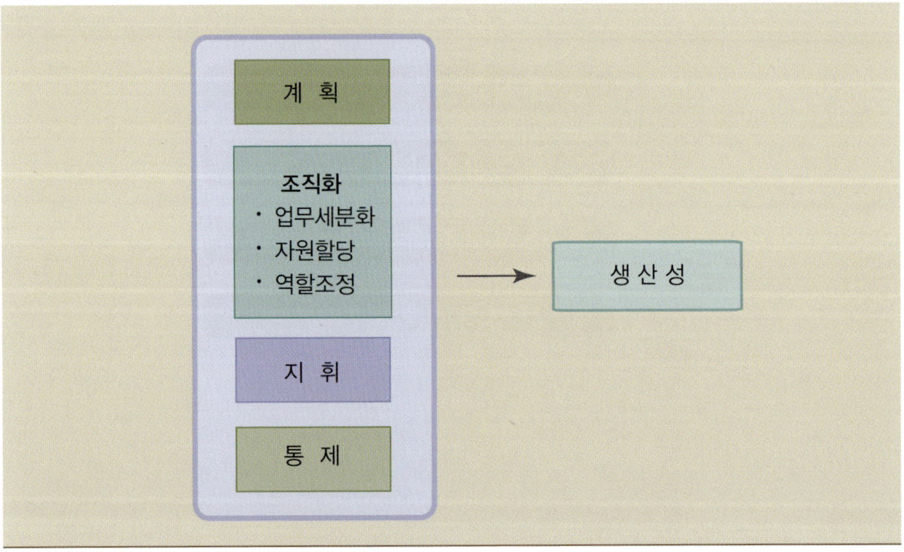

그림 6-1 조직화와 다른 경영관리기능의 관계

조직화 활동의 성격을 이해하기 위하여 축구팀의 플레이를 생각해 보자. 축구는 한 사람이 하는 것이 아니라 11명이 한 팀을 이루어야 한다. 11명이 모였다고 완전한 축구팀이 형성되는 것이 아니라 각자의 능력이나 역할에 따라 포지션을 정해야 한다. 누가 골키퍼를 하고, 누가 공격을 책임지고, 누가 수비수를 할 것인지 결정하게 되는데, 이를 역할 배분이라고 할 수 있다. 또한 실제로 경기에 임해서는 선수들이 평소 훈련과정을 중심으로 패스나 센터링을 함으로써 골을 얻어 승리해야 한다. 이와 같이 각자가 맡은 역할에 최선을 다하고 기업 전체의 목표를 효과적으로 달성할 수 있도록 해야 하는데, 이를 역할의 조정이라고 할 수 있다.

조직화는 경영자가 기업목표를 달성하기 위해서 자원과 업무를 적절하게 배분하고 조정해 나가는 과정으로 정의될 수 있다. 조직화는 하나의 완성된 조직(organization)과는 차이가 있다. 조직이란 조직화 과정을 거쳐 조직구조가 형성되어 체계를 갖춘 완성된 결과물을 의미한다.

조직화 · 조직설계 · 조직구조

조직화는 경영자가 조직을 어떻게 구성할 것인가를 설계하여 만들어 가는 과정으로, 조직화를 통해서 형성된 것이 바로 조직이다. 이러한 조직화활동에 있어서 첫 단계로 이루어지는 것이 바로 조직설계다.

조직설계(organization design)는 조직화하는 과정에서 조직이 수행해야 할 업무 전체를 파악한 다음 조직의 틀을 어떻게 구성할 것인가를 결정하는 것을 의미한다. 경영자는 새로운 조직을 만들거나, 환경이 변화하여 조직을 변경할 필요가 있을 때 조직설계를 하게 된다. 조직설계의 결과로서 짜임새 있는 조직으로 태어나게 된다. 짜임새와 관련하여 조직의 틀을 나타내는 것을 조직구조(organization structure)라고 한다.

예를 들면, 업무 수행을 위한 회사건물(building)을 지으려고 한다면 어떤 모양으로 지을 것인지를 생각한 후 건물설계도를 작성하게 된다. 건물설계도를 통해 층수는 몇 개이고, 한 층의 크기는 어느 정도인지, 출입문과 창문은 어디에 낼 것이며, 화장실은 어디에 둘 것인지 등에 대해 생각하게 된다. 이렇게 건물의 모양이나 짜임새를 결정하는 과정을 건물의 설계(design)라고 한다. 건물이 다 지어지고 나면 설계도에 나타난 것처럼 건물의 모양과 특성을 지니게 되는데 이것을 건물의 구조(structure)라고 한다.

기업의 조직도 건물과 마찬가지다. 기업의 조직도 설계과정이 필요하며, 설계에 따라 조직이 만들어지면 나름대로 구조적 특성을 지닌 조직구조를 갖게 되는 것이다. 조직설계는 조직을 구성해 가는 과정(process)이라는 동태적인(dynamic) 특성을, 조직구조는 설계에 의해 완성된 구조(structure)라는 정태적인(static) 특성을 갖게 된다.

현장수첩 학습조직

학습조직(learning organization)은 일상적인 경영활동 속에서 지식과 지혜를 신속하고 효과적으로 창출·공유함으로써 경영환경에 적응할 수 있는 조직을 의미한다. 더 나아가 지속적으로 경영성과를 향상시키고 고객을 만족시키며 종업원의 삶의 질을 높여가는 조직을 말한다. 센게(Senge)는 학습조직이란 구성원들이 진정으로 원하는 요구를 끊임없이 창출시켜주는 조직, 구성원들의 창의적 사고 양식을 새롭게 전향시켜주고 확장시켜주는 조직, 집단적인 열망으로 가득한 조직, 구성원들이 함께 학습하는 방법을 지속적으로 학습하는 조직이라 했다. 조직 차원에서 학습이 반복되는 수준에 이르게 되었을 때 학습조직이 이루어졌다고 볼 수 있다.

학습조직에서 말하는 학습은 일상적인 경영활동 속에서 이루어지는 것이지만 단지 주어진 정형적인 업무를 반복적으로 수행하는 것을 의미하는 것이 아니다. 여기에서는 업무 방식이나 결과에 대해 의문을 제기하고 개선점을 도출하여 이를 실천에 옮기는 순환적인 과정(성찰 과정, 피드백 과정)을 중시한다.

학습은 환경에 적응하는 '적응적 학습'과 창조를 해 나가는 '창조적 학습'이 있으며, 이 두 가지에 모두 능한 조직이 학습조직이라고 할 수 있다. 잘된 학습조직은 기회를 선점하고 미래 환경을 주도함으로써 경영성과를 향상시킨다. 또 고객의 욕구를 신속하게 파악·공유하여 이에 대응하고 새로운 가치를 창조하여 고객만족도를 높인다. 학습조직이 다른 경영혁신기법과 차별되는 것은 종업원들의 자율적 실천을 장려하여 자아성장 욕구를 충족시킨다는 점이다. 이를 통해 학습조직은 기존 혁신기법에서 경시되었던 종업원 만족도를 향상시킨다.

지식콘서트는 KT 황창규 회장이 미래 신성장 사업에 대한 전 직원의 관심도 제고 및 조기 역량향상 기반을 마련하고자 하는 취지에서 추진되고 있는 것이다. IoT, Big Data, AI 등 미래 사업을 주제로 사내·외 전문가를 초빙한 임직원 미래역량 강화 연속 시리즈 '1등 학습조직 지식콘서트'를 개최하고 있다. 첫 스타트는 지난 4월 KT 분당 본사에서 개최됐다. 직원들이 자발적으로 모여서 학습하는 소규모 일터학습 모임인 '1등 학습조직' 구성원과 전사 참여 희망자이면 누구나 참석할 수 있는 콘서트가 진행됐다. 보다 많은 직원들에게 4차 산업혁명에 대한 인사이트를 제공하기 위해 지식콘서트 강의내용을 미니강좌로 제작하여 배포, KT그룹 임직원 총 3만 6,000여 명이 학습했다. 특히, KT는 하반기에도 미래사업 분야 지식 습득열기를 더욱 확산시키기 위해 한층 업그레이드하여 기존 강연 중심 지식콘서트에서 강사와 참석자가 직접 소통하는 '대화형 오픈 세미나' 방식으로 개선했다. 대상자 또한 그룹사까지 확대했다.

최근 학습조직이 우리나라에 소개되는 과정에서 '학습'이라는 용어가 주는 이미지 때문에 학습조직이 마치 '교육시키고 공부하는 조직'인 것처럼 오해받고 있다. 그러나 학습조직이란 환경변화를 감지하여 적응할 수 있는 조직을 만들어내고 더 나아가 창조성을 발휘하여 외부 환경을 이끌어 나가는 창조적인 조직을 말한다.

KB금융그룹은 '2019년 그룹 CoP(Communities of Practice) 페스티벌'을 개최하고, 그룹 내 자율학습조직인 'CoP'가 한 해 학습, 연구한 결과물을 공유하는 발표회를 가졌다. 그룹CoP는 그룹 시너지, 미래전략, 데이터분석, 글로벌, 브랜드, 기업문화, 인재양성 등 7가지 연구분야를 대상으로 내부 공모절차를 통해 266명의 직원을 선발했다. 총 66개 팀이 4월부터 11월까지 자율적인 학습 활동을 진행했다.

자료원: http://members.woom.com/seotaeji/자생역량.htm; www.ilemonde.com/news/articleView.html?idxno=7793; 세계비즈, 2019.11.18에서 발췌 정리.

2. 조직화 4단계

일반적으로 조직화 과정은 네 단계로 나누어진다. 첫째로 기업목표를 달성하기 위해 조직이 해야 할 일을 확정하고, 둘째로 확정된 일을 수행하기 위해 일정한 기준에 따라서 부서나 부문으로 일을 나누고, 셋째로 나누어진 부서나 부문별

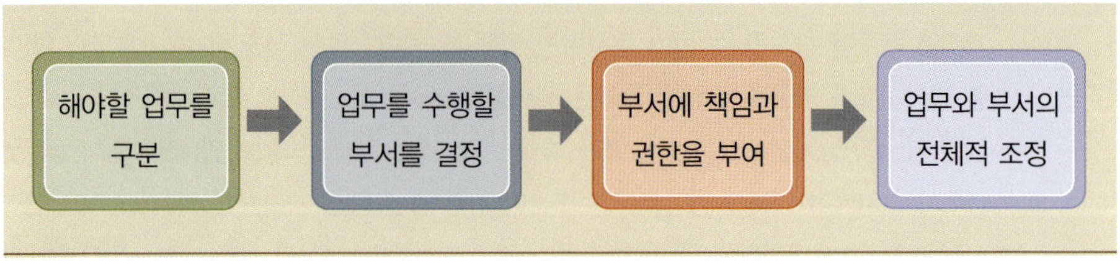

그림 6-2 조직화의 과정

로 책임이나 권한을 배분하고, 넷째로 이들이 상호 연결될 수 있도록 전체적으로 조정과정을 거치게 된다.

해야 할 업무를 구분

조직화에서 첫 번째 단계는 기업의 설정한 목표를 달성하기 위해 해야 할 업무를 구체적으로 확정하는 활동이다.

아담 스미스(Adam Smith)가 「국부론(*The Wealth of Nations*)」 저서를 통하여 제시한 조직의 기본원칙은 오늘날에도 유효하게 작용하고 있다. 그가 주장하였던 조직의 기본원칙은 첫째로 업무를 세분화하여 단순화시키고, 둘째로 작업자들을 단순화된 업무에 대하여 전문화하면 기업은 높은 생산성을 이룰 수 있다는 것이다. 여기서 첫째를 분업(division of labor)의 원칙, 둘째를 전문화(specialization of labor)의 원칙이라고 한다.

아담 스미스는 분업과 전문화 효과를 '핀'을 만드는 작업을 예로 들어 설명하고 있다. "첫 번째 사람이 철사 묶음에서 철사를 잡아 빼고, 두 번째 사람은 그것을 똑바로 펴고, 세 번째 사람은 적당한 길이로 절단하고, 네 번째 사람은 한쪽 끝을 뾰족하게 하고, 다섯 번째 사람이 핀 머리를 만드는 방식으로 일을 나누어하면 10사람이 하루에 4만 8,000개의 핀을 만들 수 있다고 한다. 그러나 다섯 가지 작업을 혼자 독립적으로 일을 하게 되면, 한 사람이 하루에 21개 이상은 만들지 못해 10사람 모두 합쳐도 200개의 핀밖에 만들 수 없었다." 이와 같이 해야 할 일을 분리하여 분업의 원칙을 따르는 것이 필요하다. 구성원들은 단순한 일을 반복적으로 처리하도록 하는 전문화의 원칙을 적용받게 되어 생산성을 높일 수 있는 것이다.

업무를 수행할 부서를 결정

기업목표를 달성하기 위하여 수행해야 할 업무를 세부적으로 나누어 확정하면, 확정된 업무를 수행할 부서를 정하는 활동을 해야 한다. 수행할 업무를 집단화·단위화하는 활동을 부문화 또는 부서화(departmentation)라고 한다. 기업 규모가 커지면서 다양한 업무를 종업원들이 나누어서 처리하게 되면 이를 효과적으로 관리할 필요가 생긴다. 이를 위해서 유사하거나 관련이 있는 업무나 작업 활동이 함께 이루어질 수 있도록 담당자들을 부서별로 묶게 된다. 부서화는 기능별 부서화, 사업별 부서화 그리고 매트릭스형 부서화 등의 방식으로 나눌 수 있다.

- 기능별 부서화(functional departmentation)

  기능적으로 서로 관련이 있거나 동일한 작업이나 업무를 담당하는 사람들을 한 부서에서 일하게 하는 것으로 가장 일반적인 형태이다. 예컨대, 기업의 조직을 생산부, 판매부, 자금부, 인사부 등으로 나누는 방식이다.
- 사업별 부서화(divisional departmentation)

  동일하거나 유사한 성격의 제품을 생산·판매하는 종업원, 동일한 지역 내에서 활동하거나 동일한 고객을 상대로 하는 종업원들을 집단화시키는 방법이다. 예컨대, 전자회사의 경우에 TV 사업부, 에어컨 사업부, 냉장고 사업부 등으로 나누거나 유통회사의 경우에 강남 사업부, 강북 사업부, 지방 사업부, 해외 사업부 등으로 나누는 방식이다.
- 매트릭스형 부서화(matrix departmentation)

  기능별 부서화와 사업별 부서화 방식을 결합하여 각각의 장점을 살리고 단점을 극복하기 위한 방법이다. 사업부에 따라 종업원들을 집단화시킨 다음 특정사업이나 프로젝트별로 기능에 따라 다시 집단화시키게 된다. 예컨대, 건설회사의 경우에 서울현장, 부산현장, 대구현장 등으로 나누고 각 현장별로 설계부, 감리부, 토목부, 건축부 등으로 나누는 방식이다. 종업원들은 자신이 소속된 현장소장과 기능별 부서장 양쪽으로부터 지휘를 받게 된다.

각각의 방식들은 장점과 단점을 가지고 있으므로 경영자는 기업의 상황에 적합한 방식을 선택하여야 할 것이다.

부서에 책임과 권한을 부여

기업목표를 달성하기 위해 수행해야 할 업무를 확정하고, 담당할 부서를 결정하면 부서 또는 부서의 구성원들에게 업무수행과 관련된 책임(responsibility)을 부여하게 된다. 책임을 부여하게 되면 그에 따른 권한(authority)도 부여하여야 한다.

권한은 기업이 개인에게 합법적으로 부여한 의사결정권을 의미한다. 기업 규모가 작을 때에는 최고경영자에게 대부분의 권한이 주어지게 되지만, 기업 규모가 커지게 되면 최고경영자가 갖는 권한은 줄어들 수밖에 없다. 그 이유는 최고경영자 혼자서 중요한 의사결정을 모두 내리는 것이 불가능하기 때문이다. 그러므로 각 계층별 구성원들이 자신들의 업무를 효율적으로 수행하는 데 필요한 의사결정을 내릴 수 있도록 권한을 적절히 나누어주어야 한다.

권한배분에 따라야 할 네 가지 원칙

권한을 배분할 때는 몇 가지 원칙이 있다. 명령연쇄의 원칙, 명령일원화의 원칙, 통제범위의 원칙, 책임-권한 동등의 원칙 등이 있다. 대부분의 경우, 이러한 네 가지 원칙에 따라서 권한이 배분되고 있다.

- 명령연쇄의 원칙(chain of command principle)

  조직의 최고경영자에서부터 현장종업원까지 모든 계층이 하나의 명령체계에 의해 연쇄적으로 연결되어야 한다는 것이다. 즉, 모든 조직은 최고경영자의 지시가 현장종업원까지 전달되도록 연쇄적인 권한 체계를 갖추어야 함을 의미한다. 이를 통해 공통의 목표를 일사불란하게 달성해 나갈 수 있을 것이다.

- 명령일원화의 원칙(unity of command principle)

  종업원들은 오로지 한 사람의 상급자에게 명령을 받아야 하며, 이에 대한 결과도 한 사람의 상급자에게 보고해야 한다는 것이다. 두 사람 이상의 상급자로부터 지시를 받을 경우, 누구의 지시를 먼저 이행하여야 할 것인가 하는 문제와 지시내용이 상충되는 경우 어떻게 해야 할 것인가 하는 문제 등을 겪을 수 있다. 조직구조 형태에 따라 명령일원화의 원칙이 적용되지 않을 수도 있다. 특히 매트릭스형 조직의 경우에는 두 사람 이상의 상급자를 갖게 된다.

- **통제범위의 원칙(span of control principle)**

  유능한 상급자라도 수천 명의 부하직원을 통솔할 수 없다. 상급자 한 사람이 적정수의 하급자를 통제하도록 해야 효과적으로 기업을 경영할 수 있다는 것이다. 즉, 경영자는 자기에게 보고하는 하급자의 수가 지나치게 많아지면 통제와 조정이 어려워진다는 것이다. 기업조직을 구성할 때 해당부서의 업무에서 요구되는 적정수의 인원과 경영자가 효과적으로 관리할 수 있는 하급자의 수를 조사할 필요가 있다. 패욜(H. Fayol)은 하위직에서는 20~30명을, 상위직에서는 3~4명을 통제할 수 있다고 하였으며, 쿤츠(H. D. Koontz)는 상위직에서는 4~8명, 하위직에서는 8~15명이 적당하다고 하였다.

- **책임-권한 동등의 원칙(responsibility-authority parity principle)**

  확정된 업무를 수행하기 위해 일정한 기준에 따라서 부서별로 업무를 나누고 이를 담당할 구성원들에게 각자의 업무가 할당되면 업무담당자는 이를 수행해야 할 책임을 지게 된다. 책임을 부여하기 위해서는 책임을 수행할 수 있는 권한도 함께 주어져야 한다. 주어진 책임과 권한은 동등하여야 한다는 원칙이 책임-권한 동등의 원칙이다. 수행해야 할 업무에 대한 책임이 권한보다 많다면 과중한 업무 부담으로 생산성이 낮아질 수 있다. 업무책임보다 권한이 더 많이 주어진다면 비효율적인 의사결정이 이루어질 수 있다. 따라서 효율적인 업무수행을 위해서는 책임과 권한이 동등하게 주어져야 할 것이다.

사례 권한위임

IBM 연구소에서는 탁월한 기업성과를 위한 3대 필수요소 중 하나로 '직원들에 대한 권한위임'을 제시했다. 그럼에도 불구하고, 리더들은 권한위임에 대한 어려움을 호소하고 있다. 리더들이 느끼는 권한위임의 장애물은 크게 세 가지로 나누어 볼 수 있다.

첫 번째 장애물은 불안의 벽이다. 즉 '권한위임을 하면 내가 가지고 있는 권한이 줄어들지는 않을까' 하는 걱정이다. 권한위임은 '권한의 배분' 관점이 아니라 '권한의 확대' 관점으로 봐야 한다. 권한위임을 통해 부하직원이 성장하면 팀의 성과가 높아지면서 리더의 권한과 영역도 더욱 확대된다. 권한위임은 조직 전체의 이익을 위해 직원 개개인의 영향력을 높여나가는 과정이다. 권한위임을 할 때는 일의 내용과 기간, 권한과 책임의 범위, 지원 가능한 인력과 자원 등 주요한 내용을 충분히 전달해야 한다.

두 번째는 불신의 벽이다. 직원들이 중요한 일을 제대로 수행할 능력이 있는지 의심스러워하는 것이다. 불신의 벽을 극복하기 위해서는 직원들에게 역량개발의 기회를 제공하고, 직원들이 역량을 갖추었다고 판단되면 업무의 자율성을 인정해주어야 한다. 큰 틀에서 조직의 가치를 공유하고, 세부적인 업무처리를 직원들에게 위임하여 최대한의 역량을 발휘하도록 해야 한다.

마지막 장애물은 불통의 벽이다. 직원들에게 일을 맡기고 예상과 다른 결과가 나타났을 때, '차라리 내가 하는 게 낫겠다'라는 생각보다는 스스로 감정을 통제하면서 '열린 질문'을 시도하는 것이 바람직하다. 감정이 앞서는 상황에서 잠시 멈춰서(stop), 생각을 가다듬고(think), 결과를 예상해서 판단하고 대응하는(choose) 지혜가 필요하다. 이를 위해서는 긍정적 피드백을 활용해야 한다. 문제를 지적하기보다는 잘한 부분에 대해 긍정적으로 피드백을 제공함으로써 직원들이 업무에 자신감을 가지고, 자신의 강점을 강화하도록 해야 한다.

벤자민 젠더

보스턴 필하모닉 오케스트라 지휘자 벤자민 젠더(Benjamin Zander)는 "오케스트라 지휘자는 무대에서 자신은 아무 소리도 내지 않습니다. 단지 팀원들이 얼마나 소리를 잘 내는가에 따라 지휘자의 능력을 평가 받습니다. 다른 이들 속에 잠자고 있는 가능성을 깨워서 꽃피게 해주는 것이 바로 리더십 아니겠습니까?" 피아노 소리가 잘 안 난다고 해서 직접 피아노를 치고, 바이올린이 잘 안 된다고 직접 바이올린을 연주해서는 절대 훌륭한 지휘자가 될 수 없다는 벤자민 젠더의 표현은 많은 것들을 시사해 주고 있다.

자료원: SERI 경영 노트, 2012.7.19(제157호); 중소기업뉴스, 2012.8.15에서 발췌 정리.

업무와 부서의 전체적 조정

조정(coordination)은 전문화되어 분업화된 개인이나 집단의 작업활동을 상호연결시키는 활동을 말한다. 조정활동을 위해서는 적절한 의사소통이 이루어져야 하고, 서로간 활동을 이해해야 하며, 작업의 흐름 속에서 협동이 이루어지도록 해야 한다. 예를 들어, 자동차회사에서 생산부서는 성능이 뛰어난 자동차를 생산하는 데 초점을 맞추게 되고, 마케팅부서는 가격이나 디자인 등 소비자들이 요구하는 것과 일치하는 제품을 생산하기를 원할 것이다. 이렇게 되면 생산부서와 마케팅부서 간 마찰이 생기게 되어 회사 전체의 목표달성에 걸림돌이 될 수 있으므로 조정이 필요한 것이다.

경영자는 각 부서의 주력분야나 업무의 중요성 등을 잘 조절하여 기업 전체의 목표달성에 기여할 수 있도록 부서활동을 조정하고 통합하여야 할 것이다.

3. 조직구조의 유형

우리의 주거 형태가 아파트, 빌라, 단독주택, 오피스텔 등 여러 가지 형태가 있는 것처럼 기업의 조직구조도 마찬가지다. 조직구조(organization structure)란 업무를 어떻게 나누고, 어떻게 조화시킬 것인가를 규정하는 것이다.

조직의 틀을 나타내는 조직구조의 유형으로 라인조직, 라인-스탭 조직, 기능별 조직이 기본적인 형태이다. 최근에는 환경변화에 적응하기 위한 탄력적인 조직구조를 띤 변형된 조직구조가 개발되고 있다.

조직구조의 형태에는 일반적인 라인-스탭 조직과 대기업들이 많이 사용하는 사업부제 조직, 사업부제 조직을 변화시킨 매트릭스 조직, 팀 조직 등이 있다.

라인-스탭 조직

라인조직(line organization)은 최고경영자부터 하위계층에 이르기까지 명령권한이 직선적으로 연결되는 조직구조를 말한다.

라인조직의 목표는 비용 절감과 효율성 제고 및 생산성 향상에 있다. 이는 직계조직 또는 군대식 조직이라고도 불리는 것으로, 업무의 부서화가 이루어지지 않은 매우 단순하고 초보적인 조직형태다. 라인조직은 산업화 초기단계에 볼 수 있었던 조직형태인데, 오늘날에도 창업단계에 있는 작은 규모의 기업이나 중소기업에서 볼 수 있다.

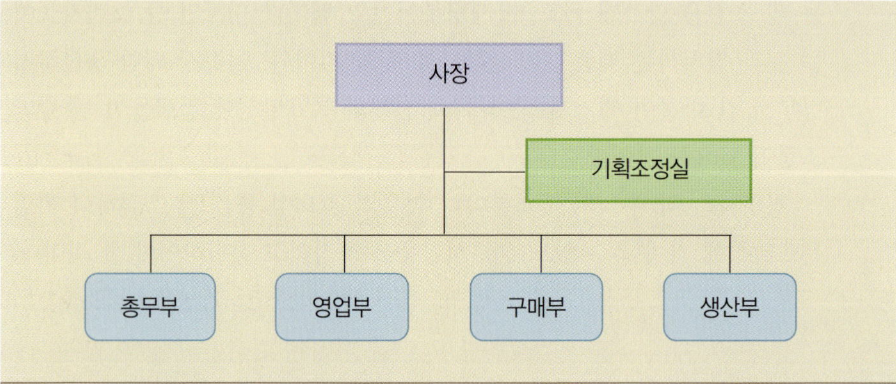

그림 6-3 라인-스탭 조직

생산이나 판매와 같이 기업목표 달성에 필요한 핵심적인 활동을 직접 책임지고 수행하는 구성원들을 라인(line)이라고 한다. 반면에 기획, 회계, 재무, 인사와 같이 전문적인 지식이나 기술을 사용하여 라인 활동이 원활히 이루어질 수 있도록 도와주는 역할을 담당하는 구성원들을 스탭(staff)이라고 한다.

기업 규모와 복잡성이 증대되면 될수록 경영자는 특정 분야에서 전문가로부터 도움을 받을 일이 생긴다. 이에 따라 생산이나 판매와 같이 기업목표를 달성하는 데 필요한 핵심적인 활동을 수행하는 단순한 라인조직에 전문적인 지식이나 기술으로 라인의 활동을 도와주는 조직이 필요하게 되는데 이를 라인-스탭 조직(line and staff organization)이라 한다.

라인-스탭 조직은 가장 일반적인 조직구조이다. 스탭 전문가들은 라인의 관리자에게 전문적 지식과 기술을 제공한다. 스탭 전문가들은 조직이 바람직한 방향으로 나아가거나 기업목표를 달성할 수 있도록 조언을 하는 역할을 할 수는 있지만 라인 부서에 직접적인 명령을 할 수 있는 권한을 가지지는 못한다. 라인-스탭 조직은 조직이 대규모화되는 초기상황, 경영환경이 안정적이고 확실성이 높은 상황에 효과적인 조직형태이다.

사업부제 조직

사업부제 조직(divisional organization)은 기업규모가 증대되고 제품과 시장이 복잡하게 되면서 제품이나 시장 또는 지역을 기초로 부문화하여 만들어지는 조직

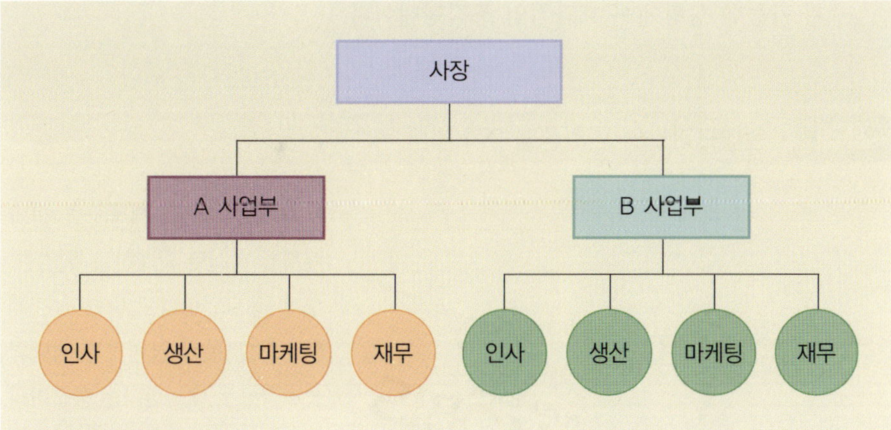

그림 6-4 사업부제 조직

형태를 말한다.

사업부제 조직은 각 사업단위별로 자율적 조직운영을 하는 것이 특징이다. 오늘날 세계적인 대기업들이 지역적으로 분산되어 있는 자회사들을 경영하기 위하여 채택하고 있는 조직의 형태라고 할 수 있다. 일반기업들이 사업부간 경쟁을 유발하고 사업부별 성과에 따라 보상하기 위하여 채택하는 경우도 있다. 사업부제 조직은 시장이 이질적이고 부서 사이의 기술도 서로 다를 때 유용하며 환경변화에 즉각 대처할 수 있다. 사업부제 조직은 다음과 같은 특징을 가지고 있다.

첫째, 특정 제품에 관련되는 경영활동은 대부분 해당사업 부문의 책임자에 의해 이루어진다. 사업부의 책임자는 대부분의 권한을 보유하고 행사하게 된다.

둘째, 사업부는 자주적이고 독립적인 지위를 가진다. 사업부는 하나의 독립적인 기업과 마찬가지로 많은 일을 주어진 권한 내에서 스스로 결정하고 처리할 수 있다.

사업부제 조직은 라인-스탭 조직에 비해 사업단위별로 권한과 책임을 부여함으로써 시장 요구에 빠르게 대처할 수 있다. 또한 사업 성패에 대한 책임소재도 분명히 할 수 있다. 반면, 사업부마다 중복된 부서가 있어 과업이나 투자 중복으로 자원 낭비를 초래하거나, 각 사업부간 지나친 경쟁을 유발하여 기업 전체의 목표달성을 저해할 수도 있다. 사업부제 조직은 조직 규모가 대규모이면서 시장환경 변화가 빨라 불안정적이고 예측하기 힘든 상황, 제품별 또는 지역별로 시장세분화가 가능한 상황에서 효과적인 조직형태이다.

사례 현대모비스와 한화생명 조직개편

현대모비스가 제품군별 성과중심 체제를 전사로 확대하는 '완결형 사업부제'를 도입한다고 밝혔다. 조직체계 단순화를 통해 급변하는 경영환경에 선제적으로 대응한다는 방침이다.

현대모비스는 기존 본부와 일부 사업부가 혼재한 방식의 운영체제를 과감히 탈피, 6개 사업부(Business Unit: BU)와 10개 부문 체제의 유연한 조직으로 전환한다. 최대 7단계 의사결정 구조도 3~4단계로 줄인다.

현대모비스의 조직개편은 신종 코로나바이러스 감염증(코로나19)을 비롯한 급변하는 경영환경과 자율주행, 전동화(electrification)로 대표되는 미래차 산업지형 변화에 선제적으로 대비하기 위한 목적이다. 제품별 전문성을 확보하고 책임경영과 신속한 의사결정이 가능하도록 제품별 사업부제로 개편한다는 전략이다.

현대모비스는 2018년 초 전동화사업부 신설을 시작으로, 지난해 8월 램프사업부에 이어 이번에 사업부제를 전사 차원으로 확대한다. 제품별 최상위 조직인 6개 사업부(BU)는 제품별 사업의 의사결정 권한과 운영 오너십을 보유하게 된다. 전장, 샤시안전, 모듈, 전동화, 램프, 서비스부품 부문이 이에 해당한다.

각 사업부(BU)의 성과달성을 위한 지원과 전사 조정의 역할을 수행하기 위해 10개 부문도 신설된다. 기획, 경영지원, 생산, 구매, 재경, 품질, R&D 등의 부문으로 구분되며, 각 부문은 전사의 비효율을 조정하는 역할을 수행할 예정이다. 아울러 전사적으로 3~4단계의 의사결정 체계를 구축하기 위해, 담당과 연구소 등 중간단계의 조직을 폐지한다. 특히 R&D 조직은 의사결정단계 축소와 함께 제품 단위의 조직구성을 위해, 기존과 다른 조직구조인 'BU-랩-섹터-셀'로 재편한다.

현대모비스 관계자는 "신속하고 민첩한 애자일(Agile) 조직으로 체질개선이 제품별 전문성 강화를 위한 필수조건"이라며 "사업부별로 독립적인 포트폴리오를 확대하고 1차적인 책임을 갖게 되면 실질적인 의사결정 권한은 물론, 목표설정과 인력운영 등 주체적인 오너십을 발휘하게 될 것"이라고 설명했다.

한화생명이 디지털화에 포커스를 맞춘 조직개편을 단행했다. 2020년 6월 15일 한화생명은 본사 조직을 관리 중심에서 디지털, 프로젝트 중심으로 개편했다고 밝혔다. 이전 13개 사업본부 50개팀에서 15개 사업본부 65개팀으로 변경했다. 15개 사업본부 가운데 9개 사업본부가 디지털과 신사업 추진을 위한 업무를 맡는다. 전체 임원 56명 중 디지털과 신산업을 담당하는 임원은 22명으로 평균 연령은 45세이다. 전체 임원 평균이 53세인 점을 감안하면 비교적 젊은 임원들로 배치됐다. 이번 조직개편으로 한화생명은 기술전략실, 빅데이터실, OI(Open Innovation) 추진실, MI(Market Intelligence)실 등을 신사업 발굴을 위한 미래지향적 조직으로 탈바꿈해 사회적 트렌드에 빠르고 유연하게 대응한다는 계획이다.

자료원: 매일경제신문&mk.co.kr, 2020.5.26: 컨슈머 타임즈, 2020.6.12에서 발췌 정리.

매트릭스 조직

사업부제 조직은 다양한 환경변화에 적합하게 대응할 수 있다는 장점이 있으나 기능이 중복되므로 많은 비용을 부담해야 한다는 단점이 있다. 예를 들면, 제품마다 사업부를 만들면 소비자의 욕구 변화에 따른 신속한 대응을 할 수는 있지만 이를 위해서 많은 종업원을 고용해야 하며 같은 설비를 중복으로 설치하기 때문에 많은 비용이 필요하게 된다. 이처럼 비효율성을 초래하기 때문에 사업부제 조직으로 새로운 환경변화에 적극적으로 대처하기는 어려울 수 있다. 이러한 문제점을 해결하고자 시도된 조직이 매트릭스 조직(matrix organization)이다.

매트릭스 조직은 조직구성원들이 기능부서에 소속됨과 동시에 프로젝트팀에도 소속되는 조직이다. 한쪽에는 생산, 재무, 마케팅, 인사, 공정, 노무 등과 같은 전통적인 기능별 혹은 업무별 부문이 있고, 다른 한쪽에는 프로젝트별 또는 지역별 부문이 있어서 이들을 바둑판처럼 엮어서 만든 조직이다.

매트릭스 조직은 소량주문 생산기술을 이용하는 상황, 시장환경이 빨리 변화하는 상황, 조직 규모가 지역별로 다변화된 상황에서 효과적인 조직형태이다. 매트릭스 조직의 경우, 종업원들은 대부분 원래의 기능별 부문으로부터 파견된다. 프로젝트 업무가 진행되는 기간에는 프로젝트 업무를 담당하는 조직의 경영자에

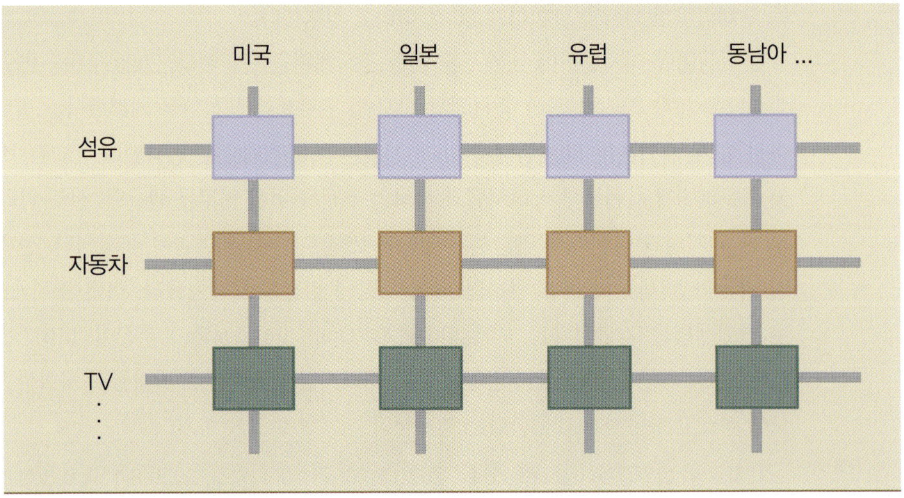

그림 6-5 매트릭스 조직

게 속하게 된다. 이러한 조직방식 하에서 기능별 부문 경영자는 종적인 권한을 행사하게 되고, 프로젝트팀 경영자는 각 기능별 부문을 초월하여 횡적인 권한을 행사하게 된다.

매트릭스 조직은 인적자원을 효율적으로 사용할 수 있으며, 시장의 새로운 변화에 융통성 있게 대처할 수 있다는 장점이 있다. 하지만 기능별 상급자와 프로젝트별 상급자라는 두 명 이상의 상급자를 갖게 되므로, 이들로부터 서로 다른 명령을 받을 경우에는 혼란이 발생하게 된다. 또한 통상적인 팀 미팅으로 시간이 많이 낭비되는 경향과 일반적인 조직형태보다 비용이 더 많이 드는 단점이 있다. 매트릭스 조직을 운영할 때에는 프로젝트 팀에게 어떤 업무를 맡길 것인지, 누가 성과를 평가할 것인지 그 책임과 권한을 명확히 할 필요가 있다.

매트릭스 조직을 효과적으로 운영하기 위해서는 갈등을 원만하게 해결해 줄 수 있는 매트릭스 리더의 역량이 중요하다. 매트릭스 조직처럼 복잡한 조직을 잘 관리·운영하는 핵심은 사람인 것이다. 조직 운영의 핵심적인 역할을 하는 리더가 기존의 사고방식과 조직운영 관행에서 벗어나지 못한다면 효과적이고 효율적인 조직활동이 이루어질 수가 없다.

조직이 제대로 실행되기 위해서는 매트릭스 리더가 담당 분야에 대한 전문지식은 물론, 경영능력(커뮤니케이션, 갈등 해결, 동기부여, 조직 및 프로젝트 관리 등)을 겸비하는 것이 좋다. 이를 위해서는 인사 관련 부서의 역할이 매우 중요하다. 매트릭스 리더를 어떻게 육성할지, 매트릭스 조직의 성과 모니터링 체계 및 평가·보상 제도를 어떻게 구축하고 운영할 것인지, 협력문화를 만들기 위해서 어떤 특성의 사람을 채용하고 교육시킬 것인지 등 해야 할 일이 많기 때문이다.[1)]

사례 KB금융, 매트릭스 체제 강화 조직개편 – 글로벌부문 신설

KB금융그룹이 총괄 조직을 신설해 사업부문(매트릭스) 체제를 강화하는 조직개편을 단행했다. 그룹의 신성장동력인 글로벌 사업에 힘을 싣고자 글로벌 부문도 신설했다. KB국민은행도 저금리, 저성장 기조 극복을 위해 CIB(Commercial Investment Bank: 기업투자금융)부문 등 영업관련 본부조직을 대폭 확대했다.

KB금융지주는 그룹 협업 시너지 제고를 위한 사업부문 중심 운영체계 강화, 글로벌 사업 추진력 강화, ESG[Environmental(환경)-Social(사회)-Governance(지배구조)] 경영체계 강화를 방향성으로 하는 조직개편을 단행했다. 지주 CIB부문·자본시장부문·개인고객부문·보험부문 산하에 총괄 조직을 신설했다. 총괄은 계열사간 협업 추진 등 사업부문장을 지원하는 역할을 수행한다는 계획이다.

KB국민은행도 조직개편을 실시했다. 전행 핵심과제에 대한 유관그룹 간 협업체계 강화를 위해 협업부문 안에 이슈 조정 역할을 수행하는 '협업과제 리더' 제도를 도입했다. 유관그룹 대표 중 1인이 겸임한다. IT 개발인력의 비즈니스 부서 전진배치를 통해 '기획-개발-운영' 전반에 이르는 유기적인 협업체계와 업무 완결성 강화 등 일하는 방식의 실질적 Agile(애자일)화를 추진할 계획이다. 또 미래 성장동력 강화 및 저금리 저성장 기조 극복을 위해 CIB부문 등 영업관련 본부조직을 대폭 확대했다.

전문성 있는 상품관련 조직을 통한 상품의 출시 및 관리를 위해 '비대면 상품·서비스 기획 개발 운영 기능'을 디지털금융그룹에서 각 상품그룹(개인고객그룹, 중소기업고객그룹)으로 일원화했다.

대고객 자산관리(Wealth Management) 서비스의 질을 제고하고 WM과 신탁부문 간 실질적인 코워크(Co-work)를 강화하기 위해 WM그룹 안에 IPS(Investment Product

1) LG Business Insight, 2014.5.21, pp. 32~34.

Service) 본부와 신탁본부를 통합했다. 소비자보호총괄책임자(Chief Consumer Office: CCO)의 독립성 및 금융소비자보호 조직을 강화하기 위해 소비자보호 전담본부를 신설했다.

ESG 이행기능을 강화하기 위해 현 소비자브랜드전략그룹을 전행 ESG 총괄조직으로 재편했다. PG(Partnership Group: 지역본부) 체계의 안정화, 영업관리 기능 PG 이양 등 지역영업그룹대표의 역할을 지역변화관리 최고책임자로 재정립한 점을 감안해 지역영업그룹을 기존 25개에서 16개로 대폭 광역화했다.

자료원: 한국금융, 2019.12.27에서 발췌 정리.

팀 조직

팀 조직(team organization)은 상호 보완적인 기술이나 지식을 가진 소수의 구성원들이 자율권을 갖고 기업 목표를 달성하도록 구성된 조직을 말한다. 즉, 서로 다른 능력과 개성을 가진 여러 개인이 한 팀이 되어 공동목표를 추구하는 스포츠 팀 같은 조직이라고 할 수 있다.

팀 조직은 업무추진에 있어서 불필요한 부서 간 장벽을 없앨 수 있으며 신속한 의사결정체계를 갖출 수 있을 뿐만 아니라 매트릭스 조직의 이중적인 명령·보고 체계를 탈피할 수 있는 장점이 있다.

팀 조직은 구성원들의 의사가 최고경영자에게 그대로 전달될 수 있으며, 성과에 대한 평가가 쉽기 때문에 동기부여가 잘된다는 장점도 있다. 반면, 팀 조직은 구성원들의 능력에 크게 의존할 수밖에 없으므로 유능한 구성원으로 팀을 구성하면 효과적일 수 있지만, 그렇지 못하면 다른 형태의 조직보다 저성과가 나타날 수 있다는 단점이 있다. 그러므로 구성원들의 능력을 일정수준으로 유지하기 위해서는 교육훈련에 많은 비용과 시간을 들여야 한다는 부담이 생기게 된다.

팀 조직은 세부적으로 업무단위형 팀 조직과 프로젝트형 팀 조직으로 구분된다.

업무단위형 팀 조직

업무단위형 팀 조직은 기업 전체의 업무를 일정한 기준으로 세분화하여 작은 단위를 하나의 팀으로 형성하는 것을 말한다. 업무단위형 팀 조직은 사업부제 조

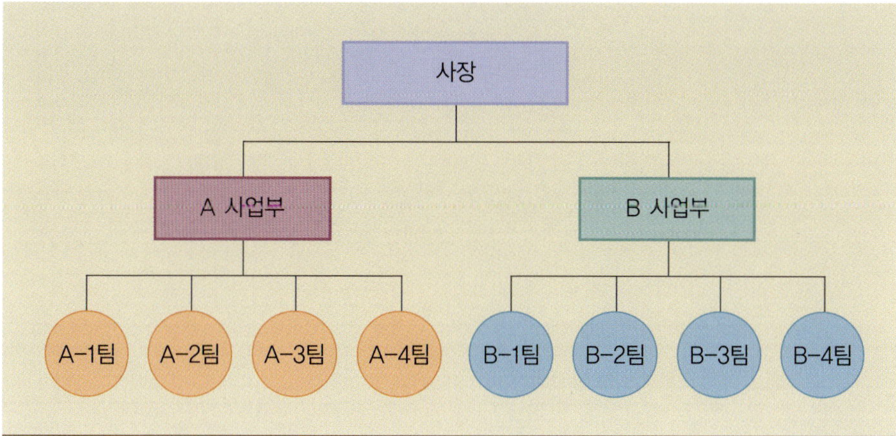

그림 6-6 업무단위형 팀 조직

직 안에서 작은 단위로 형성되어 지속적으로 운영되어 가는 것이 일반적이다.

건설회사의 경우, 사업부를 토목사업본부와 건축사업본부로 나눈다. 외부에서 건물 수주 계약이 이루어지면 토목사업본부 내 A-1팀이 토목공사를 수행하고, 건축사업본부 B-1팀이 건축공사를 하여 건물을 완성하도록 한다. 또 다른 건물 수주 계약을 하게 되면 A-2팀이 토목공사를, B-2팀이 건축공사를 수행하여 업무를 완수하게 되며, 또 다른 계약은 A-3팀과 B-3팀이 수행하는 형태가 업무단위형 팀 조직이라고 할 수 있다.

프로젝트형 팀 조직

프로젝트형 팀 조직은 태스크포스(task force) 조직이라고도 불린다. 구체적인 문제를 다루기 위해 만들어지고 문제가 해결되거나 임무가 완성되면 해체되는 조직을 말한다. 특수한 업무를 단기간 내 수행할 경우, 기능별 조직에서 파견받아 형성된다.

프로젝트형 팀 조직은 일시적인 특별업무를 수행하기 위해 조직 전체를 대대적으로 재개편하지 않아도 된다. 최근에는 소비자가 요구하는 제품과 서비스 종류가 복잡해지고 산업간·제품간 융합(convergence) 현상이 빠르게 진행되면서 프로젝트팀이 진화된 형태의 '다기능 프로젝트 팀(cross-functional project team)'을 운영하는 기업들이 늘어나고 있다.

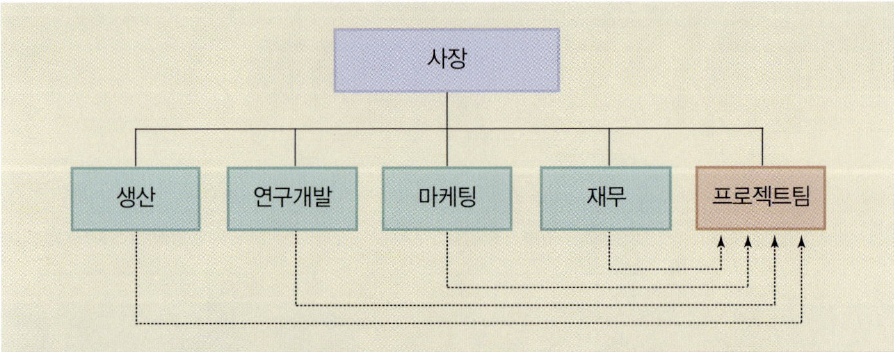

그림 6-7 프로젝트형 팀 조직

사례 제네시스, 5년 만에 글로벌 명차 반열에 – '고급차 TF'에서 시작된 도전

현대차는 '고급차 출시를 위한 태스크포스팀(TF)'이라는 비밀조직을 꾸렸다. 메르세데스벤츠나 BMW 등 프리미엄 자동차 브랜드의 차량에 뒤지지 않을 고급차를 만들어 보자는 취지에서 구성됐다. 소재와 설계, 시험, 파워트레인, 디자인 등 회사 내 각 분야 전문가들이 한데 모였다. 첫 결과물은 2008년 출시한 대형 세단 제네시스(BH)였다. 현대차그룹 최초로 '럭셔리카'를 지향한 차였다. 경영진은 이 차가 현대차의 새로운 시작을 가져올 것이라고 내다보고 '창세기'라는 뜻을 가진 단어를 차명으로 선택했다. 대형 세단 제네시스가 한국과 미국 등에서 자리를 잡자 현대차는 깜짝 발표를 했다. 제네시스를 별도 브랜드로 만들겠다는 것이다.

브랜드 출범 이후 제네시스는 급성장했다. 출범 이듬해인 2016년 국내외 판매량은 5만 7,451대 수준이었지만, 올해는 10만대를 넘길 가능성이 높다. 5년 만에 두 배로 증가한 셈이다. 올해 사상 처음으로 국내 시장에서 메르세데스벤츠와 BMW, 아우디 등 수입 고급 브랜드를 모두 제칠 것으로 전망된다.

제네시스는 '신생 브랜드'라는 한계에도 해외에서 호평을 받고 있다. 미국에서 가장 권위 있는 품질조사 기관인 JD파워의 신차품질조사(Initial Quality Study: IQS)

에서 2017년부터 4년 연속 프리미엄 브랜드 1위 자리를 차지하고 있다. 내구품질조사(Vehicle Dependability Study: VDS)에서도 렉서스를 제치고 1위에 올랐다. 렉서스는 지난해까지 8년 연속 1위를 해 '내구품질의 대명사'로 불리던 브랜드다. G70가 지난해 '북미 올해의 차'로 선정되는 등 제네시스 차량들은 해외에서 높은 평가를 받고 있다. 제네시스는 내년 전기차 모델도 내놓는다. 현대차그룹의 전용 플랫폼(e-GMP)을 적용한 별도 모델(코드명 JW)과 G80 전기차 모델이 모두 나온다. G70 왜건형도 출시할 예정이다.

자료원: 한국경제신문, 2020.10.29에서 발췌 정리.

현장수첩 다운사이징

다운사이징(downsizing)은 슬림화와 효율화를 추구하기 위한 기법을 의미한다(기구 축소라고도 한다). 다운사이징은 비즈니스 다운사이징과 정보시스템 다운사이징으로 구분된다.

비즈니스 다운사이징은 기업의 관료제로 인한 불필요한 낭비조직을 제거하는 것을 목표로 하는 다운사이징을 말한다. 비즈니스 다운사이징을 실시하면 불필요하고 불합리한 본사의 임원이나 지원부서가 축소되고 기업의 계층구조가 줄어들며 중간경영층이 대폭 감소하게 된다. 전통적으로 라인-스탭 조직을 다운사이징하기 위해서는 주로 팀 조직 제도가 사용된다. 1993년 2억 7천 7백만달러의 적자로 빈사상태에 빠져 있던 세계 최대의 제지회사인 킴벌리클락(Kimberly-Clark)을 기사회생시킨 것은 70%의 수뇌부와 50%의 중간경영층, 20%의 근로자들을 과감하게 감축한 다운사이징이었다.

킴벌리클락은 다운사이징을 한 후 불과 2년 만에 자산이 65억달러나 불어나 견실한 회사로 다시 태어났다. 우리나라에서도 IMF 관리체제를 맞이하면서 대기업뿐만 아니라 중소기업들도 대규모 인원 감축 및 부서 통폐합 등 조직 슬림화 작업을 시도함으로써 경비 절감과 생산성 향상을 도모하였다.

정보시스템 다운사이징이란 대형컴퓨터에 의해 이루어지던 정보처리기능을 개인용 컴퓨터나 워크스테이션 등 소형컴퓨터로 이전하는 것을 의미한다. 이로 인해 대형컴퓨터 중심의 정보시스템을 개발하고 관리하는 데 소요되는 막대한 비용을 절감할 수 있게 되었을 뿐만 아니라 조직구성원의 신속한 의사결정도 가능하게 되었다.

미국의 유나이티드 항공사(United Airlines)는 승무원의 효과적인 일정관리를 위해 대형컴퓨터인 메인프레임을 이용해 왔으나 메인프레임 증설에 따른 문제점과 현업부서의 다양한 요구를 충족시키기 위해 정보시스템 다운사이징을 구축하였다. 이를 통해 승무원의 스케줄을 효율적으로 운영함으로써 연간 약 150만달러의 비용을 절감시키고 있으며, 승무원의 작업 만족도를 높여 기업의 생산성을 향상시키고 있다.

한화생명은 조직 슬림화를 통해 본사 기구조직을 12본부 50팀에서 3부분(영업, 지원, 투자전략) 7본부 41팀으로 개편했다. CPC전략실(customer, product, channel)을 바탕으로 고객 관점에서 상품을 개발하고 판매하는 실질적인 고객중심경영을 실행하겠다는 방침이다. 조직슬림화는 1년여간 전사적인 혁신을 통한 영업경쟁력 강화, 현장중심의 경영문화 정착, 신시장 개척 및 자산운용 경쟁력 향상, 비용 효율화를 통한 수익성 개선 등 3대 중장기 전략목표 달성을 위해 추진해온 PI(process innovation) 프로젝트를 바탕으로 단행되었다.

지난해 부진한 실적을 기록한 롯데쇼핑이 대대적인 체질 개선에 나섰다. 작고 빠른 조직체계를 갖춰 단순한 유통회사가 아닌 라이프 스타일 서비스 업체로 거듭난다는 방침이다. 롯데쇼핑은 비효율 점포 정리를 핵심으로 하는 '2020년 운영 전략'을 발표하고 핵심 역량을 중심으로 체질 개선을 추진하는 '미래사업 청사진'을 공개했다. 운영전략 핵심은 강도 높은 '다운사이징(downsizing)'이다. 작고 빠른 조직체계를 바탕으로 운영 효율을 높이고 수익성을 개선한다는 방침이다. 이를 위해 롯데쇼핑은 그룹 내 백화점과 마트, 슈퍼, 롭스(LOHB's) 등 총 700여개 점포 중 30% 규모인 약 200개 점포를 정리하기로 했다. 자산을 효율적으로 경량화하고 영업손실 규모를 축소해 재무건전성과 기업가치를 끌어올린다는 것이다.

자료원: 월간 인사관리 2001.5월호; 중앙일보, 2014.9.12; dongA.com, 2020.2.13에서 발췌 정리.

4. 21세기 조직화활동은?

공식적 조직, 비공식적 조직의 적절한 조화

글로벌 경쟁시대를 맞이하여 기업들에게는 좋은 품질의 제품을 경쟁기업보다 빠르고 저렴하게 제공하는 것이 중요한 문제가 되었다. 이에 따라 기업의 조직은 다양한 상황에 유연하게 대처할 수 있는 조직구조로 발전되어야 한다. 상황변화에 유연한 대처를 위해서는 공식적인 조직보다 비공식적인 조직이 더 효과적인 경우도 있다.

공식적(formal) 조직은 공동의 목표수행을 위해 효율적으로 직무와 권한이 배분된 조직을 의미한다. 반면, 비공식적(informal) 조직은 공식적 조직이 형성된 곳에서 권한이나 직무와 무관하게 친교나 감정에 의해 자연 발생적으로 생겨난 조직이다. 비공식적 조직은 일상적이지 않고 불확실한 감정을 제공하기도 하지만 유용한 정보를 제공해 주면서 상호 원활한 의사소통의 길을 열어주기도 한다. 공식적 조직이 예상하지 못한 환경변화에 적절히 대응하지 못하는 경우, 비공식적 조직에 의해 원활하게 대처할 수도 있다.

신속한 의사결정을 위한 수평조직의 모색

수평조직(flat organization)은 중간계층 가운데 불필요한 부분을 최대한 줄임으로써 신속한 의사결정이 이루어질 수 있는 효율적인 조직구조이다.

수평조직의 개념은 간단하다. 1명의 지휘자와 100여명의 숙련된 연주자들이 함께하는 오케스트라와 같은 형태의 조직을 형성하는 것이다. 즉, 오케스트라는 악보라는 동일한 정보를 가지고 있기 때문에 지휘자와 연주자 사이에 중간계층이 필요없게 된다. 수평조직에서는 무조건 중간계층을 없애는 것이 아니라 효율적인 의사소통이 되고 공감대가 형성될 수 있는 토대가 미리 마련되어야 한다는 것을 전제로 하고 있다. 국적이나 성별, 서열에 상관없이 자신의 생각과 의견, 느낌을 표현할 기회가 주어지는 조직이 진정으로 경쟁력을 보유한 수평조직이 될 것이다.

사례 제약업계에도 변화 바람 – "젊고 유연한 수평적 조직문화 구축"

Kwangdong 광동제약

SINCE 1941 yuyu (주)유유제약

기업들은 경영환경 변화에 따라 경쟁력 있는 사내 문화를 조성하기 위해 다양한 시도를 하고 있다. 수평적이고, 유연한 조직문화를 심기 위해 최선을 다하고 있는 것이다. 업계 관계자는 "사회 분위기가 급변하고, 코로나19와 같은 외부 요인이 발생함에 따라 소통과 상호 존중하는 수평적 조직문화가 기업 존립의 필수 요건이 되고 있다"고

진단했다.

광동제약은 소통과 상호존중을 기반으로 점진적인 변화를 이끌어내고 있다. 광동제약은 올해 초 변화하는 경영환경에 빠르게 대응하고, 구성원의 업무 만족도를 높이기 위해 새로운 인사제도를 도입했다. 직원의 직급체계를 4단계(G1~G4)로 간소화했으며 직급과 관계없이 호칭을 '님'으로 통일하고 상호 존칭을 사용하도록 한 것이 주요 내용이다. 구성원들은 새로운 제도 시행 이후 기존보다 수평적이고, 유연한 소통이 가능해져 업무 만족도가 높아진 것으로 평가하고 있다. 광동제약은 다소 어색할 수 있는 '님' 호칭 문화를 정착시키기 위해 사내 캠페인을 꾸준히 진행하고 있다.

2019년부터 실시한 '워크 스마트 프로젝트' 역시 성공적으로 안착했다는 평가다. 워크 스마트 프로젝트는 사내에 존재하는 비효율적 관행을 찾아 제거하고 지시, 보고, 회의, 피드백, 협업 등 5가지 분야에서 업무표준을 정립해 업무 효율을 높이기 위해 진행됐다. 프로젝트 실행 후 지난해 말 실시된 설문조사에서 70% 이상의 직원들이 비효율적 관행개선과 새로운 업무표준에 대해 만족한다고 답변하는 등 긍정적인 효과가 나타났다. 광동제약은 업무환경 조성에도 앞장서고 있다. 지난 2014년 매주 금요일마다 자율복장으로 출근하는 캐주얼데이를 도입하고, 2018년에는 이를 주 2회(목요일, 금요일)로 확대했다.

유유제약도 직위 · 호칭 · 평가 · 승진 등 인사 전반에 걸친 큰 폭의 개편을 시도했다. 개편안에 따라 과장 · 차장 · 부장 등 중간관리자 직위를 매니저로 통합했다. 이에 따라 승진 적체 해소는 물론 승진시험 등 승진 부담을 줄여 보다 업무에 집중할 수 있도록 했다. 팀장, 본부장 등 보직자는 기존처럼 직책을 호칭으로 사용키로 했다. 직원 평가방식은 직위별 · 직책별 평가항목 및 반영비율을 세분화했으며 분기별 1회 서면 피드백과 상향식 다면평가를 진행해 보다 합리적이고 공정한 인사평가를 진행할 수 있도록 했다. 유유제약 관계자는 "개편안은 연공서열 중심의 직위체계를 탈피해 고성과자에 대한 보상 확대, 자유로운 의견 개진과 상호존중 문화 확산, 의사결정 속도 향상 등 업무효율성을 높일 수 있는 수평적 조직 구성을 목표로 진행됐다"고 전했다.

자료원: 세계비즈, 2020.9.28에서 발췌 정리.

네트워크형 조직구조 설계

규모가 비대해진 기업의 경우, 불황기를 이겨내기 위해 기업 내 유사한 부문을 통폐합하고 간접부문을 과감하게 축소하여 불필요한 업무를 제거하여야 한다. 가장 중요한 핵심역량 부문에 경영자원을 집중하고 비핵심 부문에 대해서는 아웃소싱, 전략적 제휴와 분사 등을 효과적으로 추진할 수 있는 네트워크형 조직구조가 각광을 받게 될 것이다.

전통적인 피라미드형 조직은 내부통제를 위한 수직적 개념의 조직인 반면, 네트워크형 조직은 상호협조를 통해 시너지 효과를 얻기 위한 수평적 개념의 조직이다. 네트워크형 조직은 조직의 경계가 약하기 때문에 환경변화에 유연하게 적응할 수 있는 개방형 시스템 성격을 갖게 된다.

예를 들어, 나이키(Nike)는 급변하는 환경변화에 대응하기 위해서 단위조직 간 네트워크형 조직을 구축, 외부의 역량을 활용함으로써 기업의 경쟁력을 강화하여 성공한 기업으로 손꼽힌다. 이 기업은 핵심적인 업무만을 본사에서 수행하고 나머지는 네트워크를 통한 전략적 제휴(strategic alliance)와 아웃소싱(outsourcing)을 통해 세계적인 기업활동을 수행하고 있다. 즉, 핵심적 부문인 제품기획과 디자인만 본사가 담당하고, 제조는 임금이 낮은 국가에 맡기며, 광고는 광고 대행사에, 시장조사는 전문기업에서 아웃소싱하고 있는 것이다. 네트워크형 조직은 조직이 슬림하므로 비용통제나 조직 운영의 유연성 등이 있으나, 조직활동의 많은 부분을 외부의 다른 기업에 의존하기 때문에 전체적인 조정 및 통제가 어렵다는 단점이 있다.

사례 지식iN에서 뉴스 · 쇼핑 · 금융까지 – 20년간 끊임없는 '세포분열'

네이버는 1999년 검색 포털 '네이버' 서비스를 토대로 출범한 뒤 검색이라는 본업과 인접한 영역으로 꾸준히 사업을 넓혀왔다. 쇼핑, 웹툰, 클라우드, 금융 등 신성장동력 발굴에는 내부 관련 조직을 분사 · 독립시켜 성장 속도를 높이는 '세포분열' 전략이 주효했다. 올해 3월 기준 네이버의 국내 계열사는 본사인 네이버를 포함해 41개다.

네이버는 2015년부터 사내 독립기업 '컴퍼니인컴퍼니(Company-In-Company: CIC)' 제도를 도입해 각 사업부문이 인사 · 재무 등 조직 운영에 필요한 경영 전반을 독립적으로 결정할 수 있도록 보장했다. 독립성 보장으로 의사결정 속도와 사업 실행력을 높여 빠른 성장을 지원하기 위해서다.

현재 온라인 쇼핑과 금융 영역으로의 확장은 모두 CIC 제도하에서 이뤄졌다. 예를 들어 쇼핑 사업 조직을 포레스트 CIC로 독립시켜 운영하고 있다. 네이버페이도 2018

년 네이버페이 CIC로 독립한 뒤 지난해 12월 네이버파이낸셜로 분사했다. 웹툰 사업 조직도 2015년 네이버웹툰 CIC로의 독립을 거쳐 2017년 자회사 네이버웹툰으로 분사했다. 현재 네이버는 서치(검색), 클로바(AI), 아폴로(User Generated Contents · 이용자 제작 콘텐츠), 그룹&(밴드 · 카페), 글레이스(글로벌 지역 정보), 포레스트(쇼핑), 비즈(광고) 등 7개의 사내 독립기업을 운영하고 있다. 네이버 관계자는 “무조건 분사하는 것은 아니지만 독자적인 사업으로서 가능성이 있고 해외로 진출해도 작동할 가능성이 보이는 영역을 CIC로 지정하고 있다”며 “인터넷 산업의 변화 속도가 빠르다 보니 독립성을 보장해 속도 경쟁력을 높이기 위한 것”이라고 설명했다.

네이버는 CIC 외에도 사업별로 자회사를 분할해 가면서 사업을 확대해 왔다. 네이버 자회사 스노우는 원래 네이버의 또 다른 자회사 캠프모바일에서 개발된 동영상 기반 소통 앱이었다. 스노우의 글로벌 성장세가 두드러지자 사업에 박차를 가하기 위해 2016년 관련 조직을 동명의 자회사로 분사했다.

올해 5월에는 스노우에서 출시된 뒤 글로벌 이용자 1억명을 돌파한 증강현실(AR) 아바타 서비스 ‘제페토’를 다시 별도 법인 ‘네이버Z코퍼레이션’이라는 이름으로 분사해 네이버의 손자회사로 만들었다. 클라우드, 기업용 메신저(협업 도구) 등 기업 간 거래(B2B) 분야도 사내 사업부문을 떼어내 특화한 것이다. 네이버 클라우드 사업을 담당하는 자회사인 네이버비즈니스플랫폼(NBP)은 2009년 네이버와 계열사를 대상으로 정보기술(IT) 인프라 운영과 업무용 솔루션 서비스를 제공하는 부문이 분할돼 설립됐다.

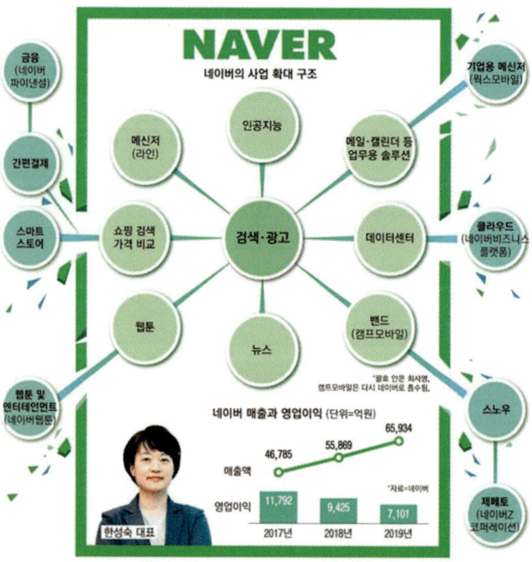

네이버가 지속적인 분사 전략을 구사할 수 있었던 것은 핵심 서비스인 검색과 밀접하게 연관된 영역을 중심으로 사업을 확장했기 때문이다.

자료원: 매일경제신문&mk.co.kr, 2020.7.8에서 발췌 정리.

MANAGEMENT

강/의/요/약

1. 조직화란 기업목표를 달성하기 위하여 어떠한 형태로 조직을 구성할 것인가를 결정하고, 모든 경영자원과 업무를 단위별로 나누어 배분하고 조정하는 활동을 말한다. 어떤 업무가 누구에 의해 이루어져야 하며, 업무보고는 누가 하며, 의사결정은 어디에서 이루어지는가에 관한 문제를 다루는 활동이다.

2. 조직설계는 조직화과정에서 조직의 틀을 어떻게 구성할 것인가에 대한 의사결정과정으로 동태적인 개념인 데 반하여, 조직구조는 의사결정과정의 결과물로 나타난 조직의 틀을 의미하는 것으로 정태적인 개념이다.

3. 조직화과정을 살펴보면 계획활동에서 제시한 기업목표 달성을 위해 수행해야 할 업무를 세부적으로 구분하고, 업무를 수행할 부서를 결정하며, 각 부서에 책임과 권한을 부여하고, 전체적인 입장에서 업무와 부서를 조정하는 과정을 거치게 된다.

4. 조직구조는 업무에 따른 기능별 라인(line)과 전문가집단인 스탭(staff)으로 구성된 라인-스탭 조직, 제품이나 시장 또는 지역을 기초로 한 사업부별로 조직을 구성하는 사업부제 조직, 전통적인 기능별 부문과 프로젝트별 또는 지역별로 조직을 구성하는 매트릭스 조직, 상호 보완적인 기술이나 지식을 가진 단위로 세분화하여 조직을 구성하는 팀 조직 등으로 나눌 수 있다.

5. 21세기 글로벌 경쟁에서 생존과 번영을 위해서는 공식적 조직과 비공식적 조직이 적절하게 조화를 이루어야 하며, 신속한 의사결정을 위해 수평조직 형태를 갖추어야 한다. 아울러 유연한 의사결정을 위한 개방형 시스템의 네트워크형 조직구조를 구축하여야 할 것이다.

MANAGEMENT

제 7 장

지휘활동

1. 지휘활동이란?
2. 리더십을 통한 지휘활동
3. 동기유발을 통한 지휘활동
4. 의사소통을 통한 지휘활동
5. 21세기 지휘활동은?

1. 지휘활동이란?

지휘활동은 조직구성원들에게 기업목표 달성에 몰입하도록 도와주는 활동

지휘활동(leading)은 경영자가 조직목표를 달성하기 위하여 조직구성원들에게 명령을 내리고 직무를 부하하여 행동을 규율하는 활동을 말한다.

경영자는 지휘기능을 통하여 계획과 조직화 단계에서 구현된 미래를 추구하는 데 동참할 구성원들을 설득하려는 시도를 하고, 적절한 동기부여를 통해 구성원들이 최선을 다하도록 유도한다. 아무리 훌륭한 계획과 의사결정이 이루어지고, 적합한 짜임새를 갖춘 조직이라 할지라도 지휘활동을 통해 윤활유 같은 촉진제 기능을 발휘하지 못하면, 그 기업은 높은 성과를 낼 수 없다.

지휘활동을 효과적으로 수행하기 위해서 경영자는 다음과 같은 세 가지 지휘활동을 해야 한다.

- 리더십(leadership)을 발휘하여 종업원들을 지휘하는 활동
- 동기유발(motivation)을 통해서 종업원들을 지휘하는 활동
- 종업원 간 의사소통(communication)이 원활하도록 지휘하는 활동

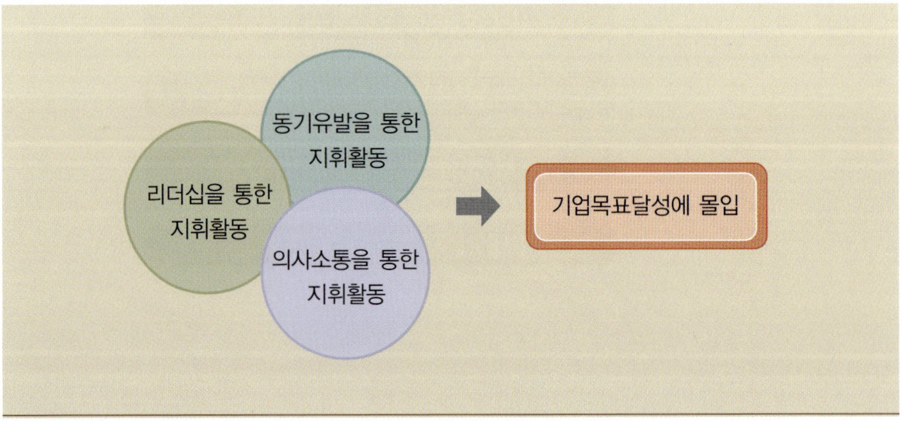

그림 7-1 지휘활동

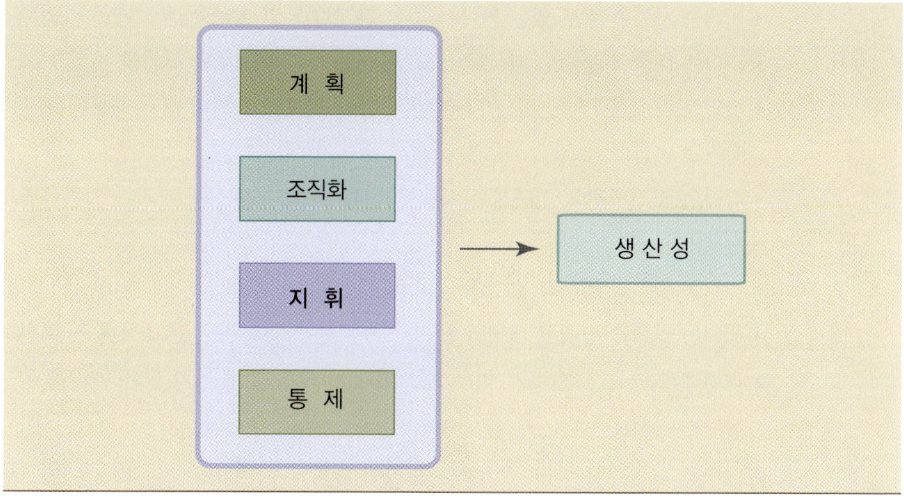

그림 7–2 지휘기능과 다른 경영관리기능과의 관계

경영자는 지휘과정을 통하여 조직구성원들에게 동기를 부여하고, 조직구성원들을 리드하며, 조직구성원 간 의사소통을 원활히 하는 기능을 담당한다. 조직을 지휘하기 위해서는 지휘자는 리더십을 갖추고, 팀 또는 집단을 고려하면서 조직구성원들에게 동기(motivation)를 불어넣어야 하며, 조직 전체의 의사소통이 원활하게 이루어질 수 있도록 노력해야 한다.

사례 리더와 보스

- 리더는 사람들을 앞에서 이끌고 간다. 보스는 뒤에서 이들을 몰고 간다.
- 리더는 선의(善意)에 의존한다. 보스는 권위에 의존한다.
- 리더는 회초리를 필요로 하지 않는다. 보스는 늘 회초리를 필요로 한다.
- 리더는 '우리'라고 말한다. 보스는 '나'라고 말한다.
- 리더는 '가자'고 권한다. 보스는 '가라'고 명령한다.
- 리더는 공개적으로 일한다. 보스는 등 뒤에서 일한다.
- 리더는 남을 믿는다. 보스는 남을 믿지 않는다.
- 리더는 희망을 준다. 보스는 겁을 준다.
- 리더는 존경을 모은다. 보스는 복종을 요구한다.

- 리더는 자기가 밟고 있는 땅에서 눈을 떼지 않는다. 보스는 무지개를 바라본다.
- 리더는 대중의 눈으로 세상을 본다. 보스는 자기 눈으로만 세상을 본다.
- 리더는 자기의 약점을 숨기지 않는다. 그럴 필요를 느끼지 않기 때문이다. 보스는 자기의 약점을 숨긴다. 권위를 잃을까 두렵기 때문이다.
- 리더는 자기의견에 반대하는 사람을 가까이 한다. 보스는 자기와 의견을 달리하는 사람을 미워한다.
- 리더는 권위를 쌓는다. 보스는 권력을 쌓는다.
- 리더는 타협을 잘하고 대화를 즐긴다. 보스는 타협을 모르고 대화를 거부한다.
- 리더에게는 귀가 여러 개 있다. 보스에게는 귀가 없다. 듣기 좋은 말만을 듣는 귀 하나만 가지고 있다.
- 리더는 권력이란 하나의 수단에 지나지 않는다고 여긴다. 보스는 권력이 전부라고 생각한다.

자료원: 홍사중, 「리더와 보스」, 사계절, pp.68~70에서 발췌 정리.

2. 리더십을 통한 지휘활동

리더십은 종업원들에게 미치는 영향력

리더십이란 구성원들로 하여금 목표달성을 위하여 자발적으로 노력하도록 이끌어가는 과정을 말한다. 우리가 어떤 사람이 리더십이 있다고 하는 것은 결국, 그 리더가 다른 사람을 움직여서 조직의 목표를 달성하는 능력이 있음을 의미하는 것이다. 경영자가 발휘해야 하는 리더십은 기업목표를 달성하기 위해 종업원들에게 영향을 미치는 능력이라고 할 수 있다. 리더십이 뛰어난 경영자는 종업원들에게 기업목표를 달성하기 위해 업무에 몰입하도록 유도하는 능력을 갖춘 리더를 의미한다.

경영자의 리더십은 권력(power)에 그 근원을 두고 있으며, 이 권력의 두 가지 측면에서 영향력이 생긴다. 하나는 경영자가 차지하고 있는 공식적 지위에 의해 영향력(position power)이 생길 수 있고, 다른 하나는 경영자 자신이 갖고 있는 여러 가지 개인적인 특성에 의해서도 영향력(personal power)이 생길 수 있다. 개인적인 특성이란 전문적 지식이나 능력을 의미하기도 하고 개인적 존경심이나 호감 내지는 카리스마적 기질과 같은 개인적 매력을 의미하기도 한다. 경영자의 리더십은 공식적 지위와 함께 개인적 특성에 의해서도 발휘될 수 있으므로 경영자들은 이 두 가지 요인을 효과적으로 갖출 수 있어야 할 것이다.

모든 경영자는 리더인가?

경영자는 기업목표를 설정하고 이를 달성하기 위한 계획을 수립하고 조직을 정비하여 종업원들을 지휘하고 통제하게 된다. 뛰어난 경영능력을 갖춘 경영자란 기업목표를 달성하기 위해 적시에 상세한 계획을 수립하고 필요한 곳에서 자원을 활용할 수 있도록 배분하는 능력을 갖추어야 한다. 또한 수립한 계획을 달성하기 위해 종업원들에게 권한과 책임을 부여하는 능력과 계획 대비 결과를 평가하여 더 나은 방향으로 계획이 달성되도록 하는 능력을 소유하고 있어야 한다.

리더는 종업원들이 비전을 공유하도록 동기를 유발하고 활기를 불어넣어 비전을 달성하도록 이끌어 주는 사람을 말한다. 리더는 조직구성원들이 미래지향적으로 무엇을 할 것인가를 정해주고 스스로 할 수 있도록 인도해주는 역할을 한다.

경영자가 뛰어난 리더십만을 갖추었다고 훌륭한 경영자가 될 수 있는 것일까? 그렇지만은 않을 것이다. 경영자와 리더 간 관계는 [그림 7-3]과 같이 경영자상을

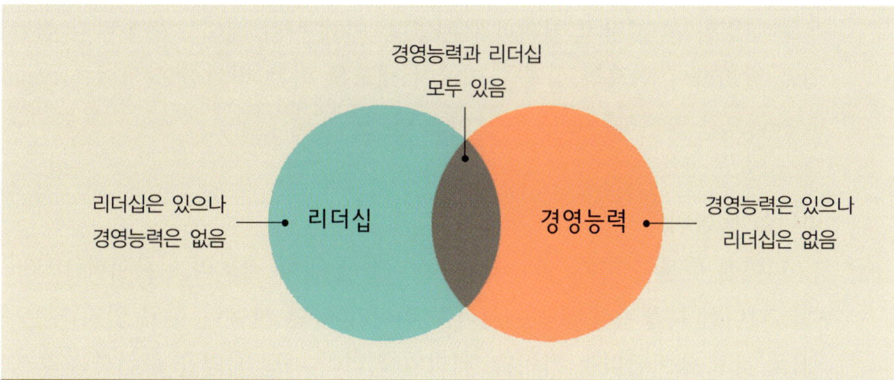

그림 7-3 경영능력과 리더십

세 가지 유형으로 구분하여 볼 수 있다.

첫 번째 경영자는 리더십은 있으나 경영능력이 없는 유형이다. 이러한 경영자는 종업원들을 자기가 원하는 방향으로 이끌 수 있지만 기업이 직면한 다양한 문제를 해결하는 데에는 어려움이 따른다. 두 번째 경영자는 경영능력은 있으나 리더십이 없는 유형이다. 이러한 경영자는 급속하게 변화하는 경영환경 속에서 뛰어난 경영능력을 발휘하여 어떻게 해야 한다는 것을 스스로 잘 알고 있다. 하지만 종업원들을 경영자가 원하는 방향으로 자발적으로 따라오도록 이끄는 데는 부족한 경영자다. 세 번째 경영자는 뛰어난 경영능력과 리더십을 모두 갖춘 경영자다. 이러한 경영자는 환경이 급속하게 변화하는 상황에서도 기업의 비전을 제시, 종업원들이 비전에 따라서 효율적으로 업무를 수행할 수 있도록 이끄는 경영자다.

리더십이론

초기 리더십 연구에서는 리더가 아닌 다른 사람을 리더와 비교함으로써 리더의 개인적 특성(자질)에 초점을 맞춘 리더십 특성이론(trait theory)이 등장하였다. 리더십 특성이론에서는 리더를 외모, 성격, 능력 등 모든 면에서 선천적으로 타고나는 것으로 이해하였다. 그 후 유능한 리더와 그렇지 않은 리더 간에는 행동유형에서 차이가 존재한다고 보는 리더십 행동이론(behavioral theory)이 등장하였다. 유능한 리더의 행동유형을 파악하여 효과적인 리더십 모형으로 설명하고자 한 것이다.

최근에는 경영환경이 급격하게 변화하면서 단순히 리더의 행동유형을 일률적으로 설명할 수 없다고 인식하게 되었다. 이에 따라 개별상황에 따라 적합한 리더십을 발휘하여 최적의 성과를 이끌어 내도록 하는 리더십 상황이론(contingency theory)으로 발전하는 모습을 보이고 있다.

리더십 특성이론

리더십 특성이론(trait theory)은 리더십에 관한 최초의 이론이다(1930~1940년대). 리더십 특성이론에서는 리더는 리더가 아닌 사람이 갖고 있지 않은 특성(자질)을 갖고 태어난다는 것이다. 리더와 리더가 아닌 사람을 구분하는 특성으로 신체적 특성(신장, 외모, 힘), 성격(자신감, 정서적 안정성, 지배 성향), 능력(지능,

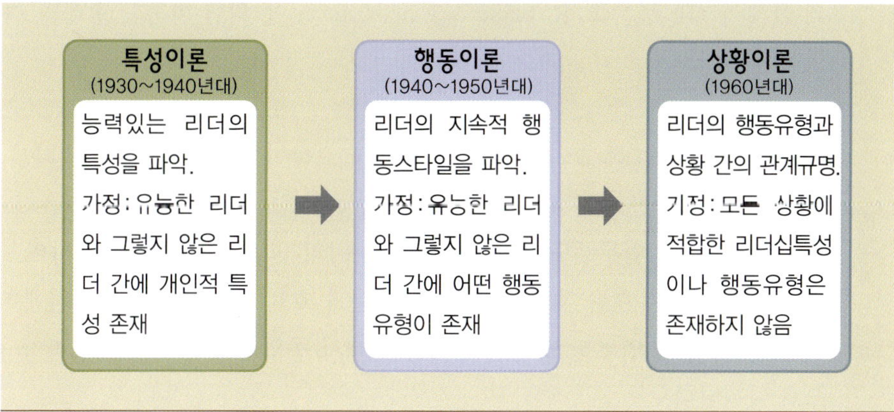

그림 7-4 리더십이론 비교

언어의 유창성, 독창성, 통찰력) 등이 있다고 보았다.

리더십 특성이론은 성공적 리더들은 어떤 공통된 특성을 가지고 있다는 전제하에 이들의 특성을 집중적으로 연구하여 개념화한 이론이다. 지금까지 어떤 특성들이 리더와 리더가 아닌 사람을 구분할 수 있는가에 대해서는 일치된 견해가 없다. 리더의 개인적 특성만을 고려하여 어떠한 리더십이 효과가 있는가를 설명할 수 없기 때문에 특성이론은 오늘날 거의 활용되고 있지 않다.

리더십 행동이론

리더의 개인적 특성에 대한 일치된 견해가 없고 리더가 반드시 태어나는 것은 아니라는 생각을 갖게 되면서 리더에게 필요한 행동이 무엇인가에 대해서 관심을 갖기 시작했다. 이에 따라 리더가 자신의 역할을 수행하기 위해 종업원들에게 어떠한 행동을 보여주느냐에 따라 리더십이 얼마나 효과가 있는지 결정된다는 리더십 행동이론(behavioral theory)을 제시하였다.

리더십 특성이론이 리더가 가지고 있는 특성을 연구하는 것이라면, 리더십 행동이론에서는 리더의 특성보다 행동에 초점을 둠으로써 리더가 나타내는 반복적인 행동유형을 찾아내고 어떤 유형이 가장 효과적인지를 밝히려고 하였다.

리더의 행동양식에 초점을 둔 리더십 이론 연구는 크게 세 가지로 발전되어 왔다. 첫째는 오하이오 주립대학교(Ohio State Univ.)에서 이루어진 연구이고, 둘째는 미시건 대학교(Univ. of Michigan)의 연구, 셋째는 텍사스 대학교(Univ. of Texas)

의 블레이크와 무튼(R. R. Blake & J. S. Mouton)에 의한 바둑판 형태의 리더십모형 연구이다.

오하이오 주립대학교의 리더십 연구. 미국 오하이오 주립대학교의 리더십 연구는 독자적으로 개발한 설문지를 통해 리더의 행동을 종업원에 대한 배려(consideration)의 많고 적음과 업무주도(initiating structure)의 많고 적음으로 분류하여 네 가지 형태의 리더십 유형을 제시하였다. 연구 결과 효과적인 리더는 종업원에 대한 배려도 많이 하고, 업무도 많이 주도하는 형태가 종업원의 만족도와 성과가 높은 것으로 나타났다.

미시건 대학교의 리더십 연구. 미국 미시건 대학교에서의 리더십 연구는 리더의 행동을 중심으로 종업원 중심적(employee-centered) 리더십과 생산 중심적(production-centered) 리더십으로 구분하여 리더십 효과를 조사하였다. 조사 결과, 하급자들의 요구에 초점을 맞추고 있는 종업원 중심적 리더십 스타일에서 종업원 만족도와 성과가 가장 높은 것으로 나타났다.

블레이크와 무튼의 연구. 블레이크와 무튼(R. R. Blake & J. S. Mouton)의 연구에서는 오하이오 주립대학교의 연구를 바탕으로 어떻게 하는 것이 가장 효과적인 리더의 행동인가를 분석하였다. 이들은 사람에 대한 관심(concern for people)과 업무(생산)에 대한 관심(concern for production)을 두 축으로 1에서 9까지 등급을 매긴 바둑판 형태의 리더십 유형(managerial grid)을 개발하였다(1은 각 차원에 대한 낮은 관심, 9는 높은 관심을 의미). 이에 따라 81개의 리더의 유형이 있게 되며, 이 중에서 대표적인 리더십 유형을 보면 (1.1), (1.9), (5.5), (9.1), (9.9)형이다. 이를 리더십 격자(leadership grid)이론이라고 한다.

- **소극형(impoverished / 1.1형)**: 사람과 업무에 대한 관심이 모두 최소인 소극형이다. 이러한 경영자는 문제가 되는 일을 무관심하게 방치한 상태에서 기본적인 것만을 강조하고, 단순히 상급자의 지시를 수동적으로 받아들여서 업무를 수행하고자 한다. 과업 달성에 최소한의 노력만 하는 리더이다. 매사에 의욕이 별로 없고, 무관심하며, 조직에 안주하려는 성향을 보인다.

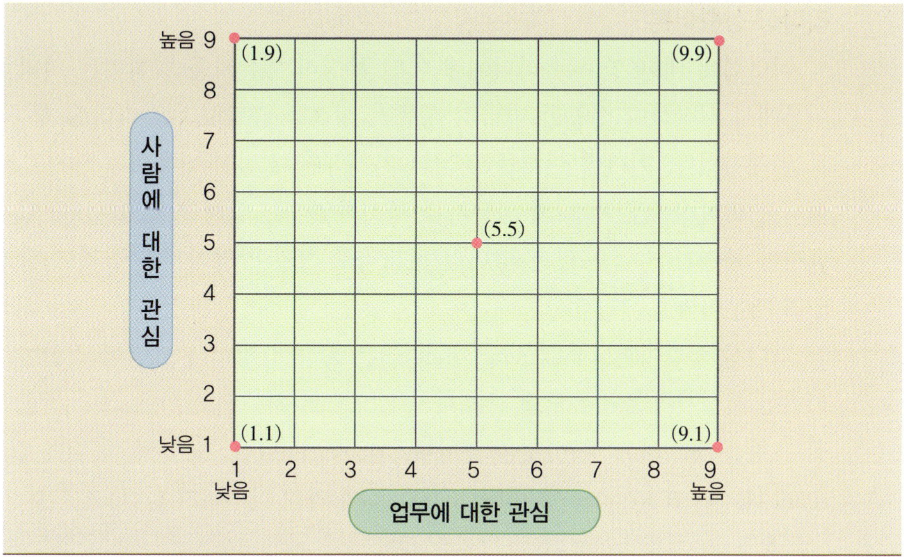

그림 7-5 블레이크와 무튼의 리더십 모형

- **친목 중심형(country club / 1.9형)**: 업무에 대한 관심은 최소이고 사람에 대한 관심은 최대인 친목 중심형이다. 이러한 경영자는 종업원들에게 안전하고 즐거운 환경을 제공하려고 노력하지만, 업무수행에 있어서는 주어진 지시사항만을 그대로 이행하는 모습을 보인다.
- **일 중심형(task / 9.1형)**: 업무에 대한 관심은 최대이고 사람에 대한 관심은 최소인 일 중심형이다. 매우 독재적인 리더십을 발휘하게 된다.
- **단합형(team / 9.9형)**: 업무에 대한 관심이나 사람에 대한 관심이 높은 리더의 유형으로, 높은 수준의 업무성과 달성을 위하여 팀 워크를 지원한다. 기업의 목표달성 요구와 개인 욕구를 모두 충족시키게 된다.
- **절충형(middle-of-the-road / 5.5형)**: 사람과 업무에 대해서 절반씩의 관심을 갖는 리더의 유형이다. 기업목표와 종업원의 욕구 사이에 균형을 이룰 수 있도록 중간노선을 택하려고 노력한다.

모든 경영자는 자신의 리더십이 어느 유형에 속하는가를 파악하고, 가장 이상적인 (9.9)형에 접근할 수 있도록 하여야 한다. (9.9)형이 되면 경영자 개인의 개발은 물론, 기업 발전에도 효과적으로 기여할 수 있게 된다는 것이다.

리더십 상황이론

리더십에 대한 연구는 리더에게 어떤 특징이 있는가를 밝히려는 리더십 특성이론에서 시작하여 성공한 리더의 행동적 성격을 규명하려는 리더십 행동이론으로 발전하였다. 이러한 이론들은 리더 자체에만 초점이 맞추어져 있으므로 그가 어떠한 리더십 상황에 처해 있는가를 무시하였다는 한계를 갖고 있다. 그 이유는 유사한 특징과 자질을 갖춘 리더라 하더라도 상황이 달라지면 결과도 달라질 수 있기 때문이다.

리더십 상황이론(contingency theory)은 모든 상황이나 조건에 적합한 최적의 리더십 특성이나 행동유형은 존재하지 않으므로 처해진 상황에 가장 적합한 리더십 유형을 찾으려고 하는 것을 말한다. 피들러(Fred E. Fiedler), 허쉬와 블랜차드(Paul Hersey & Kenneth E. Blanchard) 등에 의해 이루어져 왔다.

피들러의 상황적합이론. 피들러(Fred E. Fiedler)는 최초로 상황적 리더십 이론을 제시하였다. 리더의 스타일은 비교적 고정적인 것으로 쉽게 바뀌지 않는다고 전제하고, 어떤 하나의 리더십이 모든 상황에 효과적인 것은 아니라고 주장하였다. 리더에게는 상황에 따라서 인간관계적 리더십이 유리할 수도 있고, 업무중심적 리더십이 유리할 수도 있다는 것이다.

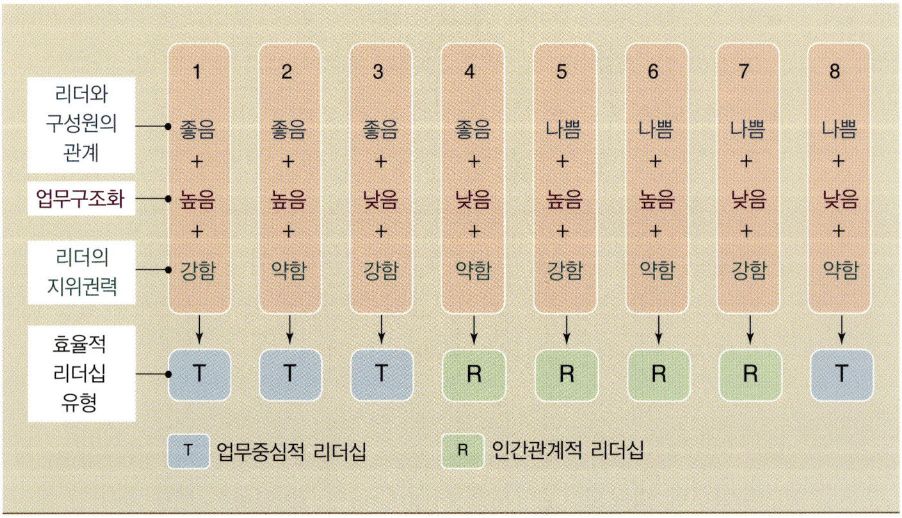

그림 7-6 피들러의 상황이론

피들러의 상황적합이론은 세 가지 요인에 따라 여덟 가지 상황을 설정하고, 상황별로 적합한 리더십 유형을 제시하였다. 피들러가 제시한 첫 번째 요인은 리더와 구성원의 관계(leader-member relations)로 종업원들이 리더를 얼마나 지원하고 있는가를 나타낸다. 두 번째 요인은 종업원들에게 맡겨진 일이 얼마나 업무 구조화(task structure)되어 있는가를 나타내는 것으로, 업무의 목표나 처리 절차 등이 구체적으로 정해져 있을수록 구조화되어 있다고 보는 것이다. 세 번째 요인은 리더의 지위에 부여된 권력(leader's position power)으로 종업원들에게 보상을 주거나 처벌을 할 수 있는 재량권을 나타내는 것이다. 피들러는 이 세 가지 요인을 결합하여 여덟 가지 상황으로 구분하고 [그림 7-6]과 같이 각각의 상황별로 업무중심적 리더십이 유리한지, 인간관계적 리더십이 유리한지를 제시하였다.

허쉬와 블랜차드의 상황적 리더십 모형. 피들러의 이론과 마찬가지로 허쉬와 블랜차드(Paul Hersey & Kenneth E. Blanchard)의 상황적 리더십 이론도 상황에 따라 리더십 유형이 달라야 한다고 주장하였다. 이들은 리더가 적절한 리더십 행

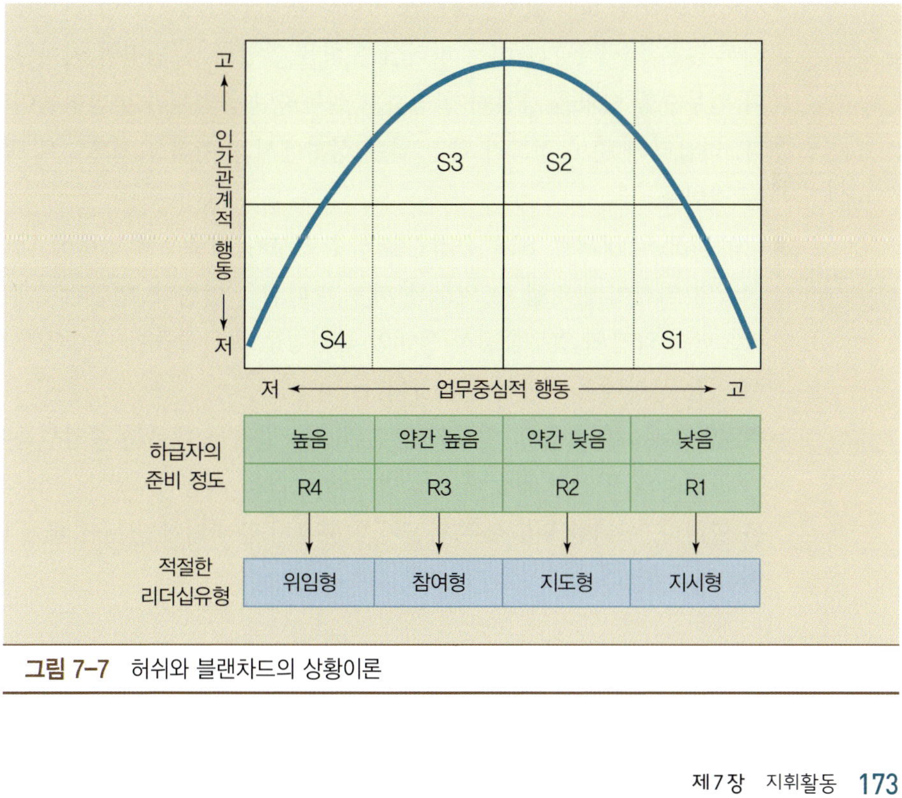

그림 7-7 허쉬와 블랜차드의 상황이론

동을 할 때 하급자의 특성에 초점을 맞추어야 한다는 내용을 담고 있다. 이유는 하급자들의 성숙의 수준 내지 준비 정도가 서로 다르기 때문에 하급자가 어떻게 받아들이는지에 따라 리더십 효과가 달라지기 때문이라는 것이다. 예를 들어, 성숙 수준이 낮은 종업원들은 업무수행 능력이 부족하고 경험이 부족하여 자신감이 없기 때문에 성숙 수준이 높은 종업원들과 다른 리더십 행동이 요구된다는 것이다.

이러한 점들을 고려하여 리더십을 [그림 7-7]과 같이 업무중심적 행동(task behavior)과 인간관계적 행동(relationship behavior)의 결합에 따라 네 가지 상황으로 구분하고, 하급자의 준비 정도(follower readiness)에 따라 적합한 리더십 유형을 제시하고 있다.

- 지시형(telling, S1): 리더가 업무수행에 중점을 두기 때문에 세부적인 지시를 하고 철저하게 감독하는 리더십 유형을 말한다. 업무중심적이면서 인간관계에 관심이 없는 지시형은 하급자의 준비 정도가 매우 낮은 상황에 적합하다는 것이다.
- 지도형(selling, S2): 업무수행뿐만 아니라 종업원들과 원만한 인간관계를 위해서 많은 노력을 기울이는 리더십 유형을 말한다. 일방적인 지시나 명령보다 업무수행 방향을 충분히 설명하고 설득하여 종업원들이 받아들이도록 한다. 하급자의 준비 정도가 약간 낮은 상황에서는 이러한 지도형이 적합하다는 것이다.
- 참여형(participating, S3): 종업원들을 참여시켜 업무수행 방향에 대한 종업원들의 의견이 반영될 수 있도록 하는 리더십을 말한다. 인간관계에 관심이 많으면서 약간의 업무중심적 형태인 참여형은 하급자들이 어느 정도 준비되어 있는 상황에서 적합하다는 것이다.
- 위임형(delegating, S4): 업무와 관련된 의사결정을 대부분 종업원들에게 맡기고 그들과 인간관계에 대해서 별다른 노력을 기울이지 않는 리더십 유형을 말한다. 이러한 위임형은 하급자가 충분히 준비되어 있는 상황에 매우 적합하다는 것이다.

허쉬와 블랜차드 이론에서는 하급자들의 성숙도를 중요한 요인으로 생각하여 성숙 정도에 따라 적합한 리더십을 행사하면 하급자들의 직무수행 능력이 향상될 수 있다고 보고 있다. 구체적으로는 R1에 대해서는 S1과 같은 지시형 리더십, R2에 대해서는 S2와 같은 지도형 리더십, R3에 대해서는 S3와 같은 참여형 리더십, 그리고 R4에 대해서는 S4와 같은 위임형 리더십이 적합한 리더십 유형이라고 제시하였다.[1)]

3. 동기유발을 통한 지휘활동

동기유발은 목표를 달성하도록 유도하는 과정

동기유발(motivation)은 인간이 가지고 있는 욕구를 자극하여 어떤 행동을 하도록 유도하는 것을 의미한다. 동기유발 관계를 연구한 대표적인 이론으로 매슬로우(Abraham Maslow)의 인간욕구 단계에 따른 동기부여이론, 허즈버그(Frederick Herzberg)의 2요인 이론 등이 있으며 이외에도 기대이론, 형평이론 등을 들 수 있다.

사례 직원의 동기유발에 필요한 다양한 관점들

미국의 한 대형 금융기관은 비용 절감 프로그램을 도입했다가 3개월 만에 직원들의 저항에 부딪혔다. 제도를 기획한 변화추진팀은 머리를 맞대고 해법을 찾기 시작했다. 그 결과 변화에 대한 막연한 배경 설명이 원인으로 지목됐다. 이에 회사 측은 직원들의 동기를 유발할 수 있는 다양한 관점에서 비용 절감의 필요성을 호소하는 구체적인 스토리를 제시했다. 한 달 만에 직원들의 동기유발 지수는 35.4%에서 57.1%로 올랐고, 사업 첫해에 경영 효율성도 10% 정도 개선되는 등 기대 이상의 효과를 거두었다.

조직의 변화를 이끌어 내려면 설득력 있는 스토리, 역할 모델, 강화 메커니즘, 역

1) Paul Hersey & Kenneth H. Blanchard, *Management of Organizational Behavior*, Prentice-Hall, 1988, pp. 117~119.

량 구축 등 4가지 요건을 갖춰야 한다. 하지만 이 처방을 기계적으로 받아들일 때 흔히 실패를 경험하게 된다. 직원의 행동을 강요하는 커뮤니케이션도 금물이다. 직원들이 스스로 선택해서 행동할 때 변화의 성공 가능성이 높다. 복권을 이용한 한 행동실험 결과에 따르면 복권 번호를 직접 기입한 실험 참가자가 자동으로 복권 번호를 받은 참가자보다 복권을 다시 팔라는 제의를 받았을 때 5배 이상 높은 가격을 불렀다는 것이다.

변화의 필요성을 호소하는 방식도 달라져야 한다. 잘못을 찾아내고 이에 대한 대안을 지시하는 식으로 접근하면 조직의 피로를 높이고 저항을 불러올 수 있다. 지적보다는 건설적 대안을 함께 제시하는 노력이 필요하다.

리더가 조직변화의 역할 모델이 되려면 자신을 먼저 되돌아볼 필요가 있다. 사람들은 통상 자신들이 실제 모습보다 낫다고 생각하는 '이기적 편향(self-serving bias)'을 보이기 때문이다.

조직 내에서 영향력이 있는 리더들을 움직이면 조직을 바꿀 수 있다는 생각도 실패의 원인이 된다. 변화 프로그램의 성공은 조직의 수용성에 달려 있기 때문에 각 구성원에게 맞는 인센티브 등 강화 프로그램이 필요하다는 뜻이다. 또 일반적인 예상처럼 금전적 보상이 직원들의 동기부여와 비례하는 것도 아니다. 사람들은 금전적 보상의 절대적 크기보다 기대치에 따라 만족도가 달라진다. 예기치 않은 소액의 보너스가 조직원에게 더 큰 동기부여가 될 수 있다. 직원들이 변화 과정과 결과에 대해 공정하다고 느낄 때 바람직한 변화가 일어날 수 있다는 점도 주의해야 한다. 직원들의 행동에 영향을 미치는 생각 · 느낌 · 신념을 살피고 직원들이 교육을 통해 배운 내용을 현업에서 실천할 수 있도록 장애요인을 제거해 주는 노력도 필요하다.

자료원: http://www.donga.com/fbin/output?n=200905230036에서 발췌 정리.

동기유발 이론

매슬로우의 동기부여 이론

매슬로우(Abraham Maslow)는 인간의 본성에 대하여 세 가지 가정하에서 동기부여 이론을 설명하였다.

- 인간은 결코 만족될 수 없는 욕구를 지니고 있다.

- 인간의 행동은 주어진 어느 시점에서 만족하지 못한 욕구를 채우는 것을 목표로 한다.
- 인간의 욕구는 생리적 욕구(physiological needs), 안전의 욕구(safety needs), 소속의 욕구(belongingness and love needs), 존경의 욕구(esteem or recognition needs), 자아 실현의 욕구(self-actualization needs) 등 5단계로 이루어져 있다. 인간은 하위단계에서 기본적인 욕구가 채워지면 상위단계의 욕구를 채우려 한다.

매슬로우는 인간의 욕구단계를 활용하여 상위욕구를 충족시킬 수 있도록 동기를 부여함으로써 더 좋은 경영성과를 산출해 낼 수 있다고 하였다. 동기부여 이론은 심리학, 사회학 등에서 개발된 이론을 응용하여 경영학에 적용한 것이다.

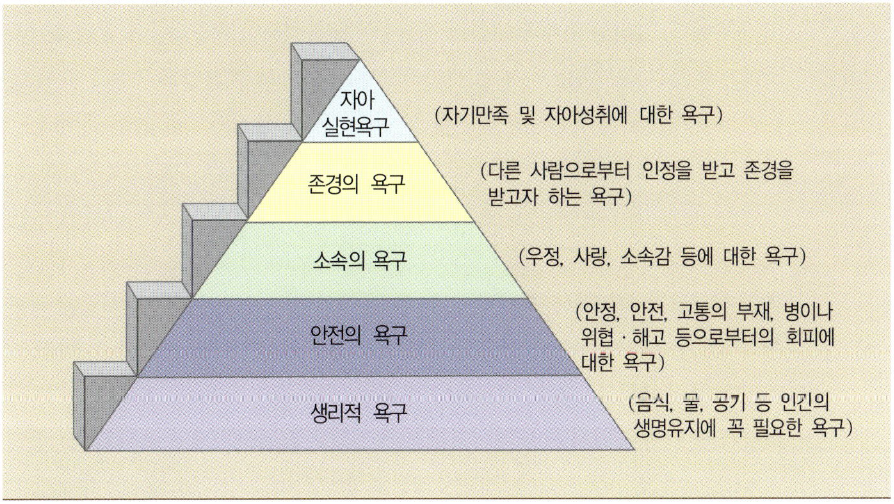

그림 7-8 매슬로우의 인간욕구 5단계

사례 90년대생 신입사원에게는 어떤 당근이 필요할까

직원들이 회사에 대한 애사심과 업무에 대한 집중도가 떨어지면 경제학자들이 말하는 '도덕적 해이' 현상이 발생할 수 있다. 전통적인 경제학에서는 적절한 금전적인 보상으로 이와 같은 도덕적 해이를 완화할 수 있다고 설명한다. 전문 경영인에게 스톡옵션을 부여하거나 직원들에게 다른 직장에 비해 더 많은 임금을 지급하는 시스템을 도입하는 것이다. 특히 직원들에게 평균 임금보다 더 많은 급여를 지급하는 '효율성 임금 제도'는 도덕적 해이를 완화할 수 있는 대표적인 해결책으로 손꼽힌다. 그런데 최근 행동경제학자들의 연구 결과에 따르면 이 같은 금전적 인센티브로는 기존 견해와 달리 눈에 띄는 효과를 얻지 못하는 것으로 나타났다.

Dan Ariely 교수

대표적인 사례가 바로 댄 애리얼리(Dan Ariely) 듀크대 교수의 실험이다. 댄 애리얼리 교수는 인텔의 이스라엘 공장에 근무하는 직원 207명을 대상으로 각기 다른 종류의 인센티브와 그에 따른 업무 성과의 연관성을 분석했다. 그는 공장 직원들을 세 그룹으로 나누고 생산량에 따라 각 그룹에 서로 다른 종류의 인센티브를 제안했다. 그는 하루 동안의 생산량이 다른 기준일보다 증가했을 때 첫 번째 그룹에 있는 직원들에게는 30달러를 지급하기로 약속했고, 두 번째 그룹에 속한 직원들에게는 피자를 선물로 주겠다고 약속했다. 그리고 마지막 그룹의 직원들에게는 실적이 기준치를 넘겼을 때 직속 상사에게 격려의 메시지를 받게 될 것이라고 공지했다. 댄 애리얼리 교수가 앞서 소개한 실험을 설계했을 때 경영진은 당연히 첫 번째 그룹의 성과가 가장 높을 것이라고 예상했다. 이는 전통적인 경제 이론과도 부합하는 예상이다. 그러나 보상을 지급하기로 약속한 날 막상 각 그룹의 성과를 측정해보니 두 번째 그룹과 세 번째 그룹의 생산성은 다른 날과 비교해 각각 6.7%, 6.6% 상승했지만 금전적인 보상을 약속했던 첫 번째 그룹의 생산성은 4.9% 상승하는 데 그쳤다. 더 놀라운 것은 프로그램이 시행된 이후 5주간의 성과를 이전과 비교해보니 금전적 보상이나 피자를 약속 받았던 첫 번째·두 번째 그룹의 생산성은 이전과 비교했을 때 각각 일일 평균 6.5%, 2.1% 하락한 것으로 나타났다. 반면 상사에게 칭찬 메시지를 받은 그룹은 생산성은 평균 0.64% 향상됐다.

위 실험의 결과로 전체 산업 근로자들의 인센티브를 충분히 설명할 수는 없다. 그러나 댄 애리얼리 교수의 실험은 절대 빈곤에서 벗어난 다수 노동자에게 생산성을 향상시키는 동기부여 수단으로 물질적인 보상은 한계가 있음을 보여준다. 산업화된 국가에서 직장인이 받는 높은 임금은 경제적인 보상뿐만 아니라 자신이 중요한 일을 하고 있다는 자기 만족과 회사에서 인정받고 있다는 사회적·심리적 보상과 연관된 상징적인 의미가 더 강하게 자리 잡고 있다.

지금의 신입사원들에게는 물질적인 보상 못지않게 자신이 하고 있는 일에 대한 자부심과 조직원으로서의 인정에 대한 인센티브가 중요하다. 이제 기업의 경영진은 매출을 증대시키기 위해 소비자들의 니즈를 분석하는 것 못지않게 생산성을 증대시키기 위해 조직 직원들의 니즈도 파악해야 하는 시대가 됐다.

자료원: 매일경제신문&mk.co.kr, 2020.7.2에서 발췌 정리.

허즈버그의 2요인 이론

허즈버그(Frederick Herzberg)에 의해 주장된 2요인 이론(two-factor theory)은 200명의 전문직 종사자를 대상으로 한 설문조사를 통해 개발되었다. 그는 직무에 대한 만족감을 느껴 동기유발 정도를 높이는 요인과 직무에 대한 불만족감을 느끼게 해 동기유발 정도를 낮추는 요인을 찾아내었다. 직무만족을 통해 동기유발 정도를 높이는 요인을 동기요인(motivation factors)이라고 한다. 요인들에는 직무에 대한 성취감, 남으로부터 인정, 책임감, 진취성, 승진 등 작업의 내용과 관련된 것을 말한다.

반면, 직무 불만족으로 인해 동기유발 정도를 낮추는 요인을 위생요인(hygiene factors)이라고 한다. 조직원의 불만족을 초래하는 요인으로는 급여, 작업조건, 고용 안정성, 회사의 정책이나 관리자의 감독 능력이나 기술, 직장 내 대인관계, 경영방식 등 작업환경과 직접적으로 관련된 것을 말한다.

위생요인은 청결하고 위생적인 주변환경이 사람들이 질병에 걸리지 않도록 예방할 수는 있어도 건강상태를 높여주지는 못한다는 것과 비슷하다고 할 수 있다. 따라서 직무 불만족 요인은 긍정적인 방향으로 개선되어 직무에 대한 불만족을

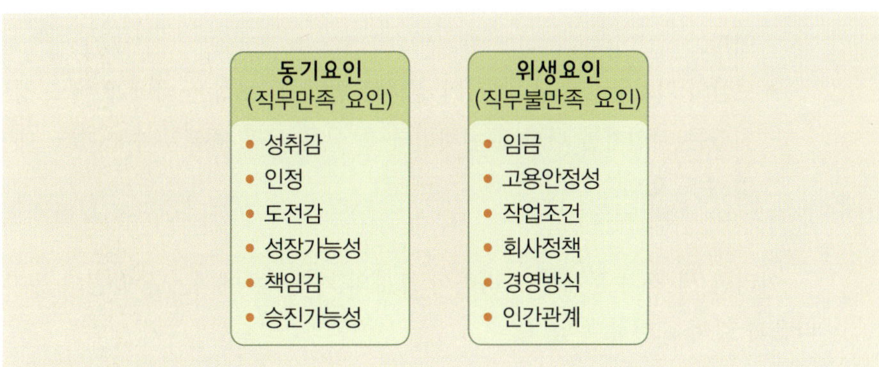

그림 7-9 허즈버그의 2요인

해소할 수는 있어도 직무만족으로 이끌지는 못한다는 것이다.

허즈버그 이론에서는 직무에 대한 불만족 요인은 제거하고, 긍정적인 상승효과로 작용하는 직무만족 요인을 통해 동기를 유발해야 성과가 높아질 수 있다는 것이다. 허즈버그의 2요인 이론은 직무의 내재적 특성과 관련된 동기유발 요인에 대한 강조를 통해 직무확대 · 직무충실화 · 직무재설계 등에 대한 관심을 고조시켰다는 데 큰 의의가 있다.

기대이론(가치이론)

브룸(Victor H. Vroom)에 의해 제안된 기대이론(expectancy theory)은 사람들은 자신이 원할 때 비로소 자신이 할 수 있는 일을 하게 된다는 생각에서 출발하였다.[2] 가치이론이라고도 한다. 사람들은 자신이 원하는 일을 수행하고 그에 따라 가치 있는 보상을 받기 위해 노력할 것이라고 본 것이다. 즉 '동기의 강도' (motivation strength)에 의해 동기부여 정도가 좌우된다는 것이다.

기대이론에서는 사람들은 어느 일정 수준의 성과를 달성하기 위해 필요한 노력을 하기 전 다음의 세 가지 주요 문제를 고려한다고 본다.

- **기대감(expectancy)**: 내가 나의 능력으로 바람직한 업적 수준을 올릴 수 있을 것인가를 나타낸다. 다시 말해서 자신의 능력을 발휘하여 노력하면 바람직한 업적을 낼 수 있을 것인가에 대한 기대를 말한다.
- **수단성(instrumentality)**: 바람직한 업적 수준을 올렸을 때 그 대가로 내가 받게 되는 보상 수단이 무엇이며 제대로 보상받을 수 있는가를 나타내는 것이다.
- **보상의 가치(valence)**: 업적의 결과로 받게 될 보상은 나에게 어느 정도로 가치있는 것인가를 나타내는 것이다. 보상은 외적 보상일 수도 있고 내적 보상일 수도 있다.

이러한 세 가지 문제를 고려하여 브룸의 기대이론에서는 종업원의 동기유발을 다음과 같이 표현하고 있다.

2) Victor H. Vroom and A. G. Jago, *The New Leadership*, Prentice-Hall, 1988.

동기유발의 크기(motivational force) = 기대감(E) × 수단성(I) × 보상의 가치(V)

기업에서 큰 보상을 제공한다고 해도 업적을 달성해 낼 시간이나 자원이 충분히 확보되지 않는다면 종업원은 보상에 대한 기대를 하지 않게 되므로 동기유발이 낮아진다. 또한 과거에 보상을 제대로 하지 않았다면 수단성이 낮아져서 전체적으로 동기유발을 저하시킨다. 기대이론에 따르면 경영자가 종업원의 동기를 유발하기 위해서는 세 가지 요인, 즉 기대감(E), 수단성(I), 보상의 가치(V) 모두를 극대화시켜야 한다는 것이다.

형평이론(공정성 이론)

형평이론(equity theory)은 애덤스(J. Stacy Adams)가 개발한 것으로 직무에 대한 동기유발은 자신의 투입(공헌)에 대한 대가(보상)의 비율과 비교 대상의 비율을 상대적으로 비교하여 그 결과에 따라 반응한다는 이론이다.[3] 이 이론에 따르면 사람들은 자신의 업적에 따라 주어지는 보상이 공정하다고 느끼면 동기가 유발된다는 것이다.

종업원들은 자신의 직무를 수행하기 위해 시간, 노력, 경험, 기업에 대한 충성심 등을 투입하게 되며, 그 결과 월급, 승진, 인정, 동료나 상사와 원만한 관계, 성취감 등과 같은 것을 얻게 된다. 이에 따라 개인의 입장에서 작업상 투입과 산출 사이의 비율을 다른 사람과 비교함으로써 공정하게 대우받고 있는지를 판단하게 되는 것이다.

예를 들어, 동료인 A와 B가 마케팅부서에서 판매촉진전략을 기획하는 프로젝트에 참가했다고 가정해보자. A가 담당한 제품은 신제품으로 시장에서 매우 복잡하고 치열한 경쟁 속에 있는 반면, B가 담당한 제품은 안정적인 상황에 처해져 있다. 이때 불확실한 환경 속에서 다른 회사 제품과의 경쟁우위를 차지하기 위하여 A는 많은 노력을 기울여야 한다. 이러한 경우, A와 B에 대한 보상이 같다면 A는 투입한 노력에 비해서 성과에 대한 보상이 B보다 상대적으로 낮다고 생각하기 때문에 동기유발이 덜 될 것이다. A의 입장에서는 치열한 노력에 대한 대가로 B보다 더 높은 보상을 받을 때 비로소 동기가 유발될 것이다.

3) J. Stacy Adams, "Toward an Understanding of Inequity," *Journal of Abnormal and Social Psychology*, 1963, pp. 422~436.

따라서 경영자가 종업원들에 대한 보상을 시도할 때는 형평의 원칙에 어긋나지 않도록 주의를 기울여야 한다. 많은 보상이 주어진다 해도 공정하게 배분되지 않으면 종업원들의 동기를 유발시키기는 어렵게 된다. 종업원들의 노력이나 성과에 따라 공정한 보상이 이루어질 수 있도록 노력해야 동기유발이 이루어진다는 것이 형평이론이다. 기업에서는 조직구성원들의 동기유발을 위하여 성과평가와 업적기준 임금제도 도입, 다양한 복지 프로그램 개발, 스톡옵션제도와 종업원지주제 등을 도입하고 있다.

현장수첩 스톡옵션

스톡옵션(stock option)은 자사주식매입권이라고 불려진다. 스톡(stock)은 기업주식을 뜻하고 옵션(option)은 특정가격에 그 주식을 살 수 있는 권리를 뜻한다. 스톡옵션은 특정 개인에게 미래의 일정기간에 그 기업의 주식을 일정한 가격에 살 수 있는 권리를 주는 것이라고 할 수 있다. 장래에 사업이 성공했을 때 종업원들은 주식을 액면가 또는 시세보다 훨씬 낮게 살 수 있기 때문에 사업성공을 위한 동기유발을 촉진할 수 있다는 장점이 있다.

스톡옵션이 국내외에서 관심을 모으는 이유는 현실적으로 이것만큼 경영자들의 능력 창출을 유도할 수 있는 동기유발제도가 없기 때문이다. 경영자는 회사정책 결정상 중요한 위치를 차지하고 있는데도 불구하고 이들의 경영능력을 적극적으로 이끌어낼 당근이 없었다. 소유주와 주주는 언제라도 경영자를 퇴임시킬 수 있다는 채찍만을 들고 있었을 뿐 경영자에게 주는 연봉은 그다지 큰 당근이 되지 못했던 것이다. 그래서 많은 기업의 총수와 주주가 경영자들에게 혁신을 요구하고 있지만 정작 경영자들은 혁신의 필요성을 느끼지 못한다. 왜냐하면 경영자 입장에서 혁신적인 경영을 추구해서 성공해봐야 별다른 기대수익은 없는 반면, 실패는 곧 해임으로 연결되기 때문이다. 그러나 스톡옵션은 경영자가 뛰어난 경영능력을 발휘해 발생하는 이익이나 과실을 주주와 경영자가 함께 나눠 갖는 것이라고 할 수 있다.

스톡옵션제는 기업환경 변화로 소유주의 존재가 약화되는 대신 일반 주주의 위상이 높아지면서 발생하는 피할 수 없는 추세이기도 하다. 이제 투명한 기업경영이 형성되고 소유주의 입김이 약화되면서 전문경영자로서는 경영성과에 대해 보상을 많이 받고 싶어하는 것이다.

스톡옵션 제도는 회사 경영능력이 뛰어난 우수 인재를 확보하는 데에도 유용하게 사용될 수 있다. 특히 자금력이 부족한 벤처기업의 경우 주가 상승폭이 클 수 있어 스톡옵션을 통해 저비용으로 우수인력을 유지하는 데 효율적일 수 있다. 공격적인 경영을 통해 회사의 성장을 촉진시킬 수 있는 창업초기 기업의 경우 스톡옵션 제도는 효과적일 수 있다.

그럼에도 불구하고, 스톡옵션은 경영자로 하여금 본인의 성과와 상관없는 요인들에 의한 주가 상승에 따른 이익을 향유하도록 하거나, 단기실적 위주의 기업경영, 스톡옵션을 부여받지 못한 임직원의 상대적 박탈감 등을 유발할 수 있다는 한계점을 가지고 있다. 이를 극복하기 위해서 개별 회사는 경영자의 성과를 제대로 반영할 수 있는 성과지표를 개발하고 점차 스톡옵션을 부여받은 임직원의 범위를 확대, 스톡옵션을 부여받지 못한 임직원의 상대적 박탈감을 줄여 니가는 노력이 필요할 것이다.

자료원: 매일경제신문, 1999.2.22 및 한국금융연구원 주간금융브리프, 2007.4.23.

4. 의사소통을 통한 지휘활동

의사소통은 정보를 공유하는 과정

의사소통(communication)은 개인이나 집단 간 생각이나 지식, 감정 등을 포함한 정보를 교환하여 공유하는 과정이라고 할 수 있다. 이와 같은 과정을 통하여 조직목표를 효과적이고 효율적으로 달성할 수 있도록 하는 것이다. 경영자가 서류를 결재하거나 카카오톡이나 E-mail 등에 대한 답장쓰기, 회의참석, 전화통화, 회식에 참가하는 활동 등도 모두 의사소통에 해당한다.

상호간 정보를 공유하는 과정을 의미하는 의사소통은 크게 세 가지 방법으로 이루어질 수 있다. 첫째는 말을 사용한 의사소통이다. 직접대화, 전화통화 또는 집단토의에서 말을 사용하여 정보를 교환하는 것이다.

둘째는 글을 사용한 의사소통이다. 간단한 메모부터 문서까지 글을 사용한 다양한 형태의 의사소통을 말한다. 시간이 많이 걸리는 단점은 있지만, 영구적으로 남을 수 있다는 장점이 있으므로 결재와 같이 중요한 의사결정을 해야 하는 의사소통에 주로 사용된다.

셋째는 말이나 글 이외에 비언어적으로 의사소통하는 경우이다. 의사소통과정에서 뉘앙스나 제스처와 같은 신체적 표현 또는 의사소통이 이루어지는 장소의 특성 등을 통해 정보를 교환하는 것이다.

의사소통을 통한 정보교환은 경영자들이 경영관리과정을 통한 계획·조직화·지휘·통제 활동을 효과적으로 수행하는 데 결정적인 영향을 미친다.

의사소통은 경영활동에 있어 다음과 같은 두 가지 측면에서 중요성을 갖고 있다. 첫째, 의사소통을 통해 종업원들이 업무를 수행할 때 필요로 하는 각종 정보를 제공한다는 점이다. 둘째, 의사소통은 종업원들로 하여금 기업과 기업목표에 대해 호의적인 태도를 가지게 할 뿐 아니라 그들의 직무만족을 증대시킬 수 있다는 점이다.

사례 현대해상, CEO와 직원 간 소통 위한 '공감밥상' 활성화

현대해상화재보험이 '대한민국 일하기 좋은 100대 기업'에 10년 연속 선정돼 명예의 전당에 헌정됐다. 직원들 간 원활한 소통을 위해 현대해상은 2003년부터 '임직원 커뮤니케이션 제도'도 운영하고 있다. '하모니데이'에는 본사와 현장 간, 관리자 간, 실무자 간 상호 교류하는 등 내부 직원 간 커뮤니케이션을 활성화하고 있다. 더불어 경영자와 직원 간의 소통을 위한 'CEO와 함께하는 공감밥상' 제도를 새롭게 진행하고 있다. 현대해상은 또 신규 입사자와 출산 직원을 축하하는 '그리팅(Greeting)제도'를 새로 도입해 직원들의 회사에 대한 자긍심과 만족도를 높였다.

현대해상은 일과 삶의 균형을 통해 보다 일하기 좋은 근무환경을 갖춰 나갈 수 있도록 '휴(休)-9' '패밀리데이' 'PC-오프' 등 다양한 제도를 꾸준히 운영하고 있다. 좋은 기업문화의 바탕은 오랜 기간 이어져 오는 '칭찬문화'에서 찾을 수 있다. 지난 1999년부터 '칭찬마당' 게시판을 통해 고객 및 직원 칭찬을 매일 공유하고 전 임직원이 댓글로 축하해 주고 있다. 대표이사가 직접 칭찬 우수자를 격려하는 '칭찬 우수자 CEO 오찬'도 함께 운영 중이다.

현대해상은 기업문화 핵심 가치인 '하트(HEART)'를 기반으로 훌륭한 일터 만들기에 앞장 선다. 'HEART'란 현대해상의 기업문화로 '존중(Honor)' '효율(Efficiency)' '실행(Action)' '정도(Right)' '협력(Together)'의 핵심 가치로 구성돼 있다.

자료원: 매일경제신문&mk.co.kr, 2017.11.10에서 발췌 정리.

의사소통 네트워크

경영자나 종업원들은 의사소통을 통해서 정보를 교환하여 공유하게 된다. 의사소통 체계는 종업원들이 업무를 처리하기 위해 필요한 정보를 잘 얻을 수 있도록, 또한 그들의 업무가 다른 사람들의 업무와 잘 결합될 수 있도록 만들어져야 한다. 그러나 기업 규모가 커지게 되면 모든 종업원들이 필요할 때마다 필요한 사람과 직접 의사소통하는 것이 어려워지고 비효율적일 수 있다.

의사소통 네트워크(communication network)는 의사소통에 있어서 누가, 누구와 의사소통을 할 수 있는가를 나타내는 것으로 주로 사전에 결정된다. 의사소통 네트워크는 기업마다 다르며 조직구조에 의해서 크게 영향을 받는다. 의사소통 네트워크는 형태에 따라 팀 내에서 의사소통 네트워크와 기업 전체의 의사소통 네트워크로 구분할 수 있다.

팀 내에서 의사소통 네트워크

업무가 팀에 의해서 이루어질 때 팀 리더는 어떻게 자신의 생각을 팀 구성원들에게 전달할 것인가를 생각할 필요가 있다. 팀 내에서 의사소통 네트워크는 몇 가지 유형으로 구분된다.

- **연쇄형(chain) 네트워크**: 팀 내 서열이나 직위 차이에 따라서 의사소통 경로가 엄격하게 설정되는 경우를 말한다. 팀 구성원들은 자신의 직속 상급자와 직속 하급자에게만 의사를 전달하게 된다.
- **Y자형 네트워크**: 팀 내에 강력한 리더는 없지만 대표적인 구성원을 통해서 의사소통이 이루어지는 경우를 말한다.
- **X자형 네트워크**: 팀 내에 강력한 리더가 있어 의사소통이 그 사람에게 집중되는 경우를 말한다.
- **원형 네트워크**: 구성원들의 서열이나 지위가 비슷하여 서로 동등한 입장에서 의사소통이 이루어지는 경우를 말한다.
- **완전연결형 네트워크**: 리더가 없거나 공식적 구조가 없는 비공식 팀에서 다른 구성원들과 자유롭게 의사소통할 수 있는 형태이다.

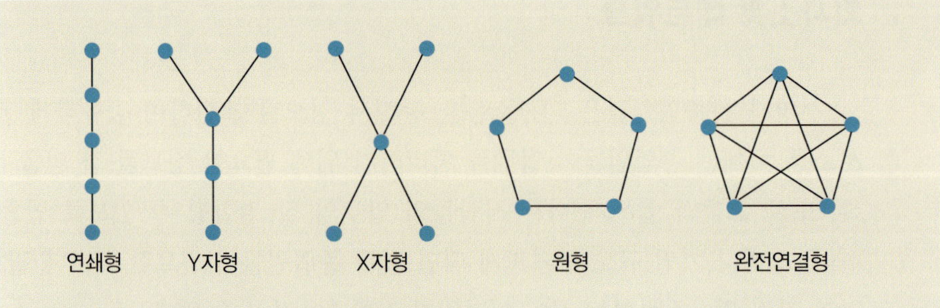

그림 7-10 팀 내에서 의사소통 네트워크 유형

팀 내에서 의사소통 네트워크가 어떤 유형인지는 주요 업무가 무엇인지에 따라서 달라진다. 주요 업무가 의사결정인 경우, 광범위한 대안 탐색이나 평가를 위해 완전연결형이 형성될 가능성이 높다. 이에 비해 구성원 개인별로 업무를 처리할 필요가 커지면 전체 구성원들 간 의사소통 필요성이 적어 연쇄형이나 원형 네트워크가 형성될 가능성이 크다.

기업 전체의 의사소통 네트워크

기업 전체에서 이루어지는 의사소통으로 팀 내에서 의사소통 네트워크보다 많은 사람들이 참여하고 있는 형태를 말한다. 기업 전체의 의사소통 네트워크는 공식적인 의사소통과 비공식적인 의사소통으로 구분된다.

공식적인 의사소통(formal communication)은 기업이 미리 정해 놓은 경로와 방법, 절차에 따라 정보가 전달되는 것을 말한다. 스포츠 경기를 할 때 혼란이나 잘못된 행동을 막기 위해 일정한 규칙을 정하고 이에 따르는 것처럼 기업에서도 공식적인 규칙을 설정하는 것이다.

기업의 공식적 의사소통은 수직적 형태와 수평적 형태로 구분된다. 수직적(vertical) 의사소통 네트워크는 경영자와 종업원들 간 또는 수직적 관계를 갖는 부서 구성원들 간 직무와 관련된 정보를 전달해 주기 위해 이루어지는 의사소통을 의미한다. 수평적(horizontal) 의사소통 네트워크는 같은 계층 안에서 동료들이나 부서들 간 업무의 중복이나 불필요한 갈등을 줄이고 서로 협조하기 위해서 필요한 정보를 교환하여 공유하는 의사소통을 말한다.

비공식적 의사소통(informal communication)이란 동기회 · 향우회 · 취미서클 등 자연스럽게 생겨난 비공식적 조직을 통해 의사소통이 이루어지는 것을 말한다. 실제로 기업 안에서 이루어지는 정보와 의사 교환 중 많은 부분이 비공식적 조직을 통해 이루어지고 있다. 종업원들은 비공식적 의사소통을 통하여 자신의 감정이나 느낌을 자연스럽게 표현하게 되므로 기업에서 비공식 의사소통의 중요성은 상당히 크다고 할 수 있다.

기업의 비공식적 의사소통은 포도덩굴이라 불리는 '그레이프바인(grapevine)'과 '배회관리(management by walking around: MBWA)' 형태로 구분된다. '그레이프바인'[4]은 기업 전체에 퍼져 있는 비공식적 의사소통 네트워크를 말한다. 대부분의 기업 현장에서 경영자들은 종업원들이 의사소통하고자 하는 내용을 그레이프바인을 통해 빠르고 정확하게 얻어내고 있다.

'배회관리(MBWA)'는 경영자가 특별한 스케줄 없이 일상적으로 조직의 이곳저곳을 돌아다니며 종업원들이나 고객들과 대화를 하면서 필요한 정보나 의사를 주고받는 것을 말한다. 비공식적 의사소통을 강조하는 'HP식 경영(the HP way)'의 문화적 상징이다. 이를 통하여 경영자는 직접 종업원이나 고객을 찾아가 그들의 의견을 듣고 필요한 정보를 전달해 주게 되므로 조직에 활력을 불어넣는 역할을 하게 된다.

사례 현대차, 카톡 대신 '업무용 메신저' 쓴다

현대·기아자동차와 현대모비스가 기업용 협업 솔루션인 '플로우(flow)'를 시범 도입했다. '플로우'는 업무관리 협업도구로 프로젝트 업무처리·일대일 & 그룹 채팅·파일 공유·일정 공유 등 서비스를 제공한다.

기업용 협업 솔루션은 카카오톡과 같은 채팅 애플리케이션(앱), 소셜네트워크서비스(SNS)와 유사한 형태이지만, 유연하고 신속한 소통과 의사결정을 지원하면서도 업무와 사생활을 분리할 수 있어 이메일과 일반 메신저를 대체하는 수단으로 주목받고 있다.

기업용 협업 솔루션은 이미 미국, 일본 등지를 중심으로 일반 메신저나 이메일 등 기업의 전통적인 협업·소통 수단을 대체하고 있다. 주로 채팅과 SNS가 결합된 친숙

4) 이 용어는 미국 남북전쟁 당시 전달체계가 포도덩굴처럼 복잡하게 얽혀져 전보가 정확하게 전달되지 못한 상황에서 비롯되었다.

한 화면과 원격 회의, 업무 진행 사항 점검 등 기업 업무에 특화된 기능을 갖춰 일반 메신저보다 효율적인 업무 수행이 가능하다. 문서 등 업무 이력을 저장 · 관리하기에 용이해 새로운 인력 변화나 조직 관리에 유연하게 대처할 수 있다.

국내 기업들도 기업용 협업 솔루션을 도입하려는 곳이 늘어나고 있다. 이전에는 게임사 등 IT 기업과 스타트업 등이 주로 사용했지만, 보수적이고 보안을 중시하는 금융권과 제조업계 등으로 사용이 확산되며 점차 기업문화로 자리 잡고 있다는 분석이다.

네이버 자회사 웍스모바일이 개발한 기업용 협업 솔루션 '라인웍스'는 올해 KEB하나은행이 일부 업무에 시범 도입했다. 현재 약 200명에 달하는 인력이 채팅 등 기능을 활용해 영업점과 본점 간 소통 등에 활용하고 있다. 신속하게 영업점 소리를 취합하고 전략을 전파할 수 있어 직원들 사이에서 '보영이(보이스 오브 영업점)'라는 이름으로 불리고 있다.

자료원: 매일경제신문&mk.co.kr, 2019.10.17에서 발췌 정리.

5. 21세기 지휘활동은?

공동의 참여를 이끄는 민주적 리더십

전형적인 리더십 이론들 가운데 어느 한 이론이 모든 기업들에게 가장 바람직하고 효과적인 지휘방법이라고 단언하기는 어렵다. 그 이유는 현재의 불확실한 환경에서 기업의 계층이나 구성원에 따라 리더십행동을 달리해야 하기 때문이다. 다만 어떤 환경에서라도 경영자가 의사결정권을 가급적 하급자에게 위임하여 중요한 의사결정에 참여할 수 있도록 하는 민주적 리더십모형을 채택하는 것이 바람직할 것이다. 이제 경영자의 일방적인 지시만으로 업무를 수행토록 하는 것으로는 좋은 결과를 얻기 어렵다. 오히려 자율적으로 업무를 원활히 수행하도록 도와주어야만 종업원들의 동기유발이 이루어질 수 있기 때문이다.

최근 들어 민주적인 리더십을 채택하는 경영자들과 기업들이 늘어나고 있는 현상을 보이고 있다. 이와 같은 현상은 경쟁이 치열해지고 엄청난 정보가 쏟아지는 상황을 경영자의 능력만으로는 해결할 수 없기 때문이다. 따라서 종업원들이 자발적으로 참여하도록 리딩하는 민주적인 리더십이 요청된다.

종업원 중심 경영을 통한 동기유발

기업이 효과성과 효율성을 견인하는 주체는 핵심역량을 소유하고 있는 인적자원에 있다고 해도 지나친 표현이 아닐 것이다. 경영자는 종업원들이 최적의 성과를 달성할 수 있도록 종업원 중심의 경영방식으로 전환해야 한다.

종업원들의 동기유발 방법에는 종업원지주제도(employee stock ownership plan: ESOP)가 있다. 종업원지주제도는 종업원에게 자사주식을 갖도록 하는 제도로, 종업원 스스로 회사의 주식을 취득함으로써 피고용인으로서의 위치를 벗어나 회사의 주인이 되도록 하는 것이다. 종업원지주제도는 종업원들의 의식과 사기진작을 통해서 조직 전체의 생산성을 향상시킬 수 있다는 장점이 있다. 종업원지주제 외에도 스톡옵션 등 다양한 인센티브 방법을 통하여 경영자는 조직구성원들에게 자신들의 기여나 아이디어가 가치 있는 일이라고 확신시켜 줄 수 있어야 한다.

지식경영시대에 종업원들은 고용된 노동자가 아닌 동반자로 인정받기를 원하고, 자신을 팀의 중요한 구성원으로 인정해 주기를 원한다. 종업원 중심의 참여형 모델만이 의사결정과정의 참여와 공헌을 통해 종업원의 잠재력을 발휘하게 만들 수 있다. 종업원 중심의 경영을 통해 종업원의 잠재력을 이용하기 시작한 기업만이 21세기에 선두기업으로 나설 수 있을 것이다.

사례 GM 이긴 토요타 비결은 사람 중심 경영

사람 중심 경영은 이익 추구가 최대인 선진 기업에게는 지극히 도발적인 제안이다. 사람 중심 경영은 미국에서는 웨그먼스 효과, 사랑받는 기업 효과 등으로 불린다. 그 정점에는 '초우량 기업의 조건'이라는 톰 피터스의 저서가 있다. 이 책은 1982년 발간 후 수백만 권이 팔리는 베스트셀러가 됐다. 2001년 경제경영 전문지 포브스가 지난 20년간 출판된 경영서적 중 최고경영자, 컨설턴트, 언론인 등 전문가를 대상으로 가장 영향력 있는 책을 선정한 결과 1위를 차지했다. 이 책은 무엇이 초우량 기업을 만드는가라는 주제로 톰 피터스와 로버트 워터먼이 초우량 기업 경쟁력을 정리한 게 골자다. 결론부터 말하면 핵심은 기업과 직원 간 마음과 마음이 통하는 회사가 되는 것이다.

1920년대 포드식의 컨베이어벨트 장비 중심 생산성에 초점을 뒀던 미국식 경영은 1970년대 오일쇼크 이후 큰 위기를 겪는다. 1980년대 미국 경영계에 '공유가치'를 중심으로 한 사람 중심 경영이 서서히 안착한다.

1977년 맥킨지는 이 프로젝트를 맥킨지 샌프란시스코 사무실에서 시작한다. 좋은 기업을 통해 불황기의 미국 경제를 재건하고자 했다. 이 프로젝트에 스탠퍼드대에서 박사 학위를 받고 맥킨지로 합류한 톰 피터스가 투입됐다. 결론은 '좋은 기업은 기업과 직원 간 마음과 마음이 공유된 가치(shared value)'를 갖고 있다는 점이었다. 이것으로 시작된 모델이 유명한 맥킨지의 7S 모델이다. 좋은 기업은 직원과 꿈을 공유하고 가치를 공유하고 있었다. 기업은 혁신을 통해 이익을 추구하지만, 그 혁신은 사람에 의해 이뤄진다. 사람에 대한 관심과 투자는 바로 기업 혁신 성과로 이어진다.

토요타는 단순히 좋은 차를 만드는 것 이상으로 직원 역할과 기업문화에 초점을 맞췄다. 일본 기업 직원은 열성적이고 헌신적이었다. 직원은 시합에 나간 한 팀처럼 각자의 위치에서 최선을 다했다. 이런 기업문화를 만드는 것은 기업과 직원 간 가치의 공유였다. 직원들과 공유된 가치를 가진 기업이 초우량 기업이 될 수 있다는 내용이다. 결국 '사람이 기업 혁신의 핵심'이라는 점을 밝혀낸 셈이다.

자료원: 매일경제, 2019.2.28에서 발췌 정리.

네트워크형 의사소통체계의 구축

21세기에는 기업의 조직구조가 수평적 조직체계로 변화하면서 의사소통체계도 변화하는 양상을 보이고 있다. 과거에는 피라미드형 조직구조에 따라 대부분의 의사소통이 공식적인 명령계통에 따라 상급자가 하급자에게 지시하는 단순한 연쇄형(chain) 형태를 취하고 있었다.

최근 들어 조직이 수평조직으로 변화되고 정보통신기술이 발달하면서 하급자의 의견을 상급자에게 전달하여 반영하는 기업이 늘어나고 있다. 이처럼 완전연결형(grapevine) 내지는 네트워크형으로 의사소통이 이루어져야 종업원들의 아이디어나 지식이 상급자에게 전달되어 효과적이고 효율적인 경영을 할 수 있을 것이다. 완전연결형은 공식적인 경로보다 신속하고 능률적인 정보전달이 가능하고 네트워크 내 구성원들의 욕구를 충족시켜 줄 수 있다.

종업원들이 문제해결에 참여하고 원활한 의사소통 네트워크를 구축하기 위해서는 기업 내에서 효과적인 의사소통을 위협하거나 방해하는 요인을 파악하여 적절한 대처를 함으로써 기업목표의 달성과 생산성 향상을 이끌어낼 수 있을 것이다. 효과적인 의사소통을 위해서는 적극적인 경청을 통해서 정확하고 충분한 정보가 자신에게 유입될 수 있도록 해야 할 것이다. 경청(listening)은 청각기능 외에도 인내심과 집중력, 이해력, 포용력 등 의식적인 노력이 수반된 커뮤니케이션 기술이다.

사례 경청 및 소통

우리 사회에 '소통'에 대한 담론이 유행이다. '소통'에 대한 말들이 많다는 것은 '소통'이 잘 안 이루어지고 어렵기 때문이 아닌가 싶다. '소통'은 단순한 의사 전달이 아니라 상대방의 마음을 잘 읽고 움직이게 하는 것이다.

한 조사에 따르면 월급을 주면 자기 능력의 20%를 일하고, 경쟁자보다 월급을 많이 주면 50%를 일하고, 칭찬을 하면 80%를 일한다고 한다. 하지만 자신의 마음을 알아주면 자신의 능력을 120% 발휘한다고 한다. 상대방의 마음을 이해하고 움직이기 위해서는 무엇보다 '경청'이 중요하다. '경청'이란 상대방의 말을 인내심을 가지고 끝까지 잘 듣고 이해하며 상대방이 기대하고 있는 반응을 보여 주는 것인데, 결국 남의 말을 얼마나 잘 들어 주느냐가 소통의 열쇠가 된다는 것이다.

어느 거만한 경영자가 있었는데 난청이 있어 하는 수 없이 다른 사람의 말을 귀담아 들을 수밖에 없었다고 한다. 경청을 하다 보니 사람들이 '내 말을 주의 깊게 들어주는구나, 나를 알아 주는구나' 하며 변하기 시작했다. 시간이 흘러, 귀가 더 안 들리다 보니 이제는 눈을 맞출 수밖에 없게 되었고 그러다 보니 그 조직이 엄청난 성과를 거두게 되었다는 이야기가 있다. 잘 듣는다는 것에도 단계가 있다고 한다. 즉, 듣기는 듣되 배우자가 하는 얘기를 건성으로 듣듯이 듣는 '배우자 경청', 상대방의 얘기를 듣기는 하지만 특별하게 주의를 기울이거나 공감하는 태도를 보이지 않는 '수동적인 경청', 주의를 기울이고 공감하는 반응을 해 주는 '적극적인 경청', 적극적인 경청에서 더 나아가 말하는 사람의 느낌 · 감정 · 맥락까지 헤아리면서 듣는 '맥락적 경청'이 그 단계다.

LS 산전(LS 일렉트릭)은 '생존'을 넘어 '성장'의 관점에서 유연 · 솔직 · 자율 · 조화를 핵심가치로 하는 '열린 문화'를 구축함으로써 일하는 방식을 효과와 부가가치 중심으로 전환하는 동시에 커뮤니케이션 활성화를 위한 활동을 지속적으로 추진해 왔다.

LS 산전(LS 일렉트릭)의 '열린 문화' 프로그램은 행복한 일터를 만들기 위해 Hi-5라는 슬로건을 내 걸었다. Hi-5의 H는 행복(Happiness), i는 개선(improvement), 5는 유연 · 솔직 · 자유 · 조화 및 LS파트너십이다. 이외에도 백만송이 장미 쿠폰 제도, LinkerS(LS Intelligent Keyman with Efficiency, Reformation)활동, 가정의 날 · 휴 Weeks 제도, '4G(Green, Global, Growth, Good to Great) 하이킹'으로 소통을 통해 업무중심의 소통방식과 감성을 중시하는 관계지향적 커뮤니케이션을 적절하게 조화시키고 있다.

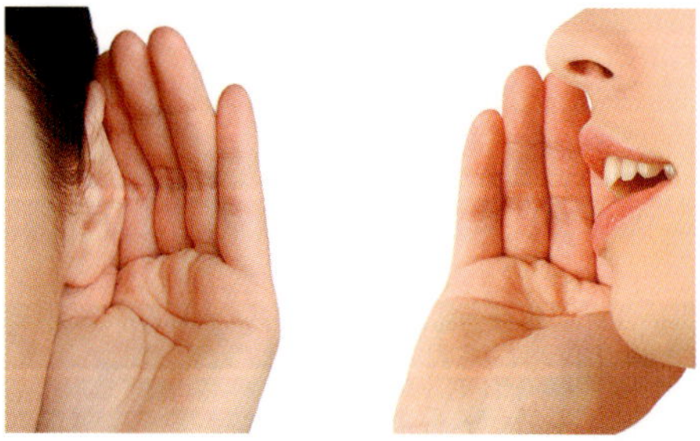

리더는 자신의 의제를 미리 예상하거나 가정하거나 판단하지 말고 상대방의 이야기를 경청해야 한다. 자신의 '에고(ego)'를 억제하고 상대방의 이야기에 집중하는 것이 상대방에 대한 존중이다. 〈경청은 항상 질문에 선행한다〉는 말이 있다. 상대방의 이야기 속에서 질문하며 대화를 이어가는 것이 상대방에 대한 배려이다. 이 과정에서 상대방의 말을 경청하며 인정, 칭찬의 피드백을 주면 대화의 품질과 분위기가 업그레이드될 것이다.

인류 역사상 위대한 리더들은 말을 잘하는 사람이기 전에 다른 사람의 말을 경청할 줄 알고 마음을 열 줄 아는 사람이었다는 사실을 기억하자. 경청은 상대방의 마음을 읽을 수 있는 비법을 준다. 경청은 진실한 유대감과 신뢰 관계를 만들어준다. 상대방을 내편으로 만들 수 있는 절호의 찬스이다.

자료원: 한국경제신문, 2008.11.12; 한국경제매거진, 2013.12.30; 한국경제신문, 2019.1.11; 이데일리, 2020.9.26에서 발췌 정리.

MANAGEMENT

강/의/요/약

1. 지휘활동은 기업목표를 달성하기 위해 종업원들이 적극적으로 몰입하도록 도와주는 경영자의 활동을 의미한다. 지휘활동은 리더십을 발휘하거나 동기유발을 통해서 또는 조직구성원들 간 원활한 의사소통을 통해서 이루어질 수 있다.

2. 리더십이란 기업목표를 달성하기 위해 종업원들에게 영향을 미치는 능력을 의미하며, 공식적 지위에 의하거나 개인적 특성에 의해서도 영향력이 생겨날 수 있다. 효과적인 리더십 모형으로는 개인적 특성에 의존하는 특성이론과 리더의 행동에 따른 행동이론, 상황에 따라 달라지는 상황이론 등이 제시되었다.

3. 동기유발이란 종업원들이 기업목표를 자신의 목표 중 하나로 받아들여 이를 달성하기 위해 열심히 노력하도록 유발하는 과정을 의미한다. 동기유발에 관한 이론으로는 매슬로우의 인간욕구 단계에 따른 동기부여이론, 허즈버그의 2요인 이론(동기요인 · 위생요인)이 있다. 그 외에 기대이론, 형평이론 등이 제시되었다.

4. 의사소통은 일반적으로 개인 간이나 집단 간 생각이나 지식, 감정 등을 포함한 정보를 교환하여 공유하는 과정을 의미한다. 의사소통 네트워크를 어떻게 구성하느냐에 따라 경영성과가 크게 달라질 수 있는데, 팀의 의사소통 네트워크와 기업 전체의 의사소통 네트워크별로 여러 유형이 나타날 수 있다.

5. 21세기에는 종업원들이 적극적으로 기업목표에 몰입할 수 있도록 공동의 참여를 이끄는 민주적 리더십이 요구된다. 종업원 중심 경영을 통한 다양한 동기유발이 있어야 하며, 수평적 조직체계에 따른 네트워크형 의사소통체계가 구축되어야 할 것이다.

MANAGEMENT

제8장

통제활동

1. 통제활동이란?

통제활동은 계획대로의 진행여부 검토과정

통제활동이란?

경영활동에 있어서 통제활동(controlling)은 계획·조직화·지휘 다음에 오는 단계이며 완성의 의미를 갖는다. 통제활동은 경영자가 계획한 여러 가지 일들이 계획대로 바람직한 방향으로 이루어지고 있는지를 확인하고, 문제가 있을 때 계획과 실행결과의 편차를 측정하고 수정조치를 취하여 기업의 모든 자원들이 목표달성에 효율적이고 효과적으로 사용될 수 있도록 하는 과정이다.

통제활동의 목적은 기업이 종업원들과 더불어 계획에 따른 성과를 검토함으로써 경영효과를 향상시키려는 데 있다. 계획에 따른 성과를 검토해서 성과가 계획치를 초과하게 되면 현재 이루어지고 있는 시스템을 유지하면서 이들에게 격려와 동기부여를 제공해 주어야 할 것이다. 반대로 성과가 계획에 미치지 못하게 되면

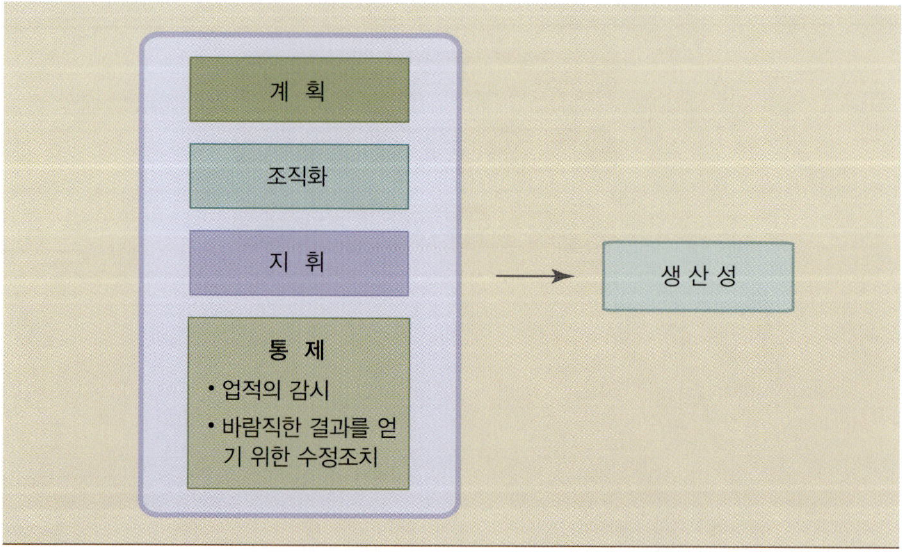

그림 8-1 통제기능과 다른 경영관리기능의 관계

원인을 찾아내어 경영합리화 관점에서 개선해 나가도록 해야 할 것이다.

환경변화에 따라 계획 자체가 모순을 갖게 되거나 기준미달인 계획을 제시하게 될 수도 있다. 따라서 성과를 평가할 때에는 계획수립의 적절성도 함께 평가하여 계획의 수정 여부를 검토해야 할 것이다.

통제활동의 기능은 냉장고의 자동온도조절장치에 의한 온도통제기능과 같다고 할 수 있다. 자동온도조절장치에 특정한 온도를 맞추어 놓았을 때 냉장고 내부의 실제온도가 특정한 온도를 벗어나게 되면 자동온도조절장치가 온도의 차이를 감지하여 조절하는 것과 같은 기능이 통제활동인 것이다.

통제의 기본적 특성

경영자는 통제기능을 통하여 기업에 영향을 미치는 변화요인을 탐지하고, 환경변화에 의해 발생하는 위협이나 기회에 대응하여야 한다. 통제의 기본적인 특성은 다음과 같다.

첫째, 더 좋은 품질을 창출하는 역할을 한다. 기업은 통제를 통해 지속적 개선을 촉진한다. 잘못된 결과를 유발시키는 과정은 통제기능을 통하여 수정된다.

둘째, 변화에 대응하는 역할을 한다. 시장이 변하고, 새로운 재료와 기술이 등장하며, 정부규제가 강화 또는 완화된다. 이러한 급변하는 경영환경 하에서 제반계획은 수시로 타당성을 확인받아야 하며 전반적인 방향까지 수정되어야 한다. 통제기능은 변화에 대응하도록 도와준다.

셋째, 순환주기를 빠르게 하는 역할을 한다. 통제기능은 디자인, 품질, 유통시간에 관한 소비자의 개신 요구를 인지하여 이에 부응한 새로운 재화와 서비스를 창출, 소비자에게 전달하는 과정의 순환을 빠르게 하는 역할을 한다.

넷째, 가치를 증가시키는 역할을 한다. 통제기능을 통하여 조직의 주요 목표와 재화와 서비스 가치를 증가시키는 것으로 재설정함으로써 가치증가를 가속화시켜 경쟁력을 확보한다.

다섯째, 팀워크를 증진시키는 역할을 한다. 종업원 참가에 의한 경영이 확산됨에 따라 경영활동이 팀 중심으로 변하고 있다. 참여에 의한 경영방식 하에서 경영자는 종업원과 협력하여 평가기준과 방식을 구체화하고, 문제해결을 위한 방법 결정에서 종업원의 창의력을 적극 반영한다. 이와 같이 통제기능은 경영자와 팀 간 팀워크를 증진시키는 중요한 역할을 수행한다.

계층에 따른 통제대상

자동온도조절장치와 같은 통제활동은 경영자의 계층에 따라 통제대상이 달라진다. 최고경영자는 인사, 마케팅, 생산, 재무, 전략, 정보 등 인적·물적 혹은 무형자산에 이르기까지 경영상태 전반을 통제활동의 대상으로 삼는다. 종업원들의 근무태도는 건전한가, 마케팅활동은 기대한 대로 성과를 올리고 있는가, 품질개선 노력이 성공적으로 추진되고 있는가, 자금관리가 제대로 이루어지고 있는가, 전략목표가 예정대로 달성되고 있는가, 정보의 획득과 관리는 체계적으로 이루어지고 있는가 등에 대해서 통제활동을 하게 된다.

반면에 일선업무를 맡고 있는 일선경영자라면 담당업무의 흐름이나 하급자 통솔과 관련되는 사항이 주요 통제활동의 대상이 될 것이다. 예를 들면, 업무를 기한 내에 마무리지을 수 있는가, 하급자의 사기나 근무태도는 어떠한가, 예산집행이 순조롭게 이루어지고 있는가 등에 대해 관심을 가지게 될 것이다.

사전통제 · 과정통제 · 사후통제

통제활동은 통제시기나 통제내용에 따라 몇 가지 형태로 나누어 볼 수 있다. 통제활동의 적용시기에 따라서 사전통제, 과정통제, 사후통제로 구분된다.

사전통제

사전통제(preliminary control)는 투입통제(input control) 활동이라고도 하는데, 활동이 이루어지기 전이나 문제가 발생하기 전 실시되는 통제활동을 말한다. 기업조직 또는 과업의 목표가 적절하게 방향이 설정되어 있는지, 목표달성을 위해 적절한 자원이 활용 가능한지 등을 계획단계에서 검토하여 수정될 수 있도록 하는 것이다.

신제품개발의 경우, 사전에 시장 수요를 예측하고, 생산일정계획을 수립하고, 납기일을 정하기 위하여 사전통제 방법을 이용한다. 신제품개발 활동이 진행됨에 따라 예측 결과를 기준으로 수정활동이 이루어진다.

사전통제는 현재의 상황을 파악하여 미래를 예측해야 하므로 불확실성이 커지거나 현재 상황이 예측하지 못한 방향으로 바뀌었을 때 적절히 대처할 수 없는 경우가 많다. 이에 따라 대부분의 경우에는 과정통제나 사후통제에 의존하게 된다.

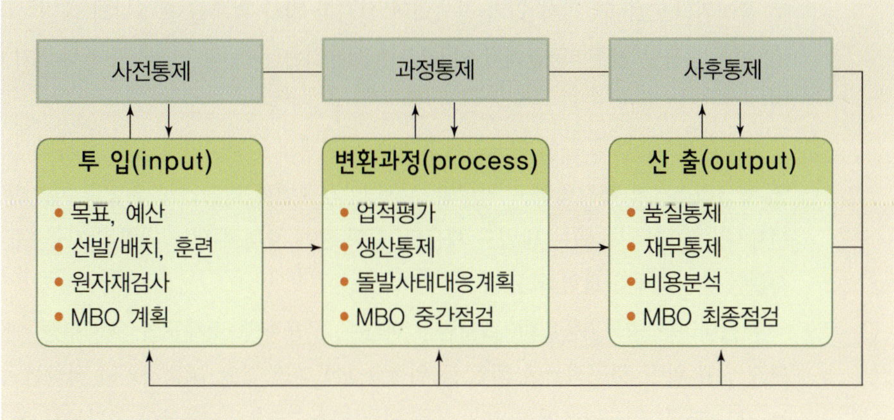

그림 8-2 통제활동의 적용 시기

과정통제

과정통제(process control)는 투입물의 변환과정에서 이루어지는 통제활동을 말한다. 통제활동 가운데 가장 효과적이면서 현대경영에서 요구되는 활동이 과정통제이다. 왜냐하면 사전통제는 현재시점에서 미래를 예측하기 때문에 오류를 발생시킬 수 있으며, 사후통제는 수정내용을 다음 기회에 반영시켜야 하므로 현재 추진 중인 업무를 통제하는 효과가 크지 않기 때문이다. 따라서 비용도 적게 들면서 업무개선 효과도 큰 과정통제가 통제활동의 근간이 되는 것이다.

사례 캠코, 내부통제 강화 방만경영 채용비리 근절 나선다

한국자산관리공사(Korea Asset Management Corporation: KAMCO)가 내부통제시스템 강화에 총력을 다하고 있다. 리스크 기반 감사체계를 구축하고 중장기 감사전략체계를 재정립해 사회적 책임을 충실히 이행할 계획이다. 한국자산관리공사는 최근 '중장기 감사전략 수립 및 리스크 기반 감사체계 구축' 연구용역을 발주했다. 이번 사업을 통해 대내외 감사환경 변화 등을 반영해 캠코의 중장기 자체감사 전략체계를 새롭게 마련하고, 리스크 분석 결과를 내부통제시스템과 감사활동에 연계해 리스크 기반 감사체계를 구축할 계획이다.

캠코의 이같은 움직임은 정부의 강도 높은 공공기관 감사평가에 영향을 받은 것으

로 풀이된다. 그동안 감사 임기 중 1회만 실시한 감사 평가를 올해부터 매년 실시하고, 평가 등급도 기존 3등급에서 6등급으로 세분화하는 등 현미경 검증에 나섰기 때문이다.

내부통제시스템을 통해 공공기관 지침과 타기관의 방만경영 사례를 분석해 방만경영 체크리스크를 재정립하고 업무별, 부서별, 직위별로 방만경영 위험요소를 파악해 선제적으로 막을 수 있는 방법도 세운다. 이와 함께 사회적 책무 위반 방지를 위한 감사활동 추진과제도 파악한다.

채용비리나 양성평등위반, 최저임금 미준수, 고용차별, 조세포탈, 회계부정, 안전·환경 법규 위반, 불공정거래 행위 등 위험요소를 미리 찾고, 예방하거나 적발할 수 있는 감사 과제도 도출할 계획이다. 이를 위해 다른 기관의 취약분야 내부통제, 방만경영 예방·적발 및 자체감사 프로세스 등 벤치마킹할 수 있는 모범사례도 살펴볼 예정이다.

자료원: 뉴데일리, 2019.6.13에서 발췌 정리.

사후통제

사후통제(feedback control)는 산출통제(output control)라고도 하는데, 활동이 완료된 후 결과를 측정하고 계획과 결과의 편차발생 원인을 규명하여 수정조치를 취하는 통제활동을 말한다.

사후통제는 계획이 합리적이었는지 여부를 확인하여 실적과 계획 간 차이가 있으면 그 원인을 분석하고 다음 계획을 수립할 때 기초자료로 이용하게 된다. 계획에 대비하여 성과가 미달된 경우에는 원인을 찾아 수정조치를 취해야 한다. 전략이 잘못되었으면 전략을 수정하고, 직무가 잘못 설정되었으면 직무설계를 새로 수립해야 하며, 보상제도를 바꾸거나 교육을 강화하는 등 원인에 따른 수정조치가 반드시 요구된다. 반면에, 계획에 대비하여 성과가 더 큰 경우에는 다양한 형태의 보상과 격려가 이루어져야 향후에도 종업원들이 목표달성에 매진할 수 있을 것이다.

사례 현대 · 아우디 · 벤츠 · 맥라렌 · 포르쉐 11만 6710대 리콜

국토교통부는 현대차, 아우디폭스바겐코리아, 메르세데스-벤츠코리아에서 제작 · 판매한 총 11개 차종 11만 6,710대에서 제작결함이 발견돼 시정조치(리콜)한다고 밝혔다. 현대차 싼타페(TM) 11만 1,609대는 브레이크액 주입 전 공기 빼기가 제대로 되지 않아 ESC(Electronic Stability Control: 자동차 안전성 제어장치) 작동 시 차량의 측방향 미끄러짐이 일부 발생할 가능성이 자기인증적합조사에서 확인됐다.

아우디 A6 45 qu. 프리미엄 등 2개 차종 4,560대는 스타터 알터네이터(발전기) 하우징의 내구성 부족으로 발생한 균열 틈으로 수분이 유입돼 합선 및 과열로 화재가 발생할 위험성이 높았다. 해당 차량은 아우디폭스바겐코리아 공식 서비스센터에서 무상으로 부품 교체를 시작했다. 메르세데스 AMG G 63 등 3개 차종 381대는 뒷문 어린이 보호 잠금 표시의 오류(열림을 잠금으로 표시)가 확인됐다.

맥라렌 720S 등 4개 차종 117대는 연료탱크 아래쪽에 설치된 소음 · 진동(noise, vibration, harshness) 흡수 패드가 장기간 염분 등을 흡수한 상태로 유지될 경우 연료탱크 부식 및 연료 누출로 인해 화재가 발생할 가능성이 발견돼 각각 리콜에 들어간다.

포르쉐코리아(주)에서 수입, 판매한 포르쉐 카이엔 터보(9YA) 43대는 연료공급호스 연결부의 내열성 부족으로 엔진 열에 의해 해당 부품이 연화되고, 연료가 누출돼 화재로 이어질 수 있었다. 해당 차량은 포르쉐코리아 공식 서비스센터에서 개선된 부품으로 무상 교체를 받을 수 있다.

자료원: 매일경제신문&mk.co.kr, 2020.6.4에서 발췌 정리.

생산통제 · 지원통제 · 재무통제

통제활동은 통제시기에 따른 구분 이외에 통제내용에 따라서도 구분될 수 있다. 물적자원의 생산활동을 통제하는 생산통제, 인적자원이나 정보자원 등을 통제하는 지원통제, 자본의 조달이나 운용을 통제하는 재무통제로 나눌 수 있다.

생산통제

생산통제(production control)는 생산의 효과성과 효율성을 달성하는 측면에서, 물적자원 투입물의 변환과정에서 이루어지는 통제활동을 말한다. 생산통제는 전형적으로 운영에 관한 일정통제가 주를 이루고 있으나 최근에는 품질에 대한 통제활동도 중요하게 대두되고 있다. 생산통제는 적정한 품질을 갖춘 물품을 적당한 가격으로 정해진 기간 내 구입 여부를 통제하는 구매통제, 적정재고수준 유지를 위한 재고관리통제, 적정수준의 품질 유지를 위한 품질통제 등이 포함된다.

지원통제

지원통제(administrative control)는 기업 내 모든 활동을 지원하기 위해 필요한 자원을 시기적절하게 배분하여 활용하도록 통제하는 활동이다. 지원통제활동에는 인적자원, 정보자원 등을 통제하는 활동이 포함된다.

인적자원에 대한 통제활동은 종업원을 적절히 선발하고 훈련시키며, 제대로 평가하고 보상하도록 통제하는 것을 말한다. 종업원들의 능률 여하가 경영성과에 중요한 영향을 미치기 때문에 인적자원에 대한 통제활동은 기업목표를 달성하기 위해 매우 중요하다. 정보자원 통제활동은 필요한 정확한 정보를 적절한 시기에 확보하도록 통제하는 것을 말한다.

재무통제

재무통제(financial control)는 자본을 효과적으로 조달하고 운용하기 위해서 통제하는 활동이다. 재무통제는 기업의 기본목표인 이윤극대화 측면과 관련이 있기 때문에 경영자에게는 매우 중요한 통제활동이다. 재무통제는 수익통제 이외에 예산통제, 운전자본 통제, 재무비율 통제 등 자본의 조달과 운용에 관한 통제활동을 포함하게 된다. 최고경영자의 입장에서는 기업이 정상적으로 운영될 수 있도록 현금흐름 측면에서 계획대로 이루어지고 있는가를 면밀히 검토하여 적정 유동성(liquidity)을 확보토록 해야 할 것이다.

사례 아시아나 항공기 90%가 '리스(Lease)' – 유동성 위기 주범

지난해 연말 기준 아시아나항공 부채(연결기준) 비율은 649%에 이른다. 아시아나항공의 부채는 이 회사를 넘어서 금호아시아나그룹 전체의 유동성 문제로 번지고 있다.

재계에서는 유동성과 관련, 대한항공과 비교해 아시아나항공의 항공기 리스에 주목한다. 아시아나항공이 보유하고 있는 항공기는 총 84대로 이 가운데 리스 항공기는 전체의 60%인 51대에 달한다. 아시아나항공 자회사인 에어부산과 에어서울도 항공기 21대를 리스로 운용하고 있다. 이를 포함하면 아시아나항공의 항공기 리스 비중은 70%로 높아진다.

항공기 165대를 도입한 대한항공의 경우, 리스 비율은 전체의 16%에 불과하다. 세계적으로 항공사의 리스 항공기 비율은 50% 수준이다. 항공업계 관계자는 "항공기 리스는 리스회사가 항공사에 항공기를 대여하는 '운용리스(operating lease)'와 리스회사가 항공사에 자금을 대여해주는 '금융리스(capital lease)'로 나뉜다"며 "아시아나항공이 금융리스로 운용하고 있는 항공기 21대를 포함하면 아시아나항공이 보유한 전체 항공기의 90% 가까이가 리스 항공기"라고 말했다.

항공기 리스는 아시아나항공의 발목을 잡고 있다. 아시아나항공이 한 해 부담해야 하는 리스 비용은 2조 5,000억원이 넘는 것으로 알려졌다. 이 회사의 지난해 매출(6조 8,500억원)과 비교하면 적지 않은 금액이다. 재무구조를 개선하기 위해선 리스 항공기를 줄여야 하는데 이렇게 하면 취항 노선이 감소해 매출이 줄어든다. 이는 아시아나항공, 나아가 금호그룹이 직면하고 있는 딜레마다. 아시아나항공은 지난해 도이칠란트자산운용에 4,180억원을 받고 광화문 사옥을 팔았지만, 적자를 면치 못했다. 박 회장은 그룹 유동성 위기에 최근 경영권 포기를 선언했다. 취항노선 관리 실패도 뼈저리다. 아시아나항공은 경쟁사인 대한항공에 비해 미국, 유럽 등 장거리 노선이 적다. 최근 들어 여객 수요가 급증하는 중동 노선은 전무하다. 여기에 저비용 항공사와 노선이 겹치면서 적자가 심화했다.

자료원: 중앙일보, 2019.4.12에서 발췌 정리.

2. 통제활동 4단계

통제활동은 발생될 문제를 사전에 예방하거나 문제가 발생했을 때 수정조치를 하거나 기회를 찾기 위해 처방조치를 고려하는 것을 말한다. 통제활동은 '소 잃고 외양간 고치는 어리석음'을 최소화하려는 것이다. 통제활동은 일반적으로 네 단계를 통해 이루어진다.

첫 번째는 통제활동의 대상이 되는 부분에 대한 표준을 설정하는 단계, 두 번째는 계획한 업무의 성과를 측정하는 단계이다. 세 번째는 설정된 표준과 업무성과를 비교하여 그 원인을 밝히는 단계, 네 번째는 밝혀진 원인에 따라 수정조치를 취하고 피드백함으로써 다음 계획에 반영되도록 하는 단계이다.

통제활동의 과정에서 중요한 점은 단계별로 피드백이 이루어질 수 있어야 한다는 점이다. 한 단계씩 이루어질 때마다 기업의 사명이나 계획, 과거 경험, 외부 환경 변화 등이 반영될 수 있도록 피드백 활동이 활발해야 할 것이다.

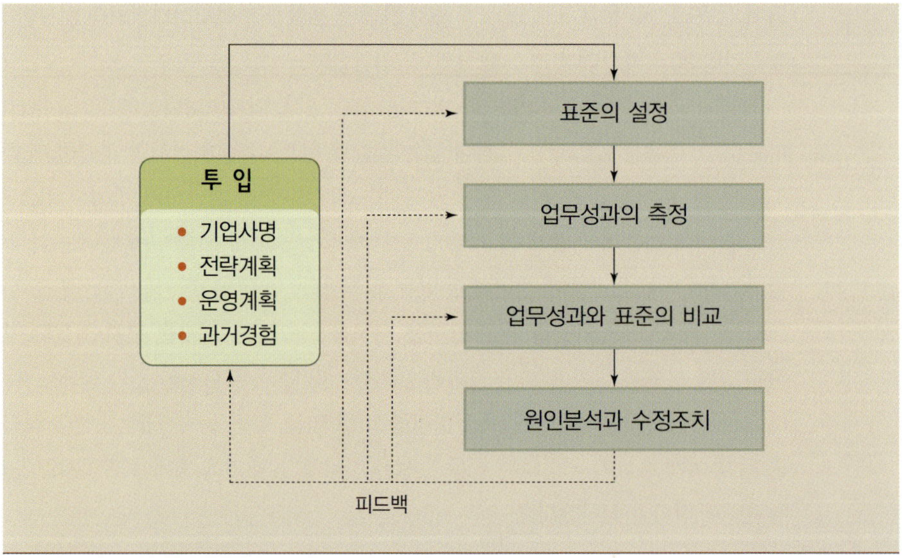

그림 8-3 통제활동 4단계

표준의 설정

통제활동의 대상이 결정되면 경영상태를 평가하기 위한 통제의 내용이 적절한 수준에서 결정되어야 한다.

표준을 설정하는 것은 계획활동에 이미 포함되는 부분이기도 하면서 통제활동의 일부이기도 하다. 달성해야 할 표준이 설정되지 않으면 경영활동을 정확하게 측정하여 평가할 수 없기 때문에, 표준을 설정하는 것은 평가활동의 첫 단계이면서 매우 중요한 역할이다.

경영자가 통제활동을 하면서 직면하는 문제는 표준이 없어서가 아니라 표준달성이 기업의 성공에 결정적으로 영향을 미치느냐를 판단하는 것이다. 경영자가 표준을 설정할 때에는 어느 분야가 목표달성에서 가장 중요하며 성공의 관건인지가 결정되어 있어야 한다.

업무성과의 측정

통제대상 부분의 표준이 설정되면 다음 단계로 업무성과를 측정하게 된다. 경영자는 성과측정에 앞서서 어떻게 성과를 측정할 것이며, 얼마나 자주 측정할 것인가를 결정해야 한다. 경영자가 매출액을 통제하고자 한다면 일별·주별·월별 매출액 지표가 성과측정치로 이용될 수 있다. 그러나 연구개발부서에서 근무하는 종업원의 성과는 객관적인 기준이 없기 때문에 계량적으로 측정하기란 매우 어렵다. 따라서 업무성과를 측정하는 경우에는 적절하고 타당성이 있는 성과측정방법을 개발하는 것이 중요한 관건이 된다.

경영자의 입장에서 업무성과를 측정할 때 가능하면 계량적 측정이 바람직할 것이다. 계량화하기 어려운 부분에 대해서는 계량적 측정과 비계량적 측정이 조화롭게 유지되도록 하여야 할 것이다.

업무성과와 표준의 비교

업무성과 측정 후 설정된 표준과 업무성과의 측정 결과를 비교하게 된다. 성과가 표준보다 높은 경우에는 현재의 시스템을 유지하도록 해야 할 것이며, 성과가 표준보다 낮은 경우에는 수정조치를 통해 설정된 표준에 이르도록 해야 할 것이다.

성과와 표준 간 차이가 지나치게 높을 경우, 경영자는 반드시 원인을 분석해야 한다. 표준이 잘못 설정되었을 수도 있고, 성과가 지나치게 미달된 경우도 있을 수 있으며, 업무수행 중 급격한 환경변화가 발생하여 표준과 성과에 영향을 주게 된 경우도 있을 수 있기 때문이다.

통제방법 가운데 과정통제의 경우, 성과와 표준 간 비교를 자주 하는 것이 좋다. 이유는 문제가 발생했을 때 즉시 해결하는 것이 누적된 경우에 해결하는 것보다 바람직하기 때문이다. 따라서 일정 주기를 설정하여 지속적으로 통제를 실시하는 것이 가장 효과적인 통제방법이라 할 수 있다.

현장수첩 모든 업무 매뉴얼화 – '시스템 경영'

시스템 경영이란 회사업무의 일반적 단계인 계획(plan), 실행(do), 평가(see) 기능을 연계해 연속성을 강화하고, 단계별 업무를 시스템화해 실행함으로써 경쟁력을 높이는 고효율·자율 경영시스템을 말한다. 업무를 표준화·시스템화해 체계적으로 수행함으로써 업무의 질과 속도를 제고하는 동시에 생산성을 높이는 효율경영시스템이다. 이처럼 비체계적 업무수행 관행을 체계적 업무수행으로 바꾸는 것이 시스템 경영이다.

대부분의 조직에서 비효율적 경영활동이 진행되고 있는 이유는 회사업무에서 plan-do-see 시스템이 제대로 갖춰져 있지 않기 때문이다. 효과적이고 효율적인 경영활동을 위해서는 업무성과와 표준 간 발생되는 갭(gap)을 최소화할 수 있는 경영 전반에 대한 매뉴얼 수립이 필요하다.

시스템 경영 기본체계도

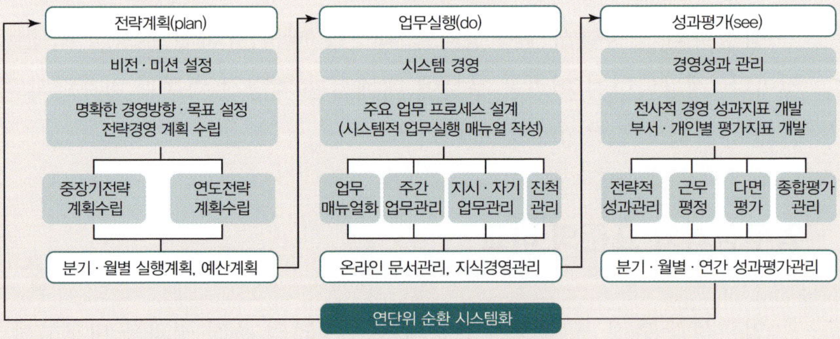

현대제철은 전자결재 시스템을 전면 도입해 종이 없는 업무 시스템을 확대 추진한다. 현대제철은 2018년 10월부터 '워크스마트 캠페인'을 통해 전자결재 시스템을 도입했다. 약 8개월간의 시범운영기간 문서 출력량이 기존 대비 60% 가량 감소한 것으로 나타났다. 이에 현대제철은 전자결재 도입으로 불필요한 문서 출력이 줄어들고 의사결정의 효율성이 높아졌다고 판단해 결재판을 전량 폐기했다.

자료원: 한국경제신문, 2015.3.27; 한국경제신문, 2020.4.16에서 발췌 정리.

원인분석과 수정조치 및 피드백활동

통제활동의 마지막 단계는 경영자가 원인분석을 통해 조직이 해결해야 할 수정조치를 행동으로 옮기는 것이다.

수정조치에는 전략을 수정하거나, 보상제도를 바꾸거나, 교육을 강화하거나, 조직의 짜임새를 변경하고 담당인원을 바꾸는 등 다양한 방법이 있다. 표준이 너무 높게 설정되었다면 종업원이 열심히 일을 하였다고 하더라도 성과를 달성하기가 어려울 것이다. 반대로 표준이 지나치게 낮게 설정되어 어느 누구라도 설정된 표준 이상의 성과를 내고 있다면 재검토도 필요할 것이다. 이와 같이 설정된 표준과 업무성과의 비교를 통해 차이가 발생하게 된 원인을 찾아 수정하는 과정이 통제활동의 마지막 단계다.

현장수첩 ISO

ISO란 '국제 표준화 기구'(International Organization for Standardization)의 약칭이다. 이 기구는 각 나라 사이에 원활한 교역이 이루어지도록 다양한 국제표준규격을 제정한다. 나라마다 다른 규격을 통일시켜 한 나라의 상품이나 서비스가 전 세계에서 통용될 수 있도록 하려는 것이다. 특히 품질시스템을 표준화한 ISO 9000과 환경관리를 표준화한 ISO 14000 인증규격을 제정함으로써 국제표준의 산실로 부상했다.

ISO 9000은 제품 및 서비스에 관한 품질시스템 규격이다. 이 시리즈는 규격화 정도와 대상부문에 따라 9001에서부터 9004까지 4종류로 나뉜다. ISO 9001은 제품 설계에서부터 개발 설치 서비스에 이르는 생산의 전 과정에 걸친 품질보증체제다. ISO 9002는 제조와 설치부문에 한정된 품질보증체제다. ISO 9003은 최종검사 및 시험에 관한 체제이며, ISO 9004

는 품질보증시스템에 관한 자문을 대상으로 한 것이다.

ISO 14000은 ISO에서 제정된 환경경영시스템에 대한 국제규격을 말하며 ISO 9000과 더불어 조직의 경영시스템 인증분야의 대표적인 규격 중의 하나이다. 이 규격은 조직의 제품 및 프로세스에 대하여 지속적인 환경성과를 개선하기 위한 환경경영시스템 구축을 요구하고 있으며, 구축된 환경경영시스템이 규격의 요구사항을 충족시키고 있는지 제3자(ICR과 같은 인증기관)로부터 객관적인 심사를 통해 인증을 취득하는 제도이다.

ISO 22000은 기존의 HACCP이 가지는 지역성 및 규제 중심의 강제성에서 식품산업의 식품안전관리를 품질경영시스템 차원에서 접근하여 표준화한 국제규격이다. HACCP(Hazard Analysis and Critical Control Points)이란 식품의 원재료 생산에서부터 제조·가공·보존·유통단계를 거쳐 최종소비자가 섭취하기 전까지의 각각의 단계에서 발생할 우려가 있는 위해요소를 규명하고, 이를 중점적으로 관리하기 위한 중요관리점을 결정하여 자주적이며 체계적이고 효율적인 관리로 식품의 안전성(safety)을 확보하기 위한 과학적인 위생관리체계이다. ISO 22000은 식품안전경영시스템에 대한 국제적인 인증제도이다. ISO 22000은 민간주도형으로 자율성 있게 고객만족을 중심으로 식품안전경영시스템을 수립하고 운영할 수 있는 인증으로 국제표준화기구에서 정한 식품안전경영시스템이다.

대웅제약은 R&D의 품질 우수성을 인정받아 품질경영시스템 국제표준인 ISO 9001 인증을 획득했다. ISO 9001은 162개국이 참여하는 국제표준화기구(ISO)가 제정한 품질경영시스템 표준 규격으로 생산, 공정, 연구 등 프로세스에 대한 효과적이고 지속적인 품질 관리 체계가 갖추어진 조직에 부여된다. 대웅제약 연구본부는 R&D에 대한 신뢰성을 확보해 신약 및 신제품의 기술에 대한 우수성을 입증하고자 국제표준 인증 획득을 추진해왔다. 이번 인증을 통해 글로벌 수준의 R&D 역량을 전 세계적으로 공식 입증함으로써 기술이전 등 해외진출 과정에서 대외 신뢰도가 한층 제고될 것으로 기대하고 있다. 대웅제약은 R&D뿐만 아니라 반부패경영시스템(ISO 37001), 환경경영시스템(ISO 14001) 및 안전보건경영시스템(ISO 45001) 등 전사적으로 국제표준 인증을 획득해 글로벌 경영시스템 기반을 굳건히 다져나가고 있다.

자료원: http://www.hance.co.kr/sytem/0201.htmdptj; http://www.autodaily.co.kr/news/articleView.html?idxno=337358; 이코노믹리뷰, 2019.12.6에서 발췌 정리.

3. 21세기 통제활동은?

종합통제시스템의 체계적 구축

기업경영에 있어서 계획 · 조직화 · 지휘 · 통제활동이 조화롭게 이루어질 때 최적의 경영성과를 기대할 수 있다. 기업목표를 달성하기 위한 계획 · 조직화 · 지휘활동은 만족할 만한 수준에서 이루어져 왔지만 통제활동은 미흡한 수준에 머물러 있었다. 왜냐하면 국내기업들은 통제활동을 단순히 부문별 또는 사업부문에 국한시켰을 뿐 기업 전체 차원에서의 종합적인 통제활동은 이루어지지 않았기 때문이다.

따라서 계획부터 사전통제를 실시하고 중간단계마다 과정통제를, 과업 종료 시 사후통제를 실시하는 등 지속적으로 통제활동을 수행할 필요가 있다. 특히 기업을 구성하는 각 사업부 수준과 기업 전체의 수준을 상호 연결시켜 종합적인 통제가 이루어질 수 있도록 시스템을 구축할 필요가 있다. 이와 같이 기업 전체의 경영활동부터 세부적인 부문별 경영활동까지 종합적으로 통제활동이 이루어지도록 시스템을 구축하는 것이 21세기 글로벌 경쟁시대의 필수적인 요구조건이라 하겠다.

글로벌 업무표준의 전략적 설정

21세기는 과거처럼 외형적 기준으로 기업가치를 평가하고 작업시간의 길이 등으로 개인적 업무능력을 평가하던 시대에서 모든 표준이 점차 바뀌고 있다. 내실에 근거를 둔 글로벌 표준에 따라 성과를 측정하고 비교하는 시대이다. 따라서 기업의 성공을 좌우하는 부문에 집중적인 통제활동을 할 수 있도록 전략적인 글로벌 표준을 설정해야 할 것이다. 특히 글로벌 경쟁환경에 맞도록 품질에 대한 종합적 통제와 현금흐름에 대한 전략적 통제를 위한 표준 마련에 집중적인 노력을 쏟아야 한다.

또한 ISO 기준과 같이 일단 글로벌 경쟁환경에 맞는 표준이 전략적으로 설정되면 기준에 따라 이루어진 종업원의 업무수행 성적의 결과가 종업원들 자신에 의해서 측정될 수 있도록 해야 한다. 경영자들 역시 글로벌 업무표준에 따라 종업원의 업무수행성적에 대한 측정을 하여 수정조치를 내리게 된다. 하지만 경영자가 수정조치를 취하기 전에 먼저 종업원들이 자기 자신의 업무수행에 대해 스스로 수정조치를 취할 수 있는 기회를 갖도록 하는 것이 바람직할 것이다.

종업원 참여를 통한 통제활동

경영자는 조직의 구성원들이 자기의 업무수행을 스스로 개선해 갈 수 없을 때 수정조치를 취하게 된다. 이때 구성원들이 스스로 계획을 수립하고 실행하여 평가하게 한다면 구성원들의 강력한 의욕을 불러일으킬 수 있을 것이다. 이와 같은 자율적 통제를 효과적으로 할 수 있게 하려면 조직구성원을 신뢰하고 구성원들의 자발적인 노력을 고무할 수 있는 환경이 전제되어야 할 것이다.

경영자는 회의 등을 통하여 통제시스템에 대한 솔직한 의견교환이 이루어지도록 해야 할 것이다. 이를 통하여 조직구성원들이 통제시스템에 대한 의문과 불안을 최소화할 수 있도록 피드백 활동이 이루어져 수정조치가 원활하게 전달되고 업무개선이 이루어질 수 있을 것이다.

이처럼 조직구성원 모두가 참여하는 통제시스템을 구축함으로써 통제활동에 대한 구성원들의 저항을 줄일 수 있을 것이며 자율적인 통제효과가 발생될 것이다.

사례 현대차 노사, '원키트(one kit)시스템' 울산공장 도입

현대자동차 라인별 생산 차종

울산 1공장	벨로스터, 코나
울산 2공장	GV80, 팰리세이드, 싼타페, 투싼
울산 3공장	아반떼, i30, 아이오닉, 베뉴
울산 4공장 1라인	팰리세이드, 그랜드스타렉스
울산 4공장 2라인	포터
울산 5공장 1라인	G90, G80, G70
울산 5공장 2라인	투싼, 넥쏘
아산공장	쏘나타, 그랜저
전주공장	트럭, 버스

제네시스 GV80 엔진 떨림이 발생한 현대자동차가 품질혁신에 시동을 걸고 있다. 품질혁신 활동을 위해 차량 한 대 분량 부품을 실은 키트가 생산라인에서 차체와 함께 이동하는 '원키트(one-kit)' 시스템의 국내 도입이 적극 검토되고 있다. 다품종 소량생산 체제를 구축하는 동시에 생

산성 향상, 불량률 감소 등을 이뤄낸다는 포석이다.

울산과 아산, 전주 등 현대차 국내 공장은 현재 하나의 생산라인을 따라 차체가 이동하면 공정별 근로자가 부품을 조립하는 컨베이어 벨트 시스템을 적용하고 있다. 라인 인근에 위치한 물류 차량이 공정별로 필요한 부품을 공급하기 때문에 한 라인에서 적게는 하나, 많게는 네 개의 차종을 생산하고 있다. 그러나 부품과 차체가 함께 이동하는 원키트 시스템이 본격 도입되면 라인 하나에서 10여 개 차종을 만들 수 있을 것으로 예상된다.

다품종 소량생산 시스템은 국내에서는 생소하지만 해외 완성차 업계에서는 오래전부터 논의돼왔다. 미국 볼보자동차는 수십 명으로 구성된 팀이 한곳에서 완성차를 조립하는 '셀 생산방식(cell manufacturing system)'을 2000년대 도입했고, 일본 도요타자동차는 노동력과 재고, 공장면적 등 자동차 생산요소를 최소화해 효율성을 끌어올린 '린 생산방식(lean production)'을 1990년대부터 논의해왔다.

현대차 역시 브라질 공장과 중국 창저우 공장 등 해외 공장에서는 '원키트' 시스템을 도입해 품질과 생산성을 크게 향상시켰다. 현대차 노조는 "기존 소품종 대량생산에서 다품종 소량생산으로 전환되는 시장 트렌드 변화는 거스를 수 없는 현실"이라며 "생산 시스템과 부품 조달 체계 역시 이에 발맞춰 대응해야 하는 것 또한 사실"이라고 밝혔다. 최근 고객 요구에 따라 완성차별 트림과 옵션이 세분화되고 있다는 점을 감안하면, 원키트 시스템 도입으로 불량률 감소, 품질 향상 등 효과도 기대된다.

자료원: 매일경제신문&mk.co.kr, 2020.7.14에서 발췌 정리.

MANAGEMENT

강/의/요/약

1. 통제활동이란 경영자가 계획대로 업무가 추진되는지를 확인하고 문제가 있을 때 이를 수정하여 미래의 계획에 반영시키는 활동을 말한다. 통제활동의 내용은 최고경영자, 중간경영자, 일선경영자 등 경영자의 계층에 따라 다르다.

2. 통제활동은 통제시기를 기준으로 사전에 하는 사전통제, 업무진행 중에 하는 과정통제, 사후에 하는 사후통제로 구분된다. 통제내용을 기준으로 보면 생산 및 운영과 관련된 생산통제, 인적자원이나 정보자원 등을 통제하는 지원통제, 자본의 조달과 운용을 통제하는 재무통제로 구분된다.

3. 통제활동 단계는 크게 네 단계로 나누어진다. 통제대상이 되는 부문에 대한 표준을 설정하는 단계, 계획한 업무의 성과를 측정하는 단계, 설정된 표준과 업무성과를 비교하여 원인을 분석하는 단계, 원인에 따른 수정을 피드백, 다음 계획에 반영하는 단계로 구분된다.

4. 21세기에는 통제활동을 체계적으로 수행할 수 있도록 종합통제시스템을 구축하여야 한다. 기업성공을 좌우하는 부문에 대해서는 전략적인 글로벌 표준을 설정해야 할 것이며, 종업원이 참여하는 시스템을 통해 자율적으로 통제할 수 있어야 저항도 줄이고 스스로 수정조치를 취하게 함으로써 경영성과를 높일 수 있을 것이다.

Management

제 3 부

경영활동은 부문 간 조화가 필요하다

제 9 장

인사활동

1. 인사활동이란?

인사활동은 인적자원과 노사관계의 관리활동

“인재를 키우는 것은 나무를 심고 가꾸는 일과 같다. 나무는 50년을 보고 심지만, 인재는 100년을 내다보고 키워야 한다. 내가 ‘인재의 숲’을 만들고자 했을 때 투자기간이 너무 길다고 반대가 많았다. 인재의 숲을 거닐며 기업의 뿌리는 사람에 있음을 기억하라”(故 최종현 SK 창업회장).

SK는 ‘사람이 곧 기업이다’라는 인재철학에 근거해 ‘사람’을 중요시하는 기업으로 알려져 있다. ‘사람이 자원인 나라, 그 사람을 키우는 SK’라는 생각 덕분에 작은 섬유회사가 60여년 만에 세계적인 글로벌 기업으로 성장할 수 있었던 것이다.[1)]

이와 같이 기업의 경영활동은 사람경영이라고 할 정도로 기업에서 인사활동은 매우 중요하고 필수적인 부분을 차지하고 있다. 인사활동은 좁은 의미의 인사활동과 넓은 의미의 인사활동으로 구분할 수 있다. 좁은 의미의 인사활동이란 기업이 필요로 하는 인력을 채용하여 유지 · 개발하고 활용하는 활동을 의미한다.

넓은 의미의 인사활동이란 기업에 있어서 사람과 관련된 모든 활동을 의미한다. 종업원을 채용하여 교육훈련시켜 적시에 적절한 위치에 배치하는 인적자원(human resources) 관리활동과 노동자인 종업원과 사용자인 기업주 또는 경영자가 원만한 관계를 유지하도록 하는 노사관계(labor relations) 관리활동을 모두 포함하게 된다.

노사관계를 포함하는 인사활동은 기업이 가지고 있는 고유 특성인 기업문화를 형성하는 데 큰 역할을 하고 있다. 다양한 형태의 기업이 경쟁하고 있는 상황에서는 기업문화에 따라 기업 내 종업원들의 의식이 변화되고, 기업 외부에 주는 이미지도 크게 달라진다. 따라서 기업의 특징을 충분히 살릴 수 있도록 인사활동을 전개해 나가야 할 것이다.

---

1) 한국경제매거진, 2014. 6월호.

현장수첩 기업문화

조직문화, 경영문화로 불리는 기업문화(corporate culture)는 종업원들이 지배적으로 공유하고 있는 가치관, 이념 또는 의식이나 신념체계, 행동양식, 작업행위 등을 말한다.

기업문화는 기업의 종업원들이 집단적으로 공유하고 있는 특성이라고 할 수 있다. 기업문화 개선을 추진한 국내외 다수 기업의 성공·실패 사례를 분석한 결과, 기업문화 개선의 핵심 성공요인으로 세 가지를 찾아볼 수 있다.

우리 조직에 적합한 목표문화 설정. 기업문화 개선에 실패하는 주요 요인 중 하나는 '베스트 프랙티스(Best Practice) 따라하기'에 매몰되어 조직에 적합하지 않은 기업문화 지향점이나 추진과제를 수립하는 데 있다. 조직의 전략방향과 구성원의 니즈를 반영하지 못한 기업문화는 구성원들에게 공감대를 얻기 힘들고, 이는 자연스레 실행력 약화로 이어질 수밖에 없다. 따라서 조직의 과거 성공 히스토리와 미래의 전략방향, 최고경영자(CEO)의 경영철학 및 조직 구성원 니즈 등에 대한 다각적 진단이 선행돼야 하며, 이를 중심으로 기업문화의 올바른 지향점을 설정해야 한다.

장기 플랜과 일관된 메시지. 변화에 대한 큰 그림(big picture)과 장기적 실행 계획 없이 산발적으로 개선과제를 실행하면, 방향을 상실하게 되어 조직 내 혼란만 야기할 수 있다. CEO의 경영방침에 따라 세부적인 방향은 조금씩 달라질 수도 있다. 그러나 기업문화의 최종 지향점은 유지해야 한다.

최고경영진의 변화 의지. CEO를 비롯한 경영진의 강력한 변화 의지와 적극적 실행이 중요하다. 글로벌 경영컨설팅 기업인 헤이그룹(Hay Group) 연구결과에 따르면 리더십은 조직 분위기 조성에 약 70%의 영향을 미친다고 한다. 그만큼 조직의 리더로서 기업문화 개선에 대한 경영진의 역할이 중요하다고 할 수 있다. CEO를 비롯한 경영진은 변화 실행을 현실화할 수 있는 유일한 존재로서 기업문화 형성을 주도할 필요가 있다. 조직의 리더, 특히 최고경영진은 본인으로부터 현장 직원까지 확산되는 변화 분위기 조성이 기업문화 혁신을 위한 핵심 성공요인이라는 것을 인지하고 '변화 선도자'로서 역할을 충실히 해야 한다.

자료원: 한국경제매거진, 2015.2.13에서 발췌 정리.

2. 인적자원 관리활동

인적자원(human resources) 관리활동은 기업에 있어서 사람과 관련된 모든 활동으로 종업원을 고용하여 교육훈련시켜 적시에 적절한 위치에 배치하는 활동을 말한다. 인적자원 관리활동(human resource management)은 인적자원계획 수립부터 모집·선발과 교육훈련 및 업무평가를 통한 보상관리까지 포함하는 순환과정이라고 할 수 있다.

인적자원 관리활동은 어느 정도의 인원이 어디에서 필요한지를 파악하여 인적자원계획을 수립하는 것으로부터 시작한다. 인적자원계획 수립 후 기업에서는 필요한 능력을 갖춘 인적자원을 모집하게 되고 그 가운데 가장 적합한 인적자원을 선발하게 된다. 선발된 인적자원은 교육훈련 및 경력개발을 통해서 기업에서 필요한 업무나 능력을 배양하고 적당한 위치로 배치된다. 그리고 개개인별로 해당 업적을 평가하여 이에 맞는 보상을 지급하게 되며 승진이나 전근 등을 통해 인원이 교체된다. 또한 원만한 인력수급이 이루어질 수 있도록 이직관리를 하게 된다. 이러한 하나의 프로세스가 끝나게 되면 인적자원의 재조정이 필요하게 될 때 새로운 인적자원계획을 수립하게 된다.

기업들은 이러한 순환과정을 연간 단위로 하거나 상반기, 하반기로 구분하여 인적자원을 채용·관리하고 있다. 최근에는 인터넷을 통해 수시로 채용공고를 하여 인적자원을 채용하는 방식으로 점차 바뀌고 있다.

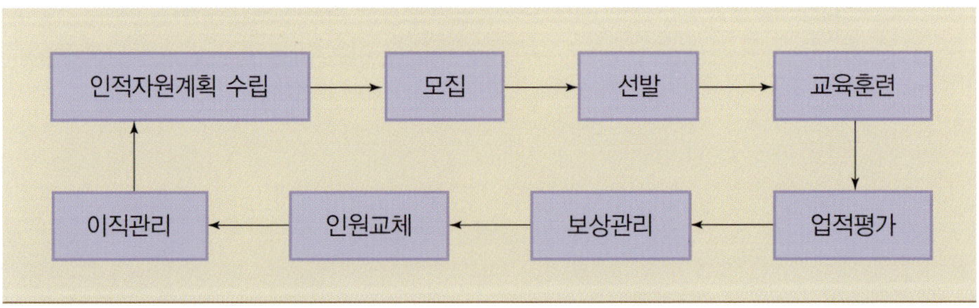

그림 9-1 인적자원의 관리과정

인적자원계획 수립

인적자원 관리활동은 인적자원계획(human resources planning)을 수립하는 것으로부터 시작하게 된다. 이는 인적자원에 관한 현재와 미래의 수요를 분석·예측하고, 그 수요를 충족시키기 위해 종업원을 확보하는 과정을 말한다. 인적자원계획은 기업이 현재 보유하고 있고 또 앞으로 보유해야 할 인적자원을 중심으로 최적의 인적자원 규모를 결정하여 최적의 시기에 최적의 위치에 배치하는 데 중점을 두고 수립하게 된다.

인적자원계획 수립은 계획 내용을 기준으로 크게 네 가지 활동으로 나누어 볼 수 있다.

- **적정인원계획**: 세부조직별로 필요한 전문기술을 가진 인적자원이 얼마나 필요한가를 파악하는 활동
- **인원수급계획**: 세부조직별로 현재의 종업원과 필요한 종업원 간 수급 불균형을 어떻게 맞출 것인가를 계획하는 활동
- **구인·해고계획**: 필요한 인적자원을 채용하는 구인계획과 불필요한 인적자원을 줄이는 해고계획을 수립하는 활동
- **인적자원개발계획**: 종업원 능력을 개발하기 위한 인적자원개발계획을 수립하는 활동

인적자원계획을 효율적으로 수립하기 위해서 체계적인 직무분석(job analysis)이 요구된다. 직무분석이란 특정 직무의 특성과 내용, 즉 직무를 수행하는 데 필요한 지식과 능력, 숙련도, 책임 등과 같은 직무상 모든 요건을 체계적으로 결정하는 과정을 말한다. 직무를 분석하면 직무에 대한 요건이 파악되기 때문에 기업목표를 달성하기 위해 종업원들에게 적절히 일이 할당되었는지, 일이 적정하게 이루어지고 있는지를 알 수 있다.

직무분석을 바탕으로 직무기술서(job description)와 직무명세서(job specification)를 작성하게 된다. 직무분석의 결과는 인적자원 관리활동에 관한 세부활동인 조직구성원의 모집과 선발, 배치, 교육훈련, 이동, 승진, 보상, 유지 등을 판단하는 기본적인 자료로 사용된다.

모집 및 선발활동

회사가 필요로 하는 인력의 수가 결정되면 모집(recruitment)과 선발(selection) 과정을 거쳐서 배치하게 된다. 인적자원관리에서는 능력있고 혁신적인 인력을 모집하고 채용·유지하는 것이 핵심이라고 할 수 있다. 적절한 인적자원이 없다면 경영활동이 원만히 이루어질 수 없을 것이다.

모집활동

모집(recruitment)활동은 기업이 필요로 하는 사람들이 적극적으로 지원하도록 정보를 제공하고 동기를 유발하는 활동이다. 모집방법은 모집대상자를 기업 내부에서 찾느냐 외부에서 찾느냐에 따라 사내모집과 사외모집으로 나눌 수 있다.

사내모집방법은 기업 내부의 종업원 중에서 승진이나 이동배치를 통해 인력을 충원하는 방법이다. 일반적으로 사내에 설치된 기능목록이나 인력배치표를 통해 직무에 적합한 인력을 찾아내게 된다.

우리나라 기업에서도 사내공모제도를 도입, 필요한 인력을 내부에서 모집하는 경우가 점차 늘어나고 있다. 사내모집은 절차가 간편하며, 종업원들의 사기에도 좋은 영향을 미친다는 장점을 갖고 있다. 그러나 퇴직, 사고, 이직 등 인적자원의 변동으로 기업 내부인력만으로 충분하지 못한 경우가 있다. 이때에는 필요한 인력을 조직의 외부에서 모집하는 사외모집방법을 이용하게 된다. 사외모집방법은 광고, 직업소개소, 교육기관 추천 등의 방법을 이용하여 외부로부터 충원하는 것이다. 최근에는 인터넷을 통해서 사외모집을 하는 경우가 늘고 있다.

모집이 이루어지고 나면 지원자집단이 형성되는데, 이들 가운데 적임자를 골라내는 선발과정이 이어진다.

선발활동

선발(selection)활동은 기업이 필요로 하는 자질을 갖춘 사람을 선별하는 과정이다. 최근 많은 기업들이 '최고의 인재(best people)'보다 '최적의 인재(right people)'를 찾는 데 많은 시간과 열정을 쏟고 있다. 기업이 원하는 최적의 인재(적합한 사람)가 되기 위해서는 직무에서 성과를 내기 위하여 필요한 지식(knowledge)·기술(skill)·태도(attitude)와 같은 역량을 지녀야 할 것이다.[2] 선발활동은 일반적으

2) 매일경제신문, 2014.3.14.

로 지원서 작성, 초기스크린 면접, 테스트, 서류심사, 선발면접, 신체검사, 채용이 라는 7단계의 과정을 거치게 된다.

사례 선발활동

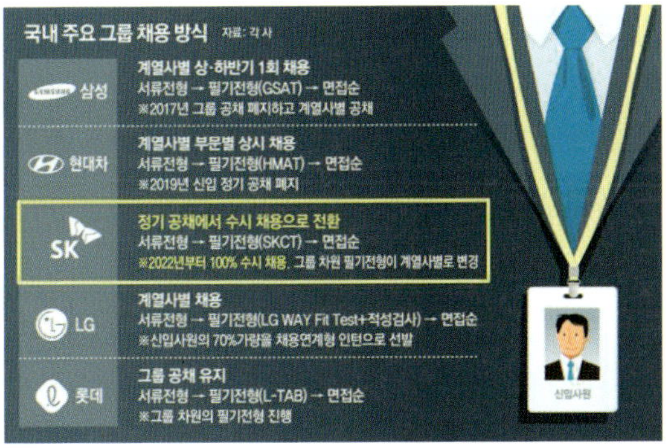

LG는 매년 미국 샌프란시스코에서 'LG 테크 콘퍼런스(LG TECH CONFERENCE)'를 열고 있다. 총수들이 직접 참여하는 LG의 공식적인 '미래기술 인재' 영입 행사다.

SK그룹이 내년부터 신입사원 전체에 대해 정기 공개채용(정기 공채)을 폐지하고 수시 채용으로만 선발한다. SK뿐만 아니라 현대차, LG 등 국내 주요 그룹사가 대규모 정기 공채 대신 수시 채용으로 신입사원을 선발하는 등 기업의 인재 채용 패러다임이 달라지고 있다.

SK그룹에 따르면 내년부터 모든 계열사가 정기 공채 대신 수시 채용으로 신입사원을 선발한다. SK그룹은 2019년 7월 매년 상·하반기 두 차례에 걸쳐 8,500명 가량 뽑던 정기 공채 대신 수시 채용으로 전환해 2022년에는 100% 수시 채용으로만 선발하기로 결정한 바 있다

현대차그룹과 LG그룹은 대규모 정기 공채 대신 수시 채용을 도입했다. 상·하반기 정기 공채를 진행해 온 현대차그룹은 2019년 2월 주요 그룹 중 처음으로 수시 채용을 도입했다. LG그룹도 지난해 하반기부터 정기 공채를 폐지하고 연중 상시 채용으로 전환했다. 현업 부서가 원하는 시점에 채용 공고를 내고 필요한 인재를 직접 선발하는 식이다. LG는 신입사원의 70% 이상은 채용 연계형 인턴십으로 선발해 4주 가량 함께 근무하며 직무적합도를 평가하고 있다. 기업들의 채용 방식이 달라지는 것은 경영환경이 급변하는 상황에서 적합한 인재를 뽑기에 기존의 대규모 정기 공채가 더 이상 유효하지 않다고 판단했기 때문이다.

자료원: 한국경제신문, 2020.7.6; 이데일리, 2019.8.18; dongA.com, 2021.1.27에서 발췌 정리.

교육훈련 및 경력개발

모집과 선발과정을 거쳐 인적자원이 확보되면 능력 향상 및 직무를 효율적으로 수행할 수 있도록 교육훈련(training)과 경력개발(career development)을 실시하여야 한다.

교육훈련

교육훈련(training)은 급격하게 변화하는 경영환경에 적응하기 위해서 인적자원의 능력이나 직무관련 기술 수준을 지속적으로 향상시키고 개발하는 과정을 말한다.

교육훈련이 추구하는 목적은 종업원들이 지니고 있는 현재의 실제적인 능력뿐만 아니라 잠재적인 능력까지도 개발할 수 있도록 하는 데 있다. 교육훈련은 직무현장에서 직무를 수행하는 가운데 이루어지는 직무현장 교육훈련과 직무수행시간 이외에 이루어지는 직무현장 외 교육훈련, 그리고 경영자 육성을 위해 이루어지는 경영자 계층별 교육훈련 등으로 구분하여 볼 수 있다.

- 직무현장 교육훈련(on-the-job training: OJT)

  직무현장·사무실에서 상급자가 직접 직무를 수행하는 방법으로 교육훈련시키는 것이다. 상급자나 숙련된 동료가 기술적인 조언을 제공함으로써 기술수준을 향상시키는 코치방법(coaching)과 숙련된 종업원을 돕도록 하여 어깨너머로 필요한 지식이나 기술을 배우도록 하는 현장 중시의 인재육성 방법인 도제제도(apprenticeship)가 있다.
- 직무현장 외 교육훈련(off-the-job training: Off JT)

  직무현장 이외의 장소에서 강의나 시청각교육, 사례연구, 역할연기 등을 통해서 이루어지는 교육훈련으로 일상의 업무를 떠나서 행해지는 집합연수 과정이다. OJT의 보완역할로 점차 중시되고 있다.
- 경영자 계층별 교육훈련(management training)

  경영자를 육성하기 위한 교육훈련 프로그램을 통해 경영층마다 필요한 자질을 갖추도록 교육훈련시키는 것을 말한다. 최고경영층의 경우에는 의사결정 능력이나 리더십 개발이 주안점이 되고, 일선경영자의 경우에는 현장감독능력을 함양시키게 된다.

사례 GS, 신입사원에 해외연수 – 자기계발비 '팍팍'

GS칼텍스 여수공장은 최근 시행한 단축 근무로 부족한 인력을 보완하기 위해 상반기에 대체 근무인원 신규 채용을 진행했으며 하반기에도 현장 여건에 따라 추가 인원을 채용해 나갈 방침이다. GS EPS, GS E&R 등 발전 계열사들도 신규 투자 및 현장 근로시간 단축제도에 맞춰 채용을 확대해갈 계획이다.

GS EPS는 '회사의 미래를 개척해 나갈 사람'을 인재상으로 정립하고 있다. 이를 위해 구성원에게 다양한 교육 기회를 제공하고 있는 GS EPS는 직무전문성 강화 교육, 직급별 역량 강화교육 등을 실시하고 있다. 이외에도 엔지니어들의 기술역량 향상을 위해 독일 발전설비 교육 등 다양한 해외 교육의 기회도 제공하고 있다.

GS E&R는 지속적인 성과 창출을 통해 비전을 실현할 수 있는 우수한 인재를 육성하기 위해 전 직원 필수교육 과정으로 직무공통 과정과 리더십 과정을 지정해 역량 개발과 직무능력 강화에 중점을 두고 있다. GS홈쇼핑도 신사업 추진 및 모바일, 핀테크, 물류 분야 등에 필요한 인력을 포함해 향후 5년간 인원을 확대할 예정이다.

GS건설은 양질의 일자리를 창출하고 글로벌 인재 양성을 위해 지난해 신입사원 64명 전원을 곧바로 해외 현장에 배치한 바 있다. 이들은 입문교육, 배치교육 등 9주간의 교육을 이수하고 베트남을 비롯한 동남아시아와 중동, 이집트, 터키 등 해외 프로젝트

현장에 배치되어 근무 중이다.

GS글로벌은 신입사원 입문과정 중 상사업의 특성에 맞게 장차 신입사원들의 무대가 될 해외 현장을 직접 경험할 수 있도록 매년 해외연수를 진행하고 있다. 글로벌 인재를 양성하기 위해 어학 교육 및 직급·직무 교육과정 등 임직원에게 다양한 교육 기회를 제공하고 있다. 이와 별도로 직원 주도의 자기 학습을 위해 자기계발비를 지급하고 있다

자료원: 매일경제신문&mk.co.kr, 2018.9.20에서 발췌 정리.

경력개발

경력개발(career development)이란 기업의 요구와 개인의 욕구가 일치될 수 있도록 각 개인의 경력을 개발하는 활동을 말한다. 이러한 경력개발은 개인의 욕구를 적절히 충족시킬 기회를 제공하여 그들이 스스로 경영활동에 적극 참가함으로써 기업의 발전과 개인의 발전을 동시에 달성할 수 있도록 하는 것이다. 경력개발은 개인의 욕구를 충족시키는 것에서 출발하지만 이를 기업목표달성으로 연계시킬 수 있어야 한다. 이를 위하여 많은 기업들이 외부의 교육기관과 연계를 맺어 프로그램을 운영하거나 내부에 사내대학원 등을 개설하여 경력을 개발하도록 하고 있다.

사례 사내대학 활성화

CHA-Bio MBA는 '차의과학대학교(CHA University)'와 '차그룹(CHA Medical Group)'이 사내 핵심인재를 육성하기 위해 운영하는 교육프로그램이다.

CHA-Bio MBA는 국내 최초로 재무, 회계, 데이터분석 등 MBA과정에 바이오·헬스케어 교과를 접목해 바이오산업에 특화된 전문가를 육성한다. CHA-Bio MBA는 차그룹 내 병원, 기업, 연구소 등 각 기관에 근무하는 임직원들이 한자리에 모여 각자의 분야에서 쌓은 실무지식을 공유하고 소통하며 산학연병(産學硏病) 시너지

를 낼 수 있도록 구성됐다. 차그룹은 2018년 CHA-Bio MBA 1기 수료생을 배출한데 이어 현재까지 80여 명의 사내 핵심인력을 육성했고, 앞으로도 CHA-Bio MBA를 지속적으로 운영할 계획이다.

액션러닝은 수강생들이 학습한 내용을 바탕으로 창의적인 아이디어를 도출해 병원 및 기업 현장에 적용 가능한 유망한 신사업을 제시하는 자리로 CHA-Bio MBA의 주요 프로젝트 중 하나이다.

CHA-Bio MBA 3기 재학생들은 MBA 과정을 통해 학습한 마케팅, 데이터분석, 재무, 회계 내용을 바탕으로 조직의 현안 해결을 위한 다양한 아이디어를 도출하기 위해 프로젝트 팀별로 자료를 조사하고 지도교수의 조언을 받아 보고서를 작성했다.

우수사례로 선정된 5개 팀은 ▸포지셔닝 차별화를 통한 전문의약품 매출 증대 방안 ▸기업부문 복리후생 개선방안 ▸인구감소와 난임 ▸정부지원에 대한 연구 ▸직원 순환근무 운영개선 ▸CHA-FMS(난임관리시스템)를 주제로 각각 발표를 진행했다.

SK 구성원들이 급변하는 환경에 선제적으로 대응하고 임직원들의 역량을 높이기 위해 딥 체인지(Deep Change) 역량 강화를 위한 사내 대학인 SK유니버시티가 출범했다. 이름은 'mySUNI(마이써니)'이다. AI, 디지털 트랜스포메이션(DT), 행복, 사회적 가치, 리더쉽 등 미래 산업과 비즈니스 역량을 키울 수 있는 8개 분야 450개 강의를 개설할 예정인데 직원들은 연간 근무시간의 10%(200시간)를 온/오프 학습에 투자할 수 있다.

최태원 회장은 "급속한 경영 환경의 변화에 따라 '인적자본(Human Capital)'에 대한 과감한 투자가 절실한 시점"이라며 "구성원들은 마이써니를 통해 미래 역량을 기르게 될 것"이라고 말했다. 최 회장은 이미 오래 전부터 '디지털 트랜스포메이션(Digital Transformation)'을 강조해왔다. 디지털 트랜스포메이션이란 '산업의 구조가 IT 기술의 급격한 발전과 함께 디지털로 전환된다'는 개념으로 모든 산업에 걸쳐 '디지털 혁명'이 일어날 거라는 전망이다.

자료원: 티타임즈, 2020.1.17; Medical News, 2020.6.29에서 발췌 정리.

업적평가

업적평가(performance appraisal)는 종업원에 대한 기대치와 비교해서 그들의 업적을 측정 · 평가하는 과정을 의미한다. 업적평가는 임금, 승진, 해고, 포상 등을 결정하기 위한 기초자료로 활용된다.

업적평가방식에는 BSC(balanced score card)평가법, 목표관리법(management by objectives: MBO), 다면평가(多面評價: 360° 평가)법 등이 있다.

BSC 평가법은 균형성과평가법이라고 한다. 경영상의 모든 전략적인 목표를 수치지표로 정하고 실행 및 분석한다. 조직의 비전과 전략목표 실천을 위해 4가지(재무, 고객, 내부프로세스, 학습과 성장) 관점의 성과지표를 도출하여 성과를 관리하는 시스템으로 단기적 성격의 재무적 목표가치와 장기적 목표가치들 간 조화를 추구한다.

목표관리법은 상급자와 하급자가 함께 목표를 설정하고 실행한 후 이를 평가하는 방법을 말한다. 목표관리법은 명확한 목표설정과 책임한계 규정, 참여와 상하협조, 피드백(feedback) 개선을 통한 관리계획 개선, 조직참여자 동기유발, 그리고 업적평가의 개선 등을 도모하고 궁극적으로는 조직의 효율성을 증진시키는 것을 목적으로 하고 있다.

다면평가법은 평가할 때 직속상사 한 사람이 평가하는 것이 아니라, 다수의 평가자가 여러 방면에서 평가하는 것을 말한다. 평가주체가 다양하기 때문에 인사고과에 대한 객관성을 높일 수 있고 평가결과에 대한 반발의 소지를 줄일 수 있다. 반면, 다면평가의 실시과정에서 공정성과 신뢰성이 저하되는 문제점이 발생한다는 지적도 있다.

업적평가는 종업원의 인적자원 관리활동에서 결정적인 기준이 되므로 합리성이 전제되어야 하며 신중히 실행되어야 한다.

보상관리

업적평가 후 종업원들이 기업에 공헌한 대가로 보상(compensation)을 실시하게 된다. 보상은 종업원들에게 생계비나 욕구충족 등 생활수준을 유지함과 동시에 동기부여의 수단이 될 수 있어야 한다. 기업의 입장에서는 보상을 비용으로 인식하기 때문에 줄이려고 하는 반면, 종업원들은 소득으로 인식하여 더 많이 받으려고 한다. 그 결과 이 두 가지를 만족시킬 수 있도록 하는 중재가 필요한데 이것이 바로 보상관리다.

보상은 임금과 복리후생으로 구성되며, 임금은 기본급, 수당, 상여금으로 구성

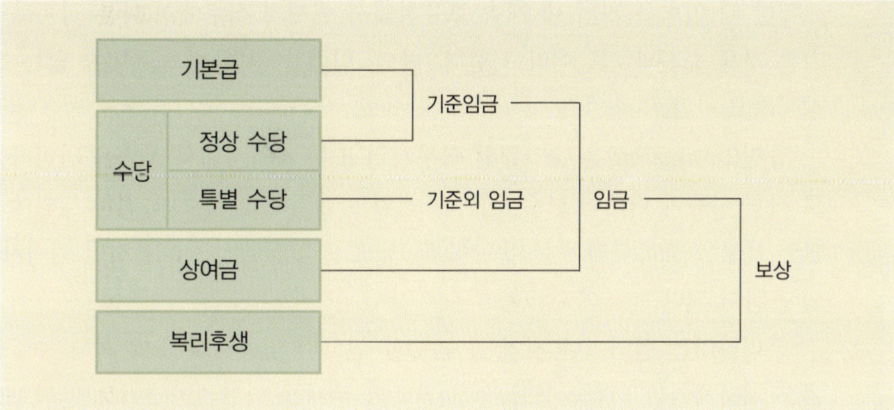

그림 9-2 보상체계의 구성

된다. 임금에서 기본급은 수당과 상여금의 수준을 결정하기 때문에 전체 보상에서 중요한 역할을 한다. 기본급은 무엇을 기준으로 하느냐에 따라 연공급, 직무급, 직능급으로 구분된다.

- 연공급(wages on seniority)
  근무연한에 따라 임금수준이 결정되는 것으로 학력, 연령, 근무연한 등이 중요한 요인이 된다.
- 직무급(wages on post)
  직무에 따라서 임금에 차이를 두는 것이다. 직무의 난이도와 위험조건 등을 감안, 직무가 같으면 개인의 학력이나 근무연한이나 연령에 관계없이 같은 임금이 지급되는 것이다.
- 직능급(wages on job evaluation)
  직무 특성에 직무수행능력까지 고려하여 임금수준을 결정하는 것이다. 즉, 직무급을 기초로 수행능력이나 자격증 등 개인의 능력차를 고려하여 임금을 지급하는 것이다.

인원의 교체 및 이직관리

인적자원을 배치·충원시키는 과정에서 인원 교체는 필수불가결하다. 인원을 교체할 때 인력을 기업 내 계속 보유하면서 현재의 직무에서 다른 직무로 이동시키는 것을 승진과 전근이라고 한다. 반면, 인력을 기업 내 보유하지 않는 것은 이직이라고 한다.

승진(promotion)은 종업원의 직무서열 또는 자격서열의 상승을 의미하는 것으로 직위 상승과 더불어 보수, 권한과 책임 확대가 수반된다. 승진은 개인에게 자아발전 욕구를 충족시켜 주는 수단이 되고, 조직 입장에서는 효율적인 인적자원개발의 근간이 된다.

우리나라는 혈연이나 지연 등 특수한 연고나 연공서열 등에 의해 종업원의 사기를 저하시키는 비합리적인 승진 관행이 문제가 되고 있다. 이로 인해 공정하고 합리적이며 객관적인 승진관리가 매우 중요하게 대두되고 있다. 이를 위해 많은 기업에서 도입하고 있는 시스템이 성과에 따른 연봉제다.

전근(transfer)은 동일하거나 비슷한 계층의 다른 직무로 이동하는 것을 말한다. 전근을 통해 종업원들은 자신의 경험을 넓힐 수 있고 새로운 기술을 배울 수 있어 개인적으로는 성장기회가 될 수 있다.

종업원들은 한 기업에서 평생 일하기도 하지만 사직(resignation), 해고(dismissal), 파면(discharge), 은퇴(retirement) 등으로 기업을 떠나는 경우가 있다. 인사담당자는 이직 발생의 배경·이유 등을 숙지하고, 분석결과를 바탕으로 원만한 인력수급이 이루어질 수 있도록 이직관리(separation management)를 해야 할 것이다.

사례 현대제철, 명예퇴직 시행 – '전직지원 프로그램' 개설

아웃플레이스먼트(outplacement)란 퇴직자, 퇴직예정자, 해고예정자가 재취업하거나 창업을 할 수 있도록 돕는 일련의 컨설팅 서비스다. 기업이 구조조정 등에 따라 발생하는 조기 퇴직자를 위해서 또는 조직구성원의 경력개발 차원에서, 회사 밖의 삶에 적응할 수 있도록 전직지원 서비스를 제공하고 있는 것이다.

아웃플레이스먼트 제도는 1967년 미국 컨설팅회사인 DBM사가 처음 고안하였고, 1980년대 미국이 경제적으로 불황을 겪던 시기에 대량 해고자가 발생하면서 크게 확산된 제도이다. 현재는 포춘지 선정 500대 기업 중 80% 기업이 아웃플레이스먼트를 도입하고 있을 정도로 선진국에서는 보편화된 제도이다.

우리나라의 경우 다수의 퇴직자 및 해고근로자들이 발생한 1998년 외환위기 때 처음 도입되어 다국적기업을 포함한 삼성, LG, SK, 포스코 등 상당수의 대기업이 아웃플레이스먼트 전문 컨설턴트를 고용하거나 업체에 위탁하여 운용하고 있다.

현대제철은 지난달부터 1966년생 이전 무보직 사무직원을 대상으로 명예퇴직 신청을 받고 있다. 신청자에겐 최장 3년치 기본급과 성과급(기본급 250%), 일시 위로금 250만원과 자녀 1인당 1,000만원의 교육비를 지급한다. 회사 관계자는 "올해 처음으로 전직지원 프로그램을 개설했다"며 "퇴직을 앞둔 직원이 제2의 인생 설계를 할 수 있도록 전직을 지원하고자 이같은 프로그램을 만들게 됐다"고 설명했다. 당초 현대제철은 명예퇴직 조건을 기본급 1년치 지급으로 내걸었다. 하지만 인적 구조조정을 적극 시행하기 위해 기본급 3년치 지급 등으로 상향 조정한 것으로 전해졌다. 여기에는 지난해 처음으로 인적 지원 프로그램을 시행한 바 있는 현대차 사례도 큰 영향을 미쳤다.

현대 · 기아차는 2018년 3월 만 55세 이상의 부장급 관리자를 대상으로 '전직 지원 프로그램'을 진행한 바 있다. 당시 명예퇴직 신청자에게는 이직과 창업 등에 필요한 컨설팅을 제공했다. 정년연령인 만 60세까지 남은 기간 연봉의 50%를 지급했다.

자료원: https://blog.naver.com/clipsgroup/221762780881;
뉴데일리경제신문, 2019.12.2에서 발췌 정리.

현장수첩 연봉제

연봉제는 개인별 능력과 업적을 평가해 임금을 결정하여 지급하는 방식이다. 연공서열에 따라 임금을 지급하는 기존의 직급제나 호봉제를 깨뜨리면서 과거의 고용관행과 기업문화를 바꾸어 놓을 새로운 급여체계라고 할 수 있다. 연봉제에서는 연공서열에 따라 보수를 결정하는 게 아니라 매년 본인의 업무성과에 따라 보수를 결정하게 된다.

최근 들어 기업들이 연봉제를 앞다투어 도입하고 있지만 아직은 기존 제도에 성과급제도를 추가하는 정도에 그치고 있다. 현대중공업은 성과 위주의 연봉제 도입을 통해 임원 30% 감축과 대대적인 조직개편을 단행하는 등 개혁작업을 지속적으로 실시한다. 이번 임금체계의 특징은 성과 차등폭을 +/- 35%까지 차이를 두었다. 현대중공업은 그동안 개인평가에 따른 일부 차등만 주어 왔다. 그러나 이번 연봉제 시행은 조직 및 개인 평가에 따라 실질적인 차이가 나도록 변경했다.

현대중공업은 "지금까지는 사업본부별 업종이 다름에도 불구하고, 전사(全社) 실적을 기준으로 성과를 계산해 왔다"며, "특정 사업본부가 적자가 나도 그해 다른 사업본부에서 흑자를 내면 똑같이 성과급여를 받을 수 있었지만, 이번 임금체계는 철저하게 본부별 성과에 근거해 성과급여가 지급되기 때문에 본부별 경쟁체계가 도입된 것으로 보면 될 것"이라고 밝혔다.

현대중공업은 기획실, 인사 관련 부서를 중심으로 영업이익, 수주, 매출, 안전 등을 평가지표로 하는 사업본부별 평가기준을 새롭게 마련했다. 각 사업본부에서는 3~5년을 종합적으로 평가해 장기성과급여를 지급하는 방안을 추진키로 했다.

자료원: 비즈 한국, 2014.11.10에서 발췌 정리.

3. 노사관계 관리활동

기업경영에서 개별적인 종업원을 대상으로 개개인의 노동력을 효율적으로 관리하고 활용하는 것은 중요한 일이다. 그렇지만 노동자인 종업원과 사용자인 기업주 또는 경영자의 관계를 중심으로 노동조합과 기업, 그리고 이에 영향을 미치는 정부를 대상으로 한 노사관계의 관리도 이에 못지않게 중요하다. 따라서 안정적이고 동반자적인 노사관계를 유지하도록 하는 활동은 인사활동에서 매우 중요한 위치를 차지하고 있다.

노사관계란?

노사관계(labor relations)는 넓은 의미로는 국가적 수준에 있어서 노동운동 또는 노동문제를 의미하기도 하고, 같은 범주에서 연합한 노동조합단체와 기업단체의 관계로 볼 수 있다. 좁은 의미로는 하나의 작업장을 단위로 일선경영자와 작업자 간 관계로 볼 수 있다.

노동조합(labor union)은 근로생활의 조건을 유지 · 개선하기 위해 조직된 임금

근로자들의 기관을 말한다. 노동조합은 동일 직종이나 같은 직업에 종사하는 노동자가 결성하는 직업별 노동조합(craft union), 직종에 관계없이 동일산업에 종사하는 노동자가 결성하는 산업별 노동조합(industrial union), 모든 미숙련 노동자나 중소기업 노동자가 결성하는 일반노동조합(general union), 동일 기업에 종사하는 노동자가 결성하는 기업별 노동조합(company union) 등 네 가지 형태로 구분해 볼 수 있다.

노동조합은 조합원을 확보하고 자본을 조달하여 조직을 강화하고 조합의 안정을 유지하기 위해서 클로즈드 숍(closed shop)과 오픈 숍(open shop), 유니온 숍(union shop) 등 다양한 가입방식을 갖고 있다.[3)]

바람직한 노사관계 관리활동

바람직한 노사관계 관리활동은 노동조합과 사용자인 기업주가 대등한 입장에서 효과적으로 교섭이 이루어지도록 원만한 관계를 유지하는 활동을 말한다. 노동조합과 임금협상이나 작업규칙 설정 등 전반적인 단체교섭이 생산성 향상을 유도하는 방향으로 이루어지도록 관계를 유지하는 활동이 포함된다.

노사관계 관리활동은 단체교섭내용의 효율성(efficiency)과 모든 노동자 간 형평성(equity)을 동시에 추구하게 된다. 다시 말해서 노동자와 사용자 간 단체교섭은 노사 모두에게 이익이 되는 방향으로 이루어져야 하는 효율성과 노동자 모두가 공정한 대우를 받는 방향으로 이루어져야 하는 형평성이 관건으로 작용한다.

노사관계는 '2인 3각 경기'와 비슷하다. 2인 3각은 두 사람씩 짝을 지어 서로 가까이 있는 다리를 묶고 세 발로 달리기를 하는 경기이다. 두 사람이 서로 상대방을 배려하고, 호흡을 상대방에게 맞추어주지 않으면 절대로 이길 수 없는 게임이기 때문이다.

우리나라의 기업에서는 임금협상과 같은 문제가 발생하였을 때 노동자와 경영자 사이에 많은 분쟁이 발생하고 있다. 일반적으로 노사관계라고 하면 협조적인

3) 클로즈드 숍 제도(closed shop system)는 노동조합의 조합원만을 사용자가 고용할 수 있도록 한 제도를 말하고, 오픈 숍 제도(open shop system)는 노동조합에 가입한 조합원뿐만 아니라 노동조합에 가입하지 않은 노동자도 임의로 채용할 수 있도록 한 제도를 말한다. 유니온 숍 제도(union shop system)는 회사가 노동조합원뿐만 아니라 비조합원도 자유롭게 고용할 수 있으나 일단 고용된 근로자는 고용 후 일정 기일내에 조합에 가입하지 않으면 자동적으로 해고되는 제도이다.

관계보다 대립적 관계로 이해하여 부정적으로 생각하는 경우가 많지만 높은 신뢰를 바탕으로 한 협조적인 노사관계를 구축해야 할 것이다.

사례 '항구적 무파업 선언'

동국제강은 1994년 산업계 최초 '항구적 무파업 선언'으로 노사 화합의 새로운 이정표를 세웠다. 이후 무교섭 임금협상 등 20년 넘게 무파업 기록을 유지하고 있다. 위기 속에 상생문화가 빛을 발한 역사가 반복됐다.

2009년 글로벌 금융위기 때에는 노조가 자발적 임금 동결을 선언해 회사에 힘을 보태며 조속한 경영 정상화를 이루기도 했다. 글로벌 경기 침체로 산업계 전반에 걸친 불황을 겪었던 2013년에 동국제강 노조는 그해 철강업계 최초로 임금협상을 위임하며 노사 상생의 모범 사례로 남을 만한 결단을 내렸다. 사측은 고용안정과 실질임금 보장 대책을 마련해 직원 개개인의 삶의 질을 높이는 것으로 노조 결단에 보답했다.

항구적 무파업 선언 20주년인 동시에 창립 60주년을 맞이했던 2014년에는 철강업계 최초 통상임금 관련 임금체계 개편에 합의하기도 했다. 노사 간 탄탄한 신뢰문화가 밑바탕에 있었기 때문에 가능한 일이다. 회사는 노사 공동 제도개선위원회를 구성해 임금체계 등을 통합해 나가고 노조 권익에 부응하는 미래 지향적인 보상체계를 마련했다. 동국제강은 "상호 신뢰를 기초로 노사 문화를 통해 경쟁력을 더 강화시킬 것"이라며 "100년 기업으로 향하는 철강 종가 자부심을 지켜나가겠다"고 말했다.

㈜NOROO는 월례조회, 노사협의회의, 노사간담회 등을 통해 경영실적을 비롯한 모든 정보를 공개하는 '열린 경영'을 지향하면서 노사관계의 귀감이 되고 있어 업계 안팎에서 '노사문화의 교과서'로 불린다.

우수한 노사문화는 업계 최고 수준의 급여와 복리후생 등으로 뒷받침된다. 자녀수에 제한 없이 대학까지 학자금 전액, 배우자를 포함한 전 임직원 상해보험, 장기근속자 부부동반 해외여행, 미혼자를 위한 기숙사, 주택자금, 전국 각지의 휴양시설, 종합건강검진, 하계 및 동계 휴가, 가족까지 참여하는 각종 문화·체육 행사 등 다양한 복지제도를 실시하고 있다. 임직원이 국내 대학원에 진학하면 학비를 전액 지원하는 사내 인재육성 제도를 통해 석·박사를 30여 명이나 배출했고 해외 MBA를 이수한 임원도 4명에 이른다.

최근 사회적으로 보편화된 명예퇴직 등 고용불안도 ㈜노루에서는 남의 얘기일 뿐이다. 1988년부터 정년을 만 60세로 높였을 뿐만 아니라 퇴직 후에도 촉탁제도 등을 활용해 재고용하고 장기근속자에게는 부부동반 인생설계 교육을 실시하는 등 직원들의 퇴직 후 삶에도 많은 관심을 쏟고 있다.

자료원: 산업경제뉴스, 2020.2.3; 페로타임즈, 2020.2.28에서 발췌 정리.

4. 21세기 인사활동은?

인터넷 인적자원관리 정보시스템의 구축과 활용

기업이 인적자원을 모집 · 선발하여 육성하고 배치하는 순환과정을 체계적으로 수행하기 위해서는 인터넷 인적자원관리 정보시스템(Human Resources Information System: HRIS)을 갖추어야 할 것이다. 이는 기업이 필요로 하는 인적자원과 관련된 자료들을 인터넷을 활용하여 수집 · 저장 · 유지 · 분석해 주는 체계적인 과정을 말한다. 경영자가 인적자원의 관리활동을 위한 의사결정을 할 때 인터넷을 활용하여 지원해 주는 시스템을 뜻한다.

21세기에는 인터넷 인적자원 정보시스템을 효율적으로 활용할 수 있어야 한다. 이를 통해 노동력의 공급과 수요예측을 위한 정보를 가질 수 있어야 하며, 교육훈련 프로그램 비용과 피훈련자의 작업성과에 대한 정보를 중심으로 인적자원 개발을 지원할 수 있어야 한다. 인적자원과 관련된 정보는 복잡하고 다양하다. 정보들을 통합하여 합리적인 의사결정을 내릴 수 있도록 인터넷 인적자원 정보시스템을 구축 · 활용함으로써 경쟁력을 확보할 수 있을 것이다.

사례 클라우드 기반 인적자본관리(Human Capital Management: HCM)

미국 캘리포니아주 플레전턴에 본사를 둔 워크데이(Workday)는 기업의 인적자원과 재무에 관한 모든 데이터를 클라우드에 올려 하나의 플랫폼에서 관리할 수 있는 솔루션을 제공한다. 채용, 평가, 보상, 승진, 급여 등 임직원에 대한 모든 정보를 플랫폼에 통합했다. 기업은 데이터에 기반해 인력을 적재적소에 배치하는 등 신속하게 의사결정을 할 수 있다. 워크데이는 재무관리도 같은 방식으로 지원한다. 제너럴일렉트릭(GE), 넷플릭스, 페덱스 등 전 세계 3,200개사가 워크데이 솔루션을 이용한다.

클라우드 기반 HCM 시스템이 구축되면 인적자원(HR)관리 프로세스 간소화, 직원에게 권한 부여, 조직 전체의 개방형 협업이 가능하다. 이는 거대한 곡식 저장고인 '사일로(silo)'처럼 부서 간 데이터 소통이 제한된 기존 HR 관리 방식과 다르다. 글로벌 기업들은 이미 클라우드 기반의 HCM을 적용하고 있다. 세계 최대 전자상거래 업체인 아마존은 2017년 워크데이 솔루션을 도입하면서 전 세계 84만명 직원의 인적 사항과 급여 등 각종 데이터를 클라우드 기반의 단일 플랫폼에서 관리한다. 아마존이 코로나 국면에도 승승장구하는 비결 중 하나로 일사분란한 조직관리가 꼽힌다. 호주에서 700여개 점포를 운영하는 세븐일레븐은 워크데이를 통해 코로나 기간에도 직원 근무 상황을 실시간으로 추적하고 조직 통합·분할 등을 진행해 생산성을 향상시키고 있다. 인적자원 정보가 클라우드에서 돌아가면 기업은 새로운 인사이트를 얻을 수 있다. 예를 들어, 업무 표준화가 빠르게 이뤄지는 만큼 글로벌 사업 확장에도 효과적이다. 워크데이는 코로나로 인한 원격근무와 직원들의 안전한 사무실 복귀를 지원하기 위해 글로벌 IT(정보기술) 업체와 제휴를 강화하고 있다. 2020년 8월 IBM과 전략적 제휴를 확대하기로 했다. 마이크로소프트, 세일즈포스와도 손잡고 HCM 솔루션을 고도화하기로 했다.

자료원: 매일경제, 2020.10.4에서 발췌 정리.

높은 신뢰의 노사문화 정립

노사 간 불협화음이 발생하는 과정에서 중요한 것은 노사 양측이 충분한 대화를 통해 합의를 도출하는 것이라고 할 수 있다. 이를 위해서 노사 양측이 서로에 대한 깊은 신뢰를 구축하고 있어야 한다. 서로를 신뢰하지 못한다면 이상적인 타협안이 있다고 하더라도 합의에 도달하지 못할 것이다. 노사 양측이 깊은 신뢰를 구축하기 위해서는 노사 간 합리적인 규칙을 설정하고 상호 준수하려는 노력을 통해 노사갈등을 합리적으로 조정해 나가야 할 것이다.

철저한 능력 위주의 보상체계 확립

21세기 글로벌 경영체제에 접어들면서 기업들이 종업원들의 보상체계를 바꾸고 있다. 과거에는 학력이나 연령 등 연공 위주였는데, 최근에는 성과에 기초를 둔 연봉제를 도입하고 있다. 기업들이 성과에 따른 연봉제를 도입하는 이유는 정보사회·지식사회로의 이전에 따라 연공에 의해서는 성과가 나타나지 않고 개인의 창의력이나 지식, 정보 능력 등에 의한 성과 차이가 나타나기 때문이다. 이를 위해서 성과를 합리적으로 평가하기 위한 측정수단이 개발되어야 한다.

사례 도요타, 연공서열 폐지 – 100% 성과연봉제 도입

도요타자동차가 임금 인상폭을 성과평가로만 결정하는 새로운 임금제도를 2021년 1월부터 전면 시행한다. 일본의 대표 제조업체인 도요타가 성과평가제를 도입함에 따라 그동안 연공서열형 호봉제를 고수해온 일본 제조업계 전체가 영향을 받을 것으로 전망된다.

10월 4일 아사히신문에 따르면 도요타 노동조합(조합원 6만 9,000명)은 지난달 9월 30일 아이치현 도요타시에서 정기 조합원총회를 열어 사측이 제시한 새로운 임금제도를 받아들이기로 결정했다. 지금까지 도요타 직원의 연봉은 연공서열에 따라 매년 일률적으로 인상되는 금액(직능기준급)과 성과평가에 의해 차등적으로 인상되는 금액(직능개인급)을 합쳐서 책정됐다. 도요타는 올봄 임금협상(춘투)에서 능력 여부와 관계없이 자동으로 급여가 오르는 직능기준급을 없애고 성과에 따른 직능개인급으로 임금인상 기준을 일원화하는 방식을 노조에 제안했다. 노조는 사측의 제안을 받아들이는 대신 일자리를 유지하고 일하는 방식을 개선하는 데 집중하기로 했다. 도요타자동차그룹의 모든 계열사 노조를 대표하는 쓰루오카 미쓰유키 (前)도요타노동조합연합회 회장은 지난 9월 11일 온라인으로 열린 총회에서 “신종 코로나바이러스 감염증(코로나19)으로 인해 상황이 크게 바뀌었기 때문에 임금 인상보다 재택근무를 포함해 일하는 방식을 어떻게 바꾸느냐가 중요하다”며 조합원을 설득했다.

자료원: 한국경제신문, 2020.10.4에서 발췌 정리.

10년을 내다보고 미래의 리더에 집중

'헤이그룹(Hay Group)'이 발표한 '최고의 리더십 기업(Best Companies for Leadership)' 연구 결과, 최고의 기업들은 기업의 미래성장 동력에 요구되는 역할과 이에 필요한 역량 및 스킬을 명확히 파악해 해당능력을 발휘할 수 있도록 리더를 육성하고 있는 것으로 나타났다. 과거 임원에게 필요하다고 생각했던 역량들, 즉 높은 수준의 감성지능, 지속적인 학습 의지, 분석적 사고 등의 중요성을 크게 인식하고, 이를 조직 전반에 함양하기 위해 노력하고 있다. 기업들은 불확실한 시대에서 필요한 리더를 체계적으로 양성하기 위해서 미래의 10년을 내다보고 조직에 적합한 리더의 모습(상)과 유형을 명확하게 정의함과 동시에 리더 육성을 위한 중장기 전략을 수립하고 있는 것이다.[4)]

리더 육성을 위해서 선행적으로 진행되어야 할 부분은 자사의 핵심인재를 정의하고 선발 및 확보방안을 중심으로 한 인재경영모델 체제구축 및 활용 등이 중요하다. 그리고 리더 계층의 육성 및 승계방안 등에 있어서 미래 지향적이고 전략적인 시각을 바탕으로 로드맵을 개발할 필요가 있다. 더 나아가 인적자본(human capital)으로 평가되는 미래의 리더(인적자원) 육성과 경영현장의 성과증진에 기여하기 위해 HPT(Human Performance Technology) 또는 HPI(Human Performance Improvement) 차원의 다양한 성과개선 모델들을 활용할 수 있는 인프라스트럭처(infra-structure)가 시급히 마련될 필요가 있다.[5)]

컨설팅그룹 맥킨지는 4차 산업혁명 시대에 미래의 리더십이 가져야 하는 자질을 네 가지 키워드로 요약한다.

- 과거와 구분되는 가장 큰 특징은 '민첩성(agile)'이다. 앞으로는 조직 전체가 외부의 변화에서 기회를 포착하는 기민성을 가져야 한다. 타이밍을 놓치지 않기 위해 유연한 의사결정체계는 필수다.
- '변혁성(game changing)'에 무게를 둬야 한다. 앞으로는 새로운 게임의 룰을 세우고 창조적 파괴에 나설 수 있는 과감함이 성장을 주도한다.
- 리더는 '연결성(connected)', 즉 외부지향성을 갖춰야 한다. 즉, 조직 전체의

---

4) 한국경제매거진, 2013.12.9.
5) 월간인재경영, 2015년 4월호(제122호).

광범위한 네트워킹이 필요하다는 것이다. 외부 파트너와도 협력하고 다양한 이해관계자들과의 교류에도 활발히 나서야 한다.

- 조직체계의 변화도 필요하다. 지금까지 소수 리더의 권위를 바탕으로 조직을 지휘했다면 앞으로는 구성원 전체의 능력을 극대화하기 위한 지원·조율·협상에 초점을 맞추라는 조언이다.

혁신적 리더는 깊고 넓게 일할 수 있어야 하고, 큰 그림을 그리면서도 디테일에 강해야 한다. 풍부한 경험을 바탕으로 자기성찰을 철저히 하며, 또 다른 리더를 키워내는 능력도 탁월해야 한다. 무엇보다 위계질서가 유연해진 수평적인 조직에는 구성원에게 군림하지 않는 리더가 요구된다.[6)]

6) 일요주간, 2019.7.1.

MANAGEMENT

강/의/요/약

1. 인사활동이란 종업원을 채용하고 교육훈련시켜 적시에 적절한 위치에 배치하는 인적자원 관리활동과 노동자인 종업원과 사용자인 경영자 간 원만한 관계를 유지토록 하는 노사관계 관리활동을 포함하는 개념이다.

2. 인적자원 관리활동은 인적자원계획을 수립하고, 모집과 선발을 거쳐 확보된 구성원들에게 교육훈련을 실시함으로써 능력을 개발토록 한다. 이어 이들의 업적을 평가하여 보상하고 적절한 인원을 교체하면서 이직자들을 관리하고, 인적자원계획에 반영하여 새로운 계획을 수립토록 한다.

3. 노사관계 관리활동은 노동조합과 사용자인 경영자가 상호 대등한 입장에서 효과적인 단체교섭이 이루어지도록 원만한 관계를 유지하기 위한 활동을 의미한다. 단체교섭 내용의 효율성과 모든 노동자 간 형평성을 동시에 추구하게 된다.

4. 21세기에는 인적자원 정보시스템을 활용하여 체계적인 의사결정을 내려야 한다. 노사간 합리적 규칙을 설정하고 상호 준수하려는 노력을 통해 높은 신뢰의 노사문화를 정립하고, 경영활동의 효율성을 증대시키고 경쟁력을 강화할 수 있는 철저한 능력 위주의 보상체계를 확립하여야 할 것이다.

MANAGEMENT

제 10 장

마케팅활동

1. 마케팅활동이란?

마케팅은 제품과 서비스의 교환활동

소비자의 욕구를 만족시키려는 기업의 경영철학이나 기업활동을 마케팅(marketing)이라고 한다. 마케팅활동이란 생산자와 소비자 사이에서 제품과 서비스를 판매한다기보다 교환하는 활동이라고 할 수 있다.

Marketing(market+ing, customer+ing)은 표적시장의 고객들과 제품이나 서비스를 교환하면서 고객의 욕구와 기업의 목적을 만족시키기 위해 가격결정, 유통, 촉진 등을 계획하고 실행하는 과정이라고 할 수 있다.

마케팅활동을 위해서는 제품(product), 가격(price), 유통(place), 촉진(promotion) 등 네 가지 하부활동을 계획하고 실행하게 된다. 네 가지 하부활동의 영문명칭이 모두 'P'자로 시작되기 때문에 4P 또는 마케팅믹스(marketing mix) 활동이라고 한다. 마케팅믹스라는 개념은 1953년 하버드 대학의 닐 보든(Neil Borden)에 의해 처음 사용된 후 1960년 제롬 맥카시(E. Jerome McCarthy)에 의해 4P라는 형태로 제안되었다.

시장기회 분석 · 표적시장 선정 · 마케팅믹스 개발

마케팅활동에서 우선적으로 기업이 어떻게 나아가야 하는지를 결정하기 위해서 마케팅환경과 시장동향 등을 파악하여 시장기회를 분석하게 된다. 시장기회를 분석한 다음에는 수요를 측정하여 시장을 세분화(segmentation)하게 된다. 세분화된 시장에서 기업은 다양한 고객층 가운데 어떠한 고객을 대상으로 할 것인지 표적시장을 선정하게 된다. 표적시장이 선정되면 선정된 표적시장에서 기업이 확고한 위치를 차지하기 위해 구체적인 마케팅활동을 수행하게 된다. 즉, 제품전략, 가격전략, 유통전략, 촉진전략 등 마케팅에서의 핵심적 관리활동인 마케팅믹스를 개발하고 이를 구사하는 것이다.

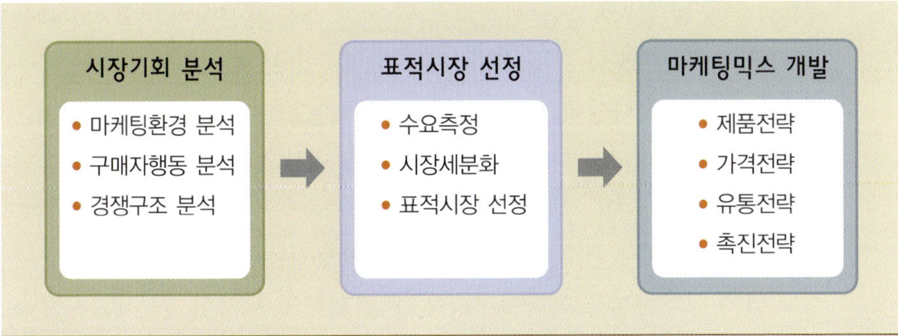

그림 10-1 마케팅활동의 과정

시장기회 분석

기업은 시장성이 있는 새로운 기회를 포착할 수 있어야 지속가능한 기업으로 성장·발전할 수 있다. 시장기회(market opportunity) 포착을 위해서는 마케팅환경을 분석해야 한다.

마케팅환경이란 기업이 제품을 생산하고 판매하는 등 경영활동에 영향을 미칠 수 있는 모든 환경을 말한다. 마케팅환경 분석은 직접적으로 영향을 주는 원자재 공급업자, 경쟁기업, 유통업자, 고객 등 이해관계자뿐만 아니라 정치·경제적 환경, 기술변화 등 제품에 영향을 미칠 수 있는 각종 환경을 분석하는 것을 말한다.

마케팅환경 분석과 함께 소비자들의 행동을 분석해야 한다. 이는 소비자시장의 움직임을 파악하여 소비자의 구매심리가 어떻게 변화하는가를 파악하는 것이다. 개인소비자뿐 아니라 제품을 대량으로 구입해 줄 회사, 학교, 관공서, 소매상 등 단체소비자에 대해서도 고려해야 한다.

그리고 경쟁기업이나 경쟁제품에 대한 분석도 해야 한다. 주요 경쟁기업은 어느 기업인지, 주요 경쟁제품은 어떤 것인지, 경쟁기업이 취하고 있는 전략은 무엇인지, 전략은 어떻게 변화하고 있는지 등에 대하여 분석이 이루어져야 한다.

이와 같은 분석과정을 통해서 해당제품이 시장기회를 가지고 있는지, 즉 시장성(marketability)이 있는지를 판단하게 된다.

표적시장 선정

시장기회에 대한 분석을 통해 시장성이 있는 것으로 파악되면, 다음으로 시장

세분화를 통해 표적시장을 선정하게 된다. 고객을 세분화하고 표적고객을 선택하는 일은 마케팅활동의 필수과정이라고 할 수 있다. 왜냐하면 고객의 계층은 넓고 다양하여 고객의 다양한 요구사항이나 구매관습을 모두 이해한다는 것은 불가능하기 때문이다. 따라서 특정한 고객집단만을 대상으로 그들의 욕구를 충족시켜 주는 것이다. 이와 같이 기업은 미래의 수요예측을 통해서 제품이 진입해야 할 시장을 특성에 따라 나누는 시장세분화(market segmentation)를 해야 한다.

기업은 상황분석을 통하여 시장을 세분화하여 평가한 후, 세분시장들 가운데 마케팅활동을 집중해야 할 표적시장(target market)을 선정하게 된다. 표적시장을 선정하는 것은 그 기업의 제품이나 서비스를 구매할 만한 고객들이 누구인가를 찾아내는 것을 의미한다. 표적시장을 선정할 때에는 높은 매력도를 가진 세분시장, 높은 경쟁우위를 가질 수 있는 세분시장, 기업의 마케팅활동과 기업문화와 높은 적합성을 가지는 세분시장을 선택하는 것이 바람직하다.

기업은 고객들 가운데 자신에게 가장 유리한 집단을 선택하여 마케팅활동을 해야 한다. 표적시장으로 삼은 세분시장별로 가격 정도, 품질, 사용법, 기능 등 다양한 면에서 어떤 위치를 차지해야 할 것인지, 즉 누구를 주요 고객집단으로 삼을 것인지를 결정하여 표적시장에 맞는 전략을 명확히 설정하고, 차별화된 전략을 소비자에게 전달하는 것이다. 이를 시장포지셔닝(market positioning, 위치선정)이라 한다. 포지셔닝의 핵심은 차별화에 있다. 소비자의 인식 속의 특정 위치를 점유하기 위해서는 소비자가 인식할 수 있는 차이점을 만들어 내야 한다.

사례 특화된 시장에서 충성도 높은 고객을 '유인'하고 '유지'하라 – 코스트코

COSTCO WHOLESALE

코스트코는 1994년 한국에 처음 들어왔다. 글로벌 유통 강자인 까르푸(1996년)와 월마트(1998년)를 비롯해 이마트(1993년) · 롯데마트(1998년) · 홈플러스(1997년) 등이 처음 문을 열면서 마트의 춘추전국시대를 열던 때였다. 외국계 기업인 '까르푸(Carrefour)'와 '월마트(Walmart)'와 비교할 때 공통점과 차이점이 엿보인다. 공통점은 창고형 매장이라는 점이다. 4~5m 높이의 판매대에 창고처럼 물건을 천장까지 쌓아 놓는 방식이다. 벌크형(대용량) 판매로 가격을 낮추고 규모의 경제를 실현하는 모델이다.

코스트코의 차별화 포인트는 효율성에서 나온다. 다양한 비즈니스나 제품군을 확대하지 않고 철저하게 효율화 전략을 펴는 데서 경쟁력을 찾을 수 있다. 코스트코는 박리다매의 성공으로 알려져 있다. 대량으로 값싸게 팔면서 수익을 창출하는 것이다. 핵심은 '소품종 대량 판매'다. 취급 품목 수(Stock Keeping Unit: SKU)를 대폭 줄여 매장 운영의 효율성을 높였다.

월마트의 SKU가 약 15만에 달하는 것과 비교하면 코스트코의 물품은 4000여 종류에 그친다. 국내 대형마트도 약 3만~4만 개의 SKU를 가진 것과 비교하면 현저히 낮은 수준이다. 카테고리별로 검증된 2~3개 제품만 선별해 집중적으로 판매하는 시스템이다. 좋은 품질의 제품에 '선택과 집중'을 하는 전략이다.

취급 제품 수가 줄어들면 품목당 판매량이 더 늘어나고 협력업체에 대한 바잉 파워가 생기면서 가격이 낮아지기 마련이다. 또한 상품을 지속적으로 교체한다. 고정된 카테고리 안에서 취급되는 아이템들은 매달 새롭다. 일반적으로 마트에서 가능한 한 많은 종류의 제품을 다양하게 선보이는 것과 비교되는 대목이다.

비즈니스 모델에서의 차이도 있다. 일반적으로 유통업의 수익 모델이 판매에서 나온다면 코스트코는 '유료 회원제'가 첫손에 꼽힌다. 이에 따라 상품을 많이 판매해 매출과 마진을 늘리는 것보다 유료 고객을 충성도 높은 로열 고객으로 유인하고 유지하는 게 더 중요한 목표다. '고객 만족도'를 높이는 방향으로 모든 정책이 운영되는 이유다.

자료원: 한국경제매거진, 2019.3.18에서 발췌 정리.

현장수첩 포지셔닝(Positioning)은 금맥인가?

사업과 마케팅에서 포지셔닝 전략은 사업 성공의 열쇠라 할 수 있다. 포지셔닝 전략이 있어야만 금을 캘 수 있기 때문이다. 포지셔닝 전략이 수립되어 있지 않으면 사업을 포기하는 것이 현명하다. 불필요한 노력·시간·물자의 낭비를 막기 위해서이다. 특히 현대와 같이 정보, 광고가 넘치는 시대에는 더욱 그렇다. 포지셔닝은 금을 찾는 금맥이다. 그러면 포지셔닝이란 무엇인가?

포지셔닝은 잠재 고객의 마인드에 어떤 행동을 취하여 고객 마인드에 해당 상품의 위치를 잡아주고 차별화시키는 방법이다. 포지셔닝의 개념은 1972년을 원년으로 시작하여 현재에도 마케팅의 중요 요소로 인정되고 있다. 고객의 머리와 마음속에는 항상 1등 브랜드가 차지하고 있어 이를 경쟁자 입장에서 자사의 상품을 전략적으로 잠재 고객의 마음에 쉽게 강력하게 위치시키는 전략이다. 그러면 포지셔닝은 왜 필요한가?

전달 체증 현상 때문이다. 광고 폭발, 매체 폭발, 엄청난 정보로 메시지 전달이 되지 않는다. 고객은 자신이 듣고 싶은 것만 듣는 수신 거부 상태이다. 전달하고자 하는 메시지는 반드시 수신자 측면에서 검토되어야 한다. 그러면 올바른 포지셔닝 전략과 방법은?

우리는 첫 번째(first)와 1등은 잘 알고 있으나 대부분 두 번째, 세 번째는 빨리 기억해 내지 못한다. 예를 들어 대한민국의 초대 대통령, 미국의 초대 대통령, 달나라에 최초로 간 사람은? 잘 대답할 수 있다. 그러나 두 번째를 질문하면 대답은 50% 이하이다. 이와 같이 첫 번째와 1등의 파워는 그 무엇보다 막강하다. 모두가 1등이 되기 위해 노력하는 이유이다. 그러므로 최고의 포지셔닝 전략은 당연히 "처음"이나 "1등"으로 포지셔닝시키는 것이다. 이를 위한 세부 단계는 다음과 같다.

1단계: 목표 고객의 정의(새로운 상품 서비스가 가치 있는 고객)
2단계: 목표 고객이 상품이나 서비스를 반드시 구매해야 하는 이유 파악
3단계: 새로운 상품이나 서비스가 창출하는 새로운 시장에 대한 상품이나 서비스 리더십 확립
4단계: 새로운 상품이나 서비스가 창출하는 혁신적인 기능과 역량 정의
5단계: 기존 시장에서 위치하고 있는 제품의 훌륭한 대체품임을 부각
6단계: 새로운 상품이나 서비스의 주요 차별화 요소

위의 6단계에 의한 강력한 포지셔닝 메시지를 개발하여 목표시장에 따른 효과적인 마케팅 및 온/오프라인 매체 믹스를 시행한다면 쉽게 금맥을 찾을 수 있을 것이다.

자료원: 메가마케팅그룹, 2020.2.6에서 발췌 정리.

마케팅믹스 개발

마케팅믹스란 표적시장에서 마케팅 목표를 달성하기 위해 제품(product), 가격(price), 유통(place), 촉진(promotion)을 종합적으로 결정하는 전략을 말한다.

마케팅믹스 전략은 표적시장 소비자들의 욕구와 특성에 맞도록 개발되어야 한다. 그 이유는 마케팅믹스 자체가 지니는 각각의 이미지가 서로 잘 어울려야 최고의 시너지 효과(synergy effect)를 발휘할 수 있기 때문이다. 예를 들면, 벤츠나 캐딜락은 고급차의 대명사로, 볼보는 안전성이 뛰어난 차로, 삼성은 뛰어난 제품 신

뢰성의 이미지를 갖도록 마케팅믹스가 개발되고 있다.

일반적으로 소비자들은 평범한 제품들 가운데 하나를 선택하지 않는다. 이미지나 브랜드 등 제품 속성에서 경쟁제품보다 앞서는 제품을 구매하는 것이다. 기업으로서는 소비자들의 욕구충족 수단인 마케팅믹스의 변수들이 조화를 이루어 시너지 효과를 낼 수 있도록 마케팅믹스를 개발하고 이를 효과적으로 구사해야 할 것이다. 이와 같은 마케팅활동은 시장점유율 중심에서 고객의 마인드(mind)를 점유하는 측면으로 진화(evolution)되어야 할 것이다.

현장수첩 코즈마케팅(Cause Marketing)

기업의 사회공헌활동이 진화하고 있다. 과거에는 임직원들이 성금을 모으거나 수익 일부를 기부하는 일방적인 형태가 주를 이뤘다면, 최근에는 소비자 참여를 독려하는 쌍방향 소통방식이 주목받고 있다. 소비자가 이벤트에 참여하거나 상품을 구입하면 일정 금액을 적립해 기부하는 방식이다. 이른바 '코즈마케팅'(Cause Marketing)이다. 코즈(cause)는 '명분'이나 '원인'이라는 뜻으로, 소비자에게 소비하거나 참여할 이유를 주는 것이다. 소비자들은 주머니에서 따로 돈을 꺼내지 않아도 기부활동에 참여할 수 있고, 기업의 입장에서는 선한 이미지를 알리면서 브랜드 충성도를 높일 수 있다.

코즈마케팅은 1984년 미국 신용카드 업체 아메리칸 익스프레스의 이벤트가 시초다. 아메리칸 익스프레스는 고객이 카드를 사용할 때마다 일정 금액을 '자유의 여신상' 복원 기금에 기부했다. 덕분에 이벤트 기간 동안에 카드 사용이 27% 증가했다. 글로벌 슈즈 브랜드 탐스(TOMS)는 신발 한 켤레가 판매될 때마다 빈민국 어린이들에게 똑같은 신발 한 켤레를 기부(one for one)하는 캠페인으로 유명하다.

아웃도어 브랜드 네파는 지난 9월부터 연말까지 미담 주인공 100명에게 패딩을 선물하는 '따뜻한 세상' 캠페인을 진행하고 있다. CJ푸드빌 뚜레쥬르는 지난해 9월부터 '착한빵 캠페인'을 실시하고 있다. '착한빵' 스티커가 붙은 제품을 소비자가 구입하면 2개가 팔릴 때마다 단팥빵 1개를 복지시설에 기부한다.

GS샵은 2007년부터 '신생아 살리기 모자뜨기'를 진행하고 있다. 저체온증으로 고통받는 아프리카와 아시아의 영·유아를 위해 털모자를 만들어 보내는 것으로, 국제구호개발기구인 '세이브더칠드런'과 함께하는 캠페인이다. GS샵은 모자뜨기 키트 제작·판매 및 발송비 후원 등을 맡고 있다. 판매수익금은 저개발국의 영·유아나 임산부를 위한 해외보건 사업에 쓰이고 있다.

자료원: 한국경제신문, 2016.7.15에서 발췌 정리.

2. 마케팅믹스 활동

기업은 시장을 세분화하고 선정된 표적시장 내에서 소비자들을 대상으로 자사 제품이 경쟁제품과 비교하여 우위를 차지하도록 마케팅믹스 활동을 하게 된다.

마케팅믹스 활동은 제품(product), 가격(price), 유통(place), 촉진(promotion) 등에 대하여 이루어지게 된다. 마케팅활동의 주요 대상인 4P는 기업이 표적시장으로부터 원하는 반응을 창출하기 위해 통제할 수 있는 마케팅대상을 말한다.

마케팅믹스 활동인 4P는 전체적인 측면에서 적절하게 혼합되어 결정되어야만 효과적일 수 있다. 제품, 가격, 유통, 촉진 활동이 조화를 이룰 때 최적의 마케팅활동이 이루어질 것이다.

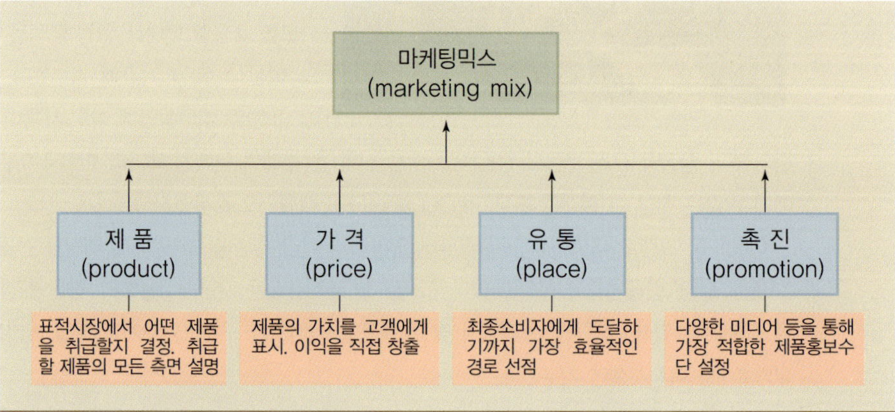

그림 10-2 마케팅믹스의 구성

마케팅믹스에서의 제품전략

제품전략

마케팅믹스에서 제품(product)은 좁은 의미의 제품과 넓은 의미의 제품으로 분류할 수 있나. 좁은 의미의 제품은 세분화된 표적시장에 제공하는 물리적이고 기능적인 제품 그 자체를 말한다. 반면, 넓은 의미의 제품은 물리적이고 기능적인 제품뿐 아니라 브랜드, 포장, 배달서비스, 그리고 심지어 제품 판매장소의 분위기 등도 포함된다.

제품은 고객의 잠재적 욕구를 만족시키기 위해 시장에 도입된 후 고객만족을 창출하다가 가치를 상실하게 되면 시장에서 사라지게 된다. 이러한 제품의 일생을 제품수명주기(product life cycle: PLC)라고 한다. 제품수명주기는 도입기, 성장기, 성숙기, 쇠퇴기로 구분된다.

브랜드

제품이나 서비스에 붙여진 이름·상징·도안 등을 브랜드(brand)라고 한다. 브랜드의 본질적인 목적은 기업의 제공물(offerings)을 다른 기업의 것과 구별하기 위한 것이다. 브랜드는 보통 브랜드명과 브랜드 마크로 구분되는데, 브랜드명은 브랜드 중에서 말로 부를 수 있는 이름을 말하고, 브랜드 마크는 상징이나 도안 등과 같이 시각적으로 보여지는 부분을 말한다.

강력한 브랜드는 높은 브랜드 선호도를 갖게 된다. 소비자들은 강력한 브랜드의 제품을 구매하게 되며, 경쟁제품이 더 낮은 가격으로 판매하더라도 쉽게 놀아서지 않는다. 소비자들이 선호하는 브랜드는 경쟁기업의 많은 광고 공세에도 흔들리지 않는 경우가 많다.

최근에는 완전히 다른 브랜드를 '론칭(launching)'하는 방식보다 일종의 절충형으로 현재의 브랜드를 기반으로 '서브 브랜드(sub brand)'와 '리브랜딩(rebranding)' 마케팅활동이 활발하다.

'서브 브랜드'는 리스크를 최소화하면서도 판매 접점을 넓힐 수 있다. 명품 브랜드는 높은 가격과 하이엔드(high-end, 해당 업체가 출시하는 제품군 중 최상위에 있는 모델) 이미지 때문에 대중과 괴리돼 있다는 약점을 극복하기 위해, 또 대중브랜드는 기존의 브랜드가 가지지 못한 이미지를 갖기 위해서 서브 브랜드 전략을 많이 쓴다. 하이트가 내놓은 서브 브랜드 'd', 마크제이콥스의 마크 바이 마크제이콥스(Marc by Marc Jacobs) 등이 새로운 표적고객을 발견하고, 명품 브랜드 저변 확대를 위한 서브 브랜드의 예로서, 이는 브랜드 확장 전략을 의미한다.[1]

'리브랜딩(rebranding)'은 소비자 기호나 환경변화 등을 고려, 제품·브랜드 이미지를 새롭게 창출하고 이를 소비자에게 인식시키는 활동이다. 이는 제품·브랜드의 마케팅 전략, 광고 콘셉트, 이름을 바꾸는 과정을 포함하는 것이다. 리브랜딩은 브랜드가 풋풋하게 젊음을 유지하도록 기존 브랜드가 가지고 있는 유산을 지켜나가면서 그 위에 새로운 가치를 창출하는 것이다.[2]

최근에는 업계 내에서 치열하게 경쟁하는 회사가 힘을 합쳐 새로운 제품을 만드는 '컬래버레이션(collaboration, 협업)'이 늘어나고 있다. 대표적인 컬래버레이션은 '동원참치라면'이다. 편의점 세븐일레븐은 참치계의 스테디셀러인 '동원참치'와 '팔도컵라면'을 하나로 합쳐 제품을 만들었다. 세븐일레븐은 빙그레의 인기 빙과인 더위사냥과 비비빅을 응용한 우유 '비비빅 라떼', '더위사냥 라떼'와 롯데푸드의 빠삐코 맛이 나는 우유인 '빠삐코 라떼'를 만들기도 했다. 커피기업 쟈뎅은 크라운제과와 협업해 커피음료 '까페리얼 쵸코하임라떼'를 만들었다. 얼음컵에 담아 먹을 수 있게 만든 팩커피에 1991년 출시돼 오랫동안 인기를 차지하고 있는 과자 '쵸코하임' 디자인을 그대로 입혔다. 강한 헤이즐넛 맛과 초콜릿 맛이 특징인 쵸코하임 라떼를 브랜드명과 디자인 등에 차용하면서 신제품임에도 불구하고, 소비자에게 쉽게 제품 특징을 설명해 효과를 봤다.[3]

소비자의 트렌드를 반영한 일련의 활동 가운데 중요한 점은 브랜드 관리자는 소비자의 영혼에 호소할 수 있는 브랜드 정체성을 제시해야 한다는 것이다. 과거에는 브랜드를 알리는 방법이 소비자의 이성과 감성에 호소하는 것이었지만, 이제 브랜드는 소비자들에게 더 좋은 세상을 만들어 줄 수 있다는 믿음을 주어야 한다. 브랜드 관리자는 설득형 메시지보다는 공감형 메시지를 전달해야 한다. 소비자가 이미 많은 정보를 소유하고 있는 상황에서 더 좋은 세상을 만들겠다는 진정성(authenticity)을 가지고 소비자가 공감할 수 있는 콘텐츠를 개발해야 한다.[4]

---

1) 매일경제신문, 2013.11.16.
2) ChosunBiz, 2013.4.22.
3) 매일경제신문, 2016.6.2.
4) ChosunBiz.com, 2016.4.23.

사례 브랜드 가치

삼성전자의 브랜드 가치가 약 68조원으로 국내 기업 중 최고인 것으로 조사됐다. 카카오는 브랜드 가치가 가장 빠르게 상승한 기업으로 나타났다. 글로벌 브랜드 컨설팅 전문업체 '인터브랜드'는 11일 이같은 '2020년 베스트 코리아 브랜드'를 발표했다.

올해 50대 브랜드 가치는 153조원으로 작년보다 0.7% 증가했다. 한국 50대 브랜드 가치는 매년 증가세지만 올해는 코로나19 영향으로 성장 폭이 작았다. 1위 삼성전자의 브랜드 가치는 지난해보다 2% 증가한 67조7천903억원으로 평가됐다.

2위 현대자동차 15조7천93억원(4.8% 증가), 3위 기아자동차는 7조1천315억원(7.2% 감소), 4위 네이버는 6조1천694억원(11.9%)으로 나타났다. 상위 4개 브랜드의 가치는 96조8천6억원으로 50대 브랜드 전체 가치의 63%를 차지한다.

다음으로 SK텔레콤(3조4천121억원), 삼성생명(3조3천434억원), KB국민은행(3조 251억원), 신한은행(2조9천648억원), LG전자(2조8천93억원), SK하이닉스(2조5천616억원) 등으로 조사됐다.

브랜드 가치가 가장 빠르게 크고 있는 기업은 카카오다. 카카오의 브랜드 가치는 1조6천405억원으로 지난해보다 46.6% 증가해 19위에 올랐다.

LG생활건강은 23.3% 성장한 1조7천388억원으로 18위, 엔씨소프트는 20.7% 성장한 1조1천815억원으로 22위를 차지했다. KEB하나은행(11위), 미래에셋대우(33위), 하이트진로(41위), 휠라코리아(46위) 등은 올해 한국 50대 브랜드에 새롭게 진입했다

자료원: 스마트에프엔, 2020.8.11에서 발췌 정리.

현장수첩 환경까지 생각하는 브랜드

파타고니아(Patagonia)는 '옷을 만들 때부터 버릴 때까지 환경만 생각한다'는 일관된 브랜드 아이덴티티 전략을 내세우며, 친환경 아웃도어의 대표적인 브랜드로 자리매김하고 있다.

파타고니아의 모든 생각과 행동은 '친환경주의' 철학에서 출발하고 있으며, 모든 활동에는 환경을 보호하고자 하는 노력이 그대로 묻어있다.

파타고니아의 제품 대부분은 재활용 폴리에스테르(Polyester) 소재를 사용하며, 농약과 화학비료를 사용하지 않고 기른 목화로 만든 순면을 사용하는 것으로 유명하다. 환경에 끼치는 피해를 최소화하기 위해 새 옷을 사기보다 오래 입을 수 있는 옷을 만들면서, 환경 보호 문화를 이끌어 가고 있다. 매년 매출액의 1%로 전 세계에서 환경을 위해 가장 앞장서는 단체들을 후원하는 등 진정성이 느껴지는 브랜드 스토리를 소비자들에게 꾸준히 전달하고 있다.

프라이탁(FREITAG)은 스위스 패션 기업으로, '인간과 지구를 보호함으로써 선한 이윤을 얻는다'는 철학을 지닌 업사이클(Upcycling)브랜드의 대표주자로 손꼽힌다. 프라이탁에서 선보이는 가방들은 버려진 화물트럭 방수포인 타폴린(tarpaulin) 천막과 자동차 안전벨트, 버려진 자전거 내부 튜브 등으로 만들어진다. 가방을 세척하기 위한 물은 모두 빗물을 사용하는데, 비가 내리면 옥상 정원에 자갈을 통과해 파이프를 타고 물 41만 9,368L를 담을 수 있는 거대한 탱크로 들어간다. 환경과 삶을 소중히 생각하고, 재료의 특징을 살린 독특한 디자인과 환경 보호에 일조한다는 감성을 자극한 것이 인기 비결이다.

국내에서 핸드워시, 주방세제 등으로 유명한 메소드(method)는 대표적인 미국의 친환경 생활용품 브랜드다. 미국, 캐나다, 프랑스 등 전 세계 4만여 개 매장에서 판매되고 있는 메소드는 감각적인 디자인과 아름다운 향의 매력적인 친환경 제품으로 친환경 라이프스타일을 추구하는 소비자들을 중심으로 각광받고 있다.

메소드는 생분해가 가능한 무독성 원료들로 제품을 만들고 있는데, 제품·원료·성분뿐 아니라 제품 설계, 제조과정에 있어서도 지속가능성을 추구한다. 또한 'Rapid Carbon Modeling'이라는 소프트웨어를 적극적으로 활용해서 전체적인 제조과정에서의 탄소배출을 관리, 감독하고 있다.

자료원: dongA.com, 2018.2.12에서 발췌 정리.
https://be-effective.tistory.com/34

디자인

경쟁적 우월성을 마련해 줄 수 있는 디자인 개발에 대한 기업의 요구가 증가됨에 따라 디자인을 전략적 경영수단으로 활용해야 하는 필요성이 증대되고 있다. 21세기는 젊은 세대들뿐만 아니라 전 세대에 걸쳐 감성이 어느 시대보다 더 발달하는 시대가 되어가고 있나. 서비스를 제공하는 정보의 질과 양도 중요하지만 세련된 디자인으로 구성된 인터페이스(interface) 역시 그 중요성이 더욱 절실해지고 있다.[5)]

사례 현대차 '디자인 경영' 본궤도 – 새 디자인 방향성 '감각적 · 화려함'

현대차에 따르면 회사가 올해 6월말까지 확보한 디자인권은 4,762건에 이른다. 같은 기간 기아차는 4,592건을 보유했다. 2017년 6월말과 비교하면 현대차가 1,480건, 기아차는 1,640건 늘어났다. 현대차 · 기아차의 디자인권은 지난해 이후로 급증했다. 이는 새로운 디자인 언어를 바탕으로 개발된 현대차 · 기아차 · 제네시스 신차가 지난해부터 줄지어 나오고 있기 때문으로 파악된다.

현대차는 새 디자인 방향성을 '센슈어스 스포티니스(Sensuous Sportiness)'로 요약한다. 감각적이고 화려하다는 뜻이다. '센슈어스 스포티니스'를 바탕으로 처음으로 개발된 양산차는 중형세단 8세대 쏘나타다. 기아차 중형세단 3세대 K5는 헤드램프와 그릴이 연결된 '호랑이 얼굴' 디자인이 적용됐다. 쏘나타와 K5가 공통적으로 내세우는 키워드는 역동성이다. 전 세계적으로 세단 수요가 급감하다 보니 안정적인 매출을 올려주던 양사 대표차량들도 파격적인 디자인 변신을 시도할 수밖에 없었을 것이라는 분석이다. 기아차는 '옵티마'로 판매하던 K5 차명을 3세대 신형 모델부터 K5로 통일시켰다. 신형 K5가 최신 디자인으로 중무장한 만큼 기존에 구축했던 브랜드 인지도

5) www.saycom.net. 칼럼, 정경원, 「DESIGN MANAGEMENT」.

없이도 흥행할 수 있을 것이라는 자신감이 담겼다.

제네시스는 디자인 재정비를 통해 공격적인 확장에 나서고 있다. 제네시스 3세대 G80은 브랜드가 추구하는 '역동적인 우아함'의 정수가 담긴 모델로 평가받는다. 신형 G80 전면부는 제네시스 브랜드 로고를 그대로 형상화한 듯한 모습을 하고 있다. 방패 모양의 크레스트 그릴을 통해 고급차다운 웅장함을 상징하면서, 양 옆의 두줄 형태 쿼드램프(4개의 선으로 이루어진 램프)는 역동적인 인상을 심어준다. 제네시스는 올해 GV80, GV70 등 SUV 라인업을 본격 확장한 데 이어, 내년 브랜드 첫 전기차를 출시해 시장 변화에 대응해 나갈 예정이다. 제네시스에게 주어진 또 다른 임무는 미국 외 다른 해외시장 개척이다. 현대차는 중국과 유럽 각지에 제네시스 법인을 설립하며 재진출을 모색하고 있다.

자료원: 한국금융, 2020.8.31에서 발췌 정리.

포 장

포장(packaging)은 제품을 담을 용기나 포장지를 만들고 디자인하는 활동을 말한다. 과거에는 단순히 제품을 보호하기 위한 수단으로 인식되었으나 최근에는 포장의 형태·색상·재질 등으로 제품의 이미지를 형성하여 소비자들의 욕구를 불러일으키도록 하고 있다. 경영자는 포장을 말 없는 세일즈맨이라고 인식할 필요가 있다. 혁신적인 포장을 개발함으로써 판매증진에 이바지할 수 있어야 할 것이다.

사례 LUSH의 친환경 포장

환경, 동물, 인권. 러쉬가 내세우는 키워드들은 화장품 업계에서 러쉬의 독특한 정체성을 부여한다. 친환경 포장재 또는 아예 포장을 하지 않는 Naked 방식을 택함으로써 러쉬는 1억병 이상의 플라스틱 사용량을 감소시키는 성과를 거두었다.

러쉬코리아 박원정 이사에 따르면,

현재 매장에 진열되어 있는 친환경 패키지의 모습 또한 지난 몇 년간의 시행착오를 거친 결과물이다. 가장 적절한 포장방식을 찾는 여정에서 패키징을 담당하는 아웃소싱 업체 또한 보다 환경 친화적인 방식의 포장재를 생산하기 위한 기술을 연구하고 개발하는 데 성공했다.

러쉬의 철학에 기반한 비즈니스 모델이 친환경 포장기술의 진보라는 또 다른 임팩트를 창출했다고 볼 수 있다. 이외에도 러쉬가 꾸준히 추진하고 있는 동물실험 반대, 성소수자 존중, 기후행동 동참 캠페인 등은 러쉬 브랜드 자체의 철학을 소비자에게 각인할 뿐 아니라 진정성을 바탕으로 고객과의 신뢰를 강화하는 효과가 있다. 러쉬 코리아의 경우, 별도의 미디어 광고 없이 최근 5년간의 매출이 매년 평균 22.4% 성장하고 있다.

자료원: thecsr-center.com/2020/10/29/the-csr.

마케팅믹스에서의 가격전략

마케팅믹스에서 가격(price)전략은 제품을 구입하기 위하여 소비자가 부담해야 하는 금액을 결정하는 것을 말한다.

가격결정은 기업이 신제품을 개발하거나 획득할 때, 새로운 유통경로를 도입할 때 그리고 새로운 계약을 할 때 당면하게 된다. 가격결정은 제품에 대한 시장의 수요를 결정하는 요소로서 경쟁기업과 상대적 위치와 시장점유율에 큰 영향을 미치게 된다.

기업은 대체로 제품의 가격결정에 있어서 두 가지 전략을 사용한다. 고가전략(high-pricing)을 사용하기도 하고 저가전략(low-pricing)을 사용하기도 한다. 고가전략은 고소득층 시장을 노리고 가격을 높게 책정하는 것이다. 저가전략은 저소득층을 겨냥한다고 할 수 있다. 가격을 낮추어 제품이나 서비스를 판매하게 되면 많은 고객을 확보할 수 있다는 것이다.

저가전략을 사용하는 경우에는 대부분 저소득층을 겨냥한 경우가 많다고 할 수 있다. 가격을 낮추어서 제품이나 서비스를 판매하게 되면 많은 고객을 확보할 수 있다는 것이다. 하지만 이처럼 박리다매전략을 쓰게 되면 고객들은 제품의 품질도 낮은 것으로 생각할 수도 있으므로 이를 고려하여야 한다.

제품 또는 서비스의 가격은 제품원가, 대체품의 가격, 제품의 고유 특성을 고려하여 결정해야 한다. 이를 위해서는 표적시장 고객의 특성, 선호하는 가격대, 그리고 제품에 대해 고객들이 인지하는 가치를 조사하여 가격을 결정하는 방식으로 가격을 마케팅의 주요 변수로 활용해야 할 것이다.

사례 "이케아는 제품보다 가격을 먼저 디자인한다"

28개국 340개 매장을 보유하고, 연간 7억 8,300만명이 매장을 방문해 342억유로(45조 8,105억원)의 매출을 올리는 '이케아(IKEA)'는 낮은 가격으로 전 세계 고객을 열광하게 한다. 비결은 창업자 잉바르 캄프라드(Ingvar Kamprad)가 이케아 제품 전체에 적용하는 확고한 철학, "새로운 제품을 만들기 전에 가격표를 먼저 디자인한다"에서 비롯된다. 제품 가격을 낮게 책정하면, 소비자들이 더 많이 구매하고, 제품을 대량으로 생산할 수 있어 그만큼 다시 가격이 낮아지는 선순환 구조를 유지하게 된다는 것이다. 이 철학은 이케아 제품 전부에 적용된다.

이케아는 1963년 노르웨이에 매장을 열면서 해외에 진출을 시작했다. 이후 덴마크(1969년), 스위스(1973년), 독일(1974년), 미국(1985년), 영국(1987년) 등으로 영토를 확장해 나갔다. 2014년 12월 경기 광명시에 1호 매장(광명점)을 열면서 한국에도 진출, 지난해 매출 3,650억원을 기록하며 성공적으로 안착했다.

해외에서도 이케아의 가장 강력한 무기는 저렴한 가격이다. 어떤 나라에서 팔리는 책장 가격이 얼마인지 먼저 조사하고, 경쟁사 제품 평균가격보다 현저하게 낮은 가격을 책정한다. 그런 다음에 이 가격에 맞는 재료와 디자인, 납품업체를 선정하는 것이다.

잉바르 캄프라드는 자신을 다룬 책 '어느 가구상인의 유언장'에서 "우리는 디자인이 아름답고 기능이 뛰어난 가구와 집기들을 가능한 한 많은 사람이 구매할 수 있을 만큼 저렴한 가격으로 제공해야 한다"며 "낮은 가격을 유지하려면 어떤 노력도 두려워해서는 안 된다. 경쟁자들과의 확실한 가격 차이는 필수적이다. 모든 영역에서 우리는 언제나 가장 저렴한 매장이어야만 한다"고 밝혔다.

제작부터 판매에 이르기까지 '불필요한 친절함'을 철저히 제거하고 최소한의 비용만을 들여 고객에게 저렴한 제품으로 돌려주는 이케아의 전략은 한번 구매하면 거의 평생 사용하던 가구에 대한 소비자의 인식을 바꿨다. 가구도 소모품이라는 것이다.

자료원: 한국일보, 2017.9.2에서 발췌 정리.

마케팅믹스에서의 유통전략

마케팅믹스에서 유통(place)전략은 제품을 적절한 시기에 적절한 장소에서 적절한 양만큼 소비자에게 공급될 수 있도록 전달하는 과정을 결정하는 것이다. 마케팅믹스 활동에서 유통전략의 주요 관심 대상은 효과성 · 효율성을 고려해서 유통경로 · 수송방법 · 적정재고를 결정하는 것이다.

유통경로(channel of distribution)는 제품이 생산자로부터 소비자 또는 산업구매자 및 사용자에 이를 때까지 통과하게 되는 경유노선을 말하는데, 마케팅경로 혹은 판매경로라고도 한다. 경영자는 각 제품의 유통경로 상에서 중간단계의 수를 얼마로 할 것인가 그리고 각 단계에 있어서 판매자 수를 얼마로 할 것인가에 대한 결정을 하게 된다.

수송방법(transporting)은 수송거리나 제품의 크기와 무게, 제품 손상 여부 등을 고려하여 결정하게 된다. 경영자들은 시일이 얼마나 걸리는지 또한 비용이 얼마나 소요되는지의 문제를 감안해서 결정을 해야 한다.

재고(inventory)는 얼마로 하는 것이 적정한가도 유통상 중요한 결정사항이다. 특히 계절상품이거나 유행을 따르는 상품인 경우, 적정 재고를 어느 수준까지 확보할 것인가 하는 문제가 대두된다. 경영자들은 각 제품별로 적정 재고수준을 합리적으로 결정하기 위해 포스(point of sale: POS)시스템을 도입함으로써 무엇이, 언제, 어디서, 어떻게, 얼마나 판매되었는지 알 수 있다.

이러한 여러 가지 요인들을 고려하여 가장 합리적이고 효과적인 제품 전달방법을 결정하게 된다. 기업들은 단순히 제품개발이나 광고를 통해서만 경쟁우위를 확보할 수 있는 것이 아니라 유통경로의 혁신을 통해서도 경쟁우위를 확보할 수 있다. 최근에는 인터넷을 통해서 유통경로를 획기적으로 단축시키고 있다(예컨대, B to C).

사례 SSG닷컴, '세 번째 심장' 네오003 문 연다

SSG닷컴은 온라인 자동물류센터인 '네오003' 문을 열고 본격적인 가동을 시작한다. 최첨단 자동화 물류센터 네오003은 SSG닷컴 물류체계의 심장과도 같은 곳이다.

네오는 '차세대 온라인스토어(NExt generation Online store: NE.O)'의 약자다. 네오003이 하루에 처리할 수 있는 물량은 최대 3만 5,000건. 실제 상온 상품 기준으로 네오002에서는 시간당 약 2,000상자, 2초당 1상자를 처리했다면 네오003에서는 시간당 2,400상자, 1.6초당 1상자를 마감할 수 있다. SSG닷컴 관계자는 "필요에 따라 네오002와 네오003은 컨베이어벨트를 통해 재고를 서로 공유할 수 있도록 설계돼 시너지 효과도 기대된다"고 말했다.

'네오003'의 가장 큰 특징은 전통적인 물류센터 개념에서 벗어나 상품을 직접 만들고 판매하는 '온라인 스토어' 역할을 갖췄다는 점이다. 이를 위해 SSG닷컴은 업계 최초로 네오003에 베이킹 센터를 구축해 직접 빵을 구워 판매한다. 매일 오전 5시와 오후 7시에 총 40종, 최대 8,500개 빵을 생산할 수 있다. 오전 5시에 굽는 빵은 '쓱배송'으로 오전 9시부터 받아볼 수 있고 저녁 7시의 생산 물량은 다음날 오전 6시에 배송이 끝나는 '새벽배송'으로 판매된다. 당일 판매하지 못한 상품은 모두 푸드뱅크를 통해 기부된다.

SSG닷컴은 현재 5,000건인 새벽배송 물량을 내년 초부터는 1만건까지 확대한다. 또 안정화 작업을 거친 뒤 내년 중 새벽배송만 최대 2만건으로 늘릴 계획이다. 배송권역도 서울과 가까운 수도권 일부로 우선 확대한 뒤 수도권 전체로 늘린다.

홈플러스는 네이버가 새로 시작하는 '장보기' 서비스에 네이버와 온라인 사업 제휴를 확대할 계획이다. 네이버 이용고객은 홈플러스 온라인몰에 다시 접속하지 않고도 장보기 서비스를 통해 바로 홈플러스 상품을 살 수 있다. 홈플러스는 네이버 장보기

서비스에서 자사 온라인몰에서 판매하는 신선식품과 가공식품, 생활용품, 패션, 가전 등 2만 3천여종에 이르는 모든 상품을 똑같이 판매한다. 당일 배송, 배송시간 선택 등 기존 자사 온라인몰 서비스도 똑같이 적용된다.

홈플러스는 이번 제휴를 통해 첫해 연간 160만명의 온라인 고객을 모으고 추가 10% 매출을 확보할 수 있을 것으로 기대하고 있으며 향후 순차적으로 온라인 사업 제휴를 확대할 계획이다. 홈플러스는 내년까지 전국 전 점포에 온라인 물류 기능을 갖추고 피커는 현재 1천 400명에서 4천명까지, 콜드체인 배송차량은 1천여대에서 3천여대로 늘려 온라인 사업을 강화하겠다는 목표를 세웠다.

자료원: 매일경제신문&mk.co.kr, 2019.12.19; 매일경제신문&mk.co.kr. 2020.8.20에서 발췌 정리.

마케팅믹스에서의 촉진전략

마케팅믹스에서 촉진(promotion)전략은 해당 제품의 효능에 대해서 실제고객이나 잠재고객을 대상으로 정보를 제공하거나 설득하는 활동을 말한다. 촉진전략은 기업의 제품을 정해진 가격에 구매하거나 계속적으로 구매를 유도할 목적으로 How(어떻게 할 것인가), When(어느 시점에서), What(어떤 정보를), Who(누가 표적인가)를 중심으로 이루어진다. 이에 따라 제품의 장점을 알리고 잠재구매자들이 제품을 구매하도록 설득하는 활동이 이루어지게 된다. 촉진활동 내용에는 광고, 인적판매, 판매촉진, 홍보 등이 있다.

광고(advertising)는 TV, 라디오, 인터넷, SNS, 잡지, 신문, 옥외간판 등을 활용하여 소비자들이 제품을 인식하도록 하는 것을 말한다. 인적판매(personal selling)는 세일즈맨이 예상고객과 직접 접촉하여 대화를 나누면서 그들의 욕구나 필요를 환기시켜 구매행동을 일으키도록 하는 활동을 말한다.

판매촉진(sales promoting)은 제품의 판매 · 구입을 촉진하기 위한 단기적인 유인수단을 제공하는 활동을 말한다. 가격할인, 쿠폰, 무료견본, 경품 등이 수단이 된다. 홍보(publicity)는 TV, 라디오, 신문, 잡지 등에 자사의 제품과 관련된 기사를 내보내어 소비자들의 수요를 자극하는 것을 말한다. 따라서 기업은 자사의 현황, 신제품 개발, 행사 및 뉴스거리 등에 대한 보도자료를 제작, 대중매체에 배포하고 재난이 발생하거나 특별한 시기에 기부금 명단을 작성하여 자사에 유리한 홍보활동을 하게 된다.

이와 같은 여러 가지 촉진활동들은 소비자의 욕구를 자극하여 계속적인 구매 행동을 유발시키게 된다. 경영자는 시장의 성격, 제품의 성격, 비용 등을 고려하여 광고, 인적판매, 판매촉진, 홍보활동 등에 적절히 예산을 배분하여야 할 것이다.

사례 마케팅 '4P' 공식은 잊고 '4M' 주목

제품(product), 가격(price), 유통(place), 촉진(promotion)은 (故)에드먼드 제롬 맥카시 미시건주립대학교 교수가 1960년대에 제안한 마케팅의 기본요소다. '4P'는 수십년 동안 사람들이 따르던 마케팅의 구성 요소였다.

마케팅 전략업체 리스&리스의 회장이자 '마케팅 불변의 법칙', '포지셔닝'의 공동저자로 유명한 '알 리스(Al Ries)'가 미국의 광고·마케팅 잡지 '애드버타이징 에이지'에서 '4P는 잊어라, 마케팅의 4M을 주시하라(Forget your Ps; Mind the Four Ms of Marketing)'라는 제목의 기고에서 상품(merchandise), 시장(market), 미디어(media), 메시지(message)를 포함한 '4M'을 새로운 마케팅 요소로 제안했다.

리스 회장이 꼽은 첫 번째 'M'은 상품이다. 무엇을 마케팅할 것인지를 선정하는 것이 첫 번째 마케팅 단계다. 다음으로는 어떤 시장에 진입할 것인지를 설정해야 한다. 리스 회장은 "4P와 4M의 가장 중요한 차이는 시장 설정에 있다"고 강조했다. 수십년 전에는 누구에게나 브랜드를 알리는 마케팅을 할 수 있었다. 그렇지만 "브랜드의 개수가 늘어나면서 모든 사람을 타깃으로 하는 브랜드 마케팅을 하는 것은 소용없다"고 리스 회장은 말했다. 경쟁이 치열한 경영환경에서 "잠재고객들의 생각(mind)에 자리 잡는 최상의 방법은 특정한 부문에 호소(appeal)하는 것"이라고 그는 조언했다. 젊은층, 노년층 등 구체적으로 어필할 시장을 설정하는 것이 중요함을 리스 회장은 강조했다.

세 번째 요소는 미디어다. 다양한 미디어를 통해 상품을 알리는 것이

좋을 것이라는 일반적인 생각과 달리, 리스 회장은 "회사가 한 가지 미디어를 통해 마케팅 캠페인을 펼치는 것이 가장 효율적"이라고 주장했다. 그는 어떤 종류의 브랜드가 어느 미디어에 마케팅을 하면 좋을지에 대해 다음과 같이 말했다. "잡지, 신문과 같은 인쇄 미디어는 럭셔리 브랜드가 마케팅하기에 좋다. TV는 대량 판매를 하는 브랜드가 공략하기 좋은 창구이며, 새로운 브랜드는 인터넷에 광고를 하는 것이 좋다."

기업들은 되도록 다양한 경로를 통해 브랜드를 알리려고 노력한다. 이에 대해 리스 회장은 "회사가 다양한 미디어를 통해 광고를 하는 이유는 잠재 소비자 모두에게 브랜드를 알려야 한다는 생각 때문이지만 이는 잘못되었다"고 꼬집었다. "광고 효과의 대부분은 광고가 도달하는 범위가 아닌 입소문(word of mouth)에서 온다"는 것이 그의 말이다. 때문에 브랜드가 전하고자 하는 메시지를 가장 잘 전달할 수 있는 한 개의 미디어를 통해 광고하고, 해당 메시지에 노출되는 사람들이 입소문을 퍼뜨려 많은 사람들에게 브랜드를 널리 알리는 것이 효율적인 방법이라고 리스 회장은 제안했다.

리스 회장은 좋은 광고 메시지는 "소비자들이 브랜드를 구매하도록 동기부여를 하는 메시지가 좋은 메시지"라고 정의했다. 나아가 "대부분의 경우 좋은 메시지는 몇 가지의 단어로 구성된다"고 말했다. 그는 온라인 신발 쇼핑몰 자포스(Zappos)의 슬로건 "무료 배송 · 양방향으로(Free shopping · Both ways)"를 좋은 메시지의 한 예로 들었다. 이는 구입한 물건을 받을 때 드는 배송비용이 없을 뿐만 아니라 환불을 하기 위해 상품을 회사로 보낼 때에도 비용이 들지 않는 자포스의 정책을 몇 개의 단어로 함축한 슬로건이다.

자료원: 매일경제신문&mk.co.kr, 2016.9.30에서 발췌 정리.

3. 21세기 마케팅활동은?

인터넷 네트워크 마케팅시스템의 구축과 SNS 마케팅 활용

정보화 시대로 급격하게 변화하면서 마케팅활동에 있어서도 이러한 추세를 따라가고 있다. 인터넷을 통한 전자상거래가 활발해지고 있으며, 마케팅활동에 있어서도 인터넷을 적극적으로 활용하는 기업이 대폭 늘어나고 있다.

인터넷 마케팅(internet marketing)은 인터넷을 이용하여 제품을 판매하거나 서비스를 제공하는 활동을 말한다. 인터넷 마케팅은 기존의 전통적 마케팅 방식인 오프라인 마케팅(offline marketing)과 달리 온라인 마케팅(online marketing) 혹은 사이버 마케팅(cyber marketing)이라고도 한다.

마케팅 패러다임(marketing paradigm)의 변화에 따라 인터넷 마케팅은 기존의 대중 마케팅(mass marketing) 개념에서 표적 마케팅(target marketing) 개념으로 변화하고 있다. 마케팅활동에 변화를 요구하는 가장 큰 힘은 인터넷이 제공하는 상호작용성을 통하여 기업이 그들의 상품을 소비자들에게 알리고 소비자들이 원하는 고객의 욕구, 의견, 유행, 선호도에 대한 피드백 과정을 통해 효과적인 마케팅활동을 전개해 나가는 것이라 할 수 있다. 전통적 마케팅과 인터넷 마케팅의 차이를 살펴보면 다음과 같다.

마케팅 담당자는 기업 내부의 인트라넷(intranet)을 통해 유통정보, 일일판매실적, 거래처 실적, 판매정보, 신상품정보, 매장 제안, 정기방문 계획 등에 대한 정보를 손쉽게 얻을 수 있어야 할 것이다.

마케팅환경이 급변하면서 고객의 욕구에 즉각적으로 대응하기 위해서는 기업 외부의 엑스트라넷(extranet)도 구축되어야 한다. 마케팅담당자는 이를 통해 영업정보를 거래처에 제공함으로써 판매촉진을 위한 컨설팅 위주로 마케팅활동을 할 수 있어야 할 것이다.

인트라넷과 엑스트라넷이 연결된 인터넷 네트워크 마케팅이 이루어지면 마케팅 담당자는 세일즈맨이라는 단순한 이미지에서 벗어나 전문컨설턴트로 변화하게

전통적 마케팅과 인터넷 마케팅의 차이

전통적 마케팅	인터넷 마케팅
선형적 과정	비선형적 과정
이미지 중심	정보 중심
일방적	쌍방향적
대중 마케팅	1 대 1 마케팅
제품 중심	관계 중심
수동적 고객	능동적 고객
간접 경로	직접 경로

된다. 인터넷을 통해서 신상품에 대한 정보를 충분히 숙지할 수 있으므로 거래처의 마케팅활동에 대한 제안도 할 수 있게 되기 때문이다. 또한 광고 판촉물 배포에 관한 정보, 모범진열 사례, 동영상 광고, 이미지 사진 등을 거래처에 직접 확인시켜 줌으로써 거래처의 신뢰도 확보할 수 있을 것이다.

최근 스마트폰이 일상생활에 새로운 문화로 등장하면서 SNS(social networking service)를 이용한 소셜 커뮤니케이션(social communication)이 활성화되고 있다. SNS는 온라인상에서 불특정 다수의 타인과 관계를 맺을 수 있는 서비스다. 트위터, 카카오스토리, 페이스북, 네이버 밴드 등이 있다.

SNS를 이용한 마케팅은 초기 투입자본에 비하면 무한에 가까운 광고의 효과를 얻을 수 있을 뿐만 아니라 고객과 스킨십 빈도를 높이면서 기존의 고객뿐만 아니라 SNS로 확보한 신규 고객들을 '충성층'으로 유인할 수 있다는 장점이 있다. 따라서 SNS를 이용한 새로운 형태의 마케팅전략을 수립할 필요가 있다. 이와 같은 새로운 형태의 마케팅전략을 수립하는 것이 다양한 고객의 욕구를 충족시킴으로써 경쟁에서 우위를 차지하는 첩경이 될 것이다.

사례 소통하며 광고한다, SNS마케팅

인스타그램, 페이스북, 트위터 등 SNS는 전 세계의 수많은 사람들이 사용하고 있다. SNS가 우리에게 친근한 만큼 SNS를 통해 접하는 정보가 아주 많다. SNS는 우리와 친근하기 때문에 SNS을 통한 광고를 쉽게 접하게 되고, 계속 접하다 보면 익숙해져서 구매로 이어지기도 한다.

기업들은 SNS 속 인플루언서(influencer)들에게 광고를 요청하고, 우리는 그 광고를 직·간접적으로 접하며 영향을 받는다. SNS마케팅을 성공적으로 진행했던 대표적인 기업이 '스타벅스'이다. 스타벅스는 크리스마스가 다가올 때마다 매년 다르게 디자인된 레드컵(Red Cup)을 출시하는 것으로 유명하다.

빙그레의 바나나맛우유를 이용한 #채워바나나 캠페인도 성공적인 SNS마케팅 사례이다. 대한민국 대표 바나나우유 브랜드로 유명한 빙그레는 SNS해시태그를 이용한 이벤트를 열었다. 기존의 '바나나맛우유' 제품명을 없애고, 'ㅏㅏㅏ맛우유'로 프린팅하여 소비자들의 이야깃거리를 담아낸 마케팅을 선보였다. 펜과 매직으로 나만의 개성 있는 문장을 만들어 낸 후 인스타그램에 필수 해시태그인 #채워바나나를 넣어 작성하는 이벤트를 진행했다. 인스타그램 내용 속에 감정, 상황, 스토리를 녹여낸 게시물들을 업로드하도록 했다. 이벤트 당첨자에게는 광고 모델이 될 수 있는 기회를 제공하기도 했다.

LG유플러스는 소셜네트워크서비스(SNS) 채널을 통해 5G 서비스와 혜택을 보여주는 커뮤니케이션을 펼치며 MZ세대(1980년대 초 ~ 2000년대 초 출생한 밀레니얼 세대와 1990년대 중반 ~ 2000년대 초반에 출생한 Z세대를 합친 말)에게 높은 반응을 이끌어내고 있다.

상반기에 실시한 LG벨벳 언택트 캠페인에서는 증강현실(AR) 필터를 개발하고, 단말기 화보 등 콘텐츠를 발행해 눈길을 끌었다. 마치 소비자가 매장에 가본 듯한 가상 경험을 제공했다는 평가를 받았다. 이 캠페인은 코로나19 사태로 인한 비대면 환경에서 SNS를 활용해 인지부터 관심, 체험까지 소비자 구매 전 단계에서 고객 경험을 확장시켜 통신사 최초로 페이스북과 인스타그램 성공 사례로 등재되기도 했다. 이외에도 휴대전화 단말 출시 때 실물을 궁금해 하는 소비자를 위해 '먼저 만나는 스마트폰 실물 리뷰'를 기획했고 전문 아티스트, 인플루엔서와 협업해 멤버십 혜택과 펫 상품을 소개하는 등 콘텐츠를 게재했다.

LG유플러스는 콘텐츠 형식에서도 일방향적 소식 전달이 아닌 소비자와 상호 교감할 수 있는 투표, GIF 스티커, 360도 가상현실(VR) 영상 등 SNS에 맞는 뉴포맷 콘텐츠를 선보였다.

자료원: 소비자평가, 2019.6.11; 매일경제신문&mk.co.kr, 2020.11.11에서 발췌 정리.

고객만족 중심의 가치경영 추구

무한경쟁시대에 기업이 유지 · 발전하기 위해서는 경영환경변화에 대응할 수 있는 제품이나 서비스를 개발하는 것이 중요하다. 단순히 제품이나 서비스를 개발하는 것뿐만 아니라 제품이나 서비스를 통해 고객만족을 추구하는 경영전략이 요구되고 있는 것이다.

고객만족 중심의 가치추구 경영은 제품의 상대적인 품질 만족도와 상대적 가격 만족도를 포함하는 고객가치를 이용하여 고객만족 전략을 수립하고 이를 실행하여 성과를 높이는 경영활동을 말한다. 상대적 품질의 만족도란 기능 · 디자인 · 재질 등 제품 그 자체뿐만 아니라 포장 · 배달 · A/S 등 부대 서비스까지 포괄하는 것을 의미한다.

고객만족 중심의 가치경영이 중요하게 대두되는 이유는 제품이나 서비스에 만족한 고객은 제품의 충성도가 높아 재구매 가능성이 높으며, 의사소통 비용이 적게 들고, 마케팅 실패 가능성이 낮기 때문이다. 또한 구전효과를 통하여 기업에게 긍정적인 홍보효과를 줄 수 있기 때문이기도 하다. 고객만족 중심의 가치경영은 직접적으로 기업성과를 예측할 수 있게 해 주며 경쟁기업의 동태를 파악할 수 있게 해 준다. 무한경쟁 속에서 기업은 고객만족 중심의 경영전략을 수립하고 실행해야 할 것이다.

첨단 마케팅기법을 활용한 경쟁우위 확보

기업의 마케팅믹스 전략이 생산중심에서 판매중심으로, 다시 서비스 중심으로 급속히 발전해 가고 있다. 즉, 최소의 비용으로 최대의 잠재시장을 획득하는 고객창조형 마케팅에서 기존고객을 유지하고 고객의 구매를 촉진, 고객 내 시장점유율을 높이는 고객유지형 마케팅으로 발전해 가고 있다. 21세기 글로벌 경쟁시대에 적합한 서비스 중심의 마케팅 기법에는 데이터베이스 마케팅, 다이렉트 마케팅, 관계마케팅, 맞춤형 마케팅 등 새로운 첨단 마케팅기법들이 제시되고 있다.

이러한 마케팅 기법들은 몇 가지 공통된 특징이 있다. 우선 첫 번째 특징은 고객을 집단이 아니라 개인 단위로까지 세분화한다는 점이다. 시장세분화(market segmentation)란 기업이 고객들에게 좀 더 가까이 접근하기 위해서 고객군을 특성에 따라 여러 유형으로 분류하는 것을 말한다. 마케팅활동을 전개할 때에는 세분화된 시장 중에서 가장 매력적인 시장을 선정한다. 이렇게 선정된 시장을 목표시장(target market)이라고 한다. 시장을 세분화하는 기준에는 연령별, 성별, 지역별, 가족수, 사회계층, 소비자요구 등이 있다. 이러한 세분화를 통해 개개인의 취향과 특성에 맞는 마케팅 수단을 쓰고자 하는 일 대 일(one-to-one) 속성을 갖게 된다.

두 번째 특징은 전통적인 마케팅활동의 촉진 방법인 방송·신문 등 매스미디어 대신 인간적인 접촉과 양방향 의사소통이 가능한 뉴미디어를 동원하고 있다는 점이다. 특히 인터넷의 발달과 SNS의 급격한 활성화는 21세기 마케팅의 틀에 근본적인 변화를 가져오고 있다. 따라서 양방향(two-way) 의사소통을 통한 마케팅이 이루어질 수 있는 다양한 방법을 강구해야 할 것이다. 새롭게 등장하고 있는 첨단 마케팅기법들을 구체적으로 살펴보도록 하자.

데이터베이스 마케팅

데이터베이스(database) 마케팅은 고객과 관련된 다양한 데이터를 수집·분석하여 마케팅의 효율성을 극대화하는 것을 말한다. 고객정보, 경쟁사 정보, 산업정보 등 시장관련 변화에 관한 데이터를 직접 수집·분석하여 마케팅 전략을 수립하는 기법이다.

기업은 데이터베이스 관리 시스템(database management system: DBMS) 형태로 컴퓨터에 고객 관련 갖가지 정보를 수록해놓고 고객을 관리한다. 고객은 이를 통해 특별한 대접을 받고 있다는 만족감을 느끼게 되는 것이다. 신용카드, 백화점, 보험, 항공사 등에서 위력을 발휘하는 마케팅기법이라고 할 수 있다. 1997년 이후 고객관계관리(customer relationship management: CRM)라는 개념이 도입되고 있다. 고객관계관리에서는 고객관계에 필수적인 요소들을 고객 중심으로 정리·통합하여 고객활동을 개선함으로써 고객과 장기적인 관계를 구축하고 있다.

국내 백화점들은 소셜네트워크서비스(SNS)를 명품 마케팅에 적극적으로 이용하고 있다. 백화점에서 명품을 구매했던 소비자들을 분석해 이들에게 쇼핑 정보를 보내는 것이다. 실시간 발생되는 소셜데이터를 분석해 맞춤 서비스를 제공하는 것이다. 이와 같이 소셜데이터 분석은 제품개발 단계부터 출시 이후 타깃마케팅(target marketing)까지 비즈니스의 모든 과정에서 활용되고 있는 것이다.[6)]

다이렉트 마케팅

다이렉트(direct) 마케팅은 전화나 팩스, 우편물 등을 마케팅 도구로 사용한다. 대규모 콜 센터(call center)를 갖춰 놓고 고객에게 제품 구입을 권유하거나 각종 불만처리를 하는 텔레마케팅이 대표적이다. 다이렉트 마케팅 역시, 고객정보에 대한 데이터베이스 구축은 필수적이다. 고객이 전화를 걸면 간단한 신원확인을 통해 과거의 통화기록과 각종 정보가 컴퓨터 화면에 나타난다. 응답자는 정해진 매뉴얼대로 고객과 상담함으로써 개별적인 서비스가 가능해진다.

관계마케팅

고객과 개인적인 접촉을 강조하는 관계(relationship)마케팅도 주목할 필요가 있다. 이는 단골 고객과 유대관계를 어떻게 하면 지속하고 강화하는가에 초점을 맞춘다. 새로운 고객을 많이 확보하려면 많은 마케팅 비용이 발생되지만 단골 고객은 소액 투자만으로도 지속적인 매출을 달성해주기 때문이다. 관계마케팅은 단골 고객을 계속 유치하기 위해 집중적인 마케팅활동을 시도하는 것을 의미한다.

맞춤형 마케팅

소비자의 갖가지 수요를 일일이 맞춰내려는 맞춤형(on-demand) 마케팅은, 소비자의 주문에 따라 컴퓨터를 생산하는 시스템을 채택하여 단숨에 세계적 기업으로 성장한 델(Dell)컴퓨터 사례가 대표적이다. 소비자를 제품개발 단계부터 참여시켜 고객만족을 원천적으로 실현하도록 하는 것이다.

스포츠 마케팅

스포츠 마케팅은 스포츠와 마케팅이 결합한 형태로 스포츠를 통해 직·간접적으로 마케팅 효과를 극대화시키려는 것을 의미한다. 스포츠 마케팅 형태는 다양하게 나타나고 있다. 스포츠 대회를 후원하는 방법과 가능성 있는 선수를 발굴해 후원하는 방법이 주로 사용되는데, 스포츠 마케팅이 성공했을 때의 효과는 실로 엄청나다.

---

6) 매일경제신문, 2013.6.8.

사례 희망 더하는 SK와이번스의 스포츠 마케팅

스포츠는 열정과 감동의 드라마다. 어떤 드라마나 영화도 이처럼 극적인 스토리를 그려내긴 힘들다. 어려움을 극복하고 최정상에 오르는 과정에서 스포츠 스타는 대중에게 감동과 희망을 전한다. 스포츠는 반칙과 편법이 없는 정의로운 현장이다. 이 때문에 소비자의 신뢰를 바탕으로 수익 창출을 극대화하려는 기업에 스포츠 현장은 자사의 브랜드 이미지를 높일 수 있는 최적의 마케팅 영역이다.

기업은 스포츠 스타를 후원하거나 스포츠 빅 이벤트를 유치해 브랜드 노출 효과를 노린다. 스포츠가 주는 '감동'과 '희망' 메시지에 자사의 브랜드를 얹는 작업이다. 스포츠 후원 활동을 자연스럽게 CSR로 연결해 사회적 책임을 다하는 기업으로 이미지를 각인시킨다.

지난해 6월 프로야구구단 SK 와이번스 선수단의 유니폼에서는 선수 본인의 이름을 찾아볼 수 없었다. 각자의 이름 대신, 선수들의 유니폼에는 '예지, 서진, 현아'라는 이름이 부착되어 있었다. 선수들과 감독, 코치들, 응원단, 그리고 프런트 직원들과 팬들까지 이들을 응원하는 문구가 적힌 패치를 눈 밑에 부착하여 의미 있는 행사에 동참했다. 이 캠페인은 SK 와이번스의 '2019 희망더하기 캠페인'으로, 희소 난치성 질환을 앓고 있는 어린이들을 돕고 응원하는 중심으로 진행되었다.

포수 이재원과 대표 타자 최정 등은 각 저소득층 환자에게 의료비용을 지원하는 등 캠페인을 펼치고 있으며, 컴투스 프로야구 주간 MVP로 선정된 투수 문승원의 경우,

상금을 '희망더하기 캠페인'에 기부하기도 했다. SK 선발투수 박종훈은 1이닝 투구할 때마다 시투를 한 예지에게 10만원을 기부하기로 약속했다.

희망더하기 캠페인은 지난 2016년부터 꾸준히 진행되어온 SK만의 지속적인 사회공헌 활동이다. 2016년에 실시한 실종 아동 찾기 캠페인을 시작으로 2018년 소아암 아동 돕기 캠페인, 그리고 올해까지, SK는 이러한 사회공헌 활동을 지속성 있는 연중 캠페인 형태로 진행하고 있다.

희망더하기 캠페인의 가장 큰 특징은 프로야구단의 노출성을 효과적으로 활용했다는 것이다. 프로야구는 대한민국에서 가장 많은 관중을 가지고 있는 인기 스포츠로, 대중들이나 매체에 많은 것들이 쉽게 노출된다. SK는 이러한 점을 인지하고 경기에 출전하는 선수들의 유니폼이 화면에 자주 보이는 것을 활용하여 선수 각각의 이름이 들어갔어야 할 자리에 실종 아동, 희귀질환 환우의 이름을 넣어 캠페인의 홍보 효과를 극대화시켰다.

자료원: 중앙시사매거진, 2019.2.23; 아시아타임즈, 2019.10.3에서 발췌 정리.

진정성 마케팅

진정성 마케팅(authentic marketing)이란 브랜드와 제품 자체의 진정성을 강조하는 마케팅 기법이다. 부정직한 제품, 가식적인 서비스, 인위적이고 허위적인 마케팅이 아니라 제품에 내재된 철학, 탄생 스토리, 열정, 소통 능력 등의 이슈에 집중하여 진정한 가치를 소비자에게 전달하고 공감을 야기시키는 마케팅 활동이다. 기업들은 단기적인 마케팅적 시각보다 제품이나 서비스, 브랜드가 어필할 수 있는 진정성의 요소를 장기적인 관점에서 주의 깊게 개발하고, 마케팅 활동에 있어서도 진정성을 통한 소비자의 공감과 자발적인 추천을 이끌어 내는 것이 필요하다는 것을 인식해야 할 것이다.

기업들은 소비자를 향해 그동안 부분적으로 행해진 이러한 첨단 마케팅기법들을 이제는 전체적인 시각에서 통합적으로 활용해야 할 것이다. 치열한 마케팅 경쟁 속에서 제품의 가치는 결국 소비자의 마음속에서 결정되고 구매행동도 그에 따라서 이루어지기 때문이다.

사례 진정성 마케팅(authentic marketing) – '진정성' 듬뿍담긴 카페

수없이 많은 카페가 생겨났다 사라지는 요즘, 다시 찾고 싶은 카페란 어떤 카페일까 생각해 보았다. 자주 가기 위해서는 나의 활동 반경과 가까운 '입지'가 중요했다. 또한 납득할 수 있는 합리적 가격에 맛도 좋은 '제품력'이 중요했다. 이왕이면 브랜드를 잘 나타내는 인테리어가 담긴 '공간'도 사람들이 다시금 방문하게 하는 주요소였다.

경쟁이 치열해지다 보니 이런 요소를 갖춘 훌륭한 카페가 늘어나기 시작했다. 이제는 더 이상 이것만으로 되지 않았다. 수많은 선택지 속에서 매력 있는 카페가 되기 위해서는 이를 뛰어넘는 한 가지가 더 필요했다. 고객과 눈높이를 맞추며 정성껏 좋은 음료를 제공하려는 진심 어린 마음이었다. 그런 곳이 어디 있을까 곰곰이 생각하다 '카페 진정성'이 떠올랐다.

"이 카페는 진짜 재료 그대로를 사용해 맛있게 담아내는 곳이라는 메시지를 강조하고 싶었어요. 좋은 재료를 손이 많이 가더라도 정성껏 제조한다는 이야기를 전하고 싶었거든요. 많은 분들이 저희 주력 상품을 밀크티로 아시지만, 초기 효자 상품은 커피예요. 그중에도 바닐라라테였지요. 시럽을 끓인 후 바닐라빈을 갈아 넣고 숙성시키면 바닐라빈 시럽이 완성되는데 이 시럽을 담뿍 넣은 바닐라라테가 정말 잘 팔렸어요. 가열하지 않아 원재료가 많이 들어가긴 했지만, 향이 살아났거든요. 손님들이 그것을 알아주시고 좋아해주셨죠."

그렇게 커피가 잘 팔리자, 김 대표는 이 숙성 방법을 밀크티에도 적용했다. 가열해서 만든 밀크티가 아니라 냉침과 숙성으로 향을 살린 밀크티 또한 잘 팔리기 시작했다. 커피를 마신 손님들은 집에 돌아갈 때 밀크티를 한 병씩 사가기 시작했고, 매출도 올랐다. 그렇게 장사는 잘되었고 매장은 확장했다. "잘되는데, 운영이 쉽지만은 않았어요. 소나기가 오던 어느 날이었어요. 밖을 보는데 매장이 좁아 테이크아웃해서 드시던 손님이 비를 맞고 계시더라고요. 이건 아니라는 생각에 확장하기로 결심했지요."

김 대표는 김포에서 추가로 매장을 오픈했고 서울 도곡점, 여의도점, 연희점을 오픈했다. 백화점에도 입점했다. "매장을 확장하며 문제가 생기기 시작했어요. 장사는 잘 되었지만, 대량 판매가 이뤄지면서 진정성을 시작했을 때의 핵심이 잊히기 시작한 것이었죠. 진심으로 정성껏 만든 제품을 전하고자 했는데, 매장을 확장하는 가운데 그런 마음이 과거처럼 손님에게 전달되지 않았어요."

진정성 '서점'의 공간 철학을 써놓은 벽.

"음식이나 음료는 유행이 있어요. 밀크티도 마찬가지였죠. 밀크티 붐이 지나가면서, 매출도 조금씩 떨어지기 시작했어요. 유행이 사그라들 때 살아남기 위해서는 브랜드가 튼튼해야 해요. 어려운 시기에도 원조집은 살아남을 수 있거든요. 그래서 저희도 결심했지요. 저희가 전하고자 하는 가치를 온전히 보여주기 어려운 매장은 정리하고, 새로운 매장인 김포 서점을 오픈하기로 했어요." 김 대표는 그가 왜 일부 매장을 정리하고, 김포에 서점을 새로 오픈하게 됐는지 담담하게 설명해주었다. 처음 김포에서 진정성을 시작했던 때의 마음을 지키기 위해, 대박이 나기를 바라는 마음을 담은 공간이 아니라 느리더라도 천천히 차근차근 바라봐주었으면 하는 마음을 담은 곳, 서점(徐點)이었다.

커피를 마시고, 티 코스를 즐길 수 있는 예약 공간으로 들어갔다. 전통 다실이 아닌 이곳은 '진정성'만의 독특한 개성이 잘 녹아 있었다. 우수한 품질의 생두를 선별해 커피를 로스팅하고, 스리랑카에서 차를 수입해 밀크티를 만들던 김 대표의 경험이 오롯이 담긴 진정성스러운 다실이었다. 가장 인상적인 음료는 그의 방식으로 해석한 '제분차'였다. 일본에서 마시던 말차와 다르게 그는 제주 녹차를 일정한 온도와 습도 아래에서 덖어 줄기와 잎맥을 제외한 후 한 번 더 볶았다.

이 한 잔의 제분차를 만들기 위해, 그는 커피를 로스팅할 때처럼 섬세하게 온도와 습도를 조절했고, 우유와 섞었을 때 알맞은 맛을 찾기 위해 블렌딩하는 등 진정성만의 제분차를 만들기 위해 애쓰고 있었다. 정성껏 제분차를 준비하는 과정을 바라보면서 그들이 말한 서점의 의미를 조금 알 것 같았다. "좋은 재료를 수고롭더라도 정성껏 담아 제공하는 모습을 천천히 보여주고 싶다"던 이야기가 조금 더 가깝게 느껴졌다.

공간, 제품, 서비스가 모두 하나의 목소리로 "좋은 재료로 정성껏 만듭니다"를 이야기하던 진정성 서점을 보면서 여러 생각이 들었다. 모두가 '빨리빨리'를 외치는 요즘이지만, "잠깐만. 기다려보세요. 그리고 우리가 담는 정성을 찬찬히 바라봐주세요"라고 이야기를 하는 것도 필요한 것 같다는 생각이 들었다.

자료원: 매일경제신문&mk.co.kr, 2020.7.16에서 발췌 정리.

현장수첩 기업들, 빅데이터 활용한 CRM에 주목

고객관계관리(customer relationship management: CRM)란 고객의 욕구를 고객 집단이 아닌 고객 개개인으로 개별화·개체화하여 이들의 욕구를 충족시켜 줌으로써 고객의 신뢰를 획기적으로 개선시키고 이를 바탕으로 고객과 장기적 유대관계를 형성하는 기법이다.

최근에는 전통적인 마케팅 기법인 CRM이 빅데이터(big data)를 등에 업고 점차 스마트해지고 있다. 자동체 업계를 비롯, KT와 삼성전자 등 제조업종, 통신업종에서도 빅데이터를 활용한 CRM 프로젝트를 진행하고 있다.

기아자동차는 자체 빅데이터를 분석한 결과, 고객 75% 이상이 차량 구매 시 영업점을 방문해 실제 차량을 확인한다는 것에 착안, 고객이 차량을 더욱 다양한 방법으로 경험할 수 있도록 새로운 영업점 차량 전시모델을 개발했다.

새롭게 개발한 영업점 차량 전시모델은 내부 판매 및 CRM 데이터와 외부 공공 데이터를 결합·분석해 고객이 가장 보고 싶어하는 차량을 도출하고, 이를 영업점 차량 전시에 즉각 반영하고 있다.

전시모델 선정뿐만 아니라 지역별로 고객이 선호하는 차량 색상과 옵션까지도 예측해 차량을 배치하고 있으며, 영업점 전시 외에도 기아차 웹과 모바일 홈페이지 등을 통해서 고객의 차량 접근성을 총체적으로 개선했다. 이러한 전시 차량 최적화를 통해 고객은 원하는 차량을 가장 가까운 영업점에서 쉽게 경험할 수 있게 되었고, 기아차는 실질적인 판매증대 효과를 얻을 수 있었다.

로켓배송으로 유명한 쿠팡은 온라인에서 상품을 판매하는 소셜커머스에서 판매자와 소비자를 유기적으로 연결하는 플랫폼인 '마켓플레이스'로 진화하는 과정에서 세일즈포스 프로그램을 도입했다.

대한항공은 세일즈포스 플랫폼을 이용해 130개 노선의 단체 여객과 계절별 화물 수요를 체계적으로 관리하고 있다. 대한항공 IT 트랜스포메이션 총괄 상무는 "환율과 유가 변동 등 대외 환경변화와 저비용항공사(LCC) 등 경쟁사가 늘어나면서 수요를 기민하게 관리할 수 있는 시스템이 필요했다"며 "수요를 단계별로 관리하면서 거래 상황을 실시간으로 체크하고 있다"고 말했다.

자료원: 아이뉴스24, 2014.12.11; ChosunBiz.com, 2016.4.19; 매일경제신문&mk.co.kr, 2019.10.22에서 발췌 정리.

MANAGEMENT

강/의/요/약

1. 마케팅(marketing) 활동은 생산자와 소비자 사이에 제품과 서비스를 교환하는 활동을 의미한다. 고객욕구와 기업의 목적을 모두 만족시키기 위해 제품, 가격, 유통, 촉진 등을 계획하고 실행하는 활동이라고 할 수 있다.

2. 마케팅활동 과정은 마케팅환경과 구매자 행동을 분석하여 시장기회를 포착하고, 미래의 수요예측을 통해서 시장세분화(segmentation)를 통한 표적시장을 선정하며, 해당시장에 대해 제품, 가격, 유통, 촉진을 전체적으로 고려하는 마케팅믹스(marketing mix)를 개발하여 구사하게 된다.

3. 마케팅믹스에서 제품전략은 제품 자체뿐 아니라 브랜드, 포장 등을 통해 가치를 창조하는 활동을 의미하며, 가격전략은 제품의 특성이나 시장상황에 따라 고가전략 또는 저가전략을 구사하는 것을 의미한다. 유통전략은 합리적이고 효과적인 유통경로와 수송방법, 재고수준 등을 결정하는 것을 의미하며, 촉진전략은 광고, 인적판매, 판매촉진, 홍보 등을 통해 고객과의 효과적인 의사소통을 하는 것을 의미한다.

4. 21세기에는 정보화 추세에 따라 인터넷 네트워크 마케팅과 SNS 마케팅을 적극적으로 구사해야 하며, 고객만족 중심의 가치추구 경영을 통해 기업성과를 높여야 할 것이다. 데이터베이스 마케팅, 다이렉트 마케팅, 맞춤형 마케팅 등 첨단 기법을 활용하여 차별화된 경쟁우위를 확보해야 할 것이다.

제 11 장

생산활동

1. 생산활동이란?
2. 제조업의 생산활동
3. 서비스업의 생산활동
4. 21세기 생산활동은?

1. 생산활동이란?

생산활동은 제품과 서비스의 창출활동

생산활동은 기업이 사용할 수 있는 모든 자원을 이용하여 고객이 원하는 제품이나 서비스를 창출하도록 생산시스템을 계획하고 실행하고 통제하는 활동을 말한다. 생산활동은 제조업의 생산활동과 서비스업의 생산활동으로 구분될 수 있다.

과거에는 생산활동을 제조업에서 유형의 제품을 생산하는 활동으로만 생각하고 서비스업의 생산활동은 크게 관심을 두지 않았다. 그러나 최근에는 서비스업의 비중이 커지면서 서비스업에서 생산활동에 많은 관심을 가지게 되었다.

제조업에 있어서 이익의 원천이 제조부문에서 서비스 부문으로 이동하는 현상이 나타나면서 자사 제품과 관련된 서비스부문을 사업화하는 추세가 발생하고 있다. 그러므로 제조업의 생산활동과 서비스업의 생산활동을 분리하기보다 통합해서 생산활동으로 이해할 필요가 있는 것이다.

생산활동에서는 제품이나 서비스가 디자인되는 첫 단계에서부터 품질관리가 이루어져야 한다. 즉, 생산이 이루어지는 모든 과정마다 품질관리가 이루어져야 하며, 고객에게 제품이나 서비스가 제공된 이후에도 품질관리가 이어져야 한다. 이처럼 품질관리는 제조업이나 서비스업에 상관없이 생산활동에 있어서 중요한 위치를 차지하고 있다. 왜냐하면 원가절감을 통한 생산량 증대에만 관심을 가지던 과거에 비해 고객만족을 위한 품질관리가 이루어져야 경쟁력을 확보할 수 있기 때문이다.

제조업 생산활동과 서비스업 생산활동

초기 생산활동은 제조업 중심의 생산활동에 치중되어 왔으며 서비스업 생산활동은 무시되어 왔으나 최근에는 생산활동의 개념이 제조업체·서비스업체에 동일하게 적용되고 있다. 그렇지만 제조업의 생산활동과 서비스업에서 생산활동은 몇 가지 다른 점이 있다.

첫째, 제조업과 서비스업은 소비자에게 제공하는 상품형태가 유형 · 무형인지에 따라서 달라진다. 제조업에서 제품은 유형상품이므로 재고가 가능하여 미래의 고객을 위하여 보관했다가 사용할 수 있다. 교환 · 복원 등이 가능하므로 결함에 대한 보상도 가능하다.

그러나 서비스업에서 서비스는 재고가 불가능한 무형상품이며 생산과 소비가 현장에서 동시에 이루어지며, 현장에서 소비되어 사용되면 그 자체가 소멸하며 저장이 불가능하다. 더욱이 서비스 품질은 제공자에 의하여 결정되므로 객관성 있는 품질관리가 어렵다. 이와 같이 제조업의 상품은 고객이 유형의 상품을 사용하게 되지만 서비스업의 서비스 상품은 무형의 상품을 고객들이 직접 경험한다는 관점에서 차이가 있다.

둘째, 제조업과 서비스업은 품질에 영향을 미치는 요인들이 서로 다르다. 제조업에서 제품품질은 모양 · 무게 · 크기 등 외양적인 것으로 결정된다. 따라서 이러한 문제를 해결하기 위해서는 부품의 표준화 내지는 호환성이 이루어져야 한다. 그러나 서비스업에서 서비스품질은 제품 품질과 달리 서비스를 제공하는 사람에 의해 결정된다. 그 이유는 어떤 고객에게 제공한 서비스를 다음 고객에게도 정확하게 똑같이 제공하기가 힘들기 때문이다. 따라서 서비스업에서의 품질은 표준화하기도 어렵고 일관성있게 제공하는 것도 어렵다.

제조업의 제품은 표준화 등을 통해 품질을 관리할 수 있지만, 서비스업의 서비스는 사람들을 통해 품질을 관리해야 하는 어려움이 있는 것이다. 최근에는 소비자들이 물실석인 제품보다 무형의 서비스에 관심을 가지는 경우가 점점 많아지고 있다. 따라서 제품과 서비스를 모두 고려해서 효과적으로 고객에게 제공할 수 있도록 해야 할 것이다.

현장수첩 아웃소싱

아웃소싱(outsourcing)은 기업의 내부 프로젝트나 활동을 외부의 제3자에게 위탁하여 처리하는 것을 말한다.

기업은 경쟁력을 확보하기 위해 핵심사업에 집중하고 전산, 인사, 디자인, 생산업무 등 부수적인 부문은 아웃소싱에 의존함으로써 자사 제품 및 서비스의 부가가치를 높일 수 있다. 또 업무 일부를 밖으로 빼내는 초다이어트를 통해 비용을 절감시킬 수도 있다. 아웃소싱은 생산성 향상과 비용 절감의 이중효과를 누릴 수 있는 새로운 경영기법으로 주목받고 있다.

기업은 주력부문이 아닌 부문에 대해서 아웃소싱을 함으로써 급속한 시장변화와 치열한 경쟁 속에서 살아남을 수 있는 핵심부문에 역량을 집중할 수 있게 되었다. 아웃소싱은 1980년대 후반 미국 정보산업 분야의 구조조정 과정에서 사용되기 시작하여 최근에는 모든 부문으로 확대되고 있다.

아웃소싱 대상은 크게 인적자원 아웃소싱, 물적자원 아웃소싱, 지식 아웃소싱으로 나누어진다. 단순한 조립업무, 인력파견을 통해 중요사업을 지원하는 업무 등이 인적자원 아웃소싱이다. 물적자원 아웃소싱은 초기에 투자 비용이 많이 소요되나 능력이 모자랄 때 활용된다. 주로 정보시스템의 백업센터 운영이나 부품생산, 판매 등을 위탁하는 것을 말한다. 지식 아웃소싱은 정보시스템의 개발, 관리, 유지보수와 컨설팅 및 기업진단 등 전문지식이나 노하우가 필요한 부문에 활용된다.

아웃소싱이 성공적으로 이루어지기 위해서는 첫째, 아웃소싱이 기업 생존을 위해 필수조건이라는 사실을 인식해야 한다. 잘할 수 있는 분야에 경영자원을 집중하되 잘할 수 없는 부분은 과감하게 전문기업에 맡겨야 경쟁력을 확보할 수 있다. 둘째, 아웃소싱은 단순한 고용조정이 아니라 기업 경쟁력 확보라는 차원에서 접근해야 한다. 발상의 대전환을 통해 기업구조를 혁신하는 데 아웃소싱을 활용해야 한다. 셋째, 아웃소싱은 회사의 장기발전 시나리오하에서 진행해야 한다. 자사 핵심역량이 무엇이며, 어떤 사업에 주력해야 하는가? 등에 대한 신중한 검토가 선행되어야 한다.

최근에는 기업들이 아웃소싱에서 진화된 보다 적극적인 인소싱(insourcing) 전략을 준비하고 적용하고 있다. 기업들이 인소싱 전략을 채택하게 된 배경에는 아웃소싱이나 인소싱 개념이 모호해지기 때문에 그 경계를 의식하지 않고 포괄적인 전략을 수립하기 때문이다. 이와 같은 현상은 온라인과 오프라인 경계가 허물어져 가고 있는 현재의 경영환경에서 기업의 위치나 조직원의 구성보다 기업이 어떤 모습으로 고객과의 관계를 포지셔닝(positioning)하는가에 따라 더욱 더 중요한 전략이 되어가고 있기 때문이다.

자료원: 매일경제신문, 1999.3.3; 매경 ECONOMY, 2001.8.21에서 발췌 정리.
http://www.zdnet.co.kr/column_view.asp?art.

2. 제조업의 생산활동

제조업의 생산활동의 과정은 몇 개의 단계로 나눌 수 있다. 계획하고 있는 제품이 시장성이 있는지를 파악하기 위해 제품 수요를 예측한다. 시장성이 있다고 판단되면 제품설계에 착수하게 된다.

제품의 특성을 결정하는 제품설계가 이루어지면 제품을 생산할 공장의 입지를 선정하고, 선정된 공장부지에 시설을 효율적으로 배치하게 된다. 효율성과 비용을 고려, 시설배치를 하게 되면 생산계획에 따라 공장을 실제로 가동하는 운영활동을 시작한다. 운영활동을 하면서부터 제품의 품질검사를 지속적으로 실시하여 고객이 요구하는 품질수준을 유지하게 된다. 이러한 과정을 거쳐서 제조업의 생산활동이 이루어지는 것이다.

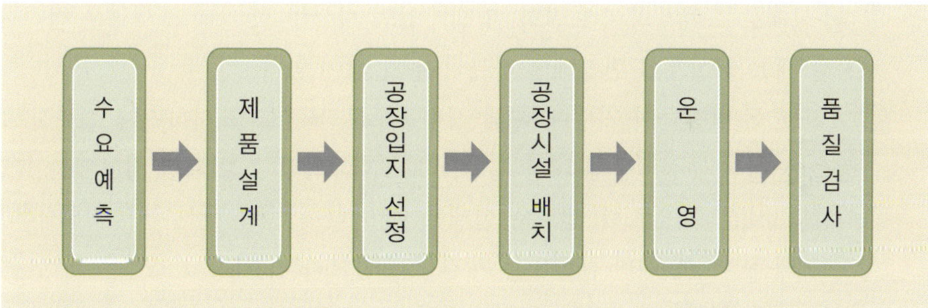

그림 11-1 제조업의 생산활동과정

수요예측 및 제품설계

불확실한 경영환경으로 인하여 생산계획 중인 제품에 대한 시장성(marketability) 유무를 파악하는 수요예측(forecasting needs)은 가장 중요하면서 가장 어려운 활동이라고 할 수 있다.

제품설계는 고객 욕구가 어떻게 변화하며, 무엇을 원하는지 예측한 결과를 토대로 이루어지게 된다. 경영자는 제품설계 과정에 앞서 잠재시장을 조사하여 소비자가 필요로 하는 것이 무엇인지를 알아야 한다. 제품에 대한 수요예측이 생산활동의 첫 걸음인 것이다.

잠재시장을 조사하여 시장성이 있다고 예측되면, 제품의 생산을 위한 설계를 하게 된다. 제품설계(product design)는 시장에 내보낼 제품을 생산하기에 앞서서 제품의 크기·모양·색깔·기능 등 제품의 특성을 어떻게 할 것인가에 대해서 결정하는 것을 말한다. 제품설계에서는 제품의 기능에 대한 설계뿐 아니라 제품의 크기·모양·색깔 등 제품 외관에 대한 설계까지 하게 된다. 제품설계의 목표는 소비자 욕구(needs)를 충족시켜 줄 수 있는 제품을 경쟁력 있게 공급하는 것이다.

제품이 설계되면 의도했던 목표들이 제대로 반영되었는지 검토해야 한다. 제품이 의도했던 기능, 신뢰성 등 실제로 제품을 생산했을 때 예상되는 납기, 원가 등도 검토해야 한다. 의도했던 부분이 충분히 반영되지 못했거나 생산하는 데 비용이 많이 들거나 효율성이 떨어지게 되면 개선안을 마련해야 한다.

제품은 처음에 한 번 설계하고 나면 끝일 것 같지만 사실은 그렇지 않다. 기업환경이 급속하게 변화하면서 제품설계에 관련된 문제들이 언제든지 제기될 수 있다. 실제로 소비자의 수요변화, 경쟁기업의 시설확대, 그리고 새로운 법적 규제 등으로 새롭게 설계를 변경해야 하는 경우가 많이 있다.

또한 소비자들이 기업에 대해 직접적으로 불만을 표시하거나 소비자보호단체 등을 통해서 특정제품에 대한 불만을 토로할 수 있다. 이러한 경우에는 불만을 즉각 해소시킬 수 있도록 새로운 설계를 해야 하며, 품질개선이나 구매개선을 위해서도 제품설계에 대한 끊임없는 재검토가 필요하다. 따라서 기업은 패러다임의 변화와 시장에서의 경쟁우위 등을 고려하여 신제품과 기존제품을 설계해야 한다.

공장입지의 선정

제품에 대한 수요를 예측하여 시장성이 있다고 판단되면 제품의 특성을 결정하는 제품설계가 이루어지며, 제품을 생산할 공장입지(location)를 선정하게 된다.

공장입지를 선정할 때 중요하게 고려해야 하는 요인은 해당기업의 업종이나 규모, 작업성격에 따라서 다를 것이다. 일반적으로 기후, 원료, 공업용수 등 자연적 요인과 수송, 노동력, 시장, 토지가격, 건설비용 등 경제적 요인 및 관계법규, 지역사회 특성, 공해문제 등 사회적 요인이 결정요인이 될 수 있다. 이외에 기술적 요인도 고려해야 할 것이다.

글로벌 무한경쟁 시대에 세계적인 기업으로 성장하기 위해서 해외현지에 공장입지를 선정해야 하는 경우, 국가 간 차이도 충분히 검토해야 한다. 해외 현지국가의 법규, 세무관련 조항, 문화적 · 사회적 요인 등에 대한 면밀한 검토가 이루어진 후 입지를 선정해야 할 것이다.

공장시설의 배치

공장시설 배치(layout)는 제품생산을 위하여 공장내부의 인력, 기계 및 원자재를 효율적으로 배치하는 것을 말한다. 인적 · 물적 자원의 이동을 최소화하고 작업의 특성에 따라 업무가 원만히 이루어질 수 있게 시설배치가 되어야 하는 것이다.

공장시설의 배치에서는 전체 가용공간, 공정유형, 공정기술, 기계설비의 구조, 작업특성, 작업흐름, 작업자의 수 등 요소를 종합적으로 고려해야 한다. 공장시설의 배치에는 작업흐름의 유형에 따라서 제품별 시설배치, 공정별 시설배치, 고정형 시설배치, 혼합형 시설배치, 셀룰러 시설배치 등이 있다.[1)]

- 제품별 시설배치(product layout)
  특정제품을 생산하는 데 필요한 작업순서에 따라 시설을 배치하는 방식이다. 대량생산이나 연속생산에 이용되며 자동차, 화학, 전자공장 등에서 볼 수 있는 형태다.
- 공정별 시설배치(process layout)
  동일한 기능을 가진 기계시설을 종류별로 작업장에 모아 배치하는 방식이다. 대형가구를 제작할 때 필요한 모든 선반은 선반부서에서, 밀링은 밀링부서에서 하는 것을 말한다.
- 고정형 시설배치(fixed-position layout)
  제품의 부피가 크거나 무게가 무거워 운반할 수 없는 경우, 한 곳에서 작업을 하도록 원자재 및 시설을 운반하는 형태를 말한다. 항공기, 선박, 아파트 건축 등이 여기에 해당된다.

1) 이병찬 · 김정태 · 신호균 · 이창원, 「생산관리원론」, 형설출판사, 1998, pp. 211~217.

■ 혼합형 시설배치(mixed layout)

앞서 설명한 기본적인 시설배치 형태가 필요한 상황에 따라 변경될 수 있도록 한 것을 말한다. 예를 들어, 일부는 공정별 시설배치를 하고 나머지는 고정형 시설배치를 하는 등 두 가지 방식 이상을 혼합하여 시설을 배치한 경우이다.

■ 셀룰러 시설배치(cellular layout)

작업시설 및 소요자원이 생산량 변화 및 자재량 변화에 적절하게 대응할 수 있도록 작업장을 배치하는 형태를 말한다. 여러 종류의 제품이 생산될 때 이용되는 공정별 시설배치의 유연성과 소수의 제품을 대량으로 생산할 때 이용하는 제품별 시설배치의 장점을 결합한 방식이다.

이러한 여러 가지 시설배치 가운데 어느 방식으로 하느냐는 작업자의 효율성과 자재운반비를 기준으로 선택하여야 한다. 즉, 어떠한 시설배치를 해야 작업자의 작업만족도와 생산성을 가장 증진시킬 수 있느냐 하는 측면과 가장 낮은 비용으로 작업에 필요한 원자재를 운반할 수 있느냐 하는 측면을 고려하여 결정해야 한다.

사례 　린 플러스(lean +) 경영

'린(lean)'이란 용어는 1988년 미국 매사추세츠공과대(MIT)의 자동차 연구 프로젝트에서 일본의 토요타 생산방식을 심층 연구한 결과를 설명한 보고서에서 연유했다. 자재구매에서 생산, 재고관리, 판매에 이르기까지 전 과정에서 낭비 요소를 최소화한다는 개념이다. 쉽게 말해 군살 없는 경영을 추구하는 '낭비제거 경영'인 셈이다. 모태는 토요타 자동차 생산 시스템(TPS)이 배경이 됐으나 지난 96년 MIT가 미국의 기업실정에 맞게 재구성한 경영기법이다.

당시 미국 자동차시장에서 선풍을 불러일으킨 토요타 생산방식의 핵심은 고객가치를 창출하는 데 도움이 되지 않는 일체의 활동을 낭비로 규정하고 이를 철저하게 줄여 나가는 데 있다고 설명했는데, 이런 낭비제거 활동의 기반에 깔린 일련의 경영철학을 '린'이라고 이름 붙인 것이다. 전략경영 컨설팅 회사인 맥킨지는 '린 경영'의 네 가지

원칙을 다음과 같이 정리했다.

첫째는 고객가치 중심 원칙이다. 린 경영은 고객가치와 관련이 없는 것은 최소화해야 한다. 그러려면 고객가치에 대한 깊이 있는 이해가 필요하고, 기업은 고객 입장에서 왜 구매의사가 애초에 생기는가부터 구매가 이뤄진 뒤 제품이나 서비스를 사용하는 경험에 이르기까지 총체적인 고객 경험을 철저히 이해해야 한다.

두 번째는 흥미롭게도 기업 내 구성원에 대한 것으로, 조직 구성원들의 잠재력을 충분히 끌어내야 한다는 것이다. 구성원이 고객가치에 대해 근본적인 생각을 하게 되면 자발적으로 고객가치를 제고하는 더 나은 방식을 생각해낼 수 있고, 결과적으로 고객가치가 창출되는 동시에 구성원의 직무 만족도도 높아지는 선순환적인 조직으로 변화한다는 것이다.

세 번째는 일하는 방식의 개선이다. 일반적으로 기업의 역사가 깊어질수록 일하는 방식이 정형화되기 마련이고, 한 번 형성된 방식은 특별한 계기가 없는 한 바뀌지 않는다. 린 경영의 원칙 중 하나는 이제까지 일한 방식보다 더 나은 방식이 있다는 믿음을 조직 전반에 확산시키는 것이다. 틀에 박힌 방식을 붙들고 있지 말고 언제나 문제의식을 가지고 개선방안을 치열하게 생각해내자는 것이다. 즉, 막연히 생각하지 말고 깊이 있는 관찰과 구체적인 자료에 입각해 일하는 방식으로 개선하는 것이다.

끝으로 전략과 목표의 정합성이다. 조직이 지향하는 바를 재차 명확히 하고, 전략이 과연 그런 지향점과 잘 연계돼 있는지 점검하는 것이 마지막 원칙이다. 당연한 이야기지만 목표와 수단이 따로 놀아서는 안 된다는 것으로, 위에서 말한 세 가지 원칙을 종합하는 의미로 볼 수 있다.

자료원: 한국경제신문, 2016.6.17에서 발췌 정리.

운영 및 품질검사

제품생산을 위한 공장입지가 선정되고 시설배치가 완료되면 공장을 가동하게 되는데 이를 운영활동(operating)이라고 한다. 운영활동은 기업에 있어서 중추적인 활동으로서 총괄생산계획, 주생산계획, 자재소요계획, 일정계획 등에 따라 체계적으로 이루어져야 한다. 운영활동에 들어가게 되면 이어서 제품의 품질검사(quality control)가 뒤따라야 한다.

사례 명지병원 '전자처방전' 도입 – 앱 전송, 참여 약국 모집

코로나 시대, 환자들을 위해 대형 병원들이 비대면 서비스를 탑재한 모바일 앱 출시에 나섰다. 예약부터 의료정보 제공은 물론 처방전 발급과 처방약 조회도 가능하다.

명지병원은 인(IN)코로나 시대에 환자들의 비대면 서비스 기능을 향상시킨 '명지병원 모바일 앱' 서비스를 시작했다. 코로나 시대, 환자들을 위해 대형 병원들이 비대면 서비스를 탑재한 모바일 앱 출시에 나섰다. 예약부터 의료정보 제공은 물론 처방전 발급과 처방약 조회도 가능하다.

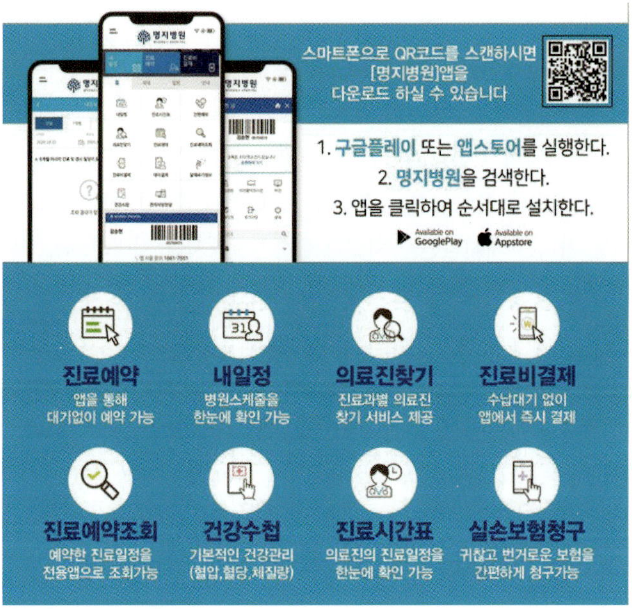

명지병원 모바일 앱은 전자처방 전송과 처방약 조회도 가능하다. 예약부터 외래·응급·입원·수술 등 의료정보를 제공, 환자들 병원이용 편의를 극대화했다.

외래환자는 진료예약부터 내원, 진료대기, 진료내역 확인, 진료비 간편 결제, 처방전 전달, 주차비 정산과 자동출차 등 귀가까지 절차를 모바일 앱 하나로 할 수 있다. 또 입원환자는 입원부터 퇴원까지의 과정 안내와 서비스를 앱을 통해 제공 받을 수 있다. 입원생활 안내와 식단 안내, 수술 진행상황, 검사결과, 처방약 조회도 가능하다.

응급실 내원한 환자의 경우 응급진료 절차와 접수 및 수납, 입원 수속 안내 등도 소개하고 있다. 진료비 간편 결제는 본인 이외 가족 진료비도 대리 결제할 수 있도록 했다. 검사결과 조회의 경우 결과와 기준 참고치를 함께 제공하며, 처방약에 대한 설명과 복약안내 정보도 제공된다.

특히 병원은 외래 환자에 발급된 처방전을 앱을 통해 원하는 외부 약국으로 전달, 빠른 조제와 수령이 가능하도록 '전자처방전달시스템'을 도입했다고 강조했다.

병원은 향후 전자문서교환 시스템을 구축, 이를 기반으로 한 실손보험청구 지원 기능과 제증명서의 모바일 신청 및 발급 서비스도 추가, 환자들 편의를 높일 계획이다. 이에 따라 병원은 모바일 앱 전자처방전 서비스 약국을 모집하고 있다.

자료원: HiT NEWS, 2020.10.26에서 발췌 정리.

총괄생산계획

총괄생산계획(aggregate production planning)은 생산자원의 적정 배분과 비용의 최소화라는 제약하에서 일정기간 동안의 생산수량계획을 말한다. 예측된 수요를 토대로 하여 생산량, 재고수준, 작업시간, 인력 등에 관한 총괄적인 내용을 담게 된다.

주생산계획

총괄생산계획이 세워지면 이를 기초로 하여 각 품목별로 단기적인 주생산계획(master production planning)을 수립하게 된다. 주생산계획은 분기별이나 월별 또는 주별 단위로 각 품목의 생산량과 생산시기를 결정하는 것을 말한다. 기업이 실제로 언제, 무엇을, 얼마나 생산할 것인지를 나타내는 제조계획인 것이다.

자재소요계획

주생산계획이 완성되면 제품생산에 필요한 원자재나 부품의 종류, 주문량, 주문시기 등에 대한 자재소요계획(material requirements planning)을 세우게 된다. 구체적으로 자재의 소요량을 구하고 발주계획을 수립하며, 노동력과 설비능력이 언제 필요한가를 나타내는 생산능력계획을 수립하게 된다.

일정계획

자재소요계획이 수립되면 세부적인 일정계획(detailed production schedule)을 수립하게 된다. 작업량과 작업순서 등 세부일정계획이 수립되면, 일일단위로 작업 지시를 내리게 된다. 대부분의 제조업에서는 1년 단위의 총괄생산계획은 중기계획이라고 보고 생산본부에서 세우며, 분기별 주생산계획은 공장별로 세우고 있다. 자재소요계획이나 구체적인 일정계획은 주로 작업현장에서 세우고 있다.

품질검사

품질검사(quality control)는 완성된 제품의 품질을 확인하는 과정을 말한다. 모든 제품은 미리 설정된 표준과 일치되어야 한다. 오늘날 소비자의 영향력이 증대됨에 따라 제품의 품질은 기업의 이미지와 직접적인 관련을 가지며 기업의 경영성과에 결정적인 요인으로 작용하고 있다. 따라서 제품의 품질에 대한 철저한 검사와 관리는 더욱 강조되어야 할 것이다.

사례 한화큐셀, 철저한 품질관리 기반 '대한민국 소비자대상' 수상

한화큐셀은 한국소비자협회가 주관한 '2020 대한민국 소비자대상'에서 3년 연속 '글로벌 베스트 컴퍼니' 수상기업으로 선정됐다. 대한민국 소비자대상은 소비자의 권익증진을 위해 노력하고 경쟁력, 신뢰성, 공익성을 제고하려는 기업과 개인을 발굴해 수여하는 상이다. 한화큐셀은 철저한 품질관리를 기반으로 소비자에게 높은 신뢰도의 제품을 제공하고, 해외 수출에 우수한 역량을 발휘한 점을 인정받아 본 상을 수상했다.

한화큐셀은 태양광 제품의 성능과 장기적 안정성을 높이는 퀀텀(Quantum) 기술을 기반으로 글로벌 경쟁사들과 기술 격차를 벌리며 세계 태양광 시장을 이끌고 있다. 특히 IEC(국제전기기술위원회) 국제 표준 품질 기준의 2~3배가 넘는 혹독한 품질 테스트로 제품 신뢰성과 소비자 만족도를 높여 글로벌 태양광 전문 검증기관 디엔브이지엘(DNV GL)[1]과 피브이이엘(PVEL)[2]이 실시하는 '2020 태양광 모듈 신뢰성 평가(PV Module Reliability Scorecard)'에서 5년 연속 '톱 퍼포머(Top Performer)' 기업으로 선정됐다.

한화큐셀은 태양광 전문 리서치 기관인 이유피디 리서치(EuPD Research)가 브랜드 인지도, 시장 침투력 등을 기준으로 선정한 '태양광 톱 브랜드(Top Brand PV)'를 유럽에서 7년 연속 수상했다. 이런 노력으로 한화큐셀은 주요 태양광 시장 소비자로부터 명품 브랜드로 인정받고 있다. 한화큐셀은 독일 유력 경제지 '포커스 머니(FOCUS MONEY)'에서 주관한 '최고 평판 어워드(Highest Reputation Award)'에서 전기산업 분야 1위로 선정됐다. 이 어워드는 독일 내 신뢰도가 가장 높은 온라인 평판 기반의 브랜드 어워드 중 하나로서 독일 경영경제연구소(IMWF)[3]가 270개 산업, 5,000개 이상 브랜드에 대한 온라인 반응 1,570만 건을 분석하여 평판 우수기업을 선정했다. 한화큐셀은 전기산업 분야에서 최고점인 100점을 획득했다.

한화큐셀은 독일 보도전문채널인 엔티브이(n-tv)와 독일 서비스품질연구소(DISQ)[4]가 주관하는 '독일 생활소비재 어워드'(Life & Living Awards 2020) 태양광 분야에서 1등을 차지했다. 태양광 분야는 높은 인지도를 보유한 11개 브랜드를 대상으로 종합 만족도, 추천도, 재구매 의사를 기준으로 평가가 진행되었고, 한화큐셀은 그 가운데 종합 만족도와 재구매 의사에서 가장 높은 점수를 획득하며 종합 1위를 차지했다.

1) DNV GL(Det Norske Veritas and Germanischer Lloyd): 1864년 설립된 노르웨이계 산업 인증기관으로 전 세계 350여개 지점을 두고 있다. 해양, 석유/가스, 전력/신재생에너지, 헬스케어, 식품, 자동차 및 항공 우주 등 다양한 산업에 걸쳐 위기관리, 품질보증, 인증관리 서비스 및 시스템을 제공하고 있다.

2) PVEL(PhotoVoltaic Evolution Labs): 2010년 설립된 미국계 태양광 전문 인증기관으로, 전 세계 300여개의 태양광 분야 주요 업체들과 제휴를 맺고 제품 · 서비스에 대한 검사 및 평가를 실시하고 있다.

3) 독일 경영경제연구소(Institut für Management und Wirtschaftsforschung GmbH: IMWF)

4) 독일 서비스품질연구소(Deutsches Institut für Service-Qualität: DISQ)

자료원: 팍스경제TV, 2020.9.2에서 발췌 정리.
https://m.blog.naver.com/y500k/221269688398

사례 현대차 노사, 도요타式 품질혁신 시동

최근 제네시스 GV80 엔진 떨림 현상으로 논란에 휩싸인 현대자동차가 품질혁신에 시동을 걸고 있다. 품질혁신을 위하여 차량 한 대 분량 부품을 실은 키트가 생산라인에서 차체와 함께 이동하는 '원키트(One-kit)' 시스템의 국내 도입이 적극 검토되고

현대자동차 라인별 생산 차종

공장	생산 차종
울산 1공장	벨로스터, 코나
울산 2공장	GV80, 팰리세이드, 싼타페, 투싼
울산 3공장	아반떼, i30, 아이오닉, 베뉴
울산 4공장 1라인	팰리세이드, 그랜드스타렉스
울산 4공장 2라인	포터
울산 5공장 1라인	G90, G80, G70
울산 5공장 2라인	투싼, 넥쏘
아산공장	쏘나타, 그랜저
전주공장	트럭, 버스

있다. 다품종 소량생산 체제를 구축하는 동시에 생산성 향상, 불량률 감소 등을 이뤄낸다는 포석이다.

현대차 노사는 '다차종 생산 시스템' 설명회를 갖고 시스템 개요와 효과, 해외 공장 적용 사례 등을 집중 점검했다. 다차종 생산 시스템은 차량 한 대분 부품을 적재한 물류대차(키트)가 차량과 함께 이동하면서 적시에 부품을 공급하는 생산체제다.

울산과 아산, 전주 등 현대차 국내 공장은 현재 하나의 생산라인을 따라 차체가 이동하면 공정별 근로자가 부품을 조립하는 컨베이어 벨트(conveyor belt) 시스템을 적용하고 있다. 라인 인근에 위치한 물류 차량이 공정별로 필요한 부품을 공급하기 때문에 한 라인에서 적게는 하나, 많게는 네 개의 차종을 생산하고 있다. 그러나 부품과 차체가 함께 이동하는 원키트 시스템이 본격 도입되면 라인 하나에서 10여 개 차종을 만들 수 있을 것으로 예상된다. 이 같은 다품종 소량생산 시스템은 국내에서는 생소하지만 해외 완성차 업계에서는 오래전부터 논의돼왔다.

미국 볼보자동차는 수십 명으로 구성된 팀이 한곳에서 완성차를 조립하는 '셀' 생산 방식을 2000년대 도입했고, 일본 도요타자동차는 노동력과 재고, 공장 면적 등 자동차 생산요소를 최소화해 효율성을 끌어올린 '린' 생산 방식을 1990년대부터 논의해왔다.

현대차 역시 브라질 공장과 중국 창저우 공장 등 해외 공장에서는 '원키트' 시스템을 도입해 품질과 생산성을 크게 향상시켰다. 국내 최대 완성차 공장인 현대차 울산공장에서는 첫 도입을 앞두고 있다. 이번 결정은 고객 취향이 다변화되면서 현대차 울산공장의 생산차종이 2010년 14종에서 2020년 28종으로 10년 사이 두 배로 늘어난 것과 무관치 않다. 최근 고객 요구에 따라 완성차별 트림과 옵션이 세분화되고 있다는 점을 감안하면 원키트 시스템 도입으로 불량률 감소, 품질 향상 등 효과도 기대된다.

자료원: 매일경제신문&mk.co.kr, 2020.7.13에서 발췌 정리.

현장수첩 종합적 품질경영(TQM)

TQM(total quality management)은 전사적 품질경영 또는 종합적 품질경영이라고 불린다. 이는 제품이나 서비스의 품질을 관리하고 보증하는 것뿐만 아니라 업무, 직장환경, 종업원의 자질까지도 품질 개념에 넣어 종합적으로 관리해야 한다는 것이다.

TQM은 1960년대 이후 부각된 전사적 품질관리(total quality control: TQC)에서 발전한 개념이다. TQC에서는 통계학적인 것이 중요했으나 TQM은 통계학적인 것은 물론, 조직적이며 관리적인 면에도 많은 비중을 두고 있다. 특히 품질을 개선시키기 위해서 노동의 질적인 측면도 고려해야 한다는 일본식 품질관리이론에 영향을 받으면서 발전했다.

TQM은 경영·기술 차원에서 실천되던 고객지향적 품질관리 활동을 품질관리 책임자뿐 아니라 마케팅, 엔지니어링, 생산, 판매, 기획, 소비자조사, 노사관계 등 기업의 모든 분야에 확대하여 적용한 것이다. 이에 따라 생산부문의 품질관리만으로는 기업이 성공할 수 없고 기업 전체 및 종업원 모두가 품질관리의 실천자가 되어야 성공한다는 것을 강조한다.

국내에서도 정부가 새로운 산업정책의 일환으로 TQM을 강조하면서 많은 기업들이 이를 도입·추진하여 성공을 거두고 있다. 현대건설은 현대차그룹이 추구하는 글로벌 수준의 품질 경쟁력과 혁신 DNA를 바탕으로 전사적 품질경영시스템을 구축·운영하고 있다. 고객 신뢰경영을 실현하고, 공정·사업관리 시스템을 확대 적용해 EPCM & Developer 역량을 강화하는 것이다.

자료원: 한국경제신문, 1997.11.5; 아주경제신문, 2014.1.10에서 발췌 정리.

3. 서비스업의 생산활동

제조업과 서비스업의 생산과정은 크게 다르지 않다. 다만 유형의 제품을 설계하는 과정이 생략되고 무형의 서비스 상품을 개발하는 과정이 포함된다. 서비스업의 경우, 고객 욕구를 파악하여 신상품을 개발하거나 기존상품을 개선하는 작업이 완료되면 서비스를 제공할 입지를 선정하고 설비를 배치하여 운영에 들어가게 된다.

상품개발 · 입지선정 · 시설배치

상품개발

많은 서비스업체들이 신상품을 개발하거나 기존상품을 개선하는 데 주력하는 이유는 생존과 발전을 도모하고 계속되는 환경변화에 대응하기 위한 것이다. 신상품 개발이나 기존상품 개선을 위해서는 변화하는 고객욕구를 파악하는 일이 가장 먼저 선행되어야 한다. 기업내부와 외부로부터 정보를 수집하여 상품 콘셉트를 만드는 것이 바로 개발의 최초 작업이며 이는 주로 마케팅 부서에서 담당하게 된다. 이 단계에서는 고객의 욕구를 토대로 새로운 아이디어를 정의하고 다듬는 것이 포함된다.

고객욕구 파악은 기업내부의 시장조사, 연구개발, 고객선호도 조사 등을 이용하거나 외부자료에 의한 추세분석, 경쟁기업 벤치마킹, 유통업체나 외부업자의 정보를 토대로 파악하기도 한다. 이때 보다 다양한 정보원을 통해서 의견을 수집할수록 더욱 정확하게 고객의 욕구를 파악할 수 있다.

고객욕구가 파악되면 이를 토대로 본격적인 상품개발(service design)에 들어가게 된다. 이때는 상품개발에 관계되는 마케팅, 고객, 공급자 등 모든 사람들이 참여하도록 해야 한다. 그 이유는 상품개발과 관련된 모든 사람들이 처음부터 개발과정에 참여하여 충분한 예측결과를 토대로 합의를 이루게 되면 뒤늦게 문제점을 발견할 염려가 줄어들기 때문이다. 또한 모든 사람들이 참여하게 되면 개발시간이 단축될 수 있어서 원가는 줄어드는 반면 상품의 유용성이 증가되어 고객욕구를 충족시킬 수 있는 서비스를 저렴한 가격에 공급할 수 있기 때문이다.

한편 서비스를 제공하는 과정에 고객을 참여시키는 것으로도 서비스상품을 개발할 수 있다. 예를 들어, 현금자동인출기, 농산물 현지재배, 관객의 연극참여 등 일부과정을 고객에게 넘기기도 하는 것이다. 이처럼 고객이 생산활동에 참여하여 상품을 개발하면 서비스상품에 대한 관심과 흥미를 증가시킬 수 있다. 또한 무형의 서비스상품에 유형적인 요소를 가미하는 것으로도 서비스업에서의 상품개발이 가능하다. 예를 들어, 호텔에서 신혼부부 객실에 신랑 신부 이름을 장식한 축하 케익을 전달하거나 은행에서 10분 이상 기다리게 한 고객에게 교통비를 지급하는 등은 무형의 서비스를 유형화시킨 것이라고 할 수 있다. 따라서 서비스업에서도 서비스 유형화를 위하여 노력한다면 고객의 마음속에 기업의 이미지를 좋게 심어

놓을 수 있을 것이다.

입지선정

입지선정(site selection)은 서비스기업의 업무를 수행할 장소를 물색하는 것을 의미한다. 사업계획에 근거하여 사업의 종류와 시장수요를 고려해서 결정해야 한다. 서비스업에 있어서 시설입지 결정문제는 사업이 진행되면서 기존 시설을 확장하거나 이전할 것도 고려해서 선정해야 한다.

서비스업의 입지전략은 제조업의 입지전략과 여러 측면에서 다르다. 제조업의 경우, 제품의 생산기지를 어디에 두느냐에 따라 비용 측면에서 큰 차이를 보일 수 있다. 그러나 서비스업에서는 입지에 따라 비용이 큰 차이를 보이지 않지만, 매출이나 수입면에서는 현저한 차이를 보이는 것이 일반적이다.

제조업은 비용 최소화에 초점을 두지만 서비스업은 수익 창출에 초점을 둔다는 점에서 차이가 있다. 그 이유는 서비스 시설의 입지는 제조업과 달리 자원취득이 얼마나 쉬운가보다 고객과 얼마나 가까운지가 중요하게 작용하기 때문이다. 고객이나 시장과 근접하게 입지를 선정하면 매출이 늘어날 수 있을 뿐만 아니라 높은 수준의 서비스를 제공할 수 있게 된다.

고객과의 근접성 이외에도 서비스업에서 입지를 선정할 때 고려해야 할 요인으로는 대지, 건물, 장비, 운송비 등 경제적 요인을 들 수 있다. 대중교통 이용가능 여부, 적정 주차가능 여부, 시설 확장 여지, 서비스를 보완해주는 주변 분위기 등도 고려해야 할 것이다.

선정된 입지는 기업의 운영시스템에 지속적으로 영향을 주게 된다. 그 이유는 입지선정이 경영활동의 척도가 되는 효과성과 효율성에 직접적으로 영향을 주기 때문이다. 서비스업의 입지는 여러 가지를 고려하여 전략적으로 선정하여야 할 것이다.

시설배치

서비스업에서 시설배치(layout)는 운영의 효율성을 고려하는 제조업의 상황과는 다르다. 효율성보다는 오히려 고객과의 상호작용이 더 중요하게 작용하기 때문이다.

고객은 서비스 시설을 이용할 때 전체적인 입장에서 시설배치를 평가하게 된다. 이는 고객이 느끼는 서비스 품질에 지대한 영향을 주게 된다. 따라서 고객에 대한 원만한 서비스가 이루어질 수 있도록 시설을 배치해야 한다.

시설배치는 서비스의 유형에 따라서 달라지게 된다. 고객이 얼마나 편리하게 이용할 수 있는지 또는 고객이 얼마나 쉽게 접근할 수 있는지를 우선적으로 고려한 후, 종업원의 업무 효율성 등을 고려하는 시설배치가 이루어져야 할 것이다. 이에 비해 직접 고객을 상대하지 않고 후방에서 지원하는 서비스의 경우에는 업무의 효율성을 가장 중요시해야 할 것이다. 그 이유는 고객과의 접촉보다는 업무 공조 지원이 중요하기 때문에 업무 생산성이 높은 방향으로 시설배치를 해야 하는 것이다. 그리고 유통 서비스와 같이 상품을 처리하는 서비스의 경우에는 물적 흐름의 원활성을 가장 중요하게 고려하여 시설을 배치해야 할 것이다.

서비스 품질의 측정과 관리

제품의 서비스화 경향이 두드러지는 현실에서 서비스의 품질관리는 중요한 과제다. 서비스 품질은 눈에 보이지 않기 때문에 제품처럼 정품·불량품을 식별하기가 쉽지 않다. 서비스업에서 서비스 품질(service quality)은 서비스 유형과 특성 및 생산자, 소비자 등 이해관계자 입장에서 다르게 정의할 수 있다.

서비스는 소비자의 경험에 의해 이루어지며 재고가 발생되지 않는다는 점에서 소비자 관점에서 품질을 정의하는 것이 바람직할 것이다. 즉, 서비스 품질은 고객이 기대하는 정도와 성과에 대해 느끼는 정도의 차이로 정의될 수 있다. 서비스업에서 서비스 품질은 고객의 느낌에 관한 것이라고도 할 수 있다. 이렇게 고객이 저마다 다르게 느끼는 서비스 품질을 측정한다는 것은 매우 어렵다. 이는 서비스 상품의 품질은 제품 품질에서 불량률이나 내구성을 평가하듯 객관적으로 측정하기가 어렵기 때문이다.

경영학에서는 고객이 어떻게 느끼는가를 측정하여 서비스 품질을 측정하고 있다. 고객이 느끼는 정도를 객관적으로 평가하기 위해 Parasuraman, Berry and Zeithaml(1991)은 SERVQUAL 모형이라는 측정도구를 개발하였다. 고객이 서비스 품질을 평가하는 SERVQUAL 모형의 기준은 다섯 가지다. 물적 시설, 장비, 사람, 의사소통 도구 등 외형을 나타내는 유형성(tangibles), 약속된 서비스를 정확하게 수행하는 능력인 신뢰성(reliability), 고객을 도와서 즉각적인 서비스를 제공하려는 의지를 나타내는 응답성(responsiveness), 직원의 지식과 예절 및 신의 그리고 신뢰와 확신을 소비자에게 전달할 수 있는 능력을 나타내는 확신성(assurance), 서비스기업이 고객에게 제공하는 개별적인 배려와 관심 정도를 나타내는 공감성(empathy) 등이다.

사례 삼성서울병원, 의료의 질 높여 신뢰받는 병원 자리매김

삼성서울병원이 2020년 한국서비스품질지수(KS-SQI) 조사에서 종합병원 부문 2년 연속 1위에 올랐다.

미래 의료의 중심, 환자 중심 병원의 가치를 확장하기 위해 전 임직원이 '모든 환자에게 진료를 함께 제공하는 Caregiver'라는 문화를 바탕으로 상호 존중하고 협력하며 환자가 행복한 병원을 만들기 위한 삼성서울병원의 노력은 지금도 현재 진행형이다.

최고의 의료기술로 중증, 고난도 환자를 치료하고 최상의 의료 성과를 달성하여 환자와 사회의 신뢰에 보답하고, 4차 산업혁명 헬스케어 기반의 의료 혁신 추진에 맞춰 미래 의료를 선도하는 첨단 지능형 병원으로 환자에게 향상된 진료 경험을 제공할 것으로 기대된다.

무엇보다 상급종합병원답게 '의료의 질이 높고 안전한 병원'이라는 가치에 집중해 '중증 및 고난도 환자 치료'라는 병원의 방향성을 유지하며, 수준 높은 의료의 질을 제공하고 최고의 치료 성과를 구현하기 위해 노력하고 있다.

삼성서울병원 암병원은 진단, 치료, 치료 이후의 삶까지 포괄적인 암 치료를 제공하는 전문기관으로서 연간 50만명 이상, 국내 신규 발생 암 환자 10명 중 1명이 찾는 가장 신뢰받는 암병원으로 자리매김했다. 암 환자 5년 생존율 78.8%라는 세계 최고 수

준의 기록이 증명하듯 양과 질 측면에서 수준 높은 의료 서비스를 제공하고 있다.

삼성서울병원 심장뇌혈관병원은 올해 세계적 헬스케어 기업인 메드트로닉사로부터 아시아 최초로 '3세대 인공심장(이식형 좌심실 보조장치 · HVAD) 우수센터(Center of Excellence)'로 지정됐다. 이는 일본, 싱가포르, 대만 등 인공심장 선진국들에서도 없었던 일로 삼성서울병원 인공심장팀의 세계적 수준을 보여준다.

2012년 국내 최초 2세대 인공심장 시행, 2015년 3세대 인공심장 이식술 등 지금까지 국내에서 가장 많은 67례의 성공적인 이식 수술을 시행했으며 생존 퇴원율이 98%에 달하는 등 국내 인공심장 분야를 선도하고 있다. 또한 지난 7월 심실부정맥클리닉이 아시아 최초로 '심실부정맥시술 교육센터'로 지정되었다. 해당 클리닉은 매년 100건 이상의 심실부정맥 시술을 시행하는 등 국내 심실부정맥 시술 전체의 3분의 1을 소화하고 있다.

삼성서울병원은 1994년 개원할 때 대한민국 처음으로 병원에 고객서비스 개념을 도입하여 환자 중심으로 국내 의료계의 변화를 선도해왔다.

삼성서울병원은 미래 의료를 선도하는 첨단 지능형 스마트 병원이라는 목표하에 빅데이터 분석을 통한 개인 맞춤 최적화 진료, 5G 의료 현장 적용 등 스마트 병원을 현실화하고 있다. 데이터 분석을 기반으로 질병 예측, 진단 · 치료에 임상의사결정시스템을 활용한 최적화 진료로 개인 맞춤 치료를 제공하며, 미래 의료의 중심 병원으로 한 단계 더 도약하고 궁극적으로 환자들의 신속하고 정확한 치료에 도움이 될 전망이다.

자료원: 매일경제신문&mk.co.kr, 2020.12.29에서 발췌 정리.

4. 21세기 생산활동은?

인터넷 생산정보시스템의 구축과 활용

정보기술(IT)의 발달에 따라 생산활동에 컴퓨터를 활용하는 CAD · CAM · CIM과 전사적 자원관리(ERP)가 보편화되고 있다.

CAD(computer-aided design)란 컴퓨터를 이용하여 제품설계 도안을 작성하거나 저장하는 시스템을 말한다. CAD시스템은 설계자들이 생산성과 품질을 향상시키기 위해서, 제품 표준화와 설계 문서화를 개선하고 제조 데이터베이스를 구축하기 위해서 설치하고 있다.

CAM(computer-aided manufacturing)은 제소부품을 가공 · 소립 · 제삭하는 생산장비를 제어하거나 프로그램화하는 컴퓨터지원 제조시스템을 말하며, 이를 통해 생산계획과 통제를 자동화하고 있다.

CIM(computer-integrated manufacturing)은 여러 종류의 컴퓨터 시스템들을 결합하여 통합된 시스템으로 연결하기 위한 컴퓨터 응용시스템을 말한다. 이는 기업의 생산기능에 연계된 모든 작업을 지원하거나 자동화하도록 통합된 컴퓨터 시스템이다. CIM은 단지 하나의 장비나 기술이 아니라 기술을 활용하는 모든 방법으로 CAD · CAM, 로봇 등을 비롯한 첨단자동화기술이 결합된 컴퓨터 시스템으로 발전하고 있다.

ERP(Enterprise Resource Planning)는 구매, 생산, 물류, 판매, 서비스, 인사, 회계, 재무, 기획 등의 경영요소 통합과 선진화된 업무프로세스 수행을 통하여 기업의 생산성을 극대화하고 경영의 효율성과 최적의 의사결정을 지원하는 기업통합정보시스템이다. 그러나 기업의 경영자원을 하나로 통합한다는 것은 쉽지 않은 일이다. 왜냐하면 회계, 재무, 생산, 서비스 등과 같은 비즈니스 기능들은 서로 독립적인 시스템에서 운영되기 때문이다. 그러므로 조직 내에 운영 중인 다양한 유형의 부문별 정보시스템을 전사적 자원으로 통합하여 관리하기 위해 전사적 자원관리시스템을 도입하고 있는 것이다.

컴퓨터를 활용하는 기술이 발전하는 가운데 기업이 정보사회에 적극적으로 대응하기 위해서는 인터넷을 활용한 생산정보시스템을 도입할 필요가 있을 것이다. 쉽게 말하면 예전에는 제품설계, 생산제어, 구매나 물류, 재고관리 등의 생산시스템을 각각으로 처리하던 것을 인터넷을 통하여 모두 연계하여 운영하도록 하는 것이다.

인터넷을 통해서 생산과 관련된 정보들이 종합적으로 관리되면 여러 가지 장점을 얻을 수 있다. 기업의 정보가 공개되어 투명성이 높아지게 되고, 발주에서 납품까지 물류단계가 줄어들면서 기간이 크게 단축될 수 있다. 이에 따라 업무의 효율성을 높일 수 있으며, 비용도 크게 줄일 수 있게 된다. 또한 제품설계, 생산제어, 구매, 물류, 재고관리 등 모든 부분에 대한 투명성이 확보되어 기업이미지를 향상시키는 효과도 있다. 이러한 장점들 때문에 인터넷 생산정보시스템을 도입하는 기업들이 대폭 늘어나고 있는 추세이다. 따라서 21세기에는 제품과 서비스의 창출이 보다 효과적이면서 효율적으로 이루어질 수 있도록 컴퓨터를 기반으로 하는 생산시스템을 갖춰야 할 것이다. 특히 인터넷을 생산활동에서 적극 활용하여 진정한 정보경영을 실천할 수 있어야 할 것이다.

사례 스마트공장 – 추진전략과 실행

최근 의약품 제조분야에서 진행된 2개의 스마트공장 사례를 소개한다. 한 회사는 공장을 새로 구축한 경우이고, 다른 사례는 기존 공장에서 스마트공장 프로젝트를 추진한 경우다. 전자는 그린필드형 스마트공장이라 하고, 후자를 그레이필드형이라 부른다. 투자금액으로 본다면 그린필드형 스마트공장은 최소 수백억원에서 수천억원의 비용이 투입된다. 반면 그레이필드형은 수억원 수준에서 투자가 이뤄진다. 한국의 중소기업 현장에서 현재 진행되는 스마트공장 프로젝트의 대부분은 그레이필드형이다. 신규 공장을 설립하는 예는 거의 없다. 기존 공장과 현장을 스마트공장으로 바꾸는 형태다. 또 이 일을 위해 디지털화 기술, 스마트화 기술, 연결화 기술을 적절하게 찾아 응용하는 것이다.

충북 소재 휴온스(Huons) 주식회사는 제약회사이지만, 최근 '토탈 헬스 케어' 기업으로 변신을 꾀하고 있다. 이 회사 스마트공장 활동의 핵심은 제대로 된 데이터 활용과 응용이었다. 스마트공장 추진 이전의 데이터 관리방식은 수기에 의한 데이터 수집, 분산된 데이터 관리가 특징이었다. 현장의 작업자는 각각의 룸에서 관리사항과 측정항목을 실시간으로 관리하면서, 수기방식으로 데이터를 수집한 후 데이터를 취합해 관리했다. 하지만 스마트공장 프로젝트가 완료된 지금은 데이터 수집도 자동으로 하고 데이터는 중앙 서버로 통합된다. 그곳에 저장되어, 분석, 관리 그리고, 모니터링되는 데 쓰인다. 이 회사는 이런 일을 위해 스마트공장 프로젝트를 추진했다. 그런데 스마트공장 추진을 위해 기존 설비를 고치거나 뜯어내지 않고 유지하면서 활동했다. 그레이필드형 스마트공장 상황을 효과적으로 수행한 사례이다.

물론 이런 일에 외부 전문 솔루션 기업이 참여했다. '임픽스'란 기업이 참여해 제약 산업에 적합한 MES(Manufacturing Execution System)를 맞춤형으로 설치하고, 그 위에서 데이터 수집 · 연결 · 분석 · 모니터링하는 시스템을 만들었다. 모니터링과 제어는 중앙시스템에서 하고 동시에 모바일 기기에서도 가능하다. 이와 대비되는 그린필드형 사례는 동종업종 한미약품에서 볼 수 있다. 2018년 약 1,500억원을 투입해 완공한 한미약품의 스마트공장은 전체 공정의 90% 이상 자동화된 공장으로서 지하층을 포함 지상 8층의 건물이다. 이 일을 위해 국내 대표 엔지니어링 기업인 삼성엔지니어링과 일본 기업이 참여했다. 그린필드형 공장답게 생산성 향상에 초점을 맞춰 작업자의 숫자를 기존 200여명 수준에서 35명으로 줄였다. 단위 생산 사이클 시간도 대폭 축소됐다. 이런 성과가 원가 경쟁력으로 나타났다. 경쟁기업과의 최근 원가분석보고에서 한미약품의 매출원가율이 40%대로 떨어졌다. 경쟁사들이 60% 또는 70%대의 매출원가율을 유지하는 것과 많은 격차를 보인다. 한미약품 스마트공장의 추진 목표가 '원가 절감'이란 것은 물을 필요도 없다. 스마트공장은 이처럼 동종업계에서도 다른 모습으로 추진되는 것을 자주 확인할 수 있다. 비슷한 것 같지만 자세히 보면 모두 다르다. 크게 보면 그린필드형과 그레이필드형으로 나눌 수 있는 스마트공장, 그 추진전략과 기준은 결국 기업의 상황과 사정에 맞도록 고민하는 것에서부터 출발한다.

자료원: 중기이코노미, 2020.10.6에서 발췌 정리.

최적 생산구조를 위한 글로벌 네트워크 구성

정보기술이 기업경영에 있어서 경쟁력 제고를 위한 필수적인 수단이 되고 있다. 정보기술 기반의 사업 성공은 인터넷 분야에만 국한된 것이 아니며 전통적인 영역에도 적용되고 있다. 예를 들어, 판매시장은 미국에, 조립공장은 중국에, 부품공장은 베트남에 두고 글로벌 경쟁을 벌이는 것이다. 최적 생산구조를 위한 글로벌 네트워크는 전 세계를 하나의 시장으로 보고 구성하는 것이다. 이를 위해서는 인적자원과 자본뿐만 아니라 원자재, 부품, 기술 및 서비스가 각국으로 이동하면서 제품을 생산하고 서비스를 제공하게 된다. 기업은 글로벌 차원에서 부품이나 재료를 구입하고 이를 가공하는 시스템을 구축함으로써 전 세계를 대상으로 경쟁우위를 갖도록 해야 할 것이다.

종합적 품질경영의 전략적 활용

소비자가 제품이나 서비스를 선택할 때는 가격뿐만 아니라 품질도 고려하게 된다. 최근에는 소비가 점차 고급화되면서 제품이나 서비스의 품질이 오히려 더 중요한 고려대상이 되고 있는 추세에 있다. 따라서 기업은 고객의 다양한 욕구를 만족시킬 수 있는 높은 품질의 제품을 생산할 수 있어야 한다. 기업에게 있어 품질경영은 매우 중요한 문제이며, 언제나 품질경영의 초점을 생산자가 아닌 소비자에게 맞춘다는 인식을 가져야 할 것이다. 이러한 품질경영은 단지 제조업에만 국한되는 것은 아니다. 오히려 서비스업에 있어서 품질경영은 더욱더 중요하다고 할 수 있다. 서비스업에서의 품질은 종업원 친절도나 맛, 향기 등과 같은 고객의 주관적인 느낌으로 평가되므로 언제나 고객의 소리에 귀를 기울이는 것이 필요하다. 이때 품질은 고객이 제품이나 서비스를 경험해보고 나서 느끼는 심리적인 측면이 강하다. 그렇기 때문에 어느 한 부서에서만 품질경영을 고려할 것이 아니라 모든 부서에서 전사적으로 그리고 종합적으로 고려해야 할 것이다. 다만 이러한 전사적 품질경영도 천편일률적으로 이루어지기보다는 전략적으로 조정할 수 있어야 한다. 그 이유는 기업이 가진 자원과 비용은 한정되어 있으므로 모든 부분에서 품질경영에 대한 노력을 경주하기란 쉽지 않기 때문이다. 따라서 고객과 직접적으로 가장 많이 접촉하는 부분에 품질경영활동을 집중시키는 것이 보다 효과적일 것이다.

기업이 보유한 모든 자원과 비용을 투자해서 막연하고 일률적으로 추진하는 것이 아니라 고객이 만족을 느낄 수 있는 부분에 집중적으로 투자하는 전략적인 품질경영 도입이 필요하다는 것이다. 이처럼 기업은 필요한 부분에 집중적인 품질경영을 시도함으로써 고객을 전략적으로 확보할 수 있을 것이다. 또한 4차 산업혁명을 맞으면서 우리 기업들도 품질을 큰 틀에서 보는 안목을 키워야 하고, 이에 걸맞는 품질경영의 새로운 패러다임을 받아들여야 한다. 눈에 보이지 않지만 설계품질, 서비스품질, 소프트웨어품질, 감성품질 등 소비자의 마음을 사로잡는 중요한 품질이 수없이 많다. 기업은 패러다임의 변화에 따른 경쟁우위를 획득하기 위해 품질의 신개념과 새로운 품질경영방식에 대한 방향제시를 할 필요가 있다.

사례 현대제철, 날씨 빅데이터로 제품 품질 높인다

현대제철이 날씨 빅데이터를 활용해 얻은 다양한 아이디어를 하반기 철강제품 품질 향상에 적용한다.

현대제철은 기상청과 '2020 날씨 빅데이터 콘테스트'를 진행하고 ▸머신러닝 기법을 활용해 결로(結露) 위험 지수를 산출하는 개선 모델 ▸내외부 상황을 효율적으로 확인할 수 있는 모니터링 시스템 등 우수한 아이디어를 발굴했다.

새로 적용될 예보시스템은 공장 관측 데이터와 날씨 예보 데이터를 종합적으로 고려해 24~48시간 뒤의 코일 제품과 공장 내부의 온·습도를 예측한다. 이를 바탕으로 이슬점을 계산해 결로 예보를 통보한다.

현대제철은 다양한 결로 예측 모델을 개발하고, 추가적인 개선 작업을 거친 뒤 연내 적용하는 것을 검토 중이다. 또 작업자들이 현재 상황을 한눈에 알아보기 쉽게 시각화된 정보 화면과 스마트폰 앱을 개발, 활용할 예정이다.

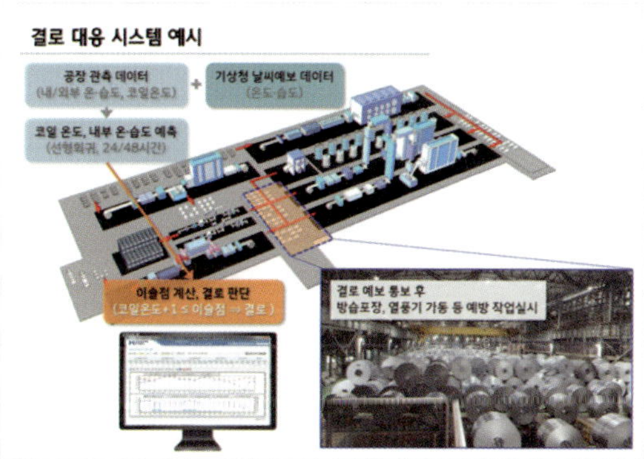

현대제철은 이번 예보시스템 개발이 제품 품질 향상으로 이어질 수 있을 것으로 기대하고 있다. 일반적으로 결로는 철강재에 녹 또는 얼룩을 발생시켜 품질 불량으로 이어진다. 이 때문에 결로 발생 가능성을 사전에 예측·대응해 잠재적 품질손실 위험을 줄이는 것은 철강업계의 큰 과제로 꼽힌다. 현대제철 관계자는 "실무에 활용할 수 있는 수준 높은 데이터 분석 및 예측 모형을 확보할 수 있게 됐다"며 "제시된 다양한 모델을 기반으로 철강 산업에 특화된 빅데이터 분석 연구를 확대해 품질 향상에 기여할 것"이라고 설명했다.

자료원: ChosunBiz.com, 2020.8.27에서 발췌 정리.

MANAGEMENT

강/의/요/약

1. 생산활동은 기업이 사용할 수 있는 필요한 자원을 이용, 고객이 원하는 제품이나 서비스를 창출하는 활동을 말한다. 제조업뿐 아니라 서비스업에서 생산 및 운영 활동을 포함한다.

2. 제조업은 모양, 무게, 크기 등이 품질에 영향을 미치지만 서비스업은 제공하는 사람에 의해 영향을 받는다. 제조업은 유형의 제품을 생산하지만 서비스업은 무형의 서비스를 제공한다는 점에서 서로 다르다.

3. 제조업의 생산활동을 과정별로 보면 수요예측 후 시장성이 있다고 판단되면 제품을 설계하고 이어 제품을 생산할 공장의 입지를 선정한 다음, 시설을 효과적으로 배치하여 운영에 들어간다. 운영활동을 하면서 지속적으로 품질을 검사하여 고객이 원하는 품질의 제품을 창출하게 된다.

4. 서비스업의 생산활동은 제조업의 생산활동과 유사하지만, 유형의 제품을 설계하는 과정이 생략되고 무형의 서비스상품을 개발하는 과정이 포함된다. 고객의 욕구를 파악하여 서비스 상품을 개발하면 이를 제공할 입지를 선정하고 설비를 배치하여 운영에 들어가게 된다. 이때 소비자의 관점에서 측정하는 서비스의 품질 관리가 관건으로 작용한다.

5. 21세기에는 컴퓨터를 이용한 CAD, CAM, 컴퓨터통합시스템(CIM), ERP뿐만 아니라 인터넷을 이용한 다양한 생산활동이 이루어질 수 있어야 하고, 최적 생산구조를 위한 글로벌 네트워크가 구성되어야 하며, 전사적 품질경영의 전략적 활동을 통해 경쟁우위를 확보할 수 있어야 한다.

6. 제4차 산업혁명(4th Industrial Revolution) 시대를 맞으면서 기업들도 품질을 큰 틀에서 바라보는 안목을 키워야 한다. 패러다임의 변화에 따른 경쟁우위를 획득하기 위해 품질의 신개념과 새로운 품질경영 방식에 대한 방향 제시를 할 필요가 있다.

MANAGEMENT

제 12 장

재무활동

1. 재무활동이란?
2. 자본조달활동과 자본운용활동
3. 재무성과의 분석활동
4. 21세기 재무활동은?

1. 재무활동이란?

재무활동은 자본조달활동과 자본운용활동

재무활동(financing)은 기업목표를 달성하기 위해 어떻게 자본을 조달하고 운용할 것인가를 결정하는 활동이다. 구체적으로 표현하면 기업의 경영활동에 필요한 자본을 합리적으로 조달하고(자본조달 결정), 조달된 자본을 효과적으로 운용(투자결정)하는 활동이라고 할 수 있다.[1)]

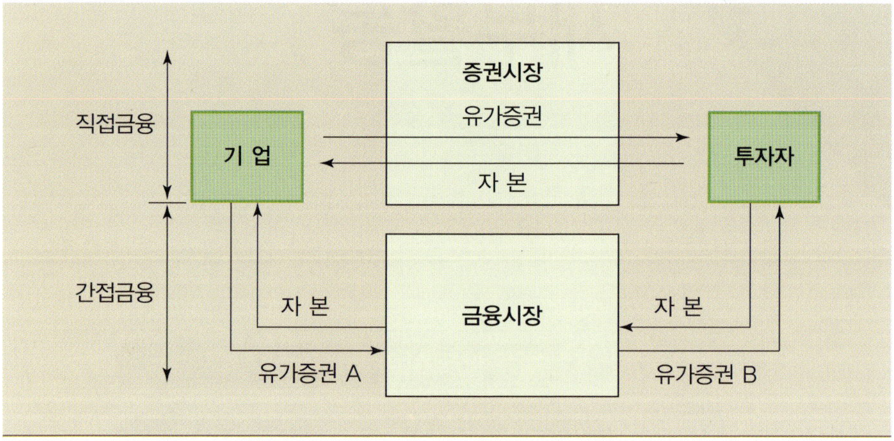

그림 12-1 직접금융과 간접금융[2)]

기업의 경영성적은 재무제표에 나타난다

재무제표(financial statements)는 기업의 경영활동 가운데 자본의 흐름이나 상

1) 넓은 의미의 재무활동은 자본조달활동과 자본운용활동 이외에 배당활동도 포함된다. 하지만 우리나라에서의 배당은 시장에서 결정되는 기업가치와 무관하게 액면금액의 일정비율 내외에서 결정되고 있으므로 이 책에서는 자본의 조달과 운용에 한정해서 설명하도록 한다.

2) 직접금융시장은 자금중개기관을 거치지 않고 자금수요자와 자금공급자가 증권을 직접 매매함으로써 자금의 유통이 이루어지는 시장이다. 간접금융시장은 자금의 수요자와 공급자 사이에 금융중개기관이 개입하여 자금의 유통이 이루어지는 시장이다.

태를 숫자로 나타낸 표를 말한다. 기업은 1년마다 결산을 하게 되는데, 결산 후에 작성되어 발표되는 재무제표는 지난 1년간 기업의 경영성과를 알려주는 성적표다. 1년간 경영성과가 재무제표에 나타나므로 경영자의 경영능력은 재무제표에 의해서 평가될 수 있다. 재무제표에는 재무상태표와 포괄손익계산서가 대표적이다. 재무제표는 '기업의 진단서'라고 부르기도 하고, '기업의 성적표'라고 말하기도 한다.

사례 삼성전자 실적발표 3분기 영업이익 12조원 증가

삼성전자 실적발표에 따르면 3분기 영업이익이 12조원 이상 발생했다. 신종 코로나 바이러스 감염증(코로나19) 장기화 속에서도 놀라운 경영 실적을 달성한 것이다.

10월 8일 삼성전자 실적발표는 어닝 서프라이즈(깜짝 실적)를 보여 줬다. 삼성전자는 지난 3분기(7~9월) 역대 최대 수준인 실적을 냈다. 매출액은 66조원, 영업이익은 12조 3천억원이다. 지난해 같은 기간과 비교하면 매출액은 6.45%, 영업이익은 58.1% 증가했다. 영업이익은 2년 만에 최대치를 기록했고, 증권가가 예상했던 평균 전망치보다 2조원 가량 많다. 이처럼 삼성전자가 최대치의 실적을 낼 수 있었던 것은 스마트폰 판매 호조와 중국 화웨이로부터 반도체 사재기를 받으면서다. 영업이익의 절반 이상을 담당했던 반도체 사업부는 주력 제품인 서버 D램 수요 약화, 가격 하락에 상반기 대비 부진했을 것으로 전망됐다. 다만 9월 중순 미국이 화웨이 제재에 나서면서 화웨이가 8월 말부터 삼성전자로부터 칩을 대량 구매했다. 상반기 코로나19 확산으로 주춤했던 스마트폰 판매도 크게 늘었다. 사업부 영업이익이 5조원에 육박할 것으로 예상된다. 3분기 삼성전자의 스마트폰 출하량은 8,000만대로 전분기보다 48% 증가했을 것으로 추정된다.

자료원: 한국상공인신문, 2020.10.8에서 발췌 정리.

재무상태표

재무상태표(statement of financial position)는 결산기 말에 기업의 영업활동에 사용되고 있는 자산이 어떠한 형태로 얼마만큼 있으며, 그것이 어떠한 자본으로 조달되어 있는가를 나타내는 표를 말한다. 재무상태표에 의하여 각종 자산이나 부채, 자본 등이 어떻게 구성되어 있는지, 균형이 맞는지, 재정상태는 건전한지를 검토할 수 있다.

재무상태표는 오른쪽의 대변(credit)에 자금조달 원인과 관련된 부채와 자본 항목, 왼쪽의 차변(debit)에 자본의 운용(자금의 사용처)과 관련된 자원(resources) 항목을 기록하게 된다. 오른쪽의 대변항목은 자기자본으로 조달한 부분과 타인자본으로 조달한 부분으로 나누어 상세히 기재하게 된다. 왼쪽의 차변 항목은 현금, 유가증권 등 유동자산(current assets)으로 운용된 부분과 건물, 토지 등의 비유동자산(non-current assets)으로 운용된 부분으로 나누어 자세히 기재하게 된다.

포괄손익계산서

포괄손익계산서(comprehensive income statement)는 일정기간에 발생한 경영상태(경영성적)를 나타내는 보고서다. 포괄손익계산서는 경상적이고 반복적으로 발생하는 당기 경영성과 요약치인 당기순이익뿐만 아니라 비경상적 · 비반복적으로 발생하는 손익까지 포함하여 최종 경영성과를 계산한다.

현장수첩 기업 인수 · 합병(M&A)

M&A는 둘 이상의 기업이 통합되어 하나의 기업이 되는 기업합병(merger)과 인수기업이 인수대상 기업의 주식이나 자산을 전부 또는 일부 매입함으로써 경영권을 획득하는 기업인수(acquisition)의 합성어다. 보통 기업 인수·합병으로 불린다. M&A를 시도하는 이유는 영업적 동기, 전략적 동기, 재무적 동기로 구분할 수 있다.

첫째, 영업적 동기는 합병 등을 통해 영업시너지 효과를 창출해 시장지배력을 증대시키고 규모의 경제를 누리기 위해서 M&A를 시도한다고 보는 것이다.

둘째, 경영전략적 차원에서 필요할 때 M&A를 시도한다. 타기업과 결합을 통해 기업의 외부자원을 직접 인수·합병하는 외적 성장전략을 추구하거나 반대로 전략적으로 중요하지 않은 사업부문을 처분하여 내적 건실화 전략을 추구할 때 M&A가 이뤄진다고 보는 것이다.

셋째, 재무적 동기에서도 M&A를 시도한다. 이는 투자수익을 극대화하기 위해서 M&A를 하는 경우다. 상대적으로 저평가되고 자산이 적절하게 이용되지 못한 기업을 적은 자본과 많은 부채를 동원하여 인수한 후 정상화 절차를 밟아서 기업가치를 증대시켜 재매각함으로써 자본이득을 얻고자 할 때 M&A가 이뤄지게 된다.

글로벌 컨설팅사 AT Kearney는 최근 175개에 이르는 사례분석을 통해 기업이 다양한 M&A 유형을 모두 동일하게 취급하는 것이 M&A를 실패로 이끄는 주요한 원인임을 밝혀냈다. 따라서 M&A를 통한 성공을 원하는 기업은 자사가 원하는 M&A의 유형별 특성을 먼저 밝히고, 그에 맞는 전략적 접근법을 마련할 때 비로소 M&A 후 기업의 지속적 성장과 주주가치 극대화를 이룰 수 있다. AT커니는 기업 경영자들이 참고할 수 있도록 M&A의 일곱 가지 유형 중 실제 사례의 97%를 차지하는 상위 네 가지 유형과 구체적인 유형별 성공요인을 아래와 같이 분석했다.

① 규모 확대(volume extension): 규모 확대는 기업 M&A에서 가장 많이 언급되는 이유이며, 성공 여부는 매출과 고객 유지에 달려 있다. 기업은 기존의 고객에게 계속해서 좋은 서비스와 품질을 제공한다는 사실을 알려서 이들의 이탈을 막아야 한다.

② 지역 확대(regional extension): 해외 합병을 포함한 지역 확대의 가장 큰 성공요인은 문화적 차이의 조율이다. 지역 확대가 가지는 이점 중 하나는 지역별로 서로의 장점을 교류하는 것이다. 그런데 지역 간 아이디어 교류를 위한 시스템을 갖추지 못한 회사들은 이 이점을 살리지 못할 수도 있다.

③ 제품 확대(product extension): 제품 확대 유형의 경우 연관성 있는 제품군을 이용해 최적의 제품 포트폴리오를 구성하고 매출 시너지를 달성하는 것이 가장 큰 성공요인이다. 또 전략적인 브랜드 결합을 통해 시너지를 높일 수도 있다.

④ 경쟁력 확대(competency extension): 기술력 등 특정 부문의 경쟁력 향상을 위한 합병은 인력관리와 대화채널 확보 등을 통한 내부관리 및 경영 안정화가 중요한 성공요인이다.

자료원: 지호준, 「M&A(기업 인수 · 합병)」, 법문사, 1998, pp.5~47 및
www.dongabiz.com/Business/HR/article_content.php?

2. 자본조달활동과 자본운용활동

재무활동이란 기업의 목표를 달성하기 위한 자본조달활동과 자본운용활동이다. 자본을 어떻게 조달할 것이며, 어떻게 운용할 것인가를 구체적으로 이해하는 것이 재무활동을 이해하는 근본적인 접근방법이라 할 것이다.

직접금융을 통한 자본조달활동

기업들은 부족한 자본을 금융시장이나 증권시장을 통해서 조달할 수 있다. 앞의 [그림 12-1]과 같이 자본의 수요자인 기업이 주식이나 채권을 발행하여 자본의 공급자인 투자자로부터 직접 자본을 조달하게 되는 경우를 직접금융을 통한 자본조달이라고 한다. 이에 반해서 투자자로부터 직접 자본을 제공받지 않고 은행 등 금융기관을 통해 간접적으로 자본을 조달하는 경우를 간접금융을 통한 자본조달이라고 한다.

주식발행

주식회사의 경우, 불특정다수의 일반투자자들을 대상으로 주식을 발행하여 자본을 조달할 수 있다. 주식발행을 통한 자본조달은 자기자본의 형태여서 재무건전성 측면에서 다른 방법을 통한 자본조달보다 유리하다. 주식발행을 통한 자본조달 방법에는 일반적으로 보통주 발행과 우선주 발행으로 구분할 수 있다.

보통주(common stock)는 매입과 동시에 해당 기업의 주주로서 이사회 구성, 배당금 결정 및 타기업 인수·합병 등에 관한 투표권을 가지게 된다. 또한 주식을 보유함으로써 배당금과 주식가치 상승으로 인한 자본이득을 투자에 대한 반대급부로 얻을 수 있다. 기업이 성공적으로 경영활동을 수행하였다면 배당금이 충분하게 지급되고 기업가치의 상승으로 주가도 상승하게 된다. 그러나 기업이 경영활동에 실패하여 파산할 경우에는 투자원금을 잃을 수도 있다.

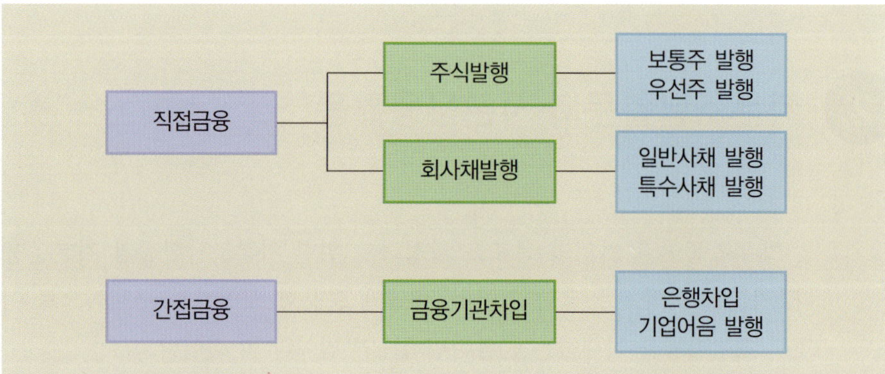

그림 12-2 자본조달의 구성

우선주(preferred stock)는 보통주 소유주들보다 배당금을 지급받는 순위에서 우선권을 갖는 주식을 말하며, 기업이 파산될 경우에도 보통주보다 우선해서 기업의 잔여재산에 대한 청구권을 갖는다. 반면, 우선주 소유주들은 보통주와 달리 주주로서 투표권이 없다. 우선주는 보통주보다 투자의 안전성이 크기 때문에 보수적인 투자자들에게 인기가 있다. 종종 투자자들의 필요에 따라 보통주로 전환할 수 있는 선택권을 갖는 전환우선주(convertible preferred stock)의 형태로 발행되기도 한다.

사례 '기생충'에 함박웃음 – '영화 펀드' 수익률 100% 육박

영화 '기생충'이 칸 황금종려상에 이어 아카데미 시상식(오스카) 4관왕에 오르면서 영화 지분에 투자하는 자산운용사에도 관심이 쏠린다.

영화 기생충에 투자한 유경PSG자산운용은 '유경컨시어지 전문투자형 사모투자신탁 제4호(유경컨시어지 4호)' 펀드를 통해 투자 자금의 100% 수익률을 목전에 뒀다. 자산운용업계 등에 따르면 '유경컨시어지 4호' 펀드는 '기생충' 총 제작비의 2.5~3.5% 규모로 자금을 투자했다. 기생충의 총 제작비는 180억원 수준으로 해당 펀드의 투자금은 6억원 가량으로 전해진다.

'유경컨시어지 4호' 펀드는 CJ ENM이 배급하는 영화 전체에 동일한 비중으로 자금을 조달해주는 대출형 펀드다. CJ ENM에서 유통하는 영화에 투자하고 영화에서 나오는 수익을 분배받는 구조로, 극장 매출을 비롯해 인터넷TV(IPTV)와 판권 수출 등에서도 수익을 얻는다. 개별 영화에 투자하는 프로젝트성 펀드는 아니지만 일부 영화의 흥행 대박이 펀드 수익률 제고로 이어진다. 지난해에는 천만 관객을 돌파한 영화 '극한직업'에 투자해 200%에 육박하는 수익률을 내 화제가 되기도 했다.

'기생충'이 국내 흥행뿐 아니라 글로벌 영화제를 석권하면서 '유경컨시어지 4호' 펀드의 수혜도 당분간 이어질 것으로 보인다. '기생충'은 한국 영화 최초의 황금종려상

수상작이란 타이틀로 개봉 전부터 화제를 모았다.

국내 개봉 5일 만에 손익분기점 370만명을 돌파한 이후 천만 관객을 넘어섰다. 지난해 10월 뉴욕과 로스앤젤레스 3개 상영관에서 선개봉한 데 이어 프랑스, 호주, 일본 등 세계 40개국에서 개봉했다.

올해는 영국과 핀란드, 인도, 아르헨티나 등에서 개봉을 계획하고 있다. 운용업계 한 관계자는 "은행을 비롯한 금융기관이 '투자 조합'을 만들어 특정 영화에 투자하는 경우와 증권사가 신탁자산 포트폴리오에 영화 지분을 편입하는 경우를 제외하고 자산운용사가 특별 자산 펀드를 조성해 영화에 투자하는 경우는 흔치 않다"며 "투자군이 다양해지는 가운데 기생충 흥행으로 영화에 투자하는 펀드들이 수혜를 입을 것으로 본다"고 설명했다.

자료원: 연합인포맥스, 2020.2.11; 뉴스웍스, 2020.2.15에서 발췌 정리.

회사채 발행

채권발행을 통한 자본조달은 유동성이나 편리성 측면에서 일반적이면서 대규모로 자본을 조달할 수 있는 수단이기도 하다. 채권은 발행기관에 따라서 회사가 발행한 회사채(corporate bond)와 중앙정부가 발행한 국채(government bond)로 나뉘어진다.

회사채는 기업이 거액의 자본을 비교적 장기간 사용하기 위하여 일반투자자들로부터 집단적 · 공개적으로 자본을 빌리고 그 증거로서 발행하는 유가증권이다. 회사채 발행에 의해 조달된 자본은 기업 측에서는 부채로 처리된다. 기업의 과도한 회사채 발행은 채권자들을 원리금의 회수 불가능 위험에 빠뜨릴 염려가 있으므로 채권자들을 보호하기 위하여 일정한 범위 이내로 회사채 발행을 규제하고 있다.

회사채에는 보통 채권자들에게 지급될 확정이자 및 만기일이 표시되어 있다. 채권자들은 기업에 자본을 빌려준 자본대여자로서 기업이 파산하게 되면 보통주나 우선주에 앞서 기업자산에 대한 청구권을 갖게 된다. 채권자들은 기업의 주요 의사결정에는 참여할 수 없고 단지 정해진 이자와 만기일에 원금만 지급받을 수 있다.

기업의 경영환경이 복잡해지고 투자자의 요구가 다양해지면서 회사채의 종류도 다양해지고 있다. 그중 가장 단순하고 아무런 단서가 붙지 않은 형태가 바로 일반사채(straight bond)이다. 일반사채는 사채 만기일이 되면 그 원금을 상환하여야 하며, 확정된 이자 혹은 시중 금리에 연동시킨 변동금리 이자를 정기적으로 지급하여야 한다.

최근에는 회사채 발행에 있어 여러 가지 유인책을 마련한 특수사채(special bond)를 발행하는 경우가 늘고 있다. 일반적으로 채권자의 기본권리에 유인책을 첨가한 특수사채를 보면 일정 조건에서 주식으로 전환될 수 있는 전환사채(convertible bond: CB), 신주발행 시 주식을 받을 수 있는 신주인수권부 사채(bond with warrant: BW), 확정이자 이외에 이익배당에도 참여할 수 있는 이익참가사채(participation bond: PB), 이자가 제때에 지급되지 않을 경우 나중에라도 이자를 지급받을 수 있는 이익사채(income bond: IB) 등이 있다.

간접금융을 통한 자본조달활동

기업은 주식과 채권 등 직접금융시장에서 자본을 조달할 뿐만 아니라 은행 등 금융기관을 통한 간접금융시장에서도 자본을 조달할 수 있다. 현재 많은 기업들은 직접금융시장에 비해 금융기관을 통한 간접금융시장에서 자본을 조달하고 있다. 간접금융을 통한 자본조달방법으로 은행차입, 매입채무, 기업어음 발행 등을 들 수 있다.

은행차입

은행으로부터 자본을 차입하는 것은 가장 보편적인 기업의 자본조달 방법이다. 은행차입은 특수은행을 제외한 모든 은행에서 조달할 수 있다. 우리나라의 경우, 은행차입은 주로 단기자본 조달의 원천으로서 기업의 주된 자금원이 되어 왔다.

일반적으로 은행은 차입자의 신용을 기준으로 신용대출한도(line of credit)를 설정하여 운영하고 있으며, 부동산 등을 담보로 제공하는 경우, 대출할 수 있는 최고한도액 이내에서 추가로 담보대출을 하고 있다. 은행차입의 종류로는 일반자금대출, 당좌차월, 어음할인, 적금대출 및 적금담보대출 등이 있다.

기업어음 발행

기업어음(commercial paper: CP)은 기업이 발행한 약속어음을 말한다. 기업어음을 발행하는 대부분의 기업들은 투자금융회사와 종합금융회사 및 일반시중은행 등의 중개기관을 통하여 이를 판매한다. 기업어음은 중개기관이 보증한 담보부 기업어음과 아무런 보증이 없는 무담보부 기업어음이 있다. 기업어음은 은행대출에 비하여 담보제공을 비롯한 번거로운 절차 없이 수시로 자본을 조달할 수 있다는 점에서 많은 기업들이 이용하는 방법이다. 하지만 조달기간이 단기적이라는 단점이 있다.

사업투자를 통한 자본운용활동

조달된 자본을 언제, 어디에, 얼마만큼 투자할 것인가 하는 자본운용활동 측면에 대해 살펴보도록 하자. 일반적으로 자본을 운용하는 방법에는 크게 미래의 사업기회를 모색하여 투자하는 방법과 주식이나 채권 등 금융상품에 투자하는 방법으로 나누어 볼 수 있다.

자본예산

기업에서 미래의 사업에 대한 투자결정은 매우 중요하다. 어디에 투자하느냐에 따라 기업의 수익이 달라질 뿐만 아니라 기업의 위험도 달라지기 때문이다. 기업의 위험수준과 수익성을 좌우하는 투자결정은 기업가치를 결정하는 가장 중요한 요인이므로 합리적인 의사결정과정을 따라야 할 것이다.

기업이 사업기회를 모색하여 투자를 하는 경우, 통상적으로 투자효과가 1년 이상 장기간에 걸쳐 나타나는 자본예산(capital budgeting)을 수립하게 된다. 자본예산을 수행하는 과정은 현실적으로 간단하지 않으며 기업이 처한 상황에 따라 다르다. 일반적으로 다음과 같은 네 가지 단계를 거치게 된다.

첫째 단계는 투자대상을 물색하는 단계다. 이는 투자환경을 예측하여 새로운 투자기회를 발견하기 위해 투자안을 개발하는 것이다. 둘째 단계는 물색된 투자대상으로부터 기대되는 현금흐름을 추정하는 단계다. 셋째 단계는 추정된 현금흐름을 기초자료로 투자안의 가치를 따져서 타당성을 평가하는 단계다. 넷째 단계는 투자 후에 투자안을 재평가하는 단계로 이 단계에서는 정기적으로 투자안의 진행과정을 검토하고 평가하는 피드백과 통제가 필요하다.

자본예산의 단계 중에서 가장 중요한 과정은 투자안의 현금흐름(cash flow) 추정과 투자안의 타당성(feasibility) 평가다. 일반적으로 자본예산이라고 하면 이 네 가지 단계 모두를 의미하는 것이지만 좁은 의미로는 개별적인 투자안별로 기대되는 현금흐름을 추정하여 투자안의 선택 여부를 결정하는 것이라고 볼 수 있다.

투자안의 타당성을 분석해 주는 기법으로 회수기간법과 회계적 이익률법, 순현가법, 내부수익률법이 있는데, 이 중에서 자본의 시간가치를 고려한 순현가법과 내부수익률법이 주로 이용된다.

순현가법

순현가(net present value: NPV)는 투자로 인하여 발생할 미래의 모든 현금흐름을 적절한 할인율로 할인하여 현재가치로 투자안을 측정하는 방법을 말한다. 이는 투자에 따른 현금흐름을 현재가치로 환산하고 여기에서 최초의 투자액을 공제하여 산출한 순이익의 현재가치를 측정하는 것이다.

$$\text{순현가(NPV)} = \sum_{t=1}^{n} \frac{CF_t}{(1+R)^t} - I_0$$

이때 CF_t는 t시점의 현금흐름, R은 할인율, I_0는 최초의 투자액을 말한다. 순현가가 0보다 클 경우, 기업가치가 증가하는 것을 의미하므로 그 투자안은 채택될 것이다. 서로 다른 투자안들을 놓고 순현가법으로 의사결정을 할 때에는 순현가가 가장 큰 것을 선택하게 된다.

내부수익률법

내부수익률(internal rate of return: IRR)은 투자로 인해 발생하는 현금유입의 현재가치와 현금유출의 현재가치를 일치시키는 할인율을 말한다. 내부수익률법은 현금유입의 현재가치와 현금유출의 현재가치를 일치시켜 투자안의 순현가를 0으로 하는 할인율 IRR을 구한 후 이를 요구수익률과 비교하여 투자 여부를 결정하는 방법을 말한다.

$$\sum_{t=1}^{n} \frac{CF_t}{(1+IRR)^t} - I_0 = 0$$

내부수익률법을 통해서 투자안의 채택 여부를 결정할 때에는 내부수익률이 미리 설정된 요구수익률을 초과하면 채택하고 반대로 내부수익률이 요구수익률보다 낮으면 채택하지 않게 된다. 상호 배타적인 여러 투자안을 놓고 내부수익률법으로 의사결정을 할 때에는 내부수익률이 가장 큰 투자안을 선택하게 된다.

증권투자를 통한 자본운용활동

위험과 기대수익률

기업이 영업이익을 발생시키기 위해 미래의 사업기회를 모색하여 투자할 수도 있지만 주식이나 채권 등 금융상품에 투자하여 영업외수익을 낼 수도 있다. 개인투자자 입장에서는 기업의 주주나 채권자로서 경영활동에 직접 · 간접적으로 참여하기 위해 주식이나 채권 등에 투자할 수 있다. 이처럼 기업이나 개인투자자는 다양한 목적을 가지고 증권시장이나 금융시장에 자본을 투자하게 된다.

주식이나 채권에 투자할 때에는 기대수익(expected return) 이외에도 반드시 고려해야 할 사항이 바로 위험(risk)이다. 위험을 최소화하기 위해서는 한곳에 집중투자하지 말고 분산투자하여 위험을 줄여야 한다. 이와 같이 여러 주식이나 채권에 분산투자하는 것을 포트폴리오(portfolio) 투자라고 한다.

그러면 여러 투자자산의 집합인 포트폴리오를 어떻게 구성할 것인가? 이는 기대수익률과 위험의 상관관계에 의해 결정된다. 즉, 높은 위험을 무릅쓰고 투자하면 큰 손실을 입거나 많은 돈을 벌 수 있지만 낮은 위험을 택하면 이익이 적은 대신 손실도 적게 된다. 이러한 원리를 이용하여 마코비츠(Harry Markowitz)는 최적 포트폴리오란 효용곡선과 포트폴리오 기회집합이 만나는 점이라고 하였다. 이에 따라 투자자의 입장에서 투자목표는 최적 포트폴리오를 선정하는 것이라고 본 것이다.

효용곡선이란 개인별 효용의 무차별곡선을 말하며, 포트폴리오 기회집합이란 투자자가 투자할 수 있는 모든 포트폴리오를 의미하는 것이다. 예를 들어, 삼성전자 주식으로 100% 보유하는 경우, 삼성전자 주식 50%와 현대자동차 주식 50% 보유하는 경우, 삼성전자 주식 40%와 현대자동차 주식 30%, SK텔레콤 주식 30% 보유하는 경우, 이들 각각은 개별 포트폴리오가 되고 이들을 모두 합한 개념이 포트폴리오 기회집합이라고 할 수 있다.

CAPM

마코비츠가 제시한 원리를 일반균형이론으로 발전시킨 사람은 샤프(William F. Sharpe)와 린트너(John Lintner)이며, 이들은 자본자산가격결정모형(capital-asset pricing model: CAPM)을 개발했다. 자본자산가격결정모형이란 투자자산이 내포하고 있는 위험에 따라 기대수익률이 결정되는 관계를 제시하는 일반균형이론이다.

위험에는 체계적 위험과 비체계적 위험이 있다. 체계적 위험이란 시장 전체에 미치는 위험으로 주식의 경우 종합주가지수의 변동성이라고 생각하면 된다. 주가가 1,000포인트일 때 주식을 샀는데 주가가 700포인트로 떨어지면 1억원을 투자했을 경우 대략 3천만원을 손해보게 된다. 이를 체계적 위험이라 하며, 아무리 완벽하게 분산투자를 했더라도 피할 수 없는 위험이다.

비체계적 위험이란 개별기업의 위험이다. 예를 들어, A회사 주식을 갖고 있는데 A회사에서 임금협상이 깨지면서 노사분규가 일어났다면 이는 A회사에만 영향을 미쳐서 주가가 하락하게 된다. 이러한 비체계적 위험은 분산투자로 상당부분 감소시킬 수 있다.

따라서 체계적 위험만을 고려했을 때 A회사 주식의 기대수익률은 CAPM에서 다음과 같이 도출된다.

A회사 주식의 기대수익률
= 무위험수익률 + (시장평균수익률 − 무위험수익률) × β

무위험수익률은 통상적으로 정부의 국고채 수익률을 의미하며, 시장평균수익률은 과거 오랜 기간 동안의 주식시장 전체 평균수익률을 의미한다. β계수는 A회사의 주식이 주식시장 전체에 대한 특성을 나타내는 계수로서 체계적 위험을 나타내는 지수다.

개별기업의 β계수와 기대수익률의 관계식을 이용하여 적절한 포트폴리오를 구성해서 위험은 최대한 줄이고 수익은 최대한 늘리는 최적의 투자의사결정을 할 수 있을 것이다. 이러한 관계식을 증권시장선(security market line: SML)이라고 한다.

현장수첩 선물옵션거래

1990년대 이래 전 세계 증권시장, 금융시장에서 가장 놀랄 만한 발전을 이룬 분야는 선물, 옵션 등의 파생상품시장이라고 할 수 있다. 전 세계적으로 금융산업에 대한 규제가 완화됨에 따라 금융기업 간 경쟁이 치열해지고 동시에 금융자산가격의 변동폭이 커졌다. 이에 따라 위험을 회피하고 효율적인 자산부채관리에 대한 필요성이 커지면서 다양한 선물, 옵션관련 상품이 개발되었다.

가장 대표적인 선물옵션상품으로는 선도금리계약이나 선물환 등의 선도거래(forward)상품과 주가지수선물, 금리선물, 통화선물 등의 선물거래(futures)상품 및 주가지수선물옵션, 금리선물옵션, 통화선물옵션 등의 옵션거래(options)상품 등이 있다.

선도거래(forward)란 미래에 이뤄져야 할 상품거래를 현재 시점에서 앞당겨 매매하는 것을 말한다. 물건과 돈은 약속한 미래의 날짜에 주고받게 되고 언제, 얼마의 값으로 사고판다는 것만 약정해 놓는 셈이다. 이를 쉽게 설명하면 선도거래는 새로 짓는 아파트를 분양받는 것과 동일한 원리다. 즉, 계약 당시에 일정한 가격으로 약속을 하고 일정한 기간이 지나 입주할 때 그 당시의 아파트 시세와는 무관하게 당초 약속한 금액만 주고 입주하는 것이 바로 선도거래의 원리다.

선물거래(futures)란 미래의 정해진 날짜에 매매하기로 약정하고 거래소에 상장된 금융상품을 매매하는 것을 말한다. 이는 표준화된 계약 양식에 따라 거래되므로 계약단위나 결제일에 변화를 줄 수 없는 단점이 있으나 거래비용이 매우 낮으며 반대매매가 용이하다는 장점이 있다.

선물거래는 아파트 분양권 전매와 같은 원리다. 아파트를 분양받은 입주권을 입주 전에 프리미엄이 생기면 프리미엄을 받고 팔 수도 있고 아니면 그대로 입주할 수도 있는 것이 선물거래의 원리와 같다. 따라서 선물거래는 대부분 만기까지 갖고 있지 않고 중간에 해지하거나 이익을 창출하기 위해 매매하게 된다.

옵션거래(options)란 현재부터 미래의 일정시점까지의 기간 동안 미리 정해진 가격에 특정 자산을 사거나 혹은 팔 수 있는 권리를 매매하는 것을 말한다. 이때 사는 권리를 콜옵션(call options)이라 하고 파는 권리를 풋옵션(put options)이라고 한다.

옵션거래를 하는 목적은 매매 쌍방 간 위험부담을 적게 하기 위해서다. 예를 들면, 아파트 가격이 오를 것으로 예상되어 입주권을 구입했는데 아파트의 가격이 예상과 달리 내려가 손해를 보게 되었을 때 아파트 입주권을 판 사람에게 일정한 가격으로 되팔 수 있다면 손해를 최소화할 수 있을 것이다. 예상과 달리 아파트 가격이 불리한 방향으로 움직일 때 되팔 수 있는 권리, 즉 옵션을 가진다면 예상치 못한 손실을 최소한의 손해로 막을 수 있게 된다. 이처럼 이익은 제한을 두지 않으나 손실은 일정 수준으로 한정시키는 권리를 매매하는 것이 옵션거래다.

자료원: 지호준, 「국제재무관리」, 제2판, 경문사, 2000, pp.133~162.

3. 재무성과의 분석활동

기업의 재무상태나 경영성과 등을 비율(ratio)이나 지수(index)로 나타내면 기업의 과거나 현재상태를 구체적으로 파악할 수 있고, 미래에 대한 개선 방향을 제시해 줄 수도 있다.

기업의 재무성과 분석은 크게 성장성과 안전성, 수익성과 생산성, 유동성과 활동성으로 구분할 수 있다. 분석내용을 토대로 과거와 현재를 비교, 기업의 경영상태가 어떻게 변화했는지를 파악할 수 있다.

해당 기업의 재무비율과 그 기업이 속한 산업의 평균비율이나 경쟁기업의 비율을 비교하기 위해서는 한국은행의 「기업경영분석」 자료와 한국산업은행의 「재무분석」 자료를 통해 기업 간 재무상태를 평가할 수도 있다.

재무성과를 분석하는 방법은 회계정보를 이용하는 방법과 경영분석 등이 있다. 구체적으로는 다음과 같다.

회계정보의 이용

재무제표 분석은 투자자의 의사결정에 유용한 정보를 제공하기 위하여 과거 활동의 결과와 현재의 재무상태를 평가하고 해석하는 방법을 말한다. 재무제표를 분석·연구하는 목적은 기업 재무상태의 건전성과 수익성을 판단함으로써 경영이 잘 되어 가고 있는가를 알고자 하는 것이다.

순이익 부족

기업의 목적은 경영활동에 의하여 투자자본을 증식시켜 기업의 이익을 발생시키는 데 있다. 결손상태가 계속되거나 순이익이 불충분한 것은 경영능력이 부족하거나 다른 중대한 결함이 있다는 것이다.

재고자산 과다투자

적정량 이상의 상품, 제품, 원재료를 보유함에 따른 재고자산에 대한 과다투자는 자금을 고정시켜 기회비용을 발생시키고 이익률을 저하시킬 뿐 아니라 재고자산을 관리하기 위한 필요 없는 경비를 지출하게 한다. 재고자산의 적정화는 중대한 문제다.

매출채권 과대투자

외상판매를 너무 많이 하였거나 매출채권의 회수가 원활하지 않으면 매출채권(외상매출금+받을어음)에 과대투자한 것이 된다. 이것은 자금이 매출채권에 고정된 것이 되며, 대손(bad debts)의 위험까지 커질 것이므로 매출채권의 회수상태를 주시하는 것은 재고자산의 과다투자와 더불어 중요한 문제이다.

사례 늘어나는 '외상값'에 꽉 막힌 현금흐름, 제약사 '한숨'

팜뉴스는 주요 상장제약사 30곳의 반기보고서를 토대로, 올 상반기 매출채권(의약품을 판매하고 외상으로 아직 받지 못한 판매대금) 현황을 분석하고, 기업별 영업판매 전략을 살펴봤다. 조사 대상 기업들의 매출대비 외상값 비중은 평균 60%였다. 50% 이상인 곳도 13곳에 달했으며 100%가 넘는 곳도 3곳이나 있었다. 외상값의 평균 회수기간은 118일이었는데 이는 지난 2017년과 비교할 때 1주일 정도 앞당겨진 수준이다.

제약사들이 떠안고 있는 매출채권은 긍정적인 측면에서만 보면, 그만큼 물건이 많이 팔렸다는 의미이기도 하지만, 아직도 외상으로 깔아놓은 약이 많다는 점에서는 고민이 뒤따를 수밖에 없는 것. 경기가 나쁘거나 거래상대의 신용에 문제가 생길 경우, 대금회수 등의 문제에 노출되는 만큼 관리 방안이 요구된다는 지적이다.

매출대비 외상값 비율이 높은 곳은 신풍제약(118%, 1,096억원), 부광약품(115%, 885억원), 명문제약(91%, 648억원) 순이었다. 이들은 대체로 회수기간도 길어 신풍제약 247일, 부광약품 210일, 명문제약 187일, JW중외제약 179일, 동성제약 171일, 환인제약 156일이 소요 됐다.

회수기간이 가장 짧은 곳은 대원제약(회전율 7.99)으로, 46일 만에 외상값을 회수하고 있었다. 이어 회수기간이 짧은 곳으로는 일동제약(회전율 7.16, 51일), 동아에스티(6.39, 57일), 대웅제약(5.85, 62일), 종근당(5.34, 68일), 한미약품(5.27, 69일), 광동제약(5.2, 70일), 삼일제약(4.81, 76일)순으로 조사됐다.

주요 상장제약사 2019년 상반기 매출채권 및 매입채권 현황

(단위:백만원)

회사명	매출액	매출채권		매출채권회전율 & 회수기간						매입채무회수기간		
	2019년6월	2019년6월	매출액 대비 비율	2019년6월 (회)	회수기간 (일)	2018년 (회)	회수기간 (일)	2017년 (회)	회수기간 (일)	2019년6월 회수기간 (일)	2018년 회수기간(일)	2017년 회수기간(일)
셀트리온	456,678	815,048	178%	1.12	326	1.20	304	1.19	307	12	8	8
신풍제약	93,235	109,609	118%	1.48	247	1.40	261	1.21	302	43	45	40
부광약품	77,069	88,553	115%	1.74	210	2.63	139	2.74	133	14	8	10
명문제약	71,152	64,799	91%	1.95	187	1.99	183	1.98	184	44	10	10
환인제약	79,808	68,332	86%	2.34	156	2.30	159	2.26	162	22	14	15
JW중외제약	264,415	224,566	85%	2.04	179	1.98	184	1.75	209	46	35	42
동성제약	43,993	35,228	80%	2.13	171	2.20	166	1.89	193	46	42	49
이연제약	65,351	48,340	74%	2.52	145	2.32	157	2.36	155	11	11	10
셀트리온헬스케어	505,280	342,480	68%	2.46	148	1.66	220	2.37	154	234	330	254
한독	224,961	143,607	64%	3.15	116	3.26	112	3.15	116	73	66	64
경보제약	97,805	61,672	63%	2.97	123	3.27	112	3.60	101	30	27	29
GC녹십자	646,434	401,729	62%	3.28	111	3.59	102	3.65	100	40	41	39
영진약품	111,994	59,703	53%	3.78	97	3.23	113	3.43	106	29	31	28
보령제약	246,003	121,746	49%	3.90	94	3.38	108	2.93	125	40	36	36
삼진제약	121,688	59,721	49%	3.71	98	3.49	105	2.91	125	29	27	31
유한양행	704,351	342,512	49%	4.07	90	4.80	76	5.54	66	24	22	30
일양약품	154,142	70,743	46%	3.92	93	3.71	98	3.25	112	31	27	28
동국제약	231,215	104,637	45%	4.43	82	3.89	94	3.65	100	17	17	21
유나이티드제약	109,807	48,764	44%	4.50	81	4.21	87	4.20	87	14	12	12
삼일제약	60,664	25,691	42%	4.81	76	3.29	111	2.82	129	26	35	29
국제약품	55,654	23,133	42%	4.17	88	3.34	109	3.37	108	34	33	33
한미약품	545,037	224,358	41%	5.27	69	4.70	78	3.65	100	15	16	19
광동제약	617,444	252,717	41%	5.20	70	5.20	70	5.02	73	43	42	42
우리들제약	48,784	19,602	40%	4.04	90	3.78	97	3.68	99	10	12	18
종근당	500,570	183,033	37%	5.34	68	4.97	73	4.58	80	29	26	29
대웅제약	556,340	183,981	33%	5.85	62	5.97	61	5.74	64	21	22	23
동아에스티	294,317	93,722	32%	6.39	57	6.15	59	4.94	74	20	19	20
삼성바이오로직스	203,447	63,216	31%	3.70	99	7.12	51	10.93	33	7	5	6
일동제약	265,895	76,428	29%	7.16	51	6.06	60	4.12	89	21	17	23
대원제약	155,062	37,228	24%	7.99	46	6.89	53	6.95	53	9	7	6
합계 평균			60%	3.85	118	3.73	120	3.66	125	34	35	33

자료원: PharmNews, 2019.9.19에서 발췌 정리.

유형자산 초과투자

영업용 유형자산에 필요 이상으로 투자하면, 고정된 자금은 회전이 느리므로 지급능력 약화와 수익력 저하를 초래할 것이다. 이는 재고자산의 과다투자와 유사한 결과를 초래할 것이며 기회비용의 문제를 유발시킨다.

자본 부족

기업경영에 필요한 자금의 일부는 외부에서 조달하여야 하나, 이에 대하여는 이자를 지급하여야 하며 원금을 상환할 때 운전자본에 영향을 주어 원활한 자본 운영에 지장을 초래할 가능성이 크다. 과대한 부채에 의존하는 기업은 지배권까지도 채권자들로부터 위협받기도 한다. 반면, 자기자본만으로 자본조달을 한다면 자본조달에 한계가 있을 수 있다.

사례 신한은행, 소상공인 매출 · 자금관리 '퀵 정산 서비스'

신한은행은 소상공인의 매출과 자금관리를 지원하는 '소상공인 퀵(Quick) 정산 서비스'를 시작한다고 밝혔다. 이를 위해 신한은행은 국내 배달대행 업체 '생각대로'를 운영하는 로지올과 매출관리 전문기업 마이앨리와 업무협약을 맺었다.

이 서비스는 코로나19로 어려움을 겪고 있는 자영업자와 영세 소상공인의 단기 유동성 자금 확보를 지원하기 위해 만들어졌다. 소상공인이 배달대행 서비스를 이용할 경우 최대 20일 후 받을 수 있는 매출대금을 매출 발생 다음날 바로 받을 수 있도록 대금회수 기간을 단축시켰다.

특히, 그동안 선정산을 받으려면 가맹점의 매출채권을 담보로 잡아야 했지만 앞으로는 '신한 퀵정산 전용통장'을 통해 무담보로 이용할 수 있도록 했다. 또 이 서비스에 가입할 경우 가맹점 매출 현황을 한눈에 볼 수 있는 마이앨리의 매출관리 서비스도 이용할 수 있다.

서비스는 신한 '쏠비즈(SOL Biz)' 애플리케이션에서 전용 통장을 만들어 신청할 수 있다. '생각대로'의 대리점 직원이 직접 사업장을 방문해 서비스 가입 신청을 받을 수 있도록 해 소상공인의 업무 편의성을 높였다.

자료원: 서울파이낸스, 2020.9.4에서 발췌 정리.

경영분석

재무제표분석(경영분석)은 재무제표와 기타 자료를 이용하여 기업의 재무상태와 경영성과를 평가 · 분석함으로써 경영자와 이해관계자의 의사결정(decision making)에 유용한 정보(useful information)를 제공하는 것이다.

재무제표분석 방식으로는 여러 가지가 있으나 가장 많이 사용되는 방법이 비율분석이다. 비율분석(ratio analysis)은 서로 관련되는 항목 간 관계를 비율로 산정하고 그 비율을 분석함으로써 기업의 재무상태와 영업실적을 평가하는 기법이다. 비율분석은 구성비율법, 추세비율법, 관계비율법 등으로 세분되기도 한다.

재무상태의 분석

주로 재무상태표를 분석하는 것으로, 기업의 과거 재무상태를 분석하고, 부채의 지급능력을 평가하는 것이 중심이 된다.

- ■ 기업의 재무상태 또는 부의 분석

  일정시점에 있어서 기업의 재산규모, 재력, 재산 구성 등을 분석하는 것이다. 이의 분석에는 총자산규모, 총부채규모, 총자본규모가 중요할 수 있고, 총자산 중 유동자산·비유동자산 간 구성, 공장시설·설비투자의 정도, 타인자본(부채)과 자기자본(자본) 간 구성, 자본의 구성(예: 자본금·자본잉여금·이익잉여금의 구성) 등이 중요할 수 있다.
- ■ 단기지급능력(short-term solvency)

  기업이 단기부채(유동부채)의 지급능력이 있는가를 분석하는 것이다. 단기지급능력은 기업의 현금전환 능력을 가리키므로 유동성에 대한 평가라고 말할 수 있다. 주로 유동자산을 현금으로 전환하여 유동부채를 지급할 수 있는 능력에 관련된다.
- ■ 장기지급능력(long-term solvency)

  기업이 장기부채(비유동부채)의 원금을 상환할 수 있고 이자도 지급할 수 있는 능력이 있는가를 평가하는 것이다. 기업의 재무적 기초가 안정적인가에 대해 분석하는 것이므로 안정성(stability) 분석이라고도 한다.

경영성과의 분석

주로 포괄손익계산서와 이익잉여금처분계산서를 중심으로 분석한다. 기업의 과거 영업성적을 분석하고 미래의 수익성을 예측·평가하는 것을 주요과제로 한다.

- ■ 기업의 경영성과 또는 이익성과 분석

  일정기간에 있어서 기업의 경영성적, 이익성과를 분석하는 것이다. 그 기간에 대한 순이익 규모, 매출액 규모, 제조원가 규모, 영업비 규모 등과 수익·비용 간 비율, 수익 구성, 비용(원가)의 구성 등이 중요할 수 있다.
- ■ 수익성(profitability) 분석

  투자자 등 정보이용자는 기업의 수익성 평가에 대해 많은 관심이 있다. 기업의 수익성이 기대되면 주가가 상승하는 경우가 많은데, 투자자들이 얼마나 수익성 평가에 따라 예민하게 반응하는가를 알 수 있다. 수익성을 중요시하는 것은, 투자자의 입장에서 수익성이 기대되면 미래에 배당금 또는 주가 상승으로 더 많은 현금흐름의 유입이 있을 것으로 기대하기 때문이다.

■ 회전율 분석

기업이 소유하고 있는 자산을 얼마나 효과적으로 이용하였는가를 분석하는 것으로 보통 매출액에 대비시켜 회전율을 측정한다. 매출액에 대해 주요자산(예: 재고자산)을 대비시켜 중요자산이 매출액에 대해 몇 번 회전하였는가를 계산하여 자산의 이용도를 분석한다.

성장성과 안전성

성장성

기업의 경영규모나 기업활동의 성과가 얼마나 증가했는가를 과거와 비교해서 나타낸 것이다. 단지 기업의 매출액 증가만을 파악하는 것이 아니라 이익이나 자본 등이 어떠한 변화를 가져왔는가도 함께 파악해야 한다. 총자산증가율, 자기자본증가율, 매출액증가율, 순이익증가율 등이 있다.

■ 매출액증가율(growth rate of sales)

매출액이 당해연도에 얼마나 증가하였는가를 나타내는 비율이다. 매출액은 정상적인 영업활동에서 발생하는 영업수입이므로 매출액증가율은 기업의 성장률을 판단하는 대표적인 비율이다.

$$\text{매출액증가율(\%)} = \frac{\text{당기매출액} - \text{전기매출액}}{\text{전기매출액}} \times 100$$

■ 순이익증가율(growth rate of net income)

기업의 최종성과인 순이익이 당해연도에 얼마나 증가하였는가를 나타내는 비율이다.

$$\text{순이익증가율(\%)} = \frac{\text{당기순이익} - \text{전기순이익}}{\text{전기순이익}} \times 100$$

■ 총자산증가율(growth rate of total assets)

기업에 투자되어 운영된 총자산이 당해연도에 얼마나 증가하였는가를 나타내는 비율로 전체적인 성장규모를 측정하는 지표이다.

$$총자산증가율(\%) = \frac{당기말총자산 - 전기말총자산}{전기말총자산} \times 100$$

- **자기자본증가율(growth rate of stockholder's equity)**

자기자본이 당해연도에 얼마나 증가하였는가를 나타내는 비율이다.

$$자기자본증가율(\%) = \frac{당기말자기자본 - 전기말자기자본}{전기말자기자본} \times 100$$

사례 DNA혁신기업, AI분야 매출액 1년 새 73% 증가

데이터, 네트워크, AI 이른바 'DNA(Data, Network, Artificial Intelligence)' 분야 혁신기업의 기술인력 비중이 45.2%에 달하는 것으로 조사됐다. 특히, AI 분야의 비중이 약 73%로 다른 ICT 중소기업에 비해 매우 높은 것으로 나타났다.

조사결과 DNA혁신기업은 기술인력 비중, 매출액 증가율, 매출액 대비 R&D 투자비중, 특허보유 현황, 투자유치 경험 등 5가지 측면에서 일반기업 대비 상대적으로 높게 나타났다. DNA혁신기업의 기술인력(엔지니어) 비중은 평균 45.2% 수준이었으며, 국내 전체산업 34.1%(2019 산업인력수급실태조사)와 비교할 때 높은 수준으로 나타났다.

매출액 증가율 측면에서는 2017년 대비 2018년도 평균 증가율은 약 25% 수준이었으며, 특히 AI 분야는 약 73%로 매우 높았다. 이는 다른 ICT중소기업과 비교해 굉장히 높은 수준이다. 특히, DNA 혁신기업은 기술경쟁력 확보를 위한 매출액 대비 R&D 투자비중이 높았으며, 특허보유에 있어서도 평균 5개 수준의 특허를 보유하는 등 국내 벤처기업 중 첨단서비스 업종(IT · SW) 특허보유 수보다 높게 나타났다.

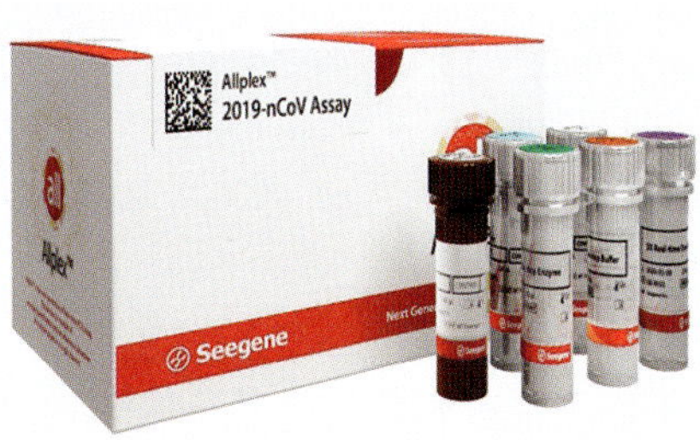

분자진단 전문기업 씨젠은 올해 2분기 연결기준 매출액이 2,748억원, 영업이익이 1,689억원, 당기순이익은 1,316억원 등 역대 최대규모 실적을 달성했다고 밝혔다. 지난해 2분기 매출이 292억원이었던 것을 감안하면 같은

기간 매출이 9배 늘었다. 영업이익은 지난해 2분기(46억원) 대비 30배 이상 늘었다.

씨젠 관계자는 "코로나19 관련 제품 수요가 폭발적으로 증가하면서 매출액이 크게 늘었고 매출액이 증가할수록 영업 레버리지 효과도 지속되기 때문에 영업이익률도 커지는 구조"라며 "지난 1분기 기록했던 최대 실적 기록을 한번 더 갱신했고 2분기 매출액과 영업이익, 당기순이익 모두 전 분기 대비 2~3배 증가했다"고 설명했다. 상반기 기준으로는 매출액 3,566억원, 영업이익 2,087억원을 기록했다. 지난 한해 매출액(1,220억원)의 3배, 영업이익(224억원)의 9배 정도 늘어난 수치다.

자료원: 인포스탁데일리, 2020.4.6; ChosunBiz.com, 2020.8.13에서 발췌 정리.

안전성

안전성은 레버리지 비율(leverage ratio)이라고 불리는데, 기업이 조달한 자본이 어느 정도 타인자본에 의존하고 있는가를 나타내는 비율이다. 부채의 원리금 상환능력을 측정하는 것으로 부채비율과 이자보상비율이 있다.

- 부채비율(debt to equity ratio)

총자본을 구성하고 있는 자기자본과 타인자본의 비율을 말한다. 채권자의 입장에서는 부채비율이 낮을수록 유리하지만, 주주의 입장에서는 반드시 낮다고 좋고 높다고 나쁜 것은 아니다. 부채비율이 큰 경우에 경기가 좋으면 주주에게 돌아가는 이익의 크기를 확대할 수 있기 때문이다.

$$\text{부채비율}(\%) = \frac{\text{타인자본}}{\text{자기자본}} \times 100$$

- 이자보상비율(times interest earned 또는 interest coverage ratio)

타인자본의 사용으로 발생하는 이자가 기업에 어느 정도의 압박을 가져오는가를 알아보기 위한 비율이다. 이자는 납세전이익에서 지출되므로 이자지급능력은 세금의 영향을 받지 않는다.

$$\text{이자보상비율}(\%) = \frac{\text{이자 및 납세전이익}}{\text{이자}} \times 100$$

수익성과 생산성

수익성

기업이 투자한 자본으로 얼마나 효율적으로 수익을 획득하고 있는가를 측정하는 것이다. 총자본순이익률, 매출액순이익률, 자기자본순이익률 등이 있다.

- **총자본순이익률(net profit to total assets)**

  순이익을 총자본으로 나눈 값으로 기업의 수익성을 대표하는 비율이다. 이를 투자수익률(return on investment: ROI)이라고도 한다.

$$\text{총자본순이익률}(\%) = \frac{\text{납세전 순이익}}{\text{총자본}} \times 100$$

- **매출액순이익률(net profit to sales)**

  순이익을 매출액으로 나눈 값으로 기업의 경영활동에 따른 성과를 총괄적으로 파악하는 비율이다.

$$\text{매출액순이익률}(\%) = \frac{\text{순이익}}{\text{매출액}} \times 100$$

- **자기자본순이익률(net profit to net worth)**

  순이익을 자기자본으로 나눈 값으로 자기자본수익률(return on equity: ROE)이라고도 한다.

$$\text{자기자본순이익률}(\%) = \frac{\text{순이익}}{\text{자기자본}} \times 100$$

생산성

기업이 투입한 생산요소에 대한 산출량을 나타내는 비율로 경영활동의 효율성 내지는 성과배분의 합리성 등을 분석하는 데 사용된다. 생산성은 노동생산성과 자본생산성으로 구분할 수 있다.

- **노동생산성(labor productivity)**

  노동생산성은 종업원 1인당 부가가치생산액으로 나타낸다. 이 수치가 높다는 것은 노동력이 효율적으로 이용되어 보다 많은 부가가치를 산출했다는 것이다.

$$노동생산성(원) = \frac{부가가치}{종업원\ 수}$$

■ 자본생산성(capital productivity)

기업에 투자된 총자본을 운영한 결과로 얻어진 부가가치액을 나타내는 것이다. 새로운 투자 없이 이 수치가 커지면 노동생산성이 높아지는 것으로 볼 수 있다.

$$자본생산성(원) = \frac{부가가치}{총자본}$$

유동성과 활동성

유동성

기업의 단기적인 채무지급능력을 측정하기 위한 비율을 말한다. 유동성이란 기업이 보유하고 있는 총자산 가운데 단기간에 현금으로 충원할 수 있는 자산의 비중을 의미한다. 유동성에는 유동비율과 당좌비율 등이 있다.

■ 유동비율(current ratio)

유동자산을 유동부채로 나눈 비율로 단기간 내 현금화할 수 있는 자산과 1년 이내에 상환해야 할 부채를 비교한 것이다. 유동비율이 클수록 기업의 단기부채 지급능력이 좋은 것으로 평가되는데, 일반적으로 200% 이상이면 유동성이 양호한 것으로 볼 수 있다. 은행가비율(banker's ratio)로도 불린다.

$$유동비율(\%) = \frac{유동자산}{유동부채} \times 100$$

■ 당좌비율(quick ratio)

유동자산 중에서 재고자산을 뺀 부분을 유동부채로 나눈 것으로 기업이 재고자산을 처분하지 않고서도 채무를 이행할 수 있는가를 나타낸다. 당좌비율이 클수록 기업의 단기부채지급능력이 좋은 것으로 평가하며, 일반적으로

100% 이상이면 양호한 것으로 평가한다.

$$당좌비율(\%) = \frac{유동자산-재고자산}{유동부채} \times 100$$

활동성

기업이 자산을 얼마나 효율적으로 활용하고 있는가를 나타내는 비율로 매출액에 대한 주요 자산의 회전율로 나타내는 것이 일반적이다. 활동성에는 재고자산회전율, 매출채권회전율, 고정자산회전율, 총자산회전율 등이 있다.

- **재고자산회전율(inventory turnover)**

  매출액을 재고자산으로 나눈 값으로 재고자산이 일정기간 동안에 몇 번이나 현금 또는 매출채권으로 전환되었는가를 나타낸다. 재고자산회전율이 높을수록 생산 및 판매활동을 효율적으로 수행하고 있다고 볼 수 있다.

$$재고자산회전율(회) = \frac{매출액}{재고자산}$$

- **매출채권회전율(receivables turnover)**

  매출액을 외상매출금으로 나눈 값으로 같은 매출액에 비해서 외상매출금이 적을수록 매출채권관리를 잘하고 있다고 볼 수 있으므로 매출채권회전율은 클수록 좋다.

$$매출채권회전율(회) = \frac{매출액}{외상매출금}$$

- **고정자산회전율(fixed assets turnover)**

  매출액을 고정자산으로 나눈 값으로 이 비율이 높을수록 고정자산의 이용도가 활발한 것을 나타낸다.

$$고정자산회전율(회) = \frac{매출액}{고정자산}$$

- **총자산회전율(total assets turnover)**

  매출액을 총자산으로 나눈 값으로 총자본은 총자산과 동일하므로 총자산회전율은 총자본회전율이라고도 한다. 이 비율은 기업이 사용한 총자산을 얼마나 효율적으로 이용했는가를 나타낸다.

$$\text{총자산회전율(회)} = \frac{\text{매출액}}{\text{총자산}}$$

4. 21세기 재무활동은?

인터넷 재무정보시스템의 구축과 활용

재무정보시스템은 다양한 재무관련 자료를 체계적으로 제공함으로써 최고경영자들의 의사결정을 지원할 수 있도록 설계된 재무의사결정 지원시스템을 말한다. 이는 정보를 효율적으로 수집하고 저장하며 분배하기 위한 시스템이 아니라 경영자의 의사결정을 지원하여 효율성을 향상시키기 위한 정보시스템이다.

변화의 속도가 빠른 21세기 글로벌 경쟁시대에는 다양한 위험을 관리할 수 있는 정보시스템 마련이 중요한 과제라고 할 수 있다. 환율 이외에 금리, 주가와 같이 가격이나 상황이 자주 바뀌는 분야도 정보시스템을 구축하고 활용하여야 할 것이다. 이를 통해 최고경영자가 기업의 재무와 관련된 다양한 정보를 인터넷을 통하여 리얼타임(real time)으로 파악함으로써 경영환경 변화에 효과적이고 효율적인 재무의사결정을 내릴 수 있을 것이다.

국제금융시장을 활용한 자본조달과 운용

국내뿐 아니라 해외시장에서 자본조달을 위해서 기업들은 국내외적으로 우호적인 주주를 확보해야 하는데, 이를 위해서는 적극적인 투자자 관리가 필수적이라고 할 수 있다. 특히 외국투자자들은 기업을 평가할 때 외형보다는 기업의 실제가치와 건전성에 그 비중을 두기 때문이다.

기업은 효과적인 투자자 관리를 통해 국내뿐 아니라 해외에서도 주식이나 채권을 발행함으로써 필요한 자본을 충분히 확보할 수 있어야 한다. 일반적으로 국내보다는 해외에서 자본조달 금리가 유리할 수 있으므로 국제자본시장에 주식을 상장하거나 해외에서 전환사채(convertible bond: CB)나 국제 신주인수권부 사채(bond with warrant: BW), 해외주식예탁증서(depositary receipt: DR) 등을 적극적으로 발행할 수 있어야 할 것이다.

자본운용도 국내에 한정하지 말고 해외 선진기업과 제휴 및 합작 등을 적극적으로 모색해 볼 필요가 있다. 국내에 한정되어 자본을 운용하기보다 국제적 분산투자를 통해 위험을 크게 감소시킬 수 있을 것이며 안정적인 투자수익률을 확보할 수도 있을 것이다.

또한 경영권을 확보하기 위한 국제직접투자 이외에도 철저한 준비를 바탕으로 금융기술 습득 및 투자이득을 겨냥한 국제간접투자를 시도하는 등 글로벌 자본운용 전략을 구사할 수 있어야 할 것이다.

사례 쿠팡 · 무신사, 해외자본 끌어들인 속사정

국내에서 마땅한 투자처를 찾지 못해 해외로 눈을 돌리거나 아예 회사를 매각하는 유망 벤처 · 스타트업들이 늘고 있다. 실제 국내 유니콘 기업들이 유치한 투자자금 중 해외자본 비중은 95%에 육박한다. 유니콘 기업들이 국내 시장을 중심으로 영업을 하지만 정작 잇속은 해외자본이 챙길 것이라는 우려가 제기된다. 스타트업 전문 조사기관 디브이씨에 따르면 지난해 기준 국내 유니콘 기업은 쿠팡과 옐로모바일, 엘앤피(L&P)코스메틱, 크래프톤, 비바리퍼블리카, 우아한형제들, 야놀자, 위메프, 지피클럽, 무신사, 에이프로젠 등 11개다.

이들 유니콘 기업이 유치한 투자자금 총액은 6월 현재 10조 7,127억원으로 잠정 집계됐다. 이 중 미국과 중국, 일본, 독일, 싱가프로 등 해외자본이 10조 1,935억원으로 전체 95% 가량을 차지했다. 국내자본은 5,200억원대로 약 5%에 그쳤다. 위메프와 에이프로젠, 야놀자를 제외한 나머지는 국내자본 비중이 한 자릿수 또는 10%대에 머물렀다. 특히 쿠팡과 엘앤피코스메틱, 지피클럽, 무신사는 국내자본이 전혀 없었다. 해외자본 의존도가 높은 탓에 유니콘으로 얻을 수 있는 일자리 창출과 신산업 활성화 등 경제적인 효과가 쪼그라들 수 있다는 지적이다. 쿠팡, 우아한형제들처럼 국내 산업생태계에 큰 영향을 주는 플랫폼 산업의 주도권을 빼앗길 수 있다는 우려도 나온다. 우아한형제들은 독일 딜리버리히어로의 인수 발표 이후 올해 4월 배달의민족 '이용 수수료' 체계를 변경, 사실상 수수료를 인상하려다가 논란이 생겼다.

국내 벤처투자업계에서는 기업가치 1,000억원 이상의 예비 유니콘들이 성장단계에서 해외로 눈을 돌리는 것이 당연한 수순처럼 받아들여진다. 한 벤처캐피탈(VC) 관계자는 "창업 초기부터 '죽음의 계곡'을 넘기고 잘 육성시켜서 투자이익이 가장 큰 최종단계에서 결실을 해외에 넘기는 셈"이라며 "투자시장이 성장한 만큼 국내에서도 리드투자를 맡을 수 있는 대형 투자자들이 늘어났으면 한다"고 말했다.

자료원: 머니투데이, 2020.6.9에서 발췌 정리.

구조조정을 위한 M&A의 전략적 활용

M&A는 구조조정의 가장 효과적인 수단으로 제시되고 있다. 따라서 기업들은 전략적인 차원에서 사업부 또는 기업 자체를 처분하거나 조정하는 매각(divestiture) 전략을 효과적으로 활용할 수 있어야 한다.

구체적으로 보면 자회사 또는 사업부를 독립기업화시키는 분리설립(spin-off)과 해당부분을 매각하는 분리매각(sell-off)을 전략적으로 이용할 수 있어야 한다. 일반투자자를 대상으로 공개적으로 매각하는 분리공개(equity carve-out) 등도 이용할 필요가 있을 것이다. 이외에도 기업 자체를 완전히 매각하고 제2의 창업을 시도하는 완전매각(voluntary bust-up)도 고려해 볼 필요가 있다.

전략적 매각을 통해 기업의 주력업종이 아닌 사업부문을 매각하고 그 금액으로 핵심사업에 주력할 수 있도록 해야 한다. 핵심역량을 키우고 경쟁력을 확보하는 데 결정적인 사업부문에 대해서는 위임장대결(proxy fight)이나 주식공개매수(takeover bid: TOB) 등을 통해서라도 적극적인 M&A를 시도할 필요가 있다.

사례 "코로나가 기회" – 되살아난 M&A시장

글로벌 기업들이 미래 먹거리를 발굴하고 회복 탄력성을 키우기 위한 수단으로 M&A를 활용하고 있다는 분석이 나온다. 투자은행 씨티그룹은 "코로나로 타격을 받은 기업들은 사업을 다변화하는 동시에 더 크고 경쟁력 있는 기업으로 거듭나기 위해 M&A에 적극 나서고 있다"며 "특히 첨단기술을 보유한 알짜 기업에 대한 관심이 크다"고 진단했다. 불확실한 경영환경과 갑작스럽게 찾아오는 위기에 대한 불안감이 M&A를 부추기는 요인으로 해석된다.

국내에서는 코로나 영향으로 지난달 아시아나항공과 HDC현대산업개발의 M&A가 무산되는 등 거래가 철회되는 사례가 등장했지만, 그래도 수치상으로는 M&A가 활발히 이뤄지는 것으로 집계되고 있다. 기업평가사이트 CEO스코어에 따르면 올해 1~8월 대기업의 누적 M&A 금액은 11조 5,000억원에 달했다. 이는 지난해 연간 규모에 육박하는 수준이다.

시장 전문가들은 국내 기업들이 코로나 위기를 기회삼아 M&A에 적극 나서야 한다고 조언한다. 코로나로 가치가 저평가된 유망기업을 제때 인수해 포스트 코로나를 대비해야 한다는 것이다. 실제 삼성 · 현대차 · SK · LG · 롯데 등 재계도 비주력 자회사를 매각해 현금을 마련하고 M&A 관련 세미나를 개최하는 등 언제든 유망 해외기업을 인수할 수 있도록 관련 준비에 박차를 가하는 모습이다.

김봉만 전국경제인연합회 국제협력실장은 "지난 2008년 금융위기 당시 많은 기업이 정리된 반면, 신산업이 급성장했듯이 코로나 위기 뒤에도 산업계 지각변동에 따른 황금 기회가 찾아올 것"이라며 "코로나 이후 글로벌 경쟁에서 우리 경제가 크게 성장하기 위한 발판으로 M&A 활성화에 나서야 한다"고 말했다.

자료원: 조선비즈, 2020.10.11에서 발췌 정리.

강/의/요/약

1. 재무활동이란 기업경영에 필요한 자본을 합리적으로 조달하고 조달된 자본을 효과적으로 운용하는 활동을 의미한다. 경영활동의 성과는 재무상태표와 포괄손익계산서 등과 같은 재무제표에 나타난다.

2. 자본조달은 직접금융시장을 이용하거나 간접금융시장을 이용하여 이루어질 수 있다. 직접금융시장을 이용한 조달방법으로 주식과 채권 발행을 통한 방법을 들 수 있으며, 간접금융시장을 이용한 조달방법으로 은행에서의 차입, 기업어음 발행 등을 통한 방법을 들 수 있다.

3. 자본운용은 미래의 사업기회를 모색하여 투자하는 방법과 주식이나 채권 등 금융상품에 투자하는 방법으로 구분된다. 사업에 투자할 때에는 순현가법이나 내부수익률법을 이용하여 투자안을 선택하며, 증권에 투자할 때에는 가중평균기대수익률로 측정되는 수익성과 표준편차나 분산으로 측정되는 위험을 함께 고려해야 할 것이다.

4. 재무제표에 나타난 재무성과는 비율이나 지수로 분석되는데 성장성, 안전성, 수익성, 생산성, 유동성, 활동성 등도 함께 고려해야 한다. 이를 통해 재무상태의 변화추세를 파악할 수 있으며 경쟁기업과 비교를 통해 경영성과를 평가할 수도 있다.

5. 21세기에는 인터넷을 통한 재무의사결정을 지원할 수 있는 정보시스템을 구축하고 활용할 수 있어야 한다. 또한 국제금융시장을 활용하여 합리적 자본조달과 효과적 자본운용이 이루어질 수 있어야 하며, 원활한 구조조정을 위해 M&A를 전략적으로 활용할 수 있어야 한다.

Management

제 4 부

21세기 현대경영의 핵심

MANAGEMENT

제 13 장

글로벌 경영

1. 글로벌 경영이란?
2. 글로벌 경영의 추진전략
3. 21세기 글로벌 경영체제

1. 글로벌 경영이란?

글로벌 경영은 전 세계 시장을 대상으로 한 경영활동

글로벌 경영(global management)은 국경을 초월하여 글로벌 시장을 대상으로 경영활동이 이루어지는 것을 말한다. 기업이 국가마다 다른 전략을 수립하기보다 전 세계 시장을 하나의 시장으로 보고 통합된 전략을 수립하는 것을 의미한다.

글로벌화(globalization)는 국제화(internationalization)와 비교될 수 있다. 국제화란 종전의 국가단위로 시장이 구성되었던 상황에서 한 국가에 있던 기업이 다른 국가로 진출하는 것을 의미한다. 반면에 글로벌화는 국경에 따라 시장을 구분하는 것은 의미가 없고 전 세계를 하나의 시장으로 보고 활동하는 것을 의미한다. 따라서 제품, 기술, 서비스뿐 아니라 인적자원과 자본도 자유롭게 이동하는 상황에서 전 세계 시장을 대상으로 효율적인 의사결정을 내릴 수 있어야 할 것이다. 이것이 바로 글로벌 경영활동의 요체다.

사례 아모레퍼시픽, 미국 아마존 입점으로 글로벌 시장 본격 진출

AMOREPACIFIC

아모레퍼시픽이 글로벌 진출에 박차를 가하고 있다. 아모레퍼시픽은 'AMOREPACIFIC'과 '마몽드' 등 2개 브랜드를 미국 아마존에 공식 입점시켰다. 미국 온라인 채널 사업 확대를 통해 현지 고객의 브랜드 경험을 강화하기 위한 전략의 일환이다. 또 설화수 브랜드를 통해 14억 인구의 인도 시장을 공략하는 등 글로벌 시장에서 입지를 다지고 있다.

아모레퍼시픽은 지난 20여 년 동안 글로벌 공급망과 빅데이터를 활용해 미국 고객들과의 접점 확대에 공을 들여왔다. 혁신적인 브랜드를 선보이며 신뢰받는 K-뷰티 포트폴리오도 구축했다. 아마존에 입점한 AMOREPACIFIC과 마몽드는 자연원료 기반의 프리미엄 스킨케어를 선호하고 스킨케어를 하나의 '셀프케어'로 인식하기 시작한 미국 고객들을 주목해 선정했다.

2003년 미국 뉴욕에 첫발을 내디딘 AMOREPACIFIC은 녹차와 대나무 등 아시아 보태니컬 원료를 사용한 '빈티지 싱글 익스트랙트 에센스' 제품을 주력으로 밀레니얼 세대가 핵심 소비층으로 부상한 미국 럭셔리 스킨케어 시장을 공략 중이다.

2018년 미국에 진출한 마몽드는 자연원료인 꽃의 생명력을 '페탈 스파 오일 투 폼 클렌저', '레드 에너지 세럼' 제품 등에 담아내 현지 고객들로부터 뜨거운 반응을 이끌어내고 있다. 또한 아모레퍼시픽의 럭셔리 브랜드 설화수가 인구 14억 인도 시장에 처음 진출해 화제가 되기도 했다.

설화수는 지난 7월 인도의 뷰티 전문 유통사인 나이카(Nykaa) 온라인 채널을 통해 브랜드 대표 제품을 선보였다. 올해 하반기에는 델리(Delhi), 뭄바이(Mumbai) 등 인도 주요 도시의 럭셔리 오프라인 매장인 나이카 럭스(Nykaa Luxe)에도 추가로 입점할 예정이다.

세계 2위의 인구 대국인 인도는 중산층 성장과 함께 높은 소비 잠재력을 지녔다고 평가받는다. 2019년 기준 화장품 시장 규모는 약 148억 달러(USD)로 소비재 중에서도 특히 화장품 산업의 성장세가 가파른 편이다(시장조사업체 유로모니터). 최근 인도 화장품 시장은 온라인 뷰티 전문 플랫폼이 두각을 나타내고 있으며 특히 뷰티 인플루언서 및 커뮤니티를 중심으로 한 제품 리뷰 및 추천 서비스가 확산하는 중이다.

설화수는 인도 시장에 브랜드 철학을 담아낸 대표 시그니처 제품 '윤조에센스'와 혁신적인 고려 인삼 연구를 바탕으로 뛰어난 효능을 선사하는 '자음생 라인', '에센셜 라인'을 선보인다.

설화수는 시간의 흐름에도 건강하게 빛나는 아름다움을 전할 수 있도록 진귀한 한방 원료들과 50년이 넘는 연구를 통한 설화수만의 한방 피부 솔루션을 인도 고객에게 선사할 예정이다. 이는 화장품의 성분을 엄격하게 따지고 스킨케어에 대한 관심이 증가하고 있는 인도 화장품 시장 트렌드에 따른 것이기도 하다.

자료원: RICH, 2020.9.24에서 발췌 정리.

왜 글로벌 경영이 요구되는가?

기업들이 글로벌 경영을 시도하는 이유는 대략 다음 네 가지로 나누어 볼 수 있다. 자유화·개방화 추세, 규모의 경제, 막대한 연구개발(R&D) 투자, 소비자 수요의 동질화 등이 글로벌화를 촉진시키고 있다고 보는 것이다.

자유화 · 개방화 추세

전 세계적으로 자유화·개방화 물결이 일어나면서 무역장벽이 낮아지고 있다. WTO 체제하에서 각국에서는 무역장벽을 제거해야 하는 상황을 맞고 있으며, 자본이전이나 인적자원 이동뿐 아니라 기술이전도 과거보다 훨씬 자유로워지고 있다. 이러한 자유화·개방화로 인해 글로벌화가 급속히 진행되고 있다.

규모의 경제

글로벌화를 촉진시키는 중요한 요인으로 자본집약적인 생산방식과 '규모의 경제(economy of scale)'가 점점 더 중요해지고 있다. 전 세계적으로 모든 산업에서 노동집약적인 생산방식이 자본집약적인 생산방식으로 전환되고 있는 것이다. 인간의 노동력이 자동화된 기계, 로봇, 컴퓨터로 조작되는 정밀기계로 대체되고 있다. 이로 인해 산업 전체에서 노동력이 차지하는 비중은 점차 줄어들고 있으며, 이러한 상황은 전자·철강·화학산업 등에서도 두드러지게 나타나고 있다. 이처럼 노동비용은 갈수록 감소하는 반면, 자본비용은 점차 증가함으로써 규모의 경제 효과가 커지고 있다. 따라서 막대한 투자를 회수하기 위해 대규모 생산체제를 갖추어야만 하므로 전 세계 시장을 대상으로 하여 투자하도록 글로벌화를 촉진시키는 것이다.

막대한 연구개발비용

글로벌화를 촉진시키는 또 하나의 요인으로 기술의 급격한 발전과 함께 막대한 연구개발(R&D) 투자를 들 수 있다. 연구개발비용이 많이 투자되는 사업에서 국내시장의 수요만으로 엄청난 개발비용을 충당하기는 어렵다. 막대한 연구개발이 필요한 첨단산업에서는 전 세계 시장을 대상으로 신제품을 개발하고 판매하여야 하는 글로벌 경영이 필요하게 된다.

소비자의 수요동질화

과거에는 서로 달랐던 소비자의 기호가 점차 비슷해지는 것도 글로벌화를 촉진시키고 있다. 코카콜라와 펩시콜라가 전 세계적으로 가장 많이 팔리는 청량음료가 되고, 리바이스 청바지는 한국에서도 유행하며, 맥도날드 햄버거가 러시아에서도 성공하고 있다. 이는 젊은 세대를 중심으로 소비자의 수요나 구매행태가 동질화되고 있다는 것을 의미한다. 이로 인해 전 세계의 소비자를 고객으로 하는 글로벌 경영이 요구되는 것이다.

현장수첩 글로벌 스탠더드

글로벌 스탠더드(global standards)는 단일화된 세계시장에서 공통의 기준으로 통용되는 규범을 말한다. 글로벌 스탠더드는 크게 두 가지 종류로 구분된다. 첫째는 ISO(국제표준화기구) 인증과 같이 표준화기관의 승인에 의해 규정된 공식적 표준이고, 둘째는 글로벌 시장에서 서로 간 경쟁을 통해 시장의 대세를 차지하게 된 사실상의 표준이다.

최근의 글로벌 스탠더드는 작게는 첨단산업의 기술에서부터 크게는 금융 및 회계를 포함하는 경제 전반의 시스템에까지 범위가 확대되고 있다. 그리고 개방경제 하에서 생존을 위해 반드시 수용해야 하는 필요조건으로 자리잡아 가고 있다. 그렇지만 이러한 글로벌 스탠더드는 강자의 논리 기준이기 때문에 고정되어 있지 않고 시대가 변화됨에 따라 유동적으로 변하는 것이기도 하다.

1980년대 일본 경제의 전성기엔 일본식 경영방식이 글로벌 스탠더드였다. 그러나 21세기에는 미국의 로컬 스탠더드가 글로벌 스탠더드가 되고 있다. 정치를 상품화하는 워싱턴, 금융의 메카인 월 스트리트, 첨단 정보산업을 주도하는 실리콘밸리 등에서 통용되는 방식이 오늘날 각 분야의 글로벌 스탠더드로 자리잡고 있는 것이다.

예를 들면, 일본의 최대 PC 생산업체인 NEC는 일본 시장의 70% 이상을 차지했던 막강한 세력의 '98 시리즈' 생산을 갑자기 중단하겠다고 선언하여 일본 시장을 깜짝 놀라게 했다. 그 이유는 미국의 IBM이나 매킨토시와 호환성이 없어 IBM 호환모델과 더 이상 경쟁할 수 없었기 때문이었다. 이와 같이 현재 세계 각국은 미국식 글로벌 스탠더드로 전환하기 위한 개혁에 경쟁적으로 나서고 있다. 글로벌 스탠더드의 조류에 뒤처지는 국가와 기업은 통상압력뿐만 아니라 국제거래상 불이익을 감수해야 하므로 점점 살아남기 힘들어지고 있는 것이다. 그러므로 자칫 제도와 규범의 혁신에 소극적이거나 기본 역량이 부족한 국가와 기업은 엄청난 비용을 부담할 수밖에 없게 되었다.

글로벌 스탠더드를 위해 가장 먼저 갖춰야 할 것은 첫째로 '투명성'이다. 해외 투자가들이 한국에 대한 투자 여부를 판단할 때 가장 큰 리스크 요인으로 기업과 정부의 투명성과 부패를 꼽고 있기 때문이다.

둘째, '다양성'이다. 다양성은 차이를 존중하는 데서 시작된다. 다양성의 핵심은 종교, 인종, 국적 및 소득과 무관하게 사람을 존중하는 태도에서 이루어진다.

셋째, '시장 중시'다. 국가 간 보호무역주의는 시장의 활력을 떨어뜨려 경기침체를 가속화할 것이며, 규제를 선호하는 국가와 사회는 시장 활성화를 통한 선진화와는 거리가 멀어지게 된다. 시장의 장점을 극대화하는 원칙을 정하고 규제는 최소화해야 한다.

넷째, '글로벌 마인드'다 이는 글로벌 관점에서 유연한 사고를 통해 함양할 수 있다. 글로벌 시각에서 상호 입장을 존중하며 유연하게 이익을 주고받는 생각의 전환이 필요하다.

다섯째, '창의적 사고'다. 기존의 틀에 고정되어 사물을 바라보는 것이 아닌 유연한 생각의 틀을 소유하고 사물을 바라볼 수 있는 마인드가 필요하다.

자료원: 동아일보 GS 특별취재팀, 「글로벌 스탠더드 시대」, 21세기북스, 1998; 월간조선, 2010. 1월호.

2. 글로벌 경영의 추진전략

국가 간 경계가 사라지면서 적극적인 글로벌 경영활동을 위해 해외에 진출하는 기업이 늘어나고 있다. 기업이 단독으로 수출입을 통해 진출할 수도 있지만 해외기업과 전략적 제휴를 통해 글로벌 경영을 시도할 수 있다. 이외에도 해외단독투자, 국제합작투자 등의 국제직접투자나 자본참여와 같은 국제간접투자 등으로 글로벌 경영활동을 수행할 수도 있다.

수출입을 통한 진출전략

글로벌 경영시대를 맞이하여 기업이 해외시장에 진출하기 위해서 취하는 전략은 부품이나 완제품을 수출하는 것이다. 기업이 제품을 수출하는 것을 입장이 반대되는 기업에서 보면 제품을 수입하는 것이 되므로 수출과 수입은 동전의 양면과 같다.

이러한 양면관계는 기업이 특정한 제품을 생산하기 위해 원자재, 부품, 시설 등을 수입하면 수입을 충당할 외화를 벌어들이기 위해서라도 수출을 해야 하는 것에서도 쉽게 찾아볼 수 있다. 이러한 이유 이외에 소비자들이 원하는 제품을 보다 싼값에 제공하거나 자체적으로 생산되지 않는 제품을 제공하기 위해서 수입하는 경우도 있다. 이와 같이 글로벌 경영을 단순히 제품을 생산하여 수출하거나 해외시장에 진출하는 경우만으로 한정해서는 안 될 것이다. 전략적인 입장에서 수입도 포함하여 글로벌 경영활동을 이해하여야 할 것이다.

수출전략

국제화 초기단계에 있는 기업들이 해외시장에 진출하는 데에는 많은 위험이 따른다. 그 이유는 해외시장에 대한 지식이 부족하고, 해외에 있는 고객의 수요에 대해서도 잘 알지 못하기 때문이다. 이와 같은 경우에는 수출(exporting)이라는 방법을 사용할 수 있다. 수출은 기업들이 복잡한 해외사업을 운영하기 위한 전초적인 단계라고 할 수 있다. 수출에 의한 해외시장 진출은 많은 투자를 해야 하는 해외직접투자 방법에 비해 위험부담이 훨씬 적은 방법이다.

수출로 글로벌 경영에 참여하는 방법은 간접수출에 의한 방법과 직접수출에 의한 방법이 있다. 간접수출(indirect exporting)은 국내의 종합무역상사, 오퍼상이라고 불리는 무역대리인, 그리고 한국을 방문하는 외국인 바이어와 같은 수출중개인을 통해서 간접적으로 판매하는 수출방법이다.

직접수출(direct exporting)은 국내의 생산업체가 해외시장에 있는 현지수입-유통업체뿐만 아니라 현지의 제조업체와 실수요자 등을 대상으로 제품을 직접 거래함으로써 수출하는 방식이다. 필요에 따라서 현지수입-유통업체와 직거래를 하고 그가 현지의 기업이나 실수요자 등에게 판매하도록 하는 것도 포함한다.

기업이 제품을 간접수출방식으로 수출하면 수출대행업체에 높은 수수료를 지불해야 한다. 따라서 초기에는 간접수출방식에 의해 수출을 하다가 점차 해외사업 경영에 자신감을 갖게 되면 직접수출방식으로 전환하기도 한다. 기업의 수출은 이익 및 성장기회 추구, 경쟁우위나 기술우위 활용 및 유지, 규모의 경제를 통한 비용절감, 위험분산, 협소한 국내시장 극복, 해외시장의 잠재력 점검 등의 효과가 있다.

사례 현대차 크레타, 인도 SUV 시장서 돌풍 – 현대차 '점유율 굳히기'

현대자동차의 중형 스포츠유틸리티차량(SUV) 크레타(CRETA)가 인도에서 돌풍을 일으키며 인도 SUV 시장의 새로운 강자로 떠올랐다. 현지 점유율 2위인 현대차는 신종 코로나바이러스감염증(코로나19) 시대에 주목받는 온라인 판매를 확대하며 점유율을 굳히고 있다.

현대차 인도법인에 따르면 현대차의 중형 SUV 크레타는 2세대 모델이 출시된 지 3개월여 만에 누적 예약 대수 3만대를 돌파했다. 지난 5월 크레타는 코로나19 사태로 현지 판매가 위축된 가운데서도 인도시장 월간 판매 1위 차종에 오르는 기염을 토했다.

코로나19 위기 속에서도 현대차가 좋은 성적표를 받아들 수 있었던 배경에는 현지 상황을 고려한 온라인 판매 확대 전략이 주효했다. 현대차는 인도에서 온라인 소매 판매 플랫폼 '클릭 투 바이(Click to Buy)'를 운영 중이다.

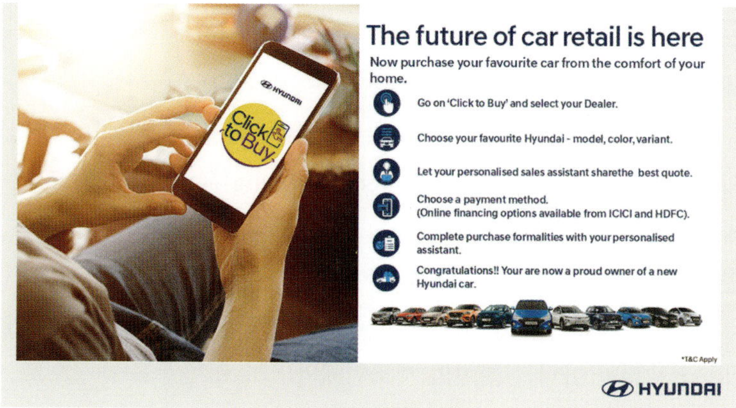

클릭 투 바이는 인도 최초 온라인 자동차 구매 플랫폼으로 인도 전역에 있는 600여 개 대리점과 연계돼 있다. 소비자들은 실사 영상 보기, 온라인 시승 예약, 차량 배송 일정 조율 등 구매의 전 과정을 온라인으로 진행할 수 있다.

한국자동차 브랜드의 미국 시장 점유율이 9년 만에 최대치를 기록했다. 한국자동차산업협회는 미국 내 완성차공장 재가동 후 3개월간(6~8월) 한국차 브랜드의 미국시장 점유율이 8.9%로 크게 상승하며 9년 만에 한국차 전성기 시장점유율 수준까지 올라섰다고 밝혔다.

자료원: 이코노믹리뷰, 2019.6.13; 매일경제신문&mk.co.kr, 2020.10.5에서 발췌 정리.

수입전략

수입(importing)으로 글로벌 경영에 참여하는 방법도 간접수입에 의한 방법과 직접수입에 의한 방법이 있다. 간접수입(indirect importing)은 한국 내 생산업체가 필요한 부품이나 원자재를 종합무역상사나 무역대리인 등을 통해서 간접적으로 수입하는 방법을 말한다. 유통업체가 종합상사 등을 통해 완제품을 수입하는 경우도 간접수입에 해당한다. 직접수입(direct importing)은 생산업체가 직접 해외 생산업체나 해외유통업체로부터 수입하는 경우를 말한다. 한국의 유통업체가 직접 해외제조업체나 유통업체로부터 수입하는 것도 여기에 포함된다.

국제계약에 의한 진출전략

국제계약에 의한 진출방식은 기업이 자신의 브랜드, 기술, 특허권, 저작권 등 경영자원을 하나의 상품으로 취급하여 현지기업과 일정한 계약에 의해 판매하여 진출하는 방법을 말한다. 계약에 의해 해외사업을 경영하는 방법으로는 라이선싱(licensing), 프랜차이징(franchising), 생산계약(manufacturing contract) 등이 있다.

라이선싱

라이선싱(licensing)은 라이선서(licensor)와 라이선시(licensee) 간 라이선싱 계약을 체결하고 외국에 있는 기업에게 특허, 노하우, 브랜드, 기타 자산 등 경제적인 가치가 있는 경영자산을 사용하도록 허가하는 것을 말한다. 이는 경제적 가치가 있는 라이선스(license)를 파는 것이 아니라 돈을 받고 빌려준다는 뜻이다.

라이선싱은 해외시장 침투에 기본목적이 있으며, 높은 생산원가 때문에 제품을 국내에서 생산하는 것이 비효율적이거나 국내에서 생산하여 그것을 판매지역까지 운송하는 데 많은 운송비가 소요되는 경우, 제품의 특성에서 장거리 운송이 불가능한 경우, 현지 정부의 규제 때문에 현지 생산이 불가능한 경우 등에 이용된다.

사례 한미약품, 美 MSD와 라이선스 계약 체결

한미약품과 미국에 본사를 두고 있는 바이오 헬스케어 기업 MSD가 한미약품의 바이오신약 후보물질 'LAPSGLP/Glucagon 수용체 듀얼 아고니스트'를 NASH(비알코올성지방간염) 치료제로 개발, 제조 및 상용화하는 라이선스 계약을 체결했다고 밝혔다.

이번 계약으로 MSD는 한국을 제외한 전 세계에서 'LAPSGLP/Glucagon 수용체 듀얼 아고니스트'의 개발, 제조 및 상업화에 대한 독점적 권리를 확보하게 된다. 한미약품은 MSD로부터 확정된 계약금 1,000만 달러와 단계별 임상개발 및 허가, 상업화 마일스톤(milestone)으로 최대 8억 6,000만 달러를 수령하며, 제품 출시 이후에는 두 자리 수 퍼센트의 판매 로열티도 받는다.

MSD 임상 연구센터 당뇨/내분비내과 총괄 샘 엥겔(Sam Engel) 박사는 "에피노페그듀타이드의 2상 임상 데이터는 이 후보물질이 NASH 치료제로서 개발될 수 있는 주목할 만한 임상적 근거를 제시하고 있다"면서 "MSD는 이 후보물질 개발을 계속하며, 대사질환 치료를 위한 의미 있는 의약품 개발이라는 우리의 사명을 지속해 나갈 것"이라고 말했다.

권세창 한미약품 대표이사 사장은 "비만당뇨 치료 신약으로 개발되던 바이오신약 후보물질이 NASH를 포함한 만성 대사성질환 치료제로의 확대개발 가능성을 인정받고 새로운 파트너십을 맺었다는 데 큰 의미가 있다"며 "신약개발 영역에서 빈번히 발생할 수 있는 실패가 '새로운 혁신을 창출한 성과'로 이어질 수 있다는 점을 보여준 것"이라고 말했다. 이어 권 사장은 "대사질환 영역에 전문성을 갖고 있는 MSD와 함께 혁신적인 NASH 치료 신약을 개발할 수 있도록 최선을 다하겠다"고 덧붙였다.

자료원: 파이낸셜투데이, 2020.8.4에서 발췌 정리.

프랜차이징

프랜차이징(franchising)은 똑같은 물건을 똑같이 생긴 가게에서 동일한 가격을 주고 살 수 있는 비즈니스 형태를 말한다.

프랜차이징은 라이선싱의 한 형태이지만 라이선싱보다 훨씬 강한 통제를 할 수 있다. 라이선싱이 기술이나 브랜드 등 경영자산을 일정기간 동안 빌려주는 것이라면 프랜차이징은 품질관리, 경영방식, 기업의 조직 및 운영, 마케팅 등을 지원하여 라이선싱 업체를 직접적으로 관리하거나 통제하는 것을 말한다.

프랜차이징은 피자헛이나 맥도날드와 같은 패스트푸드점, 패밀리레스토랑, 편의점, 호텔, 주유소 등 서비스 업종에서 많이 이루어진다. 프랜차이징 점포의 소유권은 프랜차이즈하는 점포의 사업주가 소유하지만, 점포에서 사용하는 장비, 실내 장식 및 제품 생산방식 등은 프랜차이즈 기업에서 제공하는 일괄적인 기준에 따르도록 하고 있다.

소비자들은 프랜차이즈점을 이용함으로써 점포의 위치와 상관없이 똑같은 품질의 피자와 햄버거를 먹을 수 있다. 그 결과 전 세계적으로 피자헛이나 맥도날드는 품질이 표준화되어 브랜드 이미지를 유지하고 통제할 수 있게 된다.

프랜차이즈는 표준화된 마케팅전략 사용이 가능한 반면, 경영 노하우를 획득한 가맹점이 경쟁자로 등장하게 되는 단점이 있다.

사례 전 세계 1위 맥도날드마저 "변해야 산다"

프랜차이즈 전문 포털 프랜차이즈 다이렉트가 발표한 '2019년 100대 글로벌 프랜차이즈 기업(2019 Top 100 Global Franchises)' 순위에서 맥도날드가 1위를 차지했다. 시장 여건이 악화하는 상황에도 맥도날드가 1위 자리를 지킬 수 있었던 것은 과감하게 변화를 시도했기 때문이다. 맥도날드는 2015년부터 가맹점 비중 확대와 인력 구조조정, 경영진 교체 및 조직개편, 메뉴와 서비스 개선 등을 추진했다.

1955년 설립된 맥도날드는 업계에 가장 큰 영향을 끼친 프랜차이즈로 꼽힌다. 식자재 준비부터 조리 · 포장 · 판매 · 서비스에 이르는 매장 운영의 전 과정에 대한 매뉴얼을 개발하고 전 세계 매장에 적용하는 이른바 '맥도날드 시스템'은 많은 프랜차이즈가 벤치마킹하면서 프랜차이즈 업계의 표본으로 자리 잡았다.

최근 '변해야 산다'고 외치는 맥도날드의 움직임은 프랜차이즈 업계 전반에 파장을 일으키고 있다. 패스트푸드와 피자, 아이스크림 그리고 편의점 등 업종을 가리지 않고 글로벌 프랜차이즈들은 변화를 시도하고 있다. 업종별 글로벌 대표 프랜차이즈를 중심으로 새 고객을 끌어들이기 위한 전략 세 가지를 분석했다.

전략 1 신시장을 찾아라!

맥도날드에 이은 패스트푸드 프랜차이즈 2인자 버거킹은 '신시장' 브라질 공략에 집중하고 있다. 올해 들어 브라질에서 3~4일마다 매장 1곳을 열었으며, 연말까지 매장을 1000호까지 늘린다는 계획을 세웠다. 미국 태생 멕시코 음식 프랜차이즈 타코벨도 해외로 눈을 돌리고 있다. 전 세계 타코벨 매장은 7000호에 달하지만, 미국을 제외하면 약 400호에 불과하다. 타코벨은 2022년까지 미국을 제외한 해외 매장을 1000호까지 늘릴 예정이다. 글로벌 최대 샌드위치 프랜차이즈 서브웨이 역시 해외 시장 확대 전략을 논의하면서, 한국을 비롯해 중국 · 사우디아라비아 · 인도 · 독일에서 집중적으로 매장을 늘리기로 했다. 미국 패스트푸드 프랜차이즈의 탈(脫)미국 현상이 두드러진 원인은 경쟁 과열, 인건비 부담, 웰빙 식문화 확대 등 맥도날드 부진의 이유와 교집합이 많다. 또한 주요 고객층인 저소득층의 소비 여력이 악화하고 이민자 수가 감소했기 때문이라는 분석도 있다.

전략 2　스마트해져라 !

도미노는 미국에서 매장을 더 늘리기로 했다. 올해부터 앞으로 8년간 미국 매장 2000호를 더 연다는 계획인데, 이는 현재 미국 매장 수의 3분의 1에 달하는 규모다. 과거 수년간 매장 확대에 소극적이었던 도미노의 변화는 디지털 기술 전략의 성공이 있어 가능했다. 매장 수를 급격히 늘리는 '요새화' 전략은 디지털 기술 전략과 시너지를 발휘할 수 있기 때문이다. 도미노는 2017년 미국에서 피자헛보다 더 많은 피자를 팔았는데 주문 중 65%는 직접 방문이나 전화가 아닌 디지털 주문이었다. 도미노의 디지털 기술 도입으로 고객들은 이전보다 빠르고 간편하게 피자를 주문할 수 있게 됐는데, 매장이 더 늘어나면 이전보다 빨리 따끈한 피자를 배달받을 수 있다.

전략 3　새 옷을 입어라!

도넛 프랜차이즈의 대명사 던킨도너츠는 올해부터 브랜드명에서 '도너츠'를 뺐다. 브랜드명에서 '도너츠'를 뺐지만, 매장 진열대는 여전히 도넛이 가득 차 있다. 던킨은 고객이 만족할 수 있는 다양한 도넛 신메뉴 개발을 계속하겠다고 했다. 던킨은 개명 이유를 "브랜드명의 단순화와 현대화를 위해서"라고 밝혔다. 업계에서는 던킨이 가파르게 성장하는 커피 등 음료시장에서 브랜드 정체성을 강화하기 위해 70년 가까이 써온 이름까지 바꾸며 혁신했다는 평가가 나왔다.

자료원: ECONOMYChosun, 2019.12.9에서 발췌 정리.

생산계약

생산계약(manufacturing contract) 방식은 나이키나 리복과 같은 회사가 협력업체에게 일정한 품질과 가격에 운동화를 납품하도록 계약을 체결하고, 계약에 의해 글로벌 경영활동을 수행하는 방식이다. 주문자 상표에 의한 생산(original equipment manufacturing: OEM)[1] 방식을 주문하는 기업의 입장에서 추진하는 방식이다.

주문자 상표에 의한 생산을 주문받는 방식을 통해서도 글로벌 경영에 참여할 수는 있다. 하지만 환경변화를 주도적으로 이끌어 갈 수 없고 수동적인 입장에서 주어진 계약을 이행하여야 하는 한계가 있다. 따라서 초기에는 주문자 상표에 의한 생산을 주문받는 방식을 취하다가 경험이 쌓이면 능동적 입장에 있는 주문자 상표에 의한 생산을 주문하는 생산계약방식으로 전환될 수 있도록 해야 할 것이다.

생산계약방식은 자신이 직접 공장을 운영하지 않으면서도 신속하게 시장진출을 할 수 있고 시장환경이 불리해질 때 신속히 철수할 수 있다는 장점이 있다. 그러나 직접적 통제가 이루어질 수 없으므로 협력업체의 품질을 지속적으로 관리하기 어렵다.

이 밖에 국제계약에 의한 진출전략으로 자사가 직접 운영하지 않고 계약을 통해서 서비스를 제공받는 서비스계약(service contract)과 키만 돌리면 설비나 공장을 곧바로 작동시킬 수 있는 일괄수주방식인 턴키운영(turn-key operation) 방식 등이 있다.

사례 해외 생산 'OEM' 자동차 11종, 국내시장 몰려온다

국내 주문자상표부착생산(OEM) 자동차 시장이 갈수록 커지고 있다. 국산차 제조사가 선보이는 차종 중 해외에서 생산하는 차가 최근 급격히 증가했기 때문이다. 연말까지 최대 11종의 OEM 자동차가 내수 시장에 선보일 가능성도 있다.

한국GM은 부산국제모터쇼에서 중형 스포츠유틸리티차량(SUV) 이쿼녹스를 선보였다. 한국GM이 향후 5년간 국내시장에 선보일 신차 15종 중 두 번째 차종이다. 국내 판매를 시작한 이쿼녹스는 한국GM이 국내 공장에서 생산하는 차종이 아니다. 미국 제너럴모터스(GM)가 미국·캐나다·멕시코 공장에서 생산하면 한국GM이 국내서 판매한다.

한국GM은 현재 판매 중인 12개 차종 중 5종을 국외에서 생산한다. 한국GM은 이

1) 주문자 상표에 의한 생산(OEM)은 흔히 얼굴없는 수출이라 불리는 것으로, 해외시장에 자체브랜드를 가지고 수출하는 것이 아니라 주문자가 요구하는 브랜드명으로 부품이나 완제품을 생산하는 방식을 말한다.

퀵녹스 이외에도 플러그인하이브리드카 볼트·전기차 볼트EV·대형세단 임팔라·스포츠카 카마로를 해외에서 생산 중이다. 국산차 제조사 르노삼성차도 지난달 소형 해치백 클리오를 국내 출시했다. 클리오 역시 르노자동차가 터키공장에서 생산하는 '수입차'다. 르노삼성차는 소형 SUV QM3와 전기차 트위지를 해외에서 생산하고 있다.

삼성전자가 신종 코로나바이러스 감염증(코로나19) 확산으로 중단했던 제조자설계생산(Original Design Manufacturing: ODM) 방식의 스마트폰 생산을 재개했다. ODM은 전문제조기업이 제품 또는 브랜드를 직접 개발해 브랜드사에 역제안하는 방식(원청업체가 제품의 설계부터 생산까지 전 과정을 하청업체에 위탁하는 방식)을 뜻한다.

삼성전자는 최근 중국 스마트폰 제조업체 윙테크 등을 통해 갤럭시 M01을 생산하는 것으로 전해졌다. 갤럭시 M01은 삼성전자가 지난 6월 발표한 130달러대의 보급형 스마트폰이다. 설계는 원청업체가 맡고 생산만 하청업체가 담당하는 주문자상표부착생산(OEM)과 달리 설계와 생산, 인건비 부담이 덜하다. 삼성전자는 2018년 9월 윙텍과 ODM 계약을 한 데 이어 지난해 7월에는 화친과 제휴했다. 삼성전자가 ODM 방식의 스마트폰 생산에 나선 것은 원가 경쟁력을 강화하기 위해서다.

자료원: 중앙일보, 2018.6.18; 연합인포맥스, 2020.8.19에서 발췌 정리.

전략적 제휴에 의한 진출전략

전략적 제휴(strategic alliance)는 경쟁 관계에 있는 기업이 일부의 사업이나 기능별 활동부문에서 경쟁기업과 일시적으로 상호 이익을 위해 협조적인 관계를 갖는 것을 말한다.

전략적 제휴에는 다양한 형태가 있으나 가장 단순하고 단기적 성격이 강한 형태는 연구개발컨소시엄 또는 기술제휴다. 이것이 일반적으로 많이 알려진 전략적 제휴다. 합작투자의 경우도 전략적 제휴의 한 방안이라고 할 수 있다.

전략적 제휴는 급변하는 경영환경에서 기업에게 다양한 혜택을 줄 수 있다. 투자비용을 줄이면서 기업의 핵심역량을 구축하여 집중화 효과를 볼 수 있는 것이다. 다만 제휴관계에서 미흡한 전략이나 불완전한 계약이행, 지속적인 관계 정립 노력의 부족 등이 발생하면 충분한 효과가 나타나지 않을 수 있다.

국내 기업이 외국기업과 전략적 제휴를 맺는 것은 경영자원을 효율적으로 활용하고 기업체질을 강화하는 데 유리하기 때문이다. 내수시장 위축과 취약한 재무구조를 가진 국내 기업에게 전략적 제휴는 생존을 위한 훌륭한 전략 중 하나가 될 수 있다.

사례 아마존, SK 손잡고 한국 진출 – 유통가 '초긴장'

최태원 SK 회장과 제프 베이조스 아마존 최고경영자(CEO)가 손을 잡았다. 세계 최대 e커머스(전자상거래) 업체 아마존이 11번가를 운영하는 SK텔레콤(SKT)과 전략적 제휴를 맺고 국내 이커머스 시장 도전에 나선 것이다.

SKT은 세계 최대 전자상거래 기업인 아마존과 이커머스 협력을 추진한다. 지분 참여 약정 방식으로, 아마존은 11번가의 기업공개(IPO) 등 한국 시장에서의 사업 성과에 따라 일정 조건이 충족되는 경우 신주인수권리를 부여받는다. 이번 협력으로 국내 소비자들은 이르면 내년부터 11번가에서 아마존 상품을 구매할 수 있을 것으로 보인다. 11번가와 아마존은 "향후 서비스가 준비되는 대로 구체적인 서비스 내용을 밝힐 예정"이라고 했다.

지난해 기준 한국 온라인 시장 점유율은 네이버쇼핑이 12%로 가장 많았다. 이어 쿠팡 10%, 이베이코리아(G마켓 · 옥션) 10%, 11번가 6%, 위메프 5%, 티몬 3% 순이었다. 미국과 일본 · 유럽은 아마존이, 중국은 알리바바가 시장을 장악한 것과 달리 국내 이커머스 시장은 춘추전국시대나 다름이 없었다. 하지만 아마존이 11번가와 손을 잡고 국내에 진출하면서 지각 변동이 거세게 일어날 것으로 보인다.

업계에서는 11번가가 아마존 해외 직구 서비스와 '풀필먼트(Fulfillment)' 능력 차별화에 성공한다면 이베이코리아를 넘어 쿠팡을 위협할 정도로 성장할 가능성이 있다는 전망이 나온다. 11번가를 통한 국내 셀러의 아마존 판매도 가능해질 전망이다.

자료원: ChosunBiz.com, 2020.11.16에서 발췌 정리.

국제직접투자에 의한 진출전략

기업의 해외에 대한 투자형태는 국제직접투자와 국제간접투자로 구분된다. 국제직접투자(foreign direct investment)는 기업경영을 통한 이윤추구를 목적으로 국내 자본, 생산기술, 경영능력 등 생산요소를 해외에 이전시킴으로써 투자지분을 획득해 장기적인 관점에서 직접적으로 경영에 참여하는 것을 목적으로 한다. 이에 비하여 국제간접투자(international indirect investment)는 경영에 참여하지 않고 이자, 배당 등을 통한 자본이득을 목적으로 국제적으로 분산투자하는 것을 말한다. 국제간접투자와 비교해 볼 때 국제직접투자는 투자자가 해외기업의 경영에 직접 참여하여 이윤을 획득하기 위해 생산기지를 해외로 이전하는 것이라고 할 수 있다. 국제직접투자는 유리한 자산운영에만 목적이 있는 것이 아니라 기업운영에 대한 경영권이 뒤따르는 자본이동을 뜻한다.

국제직접투자는 투자자의 수에 따라 해외기업체의 경영권을 단독으로 소유하기 위한 해외단독투자(overseas sole investment)와 공동으로 소유하기 위한 국제합작투자(international joint investment)로 나누어진다.

사례 LG전자, 세계 3위와 손잡고 '전기차 부품' 사업 날개

LG전자가 전기자동차의 핵심부품 사업에 나선다. 세계 3위 자동차 부품업체인 캐나다 마그나 인터내셔널과 손잡고 전기차 파워트레인(동력전달장치) 생산 합작법인(JV)을 세우는 것이다.

LG전자는 이번 합작법인 설립으로 파워트레인-인포테인먼트-프리미엄 헤드램프를 축으로 자동차 부품 및 전기장비(전장) 사업을 육성할 계획이다. 배터리, 차량 통신용 부품(LG이노텍) 등 LG 다른 계열사와도 시너지를 낼 것으로 보인다. 미래차가 LG의 주력 성장동력이 됐다는 평가도 나온다.

LG전자와 마그나가 손을 잡은 것은 급성장 중인 전기차 시장에서 파워트레인 분야를 선점하기 위해서다. 마그나는 지난해 매출 기준 세계 3위 자동차 부품 업체로 파워트레인과 섀시, 내·외장 등 다양한 자동차 부품을 생산한다. 내연기관차 시장에서의 부품 경쟁력을 전기차 시대에도 이어가기 위해 전기차 모터와 인버터 기술력을 자랑하는 LG전자와 손을 잡은 것이다. LG전자는 전기차인 쉐보레 볼트 EV, 재규어 I-PACE 등에 모터 등을 공급하고 있다. 마그나가 LG전자의 모터 기술력에 투자한 셈이다.

LG전자는 마그나와 손잡아 파워트레인 설계 기술력을 확보할 수 있을 뿐 아니라 마그나의 글로벌 완성차 고객망과 연계해 조기에 대량생산 체제를 구축할 수 있을 것으로 전망된다. 마그나는 애플의 전기차 개발 계획 '프로젝트 타이탄'의 유력 파트너로 거론되기도 한다.

자동차 업계는 전기차 파워트레인 시장이 올해 10조원 규모에서 5년 내 50조원 규모로 성장할 것으로 보고 있다. 이번 합작법인 설립으로 2013년 LG전자가 VS 사업본부를 만들며 심혈을 기울인 전장사업 포트폴리오의 윤곽이 명확해졌다는 분석이 나온다.

LG전자에 남은 VS 사업본부는 글로벌 점유율 1, 2위를 다투는 차량용 인포테인먼트에 집중하고, 합작법인이 파워트레인을 맡는다. 여기에 LG전자가 2018년 인수한 프리미엄 차량용 헤드램프 기업 ZKW가 있다. LG전자는 지난해 말 VS 사업본부 내 차량용 램프 사업을 ZKW로 이관해 통합했다. LG전자는 전장사업에서 내년에 흑자로 전환할 것이란 전망이 우세하다.

자료원: 동아일보, 2020.12.24에서 발췌 정리.

해외단독투자

해외단독투자(overseas sole investment)는 해외에 대한 직접투자를 단독으로 착수하고 수행하여 해외투자 대상기업의 소유권과 경영권을 갖는 것을 말한다. 개인·기업·공공기업·정부기관 여부에 관계없이 해외에 투자하는 주체의 수가 하나인 경우에는 해외단독투자에 해당된다. 해외단독투자는 현지에 설립되는 회사의 의결권 주식의 대부분을 단독으로 소유하게 된다.

일반적으로 단독투자의 형태로 해외시장에 진출하는 방식은 그 기업이 강력한 독점적 우위를 차지하고 있거나 제품 생산과정에서 모기업이 자회사에게 원자재를 공급하는 경우 등에 주로 활용된다. 따라서 해외단독투자는 현지에서 만든 제품을 현지에서 소화하는 역할도 하지만 이와 함께 세계 각지의 관련 회사에 납품하기 위해서 저장·보관하는 중개역할을 하기도 한다.

해외단독투자는 주로 다음의 세 가지 전략을 구사하고자 할 때 유용하게 사용된다. 첫째, 차별화된 제품에 대해 전 세계적으로 통일된 마케팅전략을 사용하려는 경우다. 둘째, 글로벌 네트워크를 구성하여 생산설비를 합리화하거나 집중화하는 전략을 사용하려는 경우다. 셋째, 원료 및 자원생산을 국제적으로 과점하기 위한 경우에 사용될 수 있다. 세계적으로 경쟁력을 보유한 기업들은 주로 해외단독투자전략을 채택하여 완전소유를 지향하고 있다.

사례 해외 직접 가속화하는 빙그레

빙그레는 액상시유 및 기타 낙농제품 제조업체로 1967년 대일양행(주)으로 설립해 시작했다. 1981년 10월 프랑스 소디마(SODIMA)사와 기술제휴 후 이듬해 2월 지금의 상호인 (주)빙그레로 사명을 바꿨다. 빙그레는 1974년 1월 국내 최초로 생우유를 넣은 고급 아이스크림 '투게더'를 출시한 후 6월 단지 모양의 국민브랜드인 '바나나맛 우유'를 생산했다. 1983년 9월 국내 최초 떠먹는 요구르트 '요플레'와 1986년 1월 천연 토코페롤이 함유된 최초의 라면 '우리집라면'을 각각 출시했다.

빙그레는 2014년 8월 중국법인을 설립한 후 2016년 7월 미국법인에 이어 지난해 9월 베트남법인을 각각 설립했다. 첫 해외법인인 중국 상해법인은 빙그레가 2014년 8월 중국 현지 내 식품의 수입, 수출, 유통 등을 위해 현지법인을 설립했다. 중국의 식품시장은 매년 성장함에 따라 소득수준 증가와 더불어 안전한 고품질 제품을 찾는 수요도 함께 증가하는 추세다. 온·오프라인 마케팅을 전개해 현지 소비자들과 지속적으로 소통하면서 좋은 반응을 얻고 있는 것으로 알려졌다.

미국 아이스크림 시장은 세계 최대 규모로 빙그레는 2016년 미국 내 현지법인을 설립했다. 빙그레 아이스크림인 '메로나'는 2017년 미국 내에서 OEM(주문자 상표 부착 생산) 방식으로 현지 생산을 시작했다. 빙그레는 미국 내 매출 증가를 위해 2017년 국내 빙과 기업 중 처음으로 현지에서 아이스크림 생산을 결정했다. 빙그레는 규모만큼 경쟁도 치열한 미국 내 시장에서 다양한 온·오프라인 마케팅을 통해 '메로나' 브랜딩을 진행했다. 또한 미국 내 로컬채널 판매를 확대하며 미국 소비자들에게 인지도를 쌓았다. 특히 '붕어싸만코'와 앞서 언급했던 '메로나'의 경우 미국에서 지난해 1,000만

개 이상 팔리며 큰 인기를 누렸다.

빙그레는 지난해 9월 베트남 호치민에 신규법인을 설립했다. 동남아 공략을 위한 교두보를 베트남으로 정한 것이다. 현지 영업 및 마케팅을 강화하기 위한 목적으로 별도의 제조 시설은 없는 판매법인이다. 베트남 소비자들의 경우 가족 단위로 집에 두고 먹을 수 있는 대용량 아이스크림에 지출을 아끼지 않는 분위기다. 특히 베트남에서 매출 1위를 기록한 아이스크림은 '붕어싸만코'로 지난해 매출 약 40억원을 달성하며 베트남 국민의 사랑을 받고 있다.

빙그레 측은 미국은 '메로나', 중국은 '바나나맛 우유'를 주요 품목으로 시장에 자리를 잡은 만큼 베트남은 '붕어싸만코'로 시장 확대를 꾀한다는 계획이다. 빙그레 관계자는 "연평균 20~30%씩 성장하는 시장이기 때문에 베트남 시장을 긍정적으로 보고 있다"며 "내년부터는 본격적으로 동남아 시장을 확대해 갈 것"이라고 말했다. 이어 "포화상태인 내수 빙과시장을 넘어 기존에 구축한 유통망을 활용해 글로벌 사업을 더욱 확장할 수 있을 것으로 기대한다"며 "메로나 사례에서 보듯이 국내에서 검증된 제품을 수출하면 신제품 개발에 따른 리스크를 줄이면서 훨씬 수월하게 현지 소비자의 입맛을 사로잡을 수 있을 것"이라고 말했다.

자료원: 일요서울, 2020.9.11에서 발췌 정리.

국제합작투자

국제합작투자(international joint investment)는 2개국 이상의 투자자들이 특정 기업의 소유와 경영에 공동으로 참여하는 것이다.

국제합작투자는 넓은 의미로 전략적 제휴의 한 형태라고 할 수 있다. 전략적 제휴가 대부분 자본투자 없이 사업의 일부분에서 일시적으로 협조체제를 갖는 형태인 데 반해 국제합작투자는 반드시 자본투자를 필요로 하며 많은 분야에서 오랜 기간 협조체제를 유지한다는 점에서 차이가 있다.

기업이 국제합작투자를 하는 목적이나 동기는 기업이 처해진 환경에 따라 서로 다르다. 해외단독투자는 전 세계에 대한 독점적 우위를 확보하거나 글로벌 네트워크를 구성하기 위한 제조 · 판매 · 중개기능을 위해서 주로 이루어지지만, 국제합작투자는 이보다 훨씬 다양한 투자목적을 갖게 된다.

첫째, 국제합작투자는 해외단독투자로 인해 얻어지는 효과를 어느 정도 얻으면서 해외단독투자인 경우에 부담해야 하는 정치적 · 사회적 · 경제적 위험을 줄이기 위해 사용되고 있다. 국제합작투자는 외국인이 완전 소유한 기업의 경우보다 거부감이 적기 때문에 경영관리 기술 등 노하우를 현지국가에 효과적으로 단기간에 전달시킬 수 있다.

둘째, 투자자본이 충분하지 못한 경우, 국제합작투자를 통해 현지에서나 국제적으로 자본이 마련된 기업을 참여시킴으로써 사업을 수행할 수 있게 된다. 이로 인해 적은 투자금액으로도 원하는 투자사업에 참여할 수 있을 뿐만 아니라 현지 자본의 참여로 생산성과 수익성을 확보할 수 있다.

셋째, 모국에서는 부족한 노동력이나 경영자원을 현지에서 충족시킬 수 있다는 측면에서 국제합작투자가 이루어질 수 있다. 선진국의 기업들은 개발도상국에서 현지기업과 합작투자하는 경우에 기술, 특허, 경영관리 및 마케팅, 노하우 등을 제공하고, 현지기업은 공장, 시설, 노동력을 제공한다. 이와 같이 국제합작투자는 투자국이나 현지국가 모두에게 유리할 수 있는 경우에 발생한다.

사례 국민은행 · 신한은행, 해외시장 진출 '가속화' – "동남아로 가자"

KB국민은행과 신한은행이 코로나19 사태 장기화에도 해외시장, 동남아시아 진출을 가속화하고 있다. 먼저 국민은행은 지난 8월 해외진출 본격화를 위해 인도네시아 부코핀은행의 지분 67%를 인수해 경영권을 확보했다. 또 싱가포르 지점 설립을 위해 금융감독원과 세부 계획을 조율하고 있으며 이르면 연내 진출할 것으로 보인다. 최근 전세계 금융권은 탈홍콩 움직임이 많아지고 있어 국민은행도 거점을 홍콩에서 싱가포르로 이동하는 것이다. 특히 올해 4월과 7월 각각 5억달러 규모로 발행한 '선순위 코로나19 대응 채권'과 커버드본드를 싱가포르 거래소에 상장한 것도 이동 전략의 일환으로 풀이된다. 국민은행은 싱가포르 지점을 통해 아시아 금융시장 전반을 총괄하는 IB데스크 역할을 할 전망이다.

신한은행의 경우 지점 효율화와 일부 법인 청산 작업에 속도를 내고 있다. 금융권에 따르면 현재 신한은행의 해외법인·지점은 26개로 이 중 홍콩 IB데스크로 인력과 기능이 흡수된 홍콩 '신한아주금융유한공사'와 신한인도네시아은행이 된 '센트라타마내셔널뱅크' 청산 작업을 진행하고 있다. 신한인도네시아은행은 지난 2015년 인도네시아에서 인수한 뱅크메트로익스프레스와 2016년 인수한 센트라마내셔널뱅크를 합병해 설립했으며 일부 채널이 중복돼 경영 효율화를 위해 통폐합해 새 지점을 만들고 있다.

시중은행 한 관계자는 "코로나19 사태가 장기화되면서 전 금융사가 해외시장 공략이 주춤한 사이 국민은행과 신한은행이 동남아시아 시장 공략에 박차를 가하고 있는 것 같다"며 "해외법인의 효율성을 높이기 위해 일부 지점을 통폐합하거나 자산 매각 등이 이뤄지고 있다"고 말했다.

자료원: 스마트경제, 2020.10.6에서 발췌 정리.

국제간접투자에 의한 진출전략

국제간접투자(international indirect investment)는 투자이득을 달성하기 위해 다양한 해외증권 또는 금융상품에 분산하여 투자하는 것을 의미한다. 국제간접투자를 국제포트폴리오(portfolio)투자 또는 국제분산(diversification)투자라고도 한다.

국제간접투자는 경영에 직접 참여하지 않고 주로 이자나 배당 등을 통한 자본이득(capital gain)을 목적으로 하는 투자를 말한다. 국제증권회사, 국제은행 등 국제금융기관뿐만 아니라 일반기업이나 투자자 입장에서 국제간접투자는 자본을 유리하게 활용할 수 있는 중요한 투자수단으로서 역할을 하고 있다.

국제간접투자로 형성되는 포트폴리오는 각 국가의 체계적 위험과 수익률에 의해 평가되고 있다. 국가마다 투자여건과 시장상황이 다르기 때문에 각 국가의 체계적 위험 수준은 서로 일치하지 않는다. 기대수익률을 극대화시키고 위험을 최소화시킬 수 있는 글로벌 포트폴리오를 구성하여 분산투자하는 것이 최적의 국제간접투자전략이 될 것이다.

3. 21세기 글로벌 경영체제

글로벌 스탠더드의 조기 정착

국가간 경계가 사라지면서 경제, 문화, 법률 등 영역을 가리지 않고 전 세계적으로 통용되는 하나의 일반적인 기준이 등장하게 되었다. 이것이 바로 글로벌 스탠더드(global standard)다.

글로벌 스탠더드는 어쩔 수 없이 글로벌 경영을 해야 하는 기업에 있어서는 반드시 필요한 과제다. 그러므로 기업들이 경쟁력을 갖추기 위해서는 반드시 글로벌 스탠더드를 갖추어야 한다. 급변하는 세계여건에 대응하지 못해 IMF 위기를 겪었던 우리나라 기업들에게는 더욱 더 절실한 요구라고 할 수 있다. 따라서 우리나라 기업들은 글로벌 스탠더드를 우리의 체질에 맞도록 바꾸어 이를 전략적으로 활용할 수 있도록 해야 할 것이다.

종합적인 글로벌 네트워크 구축

전 세계 선진기업들은 세계 여러 국가에 현지법인을 설립하고, 합작투자나 전략적 제휴를 통해 본사와 현지 자회사 간의 관계가 점차 수평적이고 다양한 관계로 나타나고 있다. 차츰 네트워크형 구조(network structure)로 되고 있는 것이다.

네트워크형 구조는 본사와 해외 자회사가 수평적으로 연결된 형태를 말한다. 네트워크형 기업은 그 기업이 핵심역량을 가진 활동에만 주력하고 나머지 부분은 각각 해당부분에서 핵심역량을 가진 다른 기업들과 제휴를 통해 연결되게 된다. 과거에는 제조업체가 생산과 디자인, 판매활동을 모두 수행하였다. 하지만 네트워크형 기업조직에서는 가장 핵심적인 제품의 디자인에만 전념하고 생산은 다른 전문업체에 하청을 주고, 판매 역시 판매를 전담하는 기업에 일임하는 형태를 띤다.

글로벌 경영을 해야 하는 기업으로서는 글로벌 경영환경에 적응하기 위하여 글로벌 네트워크를 구축하여야 한다. 이를 통해 본사와 해외 자회사 간, 그리고 해외 자회사들 간 원활한 의사소통이 이루어지도록 해야 할 것이다. 글로벌 네트워크의 구축은 생산활동의 일부만을 수평적 네트워크화하는 것에 머물러선 안 된다. 생산활동 이외의 경영활동인 인사활동, 마케팅활동 심지어 재무활동까지 글로벌 네트워크를 구축, 종합적인 글로벌 경영이 이루어질 수 있어야 할 것이다.

오늘날에는 인력을 채용하고 생산하는 활동뿐만 아니라 마케팅, 자본조달과 운용에 이르기까지 모든 부문에서 인터넷이 활용되고 있다. 21세기에는 인터넷을 활용하여 종합적인 글로벌 네트워크를 구축하는 것이 필수적인 경쟁수단이 될 것이다.

글로벌 협력경영의 실천

글로벌 협력경영은 전략적 제휴와 아웃소싱 등 다양한 방법을 통해 다른 기업과 공동경영을 하면서 상호 협력하는 것을 말한다. 이는 지속적으로 기술우위를 확보할 수 있으며 환경변화에 신속하게 대응하기 위해 필요한 형태다.

글로벌 협력경영의 대표적인 전략은 우호적인 관계에서 전략적 제휴와 아웃소싱, 국제합작투자 등이라고 할 수 있다. 경쟁 관계에 있는 기업과 공동으로 기술개발을 하는 경우, 기술이전 등 문제가 발생하기 때문에 경쟁기업 간 제휴를 하는 경우가 드물었다. 최근에는 경쟁기업 간 제휴도 증가하는 추세를 보이고 있다.

지속가능 기업으로 성장·발전하기 위해서는 신속하게 제품 및 서비스를 제공할 수 있도록 국경을 초월한 아웃소싱도 적극 도입해야 한다. 이런 경우에는 인트라넷을 이용하여 파트너, 공급자 그리고 종업원들을 우호적으로 연결함으로써 고객이 원하는 제품을 제공하도록 해야 할 것이다. 국제합작투자를 하는 경우에도 마찬가지다. 일시적인 협력관계가 아니라 상호공동의 이익이 창출되어 지속적인 협력관계가 유지될 수 있는 윈-윈(win-win) 전략의 합작투자관리가 필요한 것이다.

사례 정의선의 종횡무진 – 배터리 파트너십 강화하랴, 수소동맹 챙기랴

정의선 현대자동차그룹 수석부회장(현 회장)이 미래 친환경차 사업의 양대 축인 전기자동차와 수소전기차(수소차) 분야 파트너십 강화를 위해 종횡무진 활약하고 있다. 전기차 분야에서는 국내 3대 배터리 제조사들을 순회하며 해당 기업 총수들과 회동하

정의선 회장

는가 하면, 수소차 분야에서는 글로벌 수소연료전지 생태계 구축을 위한 리더 역할을 하고 있다.

정 수석부회장은 9월 22일 현대차그룹 경영진들과 함께 충북 청주시 LG화학 오창공장을 방문해 구광모 LG 회장을 비롯한 LG그룹 경영진들과 전기차용 배터리 부문 협력 방안을 논의했다. 앞서 정 수석부회장은 9월 13일 충남 천안시 삼성 SDI 천안 사업장을 찾아 이재용 삼성전자 부회장과 처음으로 단독 회동을 가졌다. 정 수석부회장은 향후 SK이노베이션 배터리공장도 방문해 최태원 SK그룹 회장과도 회동할 것으로 알려졌다. 국내 3대 배터리 업체들을 모두 방문하고 해당 업체가 소속된 그룹 총수들과 파트너십을 강화하는 모습이다.

업계에서는 정 수석부회장이 전기차 시장의 주도권을 놓고 전 세계 자동차 업계와 배터리 업계를 중심으로 펼쳐지고 있는 치열한 경쟁 상황에서 기술적, 전략적 우위를 확보하기 위한 '전기차-배터리 동맹'의 큰 그림을 그리고 있는 것으로 보고 있다. 세계 배터리 시장을 선도하고 있는 국내 배터리 3사와 동맹을 구축해 전기차 시장에서 앞서가겠다는 게 정 수석부회장의 복안인 것으로 풀이된다.

현대자동차 정 수석부회장은 전기차와 함께 현대차그룹의 또 다른 친환경차 전략의 핵심인 수소차와 관련해서도 글로벌 리더십을 강화하고 있다. 정 수석부회장은 9월 16일부터 19일까지 화상 컨퍼런스 형식으로 열린 제33차 국제수소연료전지파트너십(IPHE) 총회에 참가해 각국 정부에 수소산업을 성장시키기 위한 꾸준한 지원 필요성을 강조했다. 또한 정 수석부회장은 전 세계 수소 관련 자동차·에너지기업 81개사의 연합체인 '수소위원회(Hydrogen Council)'의 공동 의장을 맡아 글로벌 수소경제 확산을 이끌고 있다. 그는 올해 1월 프랑스 파리에서 열린 수소위원회(Hydrogen Council) 'CEO 총회'에 참석해 "수소 에너지가 '기후 비상사태(Climate Emergency)' 및 미래 에너지 전환의 실질적인 해법이 돼야 한다"고 강조하였다. 이어 스위스 다보스 포럼에 참석해 기후 변화 및 에너지 전환 대응과 연계한 수소 및 수소연료전지시스템의 활용과 지속가능하고 포용적인 사회를 향한 모빌리티의 역할 등에 대해 역설했다. 2월 초에는 미국 에너지부를 방문해 마크 메네제스 에너지부 차관과 만나 지속 가능한 미래를 위한 수소사회 구현의 필요성과 비전, 방향성에 대해 의견을 나누기도 했다.

자료원: 데일리안, 2020.6.22에서 발췌 정리.

지속가능 경영을 경영활동에 체화하고 적극적 소통노력 병행

지속가능 경영(sustainability management)이 경쟁력 강화로 이어지기 위해서는 지속가능성을 일상적인 경영활동에 체화시켜야 한다. 지속가능 경영철학을 전사적인 비전과 미션에 통합하고, 관리 가능한 지표를 개발해 평가에 반영함으로써 실행력을 확보한다. 또한 지속가능경영 노력과 적극적인 소통 노력을 병행해야 한다. 그동안 한국기업은 글로벌 기업보다 지속가능경영에 많은 투자를 하고 있음에도 불구하고, 평가에서 뒤처져 있었다. 관련활동을 체계적으로 취하고 외부와의 소통에 힘쓰는 과정이 필요하다.[2)]

사례 사회 외면하고 돈만 잘 버는 기업 – 지워진다, 사회와 손잡고 돈도 잘 버는 기업 – 지속한다.

기업들이 주주가치 극대화라는 전통적인 경영 목적에서 벗어나 시야를 넓혀가는 모습이다. 기업은 주주뿐 아니라 직원과 지역사회, 소비자, 그리고 나아가서는 인류공동체 등 이해관계자들의 가치까지 고려해야 한다는 새로운 시각이 주목받고 있는 것이다.

국내에서는 SK그룹이 강조해온 '사회적 가치'와 포스코가 새로운 기업경영 이념으로 삼은 '기업시민'이 이러한 관점에 부합하는 대표적인 사례다. 최태원 SK그룹 회장은 2009년부터 사회적 가치를 계속해서 강조해왔다. 최정우 포스코 회장은 2018년 취임 후 '제철보국'에 이은 그룹의 새 경영이념으로 '기업시민'을 선포했다. 공생을 통해 지속적으로 성장하는 기업이 되겠다는 의미다. 회사를 둘러싼 사회 및 이해관계자들과 상생하는 경제적 · 사회적 가치를 만들어나가겠다는 것이다.

SK그룹은 지난해 사회적 가치(social value) 창출 경영의 롤모델로 영국 코스메틱 기업인 '유니레버(Unilever)'를 꼽았다. 유니레버는 인류공동체 문제해결과 비즈니스 기회를 동시에 고민한 대표적 모범 사례다.

세계적 일반 소비재 기업인 유니레버는 2010년 장기경영 비전인 '지속가능한 삶 계획(Sustainable Living Plan)'을 도입하고 새로운 경영모델을 구축했다. 이 계획은 2020년까지 총 3개 목표를 설정하고 있다. '10억명 이상의 사람들이 조금 더 건강한 생활을 누릴 수 있도록 지원한다' '제품의 수명주기에서 발생하는 환경 부담을 반으로

2) 삼성경제연구소, 2012.5.9.

줄인다' '제품의 원재료가 되는 농작물의 100% 지속 가능한 공급을 실현한다' 등이다.

유니레버는 특히 목표를 설정하면서 "이를 통해 환경 부담을 반으로 줄이고 사회에 공헌하면서 비즈니스를 두 배로 성장시킨다"고 선언했다. 지속가능한 삶 계획이 단순한 사회공헌 목표가 아니라는 점을 명확히 한 것이다. 유니레버의 경쟁 방식은 사회적 문제와 요구에 대응하면서도 사업 기회를 찾아 경제 가치를 창출해 냈다는 점에서 모범적인 지속가능경영 사례로 꼽힌다.

유니레버는 2004년 국제 NGO인 세계자연기금(WWF)과 지속가능한 팜유를 위한 원탁회의(RSPO)를 설립해 2018년 기준 3,300여개 단체를 가입시켰다. 발 빠르게 팜유 조달 과정에서 환경 피해나 인권 침해라는 사회문제에 주목하면서 생태계의 핵을 구성한 것이다. 이 조직에서 정한 기준에 친화적인 공급자를 확보함으로써 원재료 조달력에서 경쟁사를 제치고 비즈니스상 경쟁우위를 구축했다. 결국, 지속가능한 '발전'과 '경영'이란 복잡하게 얽혀 있으면서 계속해서 변화하는 사회적 가치들의 기준을 예상하고 지켜나가며 수많은 이해관계자까지 고려해야 하는 과정인 것이다.

자료원: 매일경제신문&mk.co.kr, 2020.2.6에서 발췌 정리.

MANAGEMENT

강/의/요/약

1. 글로벌 경영은 전 세계를 하나의 시장으로 보고 통합된 전략을 구사하는 경영활동을 의미한다. 한 국가의 기업과 다른 국가의 기업과 거래를 의미하는 국제화보다 넓은 의미로 모든 자원이나 자본 등이 국경을 자유롭게 이동하는 상황에서 경영활동을 의미한다.

2. 글로벌 경영활동을 추진하는 가장 기본적인 방법으로는 수출입을 확대하는 것과 라이선싱, 프랜차이징, 생산계약과 같이 국제계약에 의한 방법을 들 수 있다. 또한 경쟁기업과 일부 사업이나 기능별 활동에서 일시적 협조관계를 갖는 전략적 제휴를 통해 글로벌 경영활동을 추진할 수도 있다.

3. 전반적인 경영요소를 해외에 이전하는 국제직접투자를 시도하거나 자본만을 투자하는 국제간접투자를 통해서도 글로벌 경영활동을 추진할 수 있다. 국제직접투자는 단독으로 투자하는 해외단독투자와 둘 이상이 공동으로 투자하는 국제합작투자로 구분된다.

4. 21세기 글로벌 시대를 맞이하여 국제경쟁력을 갖추기 위해서는 글로벌 스탠더드를 조기에 정착시켜야 할 것이며, 핵심부문을 제외한 나머지 부분에서는 수평적 글로벌 네트워크를 종합적으로 구축하고 협력경영을 실천해야 할 것이다.

MANAGEMENT

제 14 장

전략경영

1. 전략경영이란?
2. 시장상황을 고려한 전략
3. 경쟁우위 요소를 고려한 전략
4. 21세기 전략경영체제

1. 전략경영이란?

전략이란?

기업들은 전략경영을 중요한 과제로 인식하고 있다. 또한 경영학의 각 기능별 분야에서도 마케팅전략, 재무전략, 생산전략과 같이 전략이라는 말을 붙임으로써 전략적 사고의 중요성을 강조하고 있다. 이러한 사실은 현대의 경영활동에 있어서 전략적 사고가 얼마나 중요한가를 말해주고 있다. 더욱이 치열한 글로벌경쟁에 직면한 우리나라 기업에게는 전략경영이 한층 더 중요하다.

전략이라고 하면 흔히 손자병법을 연상하게 되고 손자병법 하면 '지피지기 백전백승'(知彼知己 百戰百勝)을 연상하게 된다.[1] 이는 상대를 알고 나를 알면 반드시 이기게 된다는 뜻이다. 전략은 기업이 지속적으로 발전하기 위해 누구와, 언제, 어디서, 무엇을 위해서 경쟁을 할 것인가에 대한 기업의 게임플랜(game plan)이다. 전략은 조직이 미래에 수행해 나가야 할 경영활동의 전반적인 방향을 설정해 주는 것을 의미한다.

전략경영의 필요성

[그림 14-1]에서 보는 바와 같이 과거의 경영환경은 안정적이고 예측이 가능하였다면, 패러다임의 급격한 변화로 미래의 경영환경은 예측하기 어려운 불규칙한 곡선형으로 나타날 수 있다.

패러다임의 급격한 변화 속에서 환경의 변화에 능동적으로 대처할 수 있는 기업만이 지속적으로 존속·발전할 수 있다는 점에서, 기업 전체의 목표를 설정하고 기능 간 마찰과 갈등을 해소하는 최적의 해(optimal solution)를 창출할 수 있는 대안이 요구된다. 예를 들어, 기업이라는 배(ship)가 항해하고 있다고 하자. 배의

1) 손자병법의 제10편 지형편(地形編)의 결론부분에서 '지피지기 승내불태'(知彼知己 勝乃不殆), '지천지지 승내가전'(知天知地 勝乃可全)이라고 되어 있지만 일반적으로 이를 알기 쉽게 '지피지기 백전백승'(知彼知己 百戰百勝)이라고 표현하고 있다.

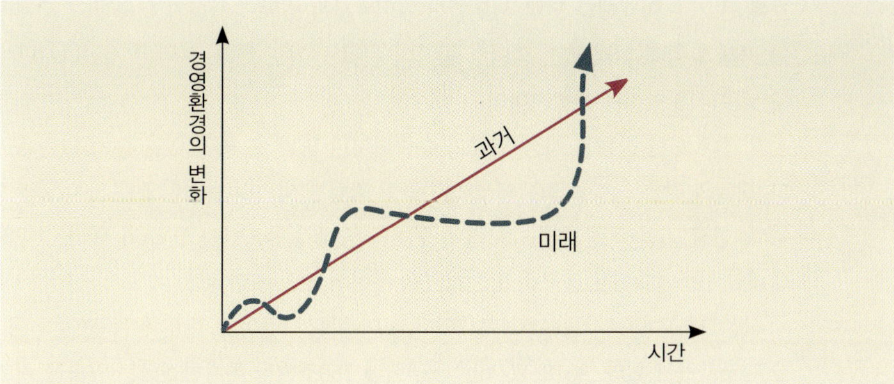

그림 14-1 경영환경의 변화

승무원들이 숙련도가 높고 의욕적이어서 맡은 일을 성실히 하고 효율적으로 수행하더라도 선장이 배를 암초가 있는 곳으로 잘못 이끈다면 배는 목적지에 도달할 수 없으며 난파될 수 있을 것이다. 기업이 처한 위험을 최소화하기 위해서는 최고경영진이 변화하는 환경에 효과적으로 대응할 수 있는 정책들을 수립하여 기업이 나아갈 방향을 제시해 주는 것이 대단히 중요하다.

마이클 포터는(M. Porter) 전략경영을 경쟁우위를 창출하기 위하여 통합된 활동을 통하여 포지션을 찾아나가는 것으로 정의한다. 챈들러(A. D. Chandler)는 기업의 장기적인 목표와 목적을 결정하는 것이며, 이를 위해 필요한 활동을 수행하고 자원을 배분하는 것으로 전략경영을 설명한다.

전략경영이란 글로벌 경쟁이 벌어지고 있는 상황에서 경쟁기업과 비교, 어떻게 경쟁우위를 획득할 수 있는가를 찾는 경영활동이라 할 수 있다. 전략경영을 통해서 변화하는 환경에 효과적으로 대응할 수 있는 의사결정을 내리게 되는 것이다.

사례 '혁신 DNA'로 다시 뛰는 기업들

"우리 기업들은 매일매일 생사 절벽에서 발버둥치고 있다고 봐도 될 것 같습니다. 도저히 버티기 어렵다는 기업들의 목소리도 넘쳐납니다"(박용만 대한상공회의소 회장). "대기업, 중소기업, 영세상인 모두 극심한 어려움을 겪고 있고, 실업률은 갈수록 높아지고 있습니다"(손경식 한국경영자총협회 회장). 미·중 무역분쟁과 일본의 경제

보복 등 기존 악재에다 코로나19 확산이라는 사상 초유의 사태가 더해졌다. 세계 각국의 경제가 한때 마비됐고, 상당수 공장이 문을 닫기도 했다. 최악은 지났다지만 아직도 코로나19 위기는 진행형이다.

기업이 처한 상황은 사상 최악의 수준이지만 마냥 손 놓고 있을 수는 없는 노릇이다. 정글과 같은 글로벌 경쟁에서 생존하고 격차를 벌리려면 혁신과 도전 이외엔 답이 없다. 한국 기업엔 위기가 닥치면 누구보다 강하게 돌파하는 DNA가 있다. 기업들이 대내외적인 악재에도 불구하고 신발끈을 동여매고 있는 이유다.

삼성그룹은 인공지능(AI)과 5세대(5G) 이동통신, 바이오, 반도체 등 분야에 공격적으로 투자하고 있다. 2018~2020년 국내외에 180조원을 투자하겠다는 약속을 거의 이행했다. 최근 경기 평택 3공장에 30조원, 화성 극자외선(EUV) 파운드리(반도체 수탁생산) 생산라인에 7조 4,000억원, 중국 시안 메모리 반도체라인에 17조원을 투입하기로 했다. 삼성전자는 지난 3분기 매출 66조원을 냈다. 분기 최고 매출기록이다.

현대자동차그룹은 전기자동차와 수소전기차 등 친환경차 분야를 미래 먹거리로 삼겠다는 전략이다. 도심항공모빌리티(UAM) 등 미래 모빌리티 서비스의 주도권도 쥐겠다는 구상이다. 현대차는 내년 전용 플랫폼을 적용한 첫 전기차 아이오닉5를 출시할 계획이다. 수소전기트럭은 양산에 들어갔다. 2021년 연간 2,000대 생산체제를 구축하고, 2030년까지 6만대 이상의 수소전기트럭을 해외에 팔겠다는 목표도 세웠다. 2028년에는 UAM의 핵심인 개인용 비행체를 상용화하겠다는 전략이다.

SK그룹은 새로운 사업 영역에 적극 뛰어들고 있다. 바이오 제약과 반도체 소재, 물류 등을 미래 먹거리로 삼겠다는 전략이다. 이들 분야에서 성과도 내고 있다. SK머티리얼즈가 최근 초고순도 불화수소가스 국산화에 성공한 게 대표적인 사례다. 사회적 가치를 높이는 일에도 힘을 쏟고 있다. 기업은 경제적 가치뿐만 아니라 사회적 가치를 창출해야 지속 가능하다는 판단에서다.

LG그룹은 위기 속 기회를 찾기 위해 신사업 진출에 적극 나서고 있다. LG전자는 가전과 인공지능(AI) 기술을 결합한 스마트 가전 개발에 집중하고 있다. 로봇도 LG전자가 노리는 미래 먹거리 중 하나다. LG전자는 안내 로봇, 청소 로봇 등을 선보였다. LG화학은 전기차 배터리 사업 시장에서 독보적 지위를 유지하기 위해 생산 능력을 키우고 있다. 2020년 12월 배터리 사업을 전담하는 신설법인 LG에너지솔루션(가칭)도 공식 출범한다.

포스코는 미래 모빌리티 시대에 대비해 다양한 철강 신소재를 개발하고 있다. 수소연료전지에 사용되는 금속분리판 소재와 전기차 무게를 확 줄일 수 있는 기가스틸, 전기모터 효율성을 높일 수 있는 친환경 최고급 무방향성 전기강판 등을 통해 미래 모빌리티 시대를 선도하겠다는 계획이다.

현대중공업그룹은 최첨단 조선·에너지 그룹으로의 변신을 준비 중이다. 스마트 선박과 지능형 로봇 등을 미래 먹거리로 보고 있다. 정보통신기술(ICT)을 중공업 사업에 접목하고, 산업용 및 서비스용 로봇을 집중 개발하겠다는 전략이다.

자료원: 한국경제신문, 2020.10.11에서 발췌 정리.

전략결정의 4가지 고려 요소

전략경영에 필요한 전략 수립 시 고려해야 할 요소는 크게 네 가지로 구분할 수 있다. 첫째는 기업이 경쟁해야 할 상대가 누구인가(외부환경)를 고려하는 것이고, 둘째는 기업 자신의 능력은 어떠한가(내부여건)를 고려하는 것이다. 셋째로 기업의 방향을 제시하는 경영철학을 고려하고, 마지막으로 전략을 수행하는 데 있어 사회적 책임을 다하고 있는가를 고려하는 것이다.[2]

외부환경

외부환경은 기업이 직접 통제할 수 없는 환경을 말한다. 기업이 전략수립 시

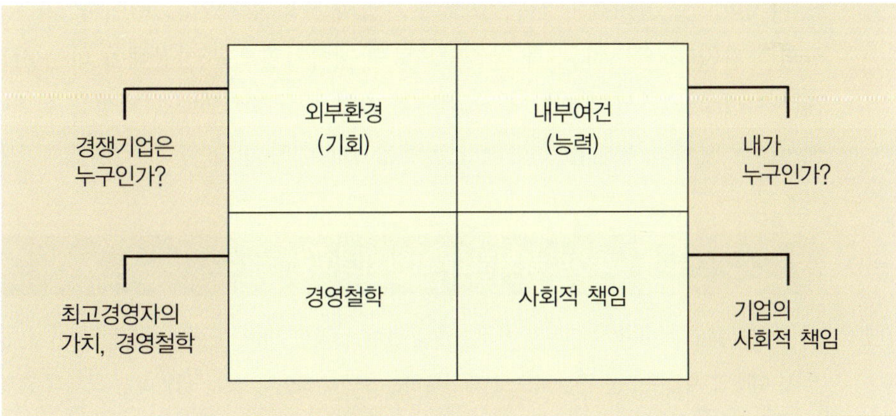

그림 14-2 전략결정의 4가지 고려요소

2) 조동성, 「21세기를 위한 전략경영」, 아이비에스, 1997, pp. 145~148.

가장 먼저 해야 할 일은 나의 상대가 누구인지를 파악하는 것이다. 상대란 경쟁기업뿐만 아니라 기업이 경영활동을 수행하는 데 직·간접적으로 영향을 미치는 정치적·경제적·사회적·문화적 환경 등 모든 외부환경을 말한다.

내부여건

외부환경을 파악하고 나면 기업 자신의 강점과 약점이 어떠한가를 파악해야 한다. 즉, 기업이 소유하고 있는 자본능력을 포함한 재무구조, 생산시설 및 기술의 축적, 경영능력 등 내부능력과 한계점을 명확하게 이해해야 할 것이다.

기업이 외부에서 주어지는 정보와 내부 능력을 이해하게 되면 여러 가지 비즈니스 기회가 제공될 수 있을 것이다. 여러 가지 기회 중에서 자신의 강점을 살릴 수 있는 최적의 기회를 선택하여야 할 것이다.

경영철학

외부환경과 내부능력이 파악되면 전략을 수립하게 된다. 전략수립은 최고경영자의 몫이라고 할 수 있다. 최고경영자의 가치관·비전 등을 토대로 경영철학이 형성되면서 지속가능 기업으로 성장할 수 있는 전략결정에 영향을 미치게 된다.

사회적 책임

마지막으로 고려해야 하는 요소는 기업의 사회적 책임(CSR)이다. 이는 기업이 사회적 가치(social value)를 창출함으로써 계속기업으로 성장해야 하는 사회적 존재라는 사실을 인식해야 한다는 의미다. 기업은 장기적으로 수익성을 실현하기 위해서라도 사회적 책임을 고려해서 전략을 결정해야 한다.

현장수첩 리스트럭처링과 리엔지니어링

리스트럭처링(restructuring)은 기업의 경쟁력 강화와 비전 달성을 목표로 전사적 차원에서 미래의 사업구조를 근본적으로 재구축하는 혁신기법이다. 이는 급변하는 국제적 경제환경의 변화 속에서 기업이 생존, 성장해 나가기 위해서 제시한 기업의 비전을 사업구조 차원에서 구체화시키는 방법이다. 반면, 리엔지니어링(reengineering)은 기존의 업무방식을 근본적으로 다시 고려하여 효율적으로 비즈니스 시스템 전체를 재구축하는 것이다. 이는 프로세스를 개선하여 근본적으로 업무, 조직, 기업문화까지의 전 부문에 대하여 성취도를 대폭적으로 증가시키는 방법이다. 즉 리스트럭처링은 비전을 달성하기 위해서 기업전체 차원에서 각 사업단위를 어떻게 축소, 철수, 통폐합하거나 확대시킬 것인가를 결정하는 기법이다. 리엔지니어링은 주로 사업부 차원에서 사업단위별 경쟁우위를 얻기 위해 프로세스를 혁신시키는 기법이다.

리엔지니어링은 리스트럭처링의 하위 개념으로 리스트럭처링의 방향이 확정된 후 사업부 차원에서 프로세스나 공정을 혁신하는 것이라고 볼 수 있다. 리엔지니어링을 비즈니스 프로세스 리엔지니어링(business process reengineering: BPR)이라고도 한다.

리스트럭처링의 대표적 사례로 제너럴 일렉트릭(GE)을 들 수 있다. 1981년 GE 회장으로 취임한 잭 웰치는 세계 초일류기업이라는 비전을 달성하기 위해 가장 먼저 리스트럭처링을 실시하였다. "세계에서 1등 혹은 2등을 할 수 있는 사업을 제외한 모든 기존 사업을 포기한다"는 원칙 아래 기존 사업을 제조사업군, 서비스사업군, 첨단기술사업군 등 3대 주력사업군 중심으로 재편성하였다. 과거 GE의 상징으로 간주되던 텔레비전, 토스터, 다리미 등 소형 가전제품들을 포함한 주력 사업뿐만 아니라 성과가 좋지 않은 사업을 대부분 정리·매각하고 3대 주력사업군을 육성하기 위해 방송(NBC), 의료기기 등의 사업부문을 매수하여 완전히 새로운 사업구조를 구축하였다. 이러한 과정을 통해 300개가 넘는 상품계열을 3대 주력사업군과 13개 세분사업으로 재구축하였다.

리엔지니어링의 대표적인 사례로는 제록스(Xerox)를 들 수 있다. 제록스는 과거에 각 부서에서 복사기의 부속을 디자인한 후 엔지니어링 부서에서 이를 통합하였다. 이때에 부서간 부품의 규격이 서로 달라 통합의 문제점이 발생하기도 하며, 때로는 디자인 부서와 엔지니어링 부서의 알력으로 디자인된 것이 제품화되지 않는 경우도 있었다. 이에 따라 제록스에서는 디자이너, 엔지니어, 조달담당, 제조담당, 마케팅담당으로 팀을 구성하여 같은 사무실에서 같이 작업하게 하고 제품의 개발부터 생산계획, 애프터서비스 계획을 전담시킴으로써 업무의 효율을 극대화시켰다.

최근 기업들은 경영체질 개선을 위해 6시그마(six sigma), 토탈설비관리(total productive maintenance: TPM), 트리즈(TRIZ, 창의적 문제해결이론) 등 다양한 혁신방법을 도입하고 있다. 포스코·한국타이어·LG화학·삼성토탈·유한킴벌리 등은 글로벌 기업으로 성장하기 위해 6시그마·TPM·트리즈 등 다양한 경영혁신기법을 적용하고 있다. 원가 절감과 생산성 제고를 위한 '공장현장혁신'에는 TPM 기법이 많이 도입되었으며, 품질 혁신에서부터 사무부분 혁신 등에는 6시그마, 그리고 개발혁신에는 트리즈 기법이 효자 노릇을 하고 있다.

자료원: 조동성 · 신철호, 「경영혁신기법의 통합모델」, 아이비에스,1996; 전자신문, 2012.7.1.

2. 시장상황을 고려한 전략

급변하는 경영환경에서 지속가능한 기업으로 성장·발전하기 위해서는 기업이 처한 상황에 능동적으로 대처할 수 있는 전략이 필요하다. 전략이란 기업이 현재 수행하고 있는 사업활동은 무엇인가 또는 새롭게 진출하려는 사업활동은 무엇인가를 명시하고, 전략적인 성장기회를 모색하는 것을 말한다.

전략은 여러 가지 기준에 의해서 선택될 수 있다. 대표적인 전략선택 기준으로는 시장상황을 고려해서 전략을 선택하거나 경쟁기업과 비교해서 전략을 선택하는 것이다. 시장상황을 고려해서 전략을 선택하는 방법은 주로 기업전체 차원에서 진출이냐 철수냐 등을 결정할 때 사용되고 있다. 반면, 경쟁기업과 비교해서 전략을 선택하는 방법은 개별 사업이 경쟁우위를 지니기 위한 전략을 결정할 때 사용되고 있다.

두 가지 기준 가운데 우선 시장상황을 고려해서 전략을 선택하는 방법에 대해 알아보도록 하자. 해당기업의 사업이 처한 시장상황을 고려하여 전략을 선택하는 방법에는 제품/시장 전략과 제품 포트폴리오 전략을 이용할 수 있을 것이다.

사례 삼성, 세계최대 인도 스마트폰 시장 1위 탈환 전략

세계 1위 스마트폰 제조업체인 삼성전자가 올해 인도시장 1위 탈환을 노리고 있다. 삼성전자는 2018년 7월 인도 뉴델리 인근 노이다 공단에 스마트폰 공장을 열었다. 7억 달러를 투자해 단일 스마트폰 공장으로는 최대 규모의 생산 설비를 구축했다. 인구 13억 명의 개발도상국이라는 지리적 이점에 맞게 갤럭시M 등 중저가 스마트폰을 중점 생산한다.

특히 인도시장은 삼성전자가 지난해 중국 업체인 샤오미에 점유율 1위 자리를 빼앗긴 이후 올해 설욕을 노리던 지역이다. 삼성전자가 또 다른 거대시장인 중국에서 점유율 0%대에 불과할 정도로 입지가 약화됐다는 점에서 신흥 거대시장 인도는 더 이상 물러설 수 없는 전략거점이기도 하다.

삼성전자 IM(IT&모바일) 부문장인 고동진 사장은 지난 18일 주주총회에서 "인도 시장에서 중저가 모델인 갤럭시A부터 프리미엄 모델까지 소비자들이 원하는 제품을 공급해 금액과 수량 측면에서 인도 시장 1위를 되찾겠다"고 밝혔다.

자료원: 뉴스원, 2020.3.24에서 발췌 정리.

제품/시장 전략

기업은 새로운 시장기회를 포착할 수 있어야 한다. 시장기회를 파악하는 방법은 제품 · 시장 확장 그리드(product and market expansion grid)를 통하여 파악하는 앤소프(H. Igor Ansoff)의 방법이 대표적이다. 이는 시장을 기존시장과 신시장으로, 제품을 기존제품과 신규제품으로 분류하여 시장기회를 파악하는 방법이다.

■ 시장침투(market penetration) 전략

기존의 제품과 기존시장에서 시장점유율을 확대함으로써 특정사업의 영역을 성장하기 위한 전략이다. 가격을 인하시키거나 광고를 늘리거나 그 제품을 취급하는 소매상의 수를 늘려 고객이 편리하게 사용할 수 있도록 하는 방법이다. 가장 보수적인 성장전략이라고 할 수 있다.

■ 신규시장 개발(market development) 전략

기존의 제품을 새로운 시장에 출시함으로써 시장점유율을 증대시키려는 전략이다. 예를 들면, 새로운 시장에 점포를 개설하거나 새로운 수출시장을 개척하는 것을 들 수 있다.

■ 신규제품 개발(product development) 전략

기존 시스템의 강점을 이용, 신규제품이나 개선한 기존제품을 출시하여 시장점유율을 증대시키려는 전략이다. 예를 들어, 샴푸회사의 경우에 현재의 제품에 새로운 향료와 성분을 사용한다든지 포장을 새롭게 하는 것이다.

	기존제품	신규제품
기존시장	시장침투	신규제품 개발
신규시장	신규시장 개발	다각화

그림 14-3 제품/시장 전략

- 다각화(diversification) 전략

  신시장에 신제품을 개발하여 시장점유율을 증대시키려는 전략이다. 현재의 시장에서 기업이 더 이상 성장할 수 있는 기회가 없거나 새로운 시장에서 새로운 제품이 유리하게 매출을 증대시킬 수 있는 경우에 사용하는 방법이다.

시장침투 전략, 신규시장개발 전략, 신규제품 개발전략, 다각화 전략 가운데 기업은 각 사업별로 어떠한 시장에 어떻게 진출할 것인가를 결정할 수 있게 된다. 시장진출 시 진출할 시장이 매력적인가, 진출하는 만큼의 자원이 존재하는가, 기존의 사업이 새로운 시장에 적합한가, 기업의 핵심역량을 새로운 시장에 활용할 수 있는가를 검토할 필요가 있다.

제품 포트폴리오 전략

제품 포트폴리오 전략(product portfolio management: PPM)은 미국의 보스턴 컨설팅 그룹(Boston Consulting Group: BCG)에 의해 개발되었기 때문에 BCG 매트릭스라고 불리기도 한다.

BCG 매트릭스는 해당 제품시장의 성장률(market growth rate)과 기업의 상대적 시장점유율(relative market share)을 토대로 사업 포트폴리오를 평가하는 분석기법이다. BCG 매트릭스는 다각화된 기업이 자원을 어떻게 배분할 것인가를 분석하는 도구를 의미한다. 이는 기업이 취급하고 있는 여러 가지 사업을 전략적 사업단위(strategic business unit: SBU)로 파악한다.

전략적 사업단위는 자체적인 사업목적과 경쟁상대를 두고 독립적으로 경영된다고 보고, 이들을 대상으로 그 사업을 확대할 것인지 포기할 것인지에 대한 전략을 구상하게 된다. 어느 사업을 성장시킬 것인지 또는 어느 사업을 포기할 것인지를 전략적으로 결정할 때 사용할 수 있는 방법이 바로 제품 포트폴리오 전략이다. 전략사업단위별로 포트폴리오 매트릭스를 형성할 수 있으므로 현재 기업이 처한 위치를 파악, 사업을 계속 확대할 것인지 포기할 것인지 결정할 수 있게 된다.

여기에는 기업이 처한 해당 제품의 시장성장률과 1위 기업과 상대적 시장점유율을 토대로 개별적인 위치를 파악하여 어떠한 전략이 적당한가를 결정하게 된다. 만일 자사제품이 시장점유율 1위를 기록하고 있으면 오른쪽에 위치하게 되고, 2위 이하에 있으면 왼쪽에 위치하게 되며 점유율이 낮을수록 위치가 더욱 왼쪽으로 치우치게 된다([그림 14-4] 참조). 이러한 과정을 거쳐 기업이 처한 사업부별 위치는 주로 별, 현금젖소, 의문부호, 개 등 네 가지로 구분될 수 있다.

■ 별(Stars) 분면전략

자사의 시장점유율이 제일 높고 시장성장률도 평균보다 높은 경우로 미래

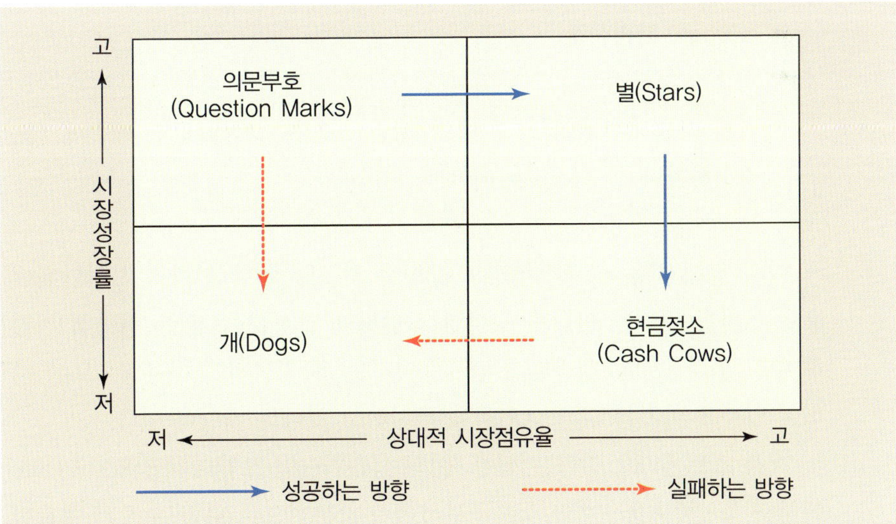

그림 14-4 BCG 매트릭스

의 성장 기회도 떠오르는 별처럼 가능성이 있는 분야라는 의미다. 이 경우에는 증가추세에 있는 해당시장에서 높은 시장점유율을 통해 보다 높은 수익을 올릴 수 있다. 이때 선호될 수 있는 전략은 성장전략으로 추가적인 투자를 통하여 지속적으로 시장점유율을 늘려가도록 하는 것이다.

- 현금젖소(Cash Cows) 분면전략

  자사의 시장점유율은 높으나 해당시장의 성장률이 낮은 경우이다. 안정적이고 완만하게 성장하고 있는 해당시장에서 높은 시장점유율을 갖고 있으므로 수익성이 높을 뿐만 아니라 높은 현금유동성을 확보하게 된다. 이 경우, 안정전략이나 현금의 유동성을 다른 사업활동에 활용할 수 있는 대체투자전략이 사용될 수 있을 것이다.

- 의문부호(Question Marks) 분면전략

  자사의 시장점유율은 낮지만 해당시장의 성장률은 높은 경우이다. 이 경우, 시장성장에 따른 잠재적 이익이 현실적으로 실현될 수 있을지에 대한 의문이 제기된다. 따라서 시장이 성장하는 속도 이상의 시장점유율을 확보할 수 있는 전략이 요구된다. 경쟁력 강화 노력이 성공하게 되면 별(Stars)의 위치로 갈 것이고, 그렇지 않고 실패하게 되면 개(Dogs)의 위치로 갈 것이다. 의문부호의 위치에 처한 사업들은 성장전략으로 대응하기도 하고 축소전략으로 대응하기도 한다.

- 개(Dogs) 분면전략

  제품의 시장점유율도 낮고 해당시장의 성장률도 낮은 경우이다. 이 경우, 이익이 창출되기 어렵고 미래의 개선가능성도 거의 없기 때문에 해당사업을 축소하거나 철수(divest)해야 할 것이다.

이와 같이 제품의 포트폴리오 모형은 각 제품이나 전략적 사업단위에 계속적으로 투자할 것인지 아니면 청산할 것인지를 결정할 수 있는 전략적 지침을 제시해 주고 있다. 반면, 성장률과 점유율이라는 두 지표만을 사용함으로써 사업 잠재력에 영향을 미치는 다른 요인들을 무시하고 있다는 비판이 있다.

제품 포트폴리오 전략은 세계 제2의 석유회사인 로얄더치셸(Royal Dutch Shell)에서 횡축·종축을 3개씩으로 구분하여 9개 분면으로 나눈 수정된 매트릭스를 제시하기도 하였다. 또한 GE(General Electric)에서는 외부적 위험성과 시장잠재력을 토대로 9개 분면으로 나누어 수정된 매트릭스를 개발하기도 하였다.

3. 경쟁우위 요소를 고려한 전략

기업이 처한 시장상황을 고려하여 사업을 지속할 것인가, 포기할 것인가를 결정하기 위해서는 제품/시장 전략과 BCG 매트릭스라고 불리는 제품 포트폴리오 전략이 필요하다. 지속적인 측면에서 사업활동이 결정하게 되면 그 사업의 경쟁력을 확보하기 위해서 구체적으로 어떠한 요소를 고려해야 하는가 하는 본원적 경쟁전략을 살펴볼 필요가 있다.

본원적 경쟁전략(generic competitive strategy)은 산업 내에서 효과적으로 경쟁할 수 있는 일반적인 형태의 전략유형을 의미한다. 마이클 포터(Michael E. Porter)는 높은 투자수익률을 확보하고 장기적으로 산업 내에서 경쟁우위를 가질 수 있는 본원적 경쟁전략으로 비용우위전략, 차별화전략, 집중화전략이라는 세 가지 유형을 제시하였다.

세 가지 경쟁전략이 제시된 배경은 일반적으로 시장점유율이 높아질수록 투자

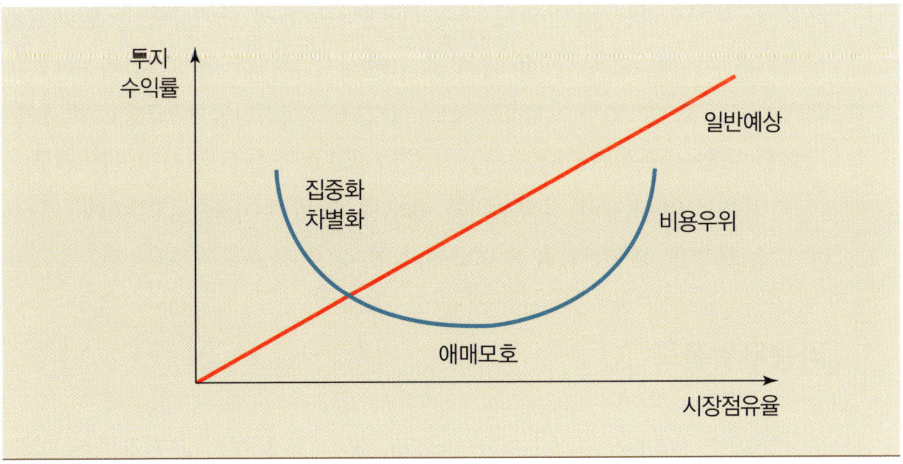

그림 14-5 시장점유율과 투자수익률의 관계

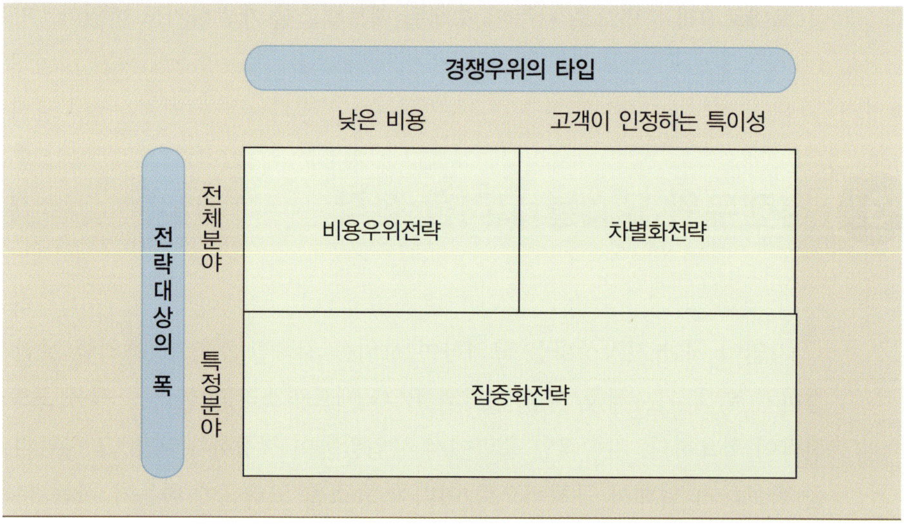

그림 14-6 본원적 경쟁전략

수익률도 높아질 것이라고 예상하지만 실제로 기업들의 성과측정에서 서로 비례관계가 성립하지 않았다는 점에 있다. 물론, 시장점유율이 매우 높은 기업은 투자수익률도 높게 나타났지만, 시장점유율이 낮은 기업들이 높은 수익률을 기록하는 경우도 발생하였다. 시장점유율이 낮더라도 높은 수익률을 기록하는 기업들의 특성을 조사해 본 결과, 다른 기업과는 차별화된 품질이나 브랜드를 소유하고 있거나, 한정된 부문에 집중하여 월등한 성과를 내는 점을 찾아내게 된 것이다.

높은 투자성과를 내기 위해서는 저가전략을 통해 판매량을 증가시키는 비용우위전략을 선택할 수 있다. 만일 이것이 여의치 않다면 경쟁기업과는 다른 차별화전략을 시도할 수 있다. 그리고 어느 한정된 고객집단을 대상으로 비용우위나 차별화를 통해 집중적으로 공략하는 집중화전략으로 높은 투자이익을 얻을 수 있다.

기업은 산업 내에서 경쟁우위를 확보할 수 있는 요소를 고려하여 자신이 취할 수 있는 분명한 경쟁전략을 수립하여야 할 것이다.

비용우위전략

비용우위전략(cost-leadership strategy)은 가격을 현저하게 낮추어 고객에게 제공하는 전략이다.

비용우위전략이 성공하기 위해서는 첨단 생산시설 및 관리체제, 유리한 조건의 자원확보, 공급업체와 긴밀한 유대관계 등 경쟁기업과 차별화된 경영여건을 갖추어야 한다. 단순하게 저렴한 인건비나 값싼 경영자원 확보에만 의존하면 비용우위 효과가 지속되기는 힘들 것이다. 일반적으로 경쟁기업과의 경쟁에서 우위를 확보하기 위한 가장 쉬운 방법이 원가절감에 의한 비용우위전략이다. 그럼에도 불구하고, 비용우위전략은 다음의 두 가지 측면에서 단점이 있다.

첫째, 비용우위전략은 더 저렴하게 생산할 수 있는 경쟁기업이 나타나면 고객을 잃게 된다는 것이다. 싼 물건을 찾는 고객은 브랜드에 대한 충성도가 약하기 때문이다. 우리나라의 경우, 중국이나 동남아 등의 국가들이 낮은 임금을 무기로 저가제품을 대량으로 들여오는 상황에서 기존의 가격으로 경쟁하기 힘들어지고 있는 것도 브랜드 충성도가 낮기 때문이다.

둘째, 기술의 변화가 과거의 시설이나 노하우를 무용지물로 만들어버릴 수 있다는 점도 비용우위전략을 채택할 때의 단점이다. 특히 비용우위를 추구하다 보면 환경변화에 따른 차별화전략을 구사하는 기업에게 대항할 수 없게 되는 경우가 발생하기도 한다. 따라서 원가절감노력을 통한 비용우위 확보에만 그칠 것이 아니라 기술변화나 품질개선 등 전반적인 차원에서 시장을 주도해 가는 시장선도(market leadership)전략으로 발전할 수 있어야 할 것이다.

사례 '유통 빅3' 위기 타개 전략 – '선택과 집중'

경기 침제로 인한 소비 위축과 이커머스 강세에 최근 코로나19 확산까지 유통공룡이라 불리던 롯데, 신세계, 현대 등이 벼랑 끝 위기에 몰렸다. 유통업계에 따르면 코로나19 사태가 장기화 양상을 보이면서 유통업체들이 어려운 경영 환경을 극복하기 위해 다양한 '선택과 집중' 전략으로 활로 찾기에 나서고 있다.

롯데쇼핑은 올해 비효율 점포 및 부진 사업을 정리하는 과감한 구조조정을 완료한 후 백화점·마트 등 각 사업부별 운영전략 실행 및 4월 출범하는 롯데ON을 통한 신성장동력 확보 등을 바탕으로 수익성 개선에 집중한다는 방침이다. 우선 롯데백화점은 점포 단위의 경영을 강화해 점포별로 차별화 전략을 추진한다. 대형 점포 운영에 집중하는 동시에 오픈 예정인 동탄점과 의왕몰은 지역 상권 1번가로, 마트와 슈퍼는 신선식품의 경쟁우위를 더욱 강화할 예정이다. 또한 롯데쇼핑 통합 온라인쇼핑몰인 '롯데ON'에 회사의 모든 역량을 집중할 계획이다. '롯데ON'은 국내 유통사 중 최대 규모인 3,900만 명 고객의 데이터를 분석해 개인 맞춤형 쇼핑 공간을 제공하는 한편 전국 1만 개가 넘는 롯데 오프라인 매장을 활용해 온·오프라인을 뛰어넘는 롯데만의 고객 최적화 온라인 쇼핑 플랫폼을 선보인다는 계획이다.

신세계 이마트 역시 지난해부터 추진 중인 삐에로쇼핑과 부츠 등 부실 점포를 재조정하고, 수익성 중심으로 재편에 집중한다. 이마트는 본업인 할인점 역시 대대적인 개혁 작업을 통해 전체 점포의 30% 리뉴얼, 식품을 강화하고 집객력이 있는 매장을 입점시켜 '고객이 찾고 싶은 매장'으로 탈바꿈시킨다는 계획이다. 반면 지속적인 수익이 발생하고 있는 트레이더스, 스타필드 등을 중심으로 오프라인 채널을 관리하고, 이커머스 플랫폼 SSG닷컴의 물류역량을 강화해 실적 반등을 이끌겠다는 방침이다. 특히 최근 SSG닷컴이 택배업계 4위 로젠택배 인수를 검토하는 것으로 알려지며 '롯데ON'과 함께 이커머스 판도를 바꿔놓을 수 있을지에 관심이 모아지고 있다. SSG닷컴이 로젠택배 인수에 성공한다면 후발주자로서 부족했던 배송경쟁력을 빠르게 끌어올릴 수 있기 때문이다.

현대백화점은 경쟁 업체들이 이커머스 사업에 집중하는 반면 기존 주력사업인 백화점과 장기적인 면세점에 역량을 강화한다는 방침이다. 우선 백화점의 경우 올해 프리미엄아울렛 대전점, 남양주점을 문 열고, 내년 초에 현대백화점 여의도 파크원점을 성공적으로 오픈해 사업 경쟁력을 강화해 나가는 한편 동대문점 인수 및 인천공항 면세점 우선협상자 선정 등을 통해 규모 확대 및 경쟁력 확보를 위해 노력하고 있다. 특히 지난 2월에 오픈한 서울 동대문에 위치한 시내면세점 2호점과 1호점인 무역센터점의 시너지를 통해 영업 경쟁력 제고와 수익성 개선이란 두 마리 토끼를 동시에 잡겠다는 전략이다.

자료원: 브릿지경제, 2020.3.29에서 발췌 정리

차별화전략

차별화전략(differentiation strategy)은 고객이 비싼 가격을 지불하더라도 구입하려고 하는 독특함이 제공되는 제품으로 경쟁우위를 확보하는 전략이다. 차별화전략의 대표적인 예로 Apple, Nike, BMW 등을 들 수 있다. 이들은 세계적인 고급기술이나 유명브랜드를 통해서 다른 기업과 차별화를 시도하고 있는 것이다.

차별화전략은 제조업에서 생산되는 제품 자체를 차별화하는 제품차별화전략과 서비스업에서 주로 사용할 수 있는 서비스차별화전략이 있다. 그러나 제품차별화와 서비스차별화뿐만 아니라 유통에서도 차별화할 수 있으며 광고에서도 차별화를 시도할 수 있다.

제품차별화

경쟁기업에 비해서 새로운 가치를 가지는 제품을 만들거나 새로운 기술을 활용, 기존제품을 개선한다든가 혹은 새로운 기능을 추가한 제품을 만들어 고객에게 제공하는 것을 말한다. 제품을 차별화하여 고객에게 제공하면 경쟁기업의 제품에 비해 높은 가격을 받을 수 있을 뿐만 아니라 경쟁우위 요소로 작용하게 되어 경쟁력을 확보할 수 있게 되는 것이다.

서비스차별화

서비스차별화는 주로 서비스업에서 사용할 수 있는 전략으로 차별화된 서비스를 제공함으로써 고객이 만족하고 감동하도록 하는 것을 말한다. 서비스차별화는 제조업체들에도 도입되어 제품에 부가되는 서비스를 차별화하는 방식으로 활용되고 있다. 예를 들어, 도미노피자는 30분 이내 배달하지 못하면 배상한다는 신속배달로 서비스를 차별화하였다. 제록스는 신속하면서 정중한 애프터서비스로 경쟁기업과의 차별화에 성공했다.

사례 GS25, 서비스차별화 전략에 '올인'

국내 편의점업계 1위 GS리테일이 드론 배송 등 잇따른 서비스차별화 전략을 선보이며 '퍼스트무버'로 도약하기 위한 행보에 나서고 있다. GS리테일은 이같은 도약을 통해 압도적인 업계 우위를 확보한다는 방침이다. GS그룹 관계자는 "그룹 내 편의점(GS25)과 주유소(GS칼텍스)를 결합한 물류서비스가 상용화될 것"이라고 말했다. 이는 소비자가 GS25 앱 등을 통해 상품을 주문하면 GS칼텍스 주유소를 중간거점으로 삼아 드론이 배송한다는 로드맵이다. 드론을 통해 편의점에서 전국 주유소로, 주유소에서 도서·산간지역 등으로 물품을 배송하는 신개념 비대면 배송서비스다.

이를 위해 지난 4월(인천)과 6월(제주도), 10월(여수) 등 세 차례에 걸쳐 드론 배송을 시연하기도 했다. 편의점 배송 서비스를 무인화해 유통물류혁신을 한 단계 진보시킬 것으로 기대를 모으고 있다. GS리테일 관계자는 "드론 배송은 도서·산간지역 등 교통망이 열악한 곳으로까지 유통망을 넓히는 계기가 될 것"이라면서 "다양한 콜라보레이션(협업)을 통해 부가가치를 창출하고, 이를 통해 편의점이 지역 주민의 일상생활에 밀접하게 자리잡는 것이 목표"라고 설명했다.

편의점 배송에 로봇을 활용한 사례는 국내에서 GS리테일이 업계 최초다. 앞서 미국에서는 아마존이 지난해 1월 6륜 배달 로봇인 '스카우트'(Scout)를 공개한 바 있다. GS리테일은 최근 GS25에서 KT 유심을 판매하면서 '셀프개통' 서비스를 선보이기도 했다. 이 또한 통신사가 편의점을 통해 유심을 판매하는 첫 사례다. 기존에도 통신사 온라인몰을 통해 유심을 구매할 수는 있었지만 편의점 판매를 통해 고객 편의성을 높이게 됐다. 이같은 일련의 행보는 GS리테일이 압도적인 업계 우위를 점한다는 계획과 함께 '라이프스타일 플랫폼'으로 거듭나겠다는 의지가 반영된 것으로 풀이된다.

자료원: 아주경제, 2020.10.17에서 발췌 정리.

광고차별화

광고는 TV, 라디오, 잡지, 신문 등을 활용하여 소비자들이 제품이나 서비스에 대해 정확하게 인식하도록 하는 활동을 말한다. 차별화된 광고는 단순히 제품이나 서비스 가치를 소비자에게 알리는 것 이상으로 이미지 제고를 위한 중요한 수단으로 작용할 수도 있다.

초기단계에서의 광고는 광고자의 입장에서 사실을 널리 알린다는 고전적인 의미가 지배적이었다. 그러나 오늘날에는 무엇보다도 상호신뢰를 바탕으로 한 기업과 소비자 관계가 더욱 중요시된다. 따라서 기업의 얼굴이라고 할 수 있는 광고는 정직해야 하고 사회적 윤리와 책임까지도 고려해야 한다.

사례 현대자동차, 광고가 아닙니다. 한 편의 영화입니다.

현대자동차는 경험마케팅 전략을 사용한 성공사례로 평가받고 있다. SNS채널을 통해 고객들이 구매 전 과정에서 가질 수 있는 궁금증에 대한 해결이나 정보들을 얻을 수 있도록 하고 있다. 특히 일반 소비자들은 SNS에 업로드된 현대자동차 제품들의 실제 사용후기를 접하면서 현대자동차 제품에 대한 호감도를 높여가고 있다.

현대자동차 SNS 채널은 현대자동차 브랜드 이미지를 구축하고 홍보하는 데 가장 핵심적인 역할을 하고 있다. 현대자동차의 신차 소식부터 신기술 등 다양한 정보들이 제공되고 있다. 뿐만 아니라 차 관리방법, 운전 관련 팁 등 운전자로서 필요한 정보들까지 제공되고 있다. 자동차라는 다소 어려운 분야를, 초보부터 고수까지 아우르는 맞춤화된 콘텐츠 전략을 통해 소개하고 있다.

현대자동차는 모바일과 페이스북 플랫폼에 최적화된 형태로 신차 출시 소식을 발행하고 있다. 신차의 USP(Unique Selling Point)를 직관적으로 소개하는 이 콘텐츠는 충성도가 높은 팬들의 관심을 이끌어내고 있다. 특히 2030 젊은층을 타깃으로 하는 모델 런칭에는 페이스북 플랫폼에 특화된 캔버스 콘텐츠를 활용했다. 이를 통해 신차 모델의 다양한 정보와 화보컷, 영상 등을 소셜 미디어 내에서 손쉽게 접할 수 있도

록 기획했다.

현대자동차의 유튜브 콘텐츠 역시 고객들의 충성도를 이끌어내고 있다는 점에서 주목할 만하다. '고 퀄리티'의 영상들을 스토리텔링 형식을 이용해 제작한 콘텐츠들은, 구독자들의 몰입도를 높이고 있다. 최신 모델인 팰리세이드 제품의 브랜드 이미지를 구축하는 방식으로 유튜브 채널 영상을 적극적으로 활용하고 있다. 팰리세이드는 대형 SUV 모델로, 최첨단 기술과 안전성을 갖춘 고급 SUV라는 이미지를 영상 광고를 통해 담아내고 있다.

현대자동차는 '현대 라이프스타일'이라는 서브 유튜브 채널을 개설하여 글로벌 대세 스타인 '방탄소년단'을 모델로 영상을 제작하고 있다. 'Hyundai Palisade with BTS Film' 이라는 제목의 이 영상은 마치 하나의 짧은 단편 영화를 보는 듯한 영상미를 자랑한다. 글로벌한 이미지와 함께 전 세계적으로 많은 팬을 보유하고 있는 방탄소년단을 광고 모델로 사용한 효과를 톡톡히 보고 있다.

광고의 모든 언어가 영어로 사용되고 있는데, 국내 소비자뿐만 아니라 전 세계 소비자들을 겨냥한 스마트한 마케팅 전략이다. 현대자동차는 특유의 고급스러운 영상미와 전략적인 스토리텔링 기법을 통해 완성도 있는 광고영상을 하나의 콘텐츠화했다. 광고라는 점에서 매출 상승이라는 효과와 현대만의 브랜드 이미지 구축이라는 이중의 효과를 보고 있다.

자료원: the-contents.kr/?p=6963에서 발췌.

이상에서 설명한 제품차별화, 서비스차별화, 광고차별화 이외에도 델컴퓨터 회사처럼 소비자들의 주문에 따라 생산하는 방식의 유통차별화를 한다든지, 매장의 분위기를 차별화한다든지 등 여러 가지 측면에서 차별화를 시도할 수 있을 것이다.

집중화전략

집중화전략(focus strategy)은 세분화된 고객 가운데 특정층을 겨냥하여 집중적으로 공략하는 전략이다. 특정고객층, 특정제품, 특정지역 등 한정된 영역에 기업의 경영자원을 집중하는 전략을 말한다.

집중화전략은 광범위한 영역에서 경쟁을 벌이는 다른 기업들과 달리 특정 부문에 한정하여 효과적이고 효율적으로 접근하려는 전략이다. 집중화전략을 추구하게 되면 특정한 대상의 욕구를 적극적으로 충족시킴으로써 차별화를 이룩하거나 대상에 대한 제품이나 서비스를 공급하는 데 있어서 비용상 우위를 달성할 수도 있게 된다. 비용우위전략이나 차별화전략이 시장 전체를 대상으로 한 전략임에 빈하여 집중화전략은 특정시장에만 집중하는 전략이다.

사례 집중화전략: 확실한 콘텐츠, 고품질, 틈새시장 – 강소기업 핵심은 '미니 독과점'

페이스북은 원래 하버드대 재학생이던 마크 저커버그가 만든 학교 동문관리 프로그램이었다. 하버드대 학생끼리 사용하는 SNS(소셜네트워크서비스)로 아주 작은 시장을 타깃팅했다. 직관적 콘텐츠와 편리한 인터페이스로 무장한 페이스북은 금세 하버드대생들을 사로잡았다. 이후 페이스북의 행보는 모두 아는 바대로다. 이젠 글로벌 기업으로 성장한 페이스북이지만 초기 페이스북을 떼어내 보면, 강소기업이 구현해야 할 핵심 비즈니스 모델을 관철시킨 아주 좋은 표본이라 할 수 있다.

'페이팔 마피아'의 대부 피터 틸은 "비즈니스 성공의 관건은 경쟁이 아닌 '독점'"이라 주장한 저서 《제로 투 원(ZERO to ONE)》에서 페이스북을 대표적 사례 중 하나로 꼽았다. 처음부터 거대 시장을 공략하기보다 작은 시장으로 시작해 시장 점유율을 높이는 전략을 강조하면서다. 틸은 "큰 시장을 추구하면 어마어마한 경쟁에 내몰린다"면서 "페이스북은 하버드대 학생들 대상으로 시작했다. 너무 작은 시장이라 비즈니스 계획으로는 훌륭하지 않다고들 했지만 오히려 그래서 독점할 수 있었다"고 설명했다.

중소기업이 성공하려면 이같은 '미니 독과점' 전략이 효과적이다. 전문가들은 붕어빵처럼 차별화되지 않는 범용 제품을 노동집약적으로 생산해서는 길이 보이지 않는다고 입을 모았다. 특정 분야에서 고품질의 확실한 콘텐츠로 승부해야 강소기업으로 자리매김할 수 있다는 얘기다.

일본 특유의 장인정신인 '모노즈쿠리(ものづくり)'는 일본 중소기업들이 강소기업으로 거듭날 수 있었던 비결로 통한다. 일본 중소기업이 저성장에도 살아남을 수 있었던 것은 탄탄한 경쟁력을 보유했기 때문이다. 장인정신으로 다진 대체불가 기술력으로 대기업과도 단순 원청 · 하청 관계를 넘어 '자기 시장'을 확보했다는 설명이 뒤따랐다. 중소기업이 기술력으로 이러한 '미니 독과점 시장'을 만들기에 유리한 분야가 바로 '소

부장(소재 · 부품 · 장비)'이다. 일본 강소기업이 소부장 분야에 대거 포진한 점이 이를 방증한다.

독일도 비슷하다. 대학 진학률이 높지 않은 대신 도제 마이스터(기능인력 명장)를 육성하고 인정하는 문화가 정착돼 히든챔피언(강소기업)의 든든한 허리 역할을 해주고 있다. 중소기업 지원 정책이 특출나다기보단 '중소기업 하기 좋은 환경'이 갖춰져 있다는 게 포인트다.

국내 한 대기업 관계자는 "구호 차원을 넘어 실질적 상생발전을 하려면 협력업체가 자기 분야에 분명한 강점을 가져야 한다"며 "대기업도 모든 제조 공정을 혼자 할 순 없지 않느냐, 품질 좋고 확실한 장점을 지닌 강소기업은 도리어 대기업이 먼저 파트너로 찾게 된다"고 귀띔했다.

자료원: 한국경제신문, 2020.2.5에서 발췌 정리.

4. 21세기 전략경영체제

유연한 전략계획에 따른 위기관리능력 강화

기업은 급변하는 환경변화에 대처하기 위해서 전략을 수립하고 이를 경영활동에 옮기게 된다. 그러나 상황이 어떻게 변화할 것이라고 예상하여 전략을 수립하더라도 시간이 흐르는 사이에 환경은 다시 변화하기 마련이다. 이때에는 이미 수립된 전략계획을 유연하게 변화시켜 기업이 적절하게 대처할 수 있도록 해야 할 것이다.

모든 기업마다 처한 상황이 다르고 기업이 가진 자원이 다르기 때문에 전략을 수립하는 데 있어서도 기업마다 차이가 있다. 그러므로 경영환경이 급변하는 경우에 기업으로서는 각각의 상황에 적합한 전략계획을 수립할 수 있는 유연한 전략계획 시스템이 필요하게 된다. 각각의 기업상황에 맞는 유연한 전략계획은 급변하는 환경변화에 대처하기 위한 필수적인 과제라고 할 수 있다. 이를 위해서 기업이 몇 가지 상황을 가정하고 이에 따른 상황별 전략계획을 수립하게 되면 급속한 환경변화에도 슬기롭게 대처할 수 있을 것이다. 이처럼 유연한 전략계획을 수립해 나가는 동안 다른 기업에 비해서 상황변화에 대한 뛰어난 위기관리능력을 갖추게 되어 경쟁우위를 확보할 수 있을 것이다.

전략평가에 대한 체계적 시스템의 구축과 활용

기업이 무엇을 어떻게 해야겠다는 목표를 결정하면 이에 맞는 전략을 수립하게 된다. 전략은 기업이 나아갈 방향을 설정하기 때문에 생존을 가늠하는 기준이 된다. 만일 환경변화를 잘못 파악하여 잘못된 전략을 수립하였다면 그 기업은 생존의 위협을 받게 될 것이기 때문이다. 이와 같이 전략은 기업의 생존에 있어 매우 중요하게 영향을 미치고 있다. 그러므로 중요한 전략이 얼마나 잘 수립되었는지, 그리고 수립된 전략이 계획대로 잘 실행되는지를 판단할 필요가 있다. 단지 전략을 수립하기만 하고 평가를 하지 않는 것은 배가 목적지를 결정하여 항해를 시작했는데 제대로 항로를 따라가고 있는지를 점검하지 않는 것과 같다. 또한 예상치 못한 환경이 발생했을 때 과연 결정한 목적지로 계속 가는 것이 좋은지 등을 판단할 수가 없는 것이다.

따라서 기업으로서는 전략을 세우는 것도 필요하지만 수립된 전략을 체계적으로 평가할 필요도 있다. 그렇다면 기업이 전략을 평가하기 위해서는 어떻게 해야 할 것인가? 최근 정보기술이 급속히 발전하면서 정보시스템을 활용하여 기업의 전략을 평가할 수 있게 되었다. 전략이란 경영자가 선택할 수 있는 것을 모두 망라한 것도 아니고 오랜 기간에 길쳐 충분한 검증을 거쳐 객관적으로 인정된 것도 아니다. 따라서 체계적인 정보시스템을 구축하여 전략을 평가함으로써 그때그때의 상황에 맞는 문제해결을 할 수 있어야 할 것이다.

경쟁기업과 전략적 협력체제 구축

기업들로서는 잘 팔리는 특정제품에 대해 신규투자를 통해 생산설비를 증대시킬 것인지 아니면 그냥 현재의 상태로만 생산하고 말 것인지 고민이다. 신규투자로 생산설비를 증대시키면 경기가 불황으로 변화되었을 때 과잉설비와 과잉인력으로 회복하기 어려운 고충을 겪을 수 있다는 단점이 있다. 이러한 문제를 해결하기 위한 방안으로 경쟁관계에 있는 기업과의 전략적 협력체제를 구축할 필요가 있다. 이는 잘 팔리는 제품 증대를 위해 설비를 늘리는 대신에 경쟁기업이라 하더라도 유휴설비를 이용하도록 생산을 맡기는 것이다. 이렇게 되면 신규투자를 하였을 때 만만치 않게 드는 비용을 절감할 수 있을 뿐만 아니라 경쟁기업도 유휴설비를 잘 활용할 수 있어 서로에게 이익이 발생하게 된다. 이와 같이 경쟁관계에 있는 기업들이라 하더라도 적과 손을 잡는 전략적 협력체제를 구축하게 되면 서로에게 유리해질 수 있다. 생산활동뿐만 아니라 마케팅활동에서도 경쟁기업과 공동전선을 구축할 수 있다. 예를 들어, 대형백화점이 주변의 소형 상가와 손잡고 공동마케팅에 나서는 것이다. 이렇게 되면 단순한 고객유치 차원의 일시적인 이벤트가 아니라 양측이 지역의 상권을 함께 활성화시킬 수 있게 된다. 기업들이 전략적인 차원에서 경쟁기업과도 협력체제를 구축하여 윈-윈(win-win)전략을 구사한다면 서로의 경쟁력을 높일 수 있게 될 것이다.

사례 SKT의 '오월동주' – ICT 협력 카카오와 모빌리티 정면승부

카카오와 협력을 이어오던 SK텔레콤이 모빌리티 전면전을 선언했다. 협력과 경쟁을 오가는 SK텔레콤의 '오월동주(吳越同舟)' 전략이라 할 수 있다. SK텔레콤은 회사 내 모빌리티 사업단을 분할해 연내 모빌리티 전문 기업 '티맵모빌리티 주식회사(가칭)'을 설립한다고 밝혔다. 신설법인은 등록 기사 20만명에 월 이용자 75만명인 T맵 택시를 가져간다. 여기에 T맵 오토·대중교통·주차 등 성장 사업으로 혁신 서비스에 만전을 기한다. 새 법인 4대 사업은 ▸T맵 기반 주차·광고·보험 연계 상품 등 플랫폼 사업 ▸IVI(차량용 인포테인먼트 시스템)과 결제 등 T맵 오토 ▸택시 호출과 대리운전 등 모빌리티 ▸차량공유와 전동킥보드, 자전거 등을 구독형으로 제공하는 올인원 서비스다.

이 밖에 새 법인은 하늘을 나는 플라잉카 내비게이션과 3차원 HD맵, 플라잉카를 위한 지능형 항공 교통관제 시스템 등에 도전한다. SK텔레콤의 이번 발표는 2019년 10월 카카오와 맺은 파트너십과 대조된다. 당시 두 회사는 3,000억원 규모 지분을 맞교환하고 통신·커머스·디지털 콘텐츠·미래ICT(정보통신기술) 등 4대 분야 협력을 약속했다. 양사는 당시 '미래 ICT 분야'를 인공지능(AI)과 사물인터넷(IoT), 금융 등에 한정했다. 모빌리티 사업은 없었다. 카카오에 뒤처진 SK텔레콤은 통신 사업자의 강점을 활용한 모빌리티 사업을 고민해왔다.

SK텔레콤과 카카오는 애초 T맵과 카카오택시, 플로와 멜론은 결합이나 협력 대상이 아니었다. 협력에 비해 경쟁하는 분야가 뚜렷하다 보니, 눈에 띄는 시너지를 찾기 어렵다. 주력사업 곳곳에서 부딪힐 수밖에 없는 두 회사의 오월동주가 부각되는 이유다.

모회사 간 협력과 자회사 간 경쟁 구도는 OTT 분야에서도 비슷한 모습이다. SK브로드밴드는 7월 자사 IPTV인 Btv를 '러블리 Btv'로 개편하고 '모바일 Btv' 서비스를 내놨다. 콘텐츠를 모바일로 볼 수 있고 기존 OTT처럼 4명 동시 접속도 된다. 주요 콘텐츠가 영화지만 방송 다시보기 기능도 있어 웨이브와의 경쟁을 피할 수 없는 구조다. 웨이브는 SK텔레콤이 방송3사(KBS · MBC · SBS)와 합작한 서비스다. 웨이브는 SK브로드밴드와 영화 콘텐츠 공존 방법을 협상하고 있다. 협력과 경쟁을 오가는 ICT 회사의 복잡한 생존법이다.

자료원: 아주경제, 2020.10.16에서 발췌 정리.

조직민첩성(organizational agility) 확보

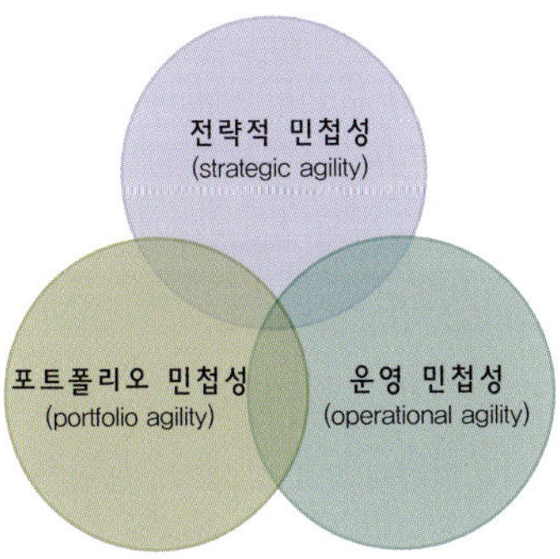

조직민첩성은 조직이 환경변화를 빠르게 감지하고, 적시에 유연하게 대응하는 역량을 의미한다. 민첩성은 기회를 신속하게 포착하고 발굴하는 것에서부터 실행까지 포괄하는 것으로 스피드보다 넓은 개념이다. 스피드는 의사결정 및 실행의 지속성 · 효율성을 강조하는 반면, 민첩성은 스피드 외에 상시경계를 통해 변화를 감지하고, 다양한 경로를 모색하며 유연하게 대응하는 역량을 말한다. 조직민첩성은 전략적 민첩성, 포트폴리오 민첩성, 운영 민첩성으로 구분된다.

전략적 민첩성(strategic agility)은 신사업 기회를 끊임없이 탐색하고 적시에 포착하는 능력을 의미한다. 변화무쌍한 환경변화의 트렌드를 신속하게 감지하여 신사업 기회를 발굴하기 위해서는 전략적 민감성(strategic sensitivity)이 필요하다.

포트폴리오 민첩성(portfolio agility)은 자원을 신속하게 확보·배분하고 시장 변화에 따라 제품과 사업군을 유연하게 조정하는 능력을 의미한다. 이는 지속적인 자원배분 조정을 통해 급변하는 경영환경 변화에 맞게 제품과 사업 포트폴리오를 재빠르고 유연하게 조정하는 것이 핵심이다.

운영 민첩성(operational agility)은 관리시스템(제도, 조직, IT 시스템 등)을 효율적이고 유연하게 운영해 사업계획을 신속하게 실행하는 능력을 의미한다. 신사업 성공의 핵심역량인 조직민첩성을 강화하기 위해서는 다음 표와 같은 7가지 과제를 중점적으로 추진해야 한다.[3)]

조직민첩성 제고를 위한 7대 과제

구 분	과 제
전략적 민첩성	① CEO는 운영업무보다 혁신기회 탐색에 더 많은 시간을 투자
	② 최고경영진의 위험분석 역량 제고를 위해 외부네트워크를 활용
	③ 신사업 발굴과 추진을 위한 별도조직 신설
포트폴리오 민첩성	④ 신사업 필요 인재를 위해 소셜 리크루팅 및 인재 M&A 확대
	⑤ 조직 간 갈등을 조정하여 신사업 분야에 자원을 충분히 배분
운영 민첩성	⑥ 과정 중심의 신사업 성과관리 체계를 수립
	⑦ 신사업의 빠른 실행을 지원하는 운영 프로세스 확립

사례 경영계 新키워드 '애자일(Agile)' 인력·자원 신속히 재배분 카멜레온처럼 변신하라.

오렌지라이프(옛 ING생명 한국법인)는 올해 4월 본사 직원 500명 중 200명 이상을 소규모 애자일 그룹 체제로 재편했다. 업무 성격에 따라 수직적으로 구성한 직급체계를 허물어버렸다. 대신 3개 트라이브(Tribe·부족)와 그 산하에 9명으로 구성한 18개 스쿼드(Squad·분대) 팀으로 조직을 개편했다. '스쿼드' 형태의 소그룹에 업무 전권을 주고 성과를 내도록 만든 프로젝트팀 방식이다.

과거에는 한 부서가 상품을 개발하면 다른 부서가 이를 차례로 검토하고, 오류를

3) CEO Informatiom, 2012.3.21(제846호).

발견하면 초기 단계로 돌아가는 방식이었다. 개편 이후 여러 관계 부서가 개발 초기부터 참여해 시간을 단축시킬 수 있게 됐다. 효과는 탁월했다. 조직 개편 이후 2개월 가량 걸리던 신상품 개발기간이 3~4주일로 확 줄었다. 신상품 개발주기가 짧아지자 1인당 생산성은 늘어났고 직원 만족도가 높아졌다.

오렌지라이프는 '애자일(Agile)' 전략의 대표적인 성공 사례로 꼽힌다. 오렌지라이프 측은 "소규모 조직으로 나뉘어 과거에 비해 일처리 속도가 빨라진 것은 물론 각자 다른 부서에 속해 있던 사람들과 한 팀이 된 만큼 업무를 보는 시각이 넓어졌다. 직원 개개인이 역량을 발휘할 수 있는 기회도 많아졌다"고 전했다.

최근 경영학계는 물론 재계에서 애자일이 새로운 화두로 떠올랐다. 애자일은 '날렵한' '민첩한'이란 뜻을 가진 형용사다. 이 용어는 2000년대 초반 IT 업계에서 처음 등장했다. 1990년대만 해도 많은 개발자가 오랜 기간 한곳에 모여 소프트웨어를 개발하는 방식이 주류였다. 예를 들어 항공기 제어 시스템을 개발하기 위해 여러 전문가가 한곳에 모여 일했다. 표준화한 시스템을 공유하기 위해서였다. 이 같은 방식은 대형 소프트웨어 개발에는 적합했다. 하지만 소규모 프로젝트 진행은 더디게 만드는 걸림돌로 작용했다.

2001년 변화의 움직임이 싹텄다. 소프트웨어 개발자 17명이 '애자일 연합'을 결성해 좀 더 빠르고 유연한 개발 방식을 논의하기 시작했다. '상호작용' '소프트웨어 중시' '고객과의 협력' '변화 대응' 등을 담은 애자일 선언이 이때 발표됐다. 정해진 계획만 따르기보다 개발 주기나 소프트웨어 환경에 따라 유연하게 대처한다는 게 골자다. 고객에게 좀 더 빠르게 결과물을 내놓고 피드백에 민첩하게 반응하자는 의미로 해석된다.

실리콘밸리 기업도 애자일 방식으로 조직문화 자체를 바꿨다. 전통 비즈니스에서는 완전무결한 제품을 내놓는 것이 목적이었다. 반면 디지털 비즈니스에서는 애자일을 기반으로 끊임없는 시행착오와 각종 오류(버그) 수정을 통한 업데이트로 더 나은 서비스를 만드는 게 핵심이다.

구글은 서비스 개발뿐 아니라 조직 운영 전반에 애자일을 도입했다. 구글에서는 개발자 1만 5,000명이 매일 7,500만개 테스트를 진행하고, 매달 50% 이상의 코드가 개

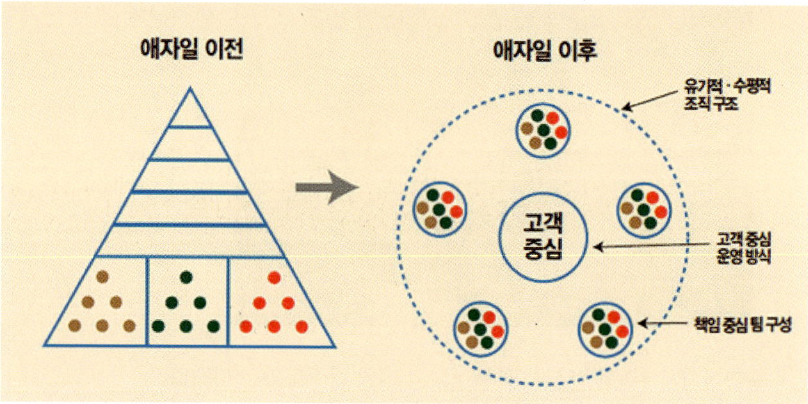

선 · 변경된다. 5~10명 규모 애자일 단위 팀이 4,000개 이상의 과제를 동시에 수행한다.

애자일 전략은 빠른 속도로 재계로 전파됐다. 금융, 유통, 텔레콤 · 미디어 3개 산업이 먼저 수용했고 이후 화학 · 에너지, 자동차 산업으로 퍼졌다.

애자일 조직의 가장 큰 특징은 부서 간 업무 협업 효율성을 낮추는 관리자층을 과감히 없앤다는 점에 있다. 이렇게 하면 소규모 팀이 새로운 아이디어를 신속하게 테스트하고 현장에 적용할 수 있다. 예를 들어 오렌지라이프는 관리자층을 없애 과거 연간 5~6회에 그쳤던 신규 소프트웨어 개발 주기를 3~4주로 바짝 당겼다. 새로운 아이디어를 빨리 내는 동시에 수정 · 보완을 신속하게 처리하기 위해서다.

전문가들은 애자일 체제를 도입할 때 충분히 시간을 들여야 한다는 점도 강조한다. 오랜 기간 유지해오던 업무 방식을 바꾸는 것인 만큼 성급히 추진해서는 부작용이 클 수밖에 없다는 설명이다. 사전에 충분히 조사하고 준비하는 것은 물론 도입 후에도 꾸준한 관리가 필요하다.

자료원: 매일경제신문&mk.co.kr, 2018.11.16에서 발췌 정리.

강/의/요/약

1. 전략경영은 글로벌 경쟁하에서 경쟁우위를 확보하기 위해 모든 자원을 전략적으로 배분하는 경영활동을 말한다. 전략경영에 필요한 전략수립 시에는 외부환경과 내부여건 및 최고경영자의 경영철학 이외에 기업의 사회적 책임(CSR)도 고려해야 한다.

2. 기업이 시장상황을 고려, 어떤 사업을 할 것인가 또는 하지 말 것인가 결정하는 전략분석 기법으로는 제품/시장 전략과 제품 포트폴리오 전략 등이 있다. 제품/시장 전략은 제품을 신규제품과 기존제품으로, 시장을 신규시장과 기존시장으로 구분하여 전략을 선택하도록 하는 것을 말하며, 제품 포트폴리오 전략은 시장성장률과 시장점유율을 토대로 4분면으로 나누어 각각에 맞는 전략을 선택하도록 하고 있다.

3. 사업을 정한 후 어떻게 경쟁력을 확보할 것인가를 결정하기 위해 사용될 수 있는 분석기법으로 본원적 경쟁전략 등이 있다. 낮은 제품가격으로 시장을 선도하는 비용우위전략과 다른 기업과는 차별화된 품질이나 브랜드 등을 갖는 차별화전략, 어느 특정한 고객을 대상으로 비용우위나 차별화를 통한 집중화전략이 있다.

4. 21세기 전략경영체제를 갖추기 위해서는 상황에 적합한 전략계획을 수립할 수 있는 유연한 전략계획시스템을 구축해야 하고, 수립된 전략에 대해서 체계적인 평가가 이루어질 수 있도록 전략평가를 위한 정보시스템이 구축되어야 한다. 또한 경쟁기업과의 전략적인 협력체제도 구축되어야 할 것이다. 또한 신사업 성공의 핵심역량인 조직 민첩성을 강화하기 위해서는 전략적 민첩성(strategic agility), 포트폴리오 민첩성(portfolio agility), 운영민첩성(operational agility)을 중점적으로 추진해야 한다.

MANAGEMENT

제 15 장

정보경영

1. 정보경영이란?

정보경영은 정보자원과 정보기술을 활용한 경영활동

정보사회에서 사용되는 데이터(data)의 의미는 가공되지 않은 있는 그대로의 사실을 말한다. 데이터는 그 자체로는 의미가 없고 이용자의 의도에 맞게 유용한 형태로 전환되어야만 비로소 의미를 가지게 된다. 이처럼 있는 그대로의 데이터를 경영자의 목적에 부합되도록 가공·처리한 데이터가 정보(information)이다.

정보경영(information management)은 급속한 경영환경의 변화 속에서 경쟁력을 확보하기 위하여 정보자원과 정보기술을 효과적으로 이용하여 경영활동을 수행하는 것을 말한다. 달리 말하면 경영환경과 관련된 각종 데이터(data)를 수집하

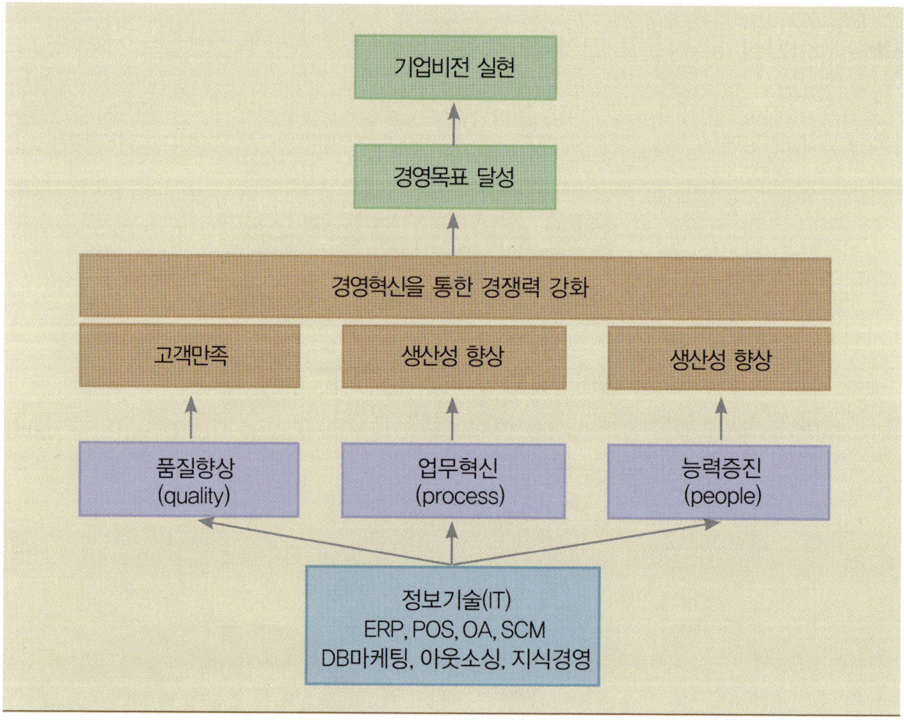

그림 15-1 정보기술

여 경영자의 목적에 적합하게 가공한 정보로 탈바꿈시켜, 효과적이고 효율적인 경영활동이 이루어지게 하는 것을 의미한다.

21세기 정보사회에서는 정보기술을 체계적으로 활용하여 합리적인 경영의사결정을 할 수 있어야 경쟁력을 확보할 수 있다. 정보자원과 정보기술을 활용하여 기업의 경쟁력을 강화하는 것이 정보경영의 핵심인 것이다.

사례 인하대병원, AI와 웨어러블 기술 활용해 스마트병원 시스템 구축

인하대병원이 국내 최고 수준의 스마트병원 시스템 구축을 위해 비대면 간호 서비스를 도입했다.

인하대병원은 ㈜인포마크와 함께 AI와 웨어러블 기술을 활용한 '격리병동 입원환자를 위한 비대면 환자 케어 서비스'를 시작했다. 이 서비스 통제는 인포마크가 개발한 10인치 대형 스마트 디스플레이로 조절된다. 여기에 IoMT(Internet of Medical Things: 의료 사물인터넷) 웨어러블 단말을 도입해 비대면 스마트 간호 서비스를 제공한다. 원거리에서 실시간으로 환자의 체온과 심박수, 산소포화도를 확인할 수 있다.

인하대병원은 시범적으로 코로나19 치료 현장인 국가지정 입원치료 병동에 시스템을 도입했다. 1차적으로 간호인력의 업무 과부하를 해소해 효율성을 높일 계획이다. 음압·격리시설인 국가지정 입원치료 병동 내 환자 간호를 위해서는 의료진이 반드시

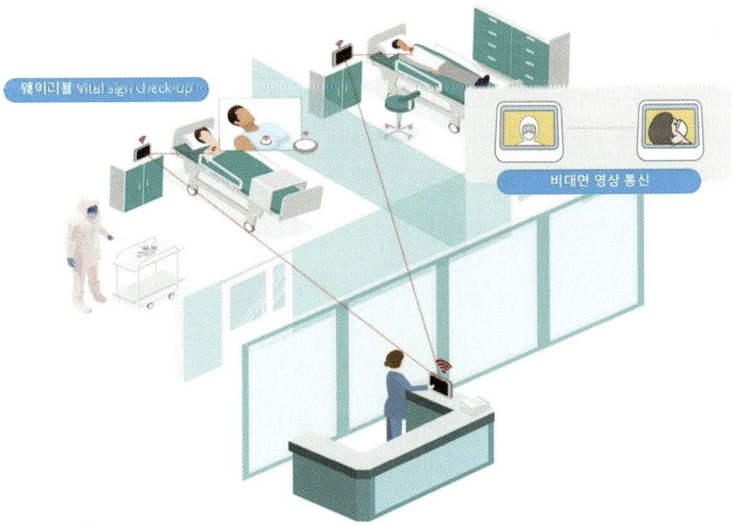

방호복을 착용해야 한다. 감염 우려와 전파 위험성으로 인해 간단한 조치를 위해서도 많은 시간과 노력이 요구된다. 간호 효율성이 떨어질 뿐만 아니라 환자들 역시 의료진과의 소통에 어려움을 겪어왔다.

도입한 시스템을 통해 비대면 바이탈 체크로 감염 노출 위험성을 낮추고 이전보다 자유로워진 환자, 의료진 간 소통으로 심리적 불안을 완화시키는 효과를 얻을 수 있다. 필요에 따라서는 외국인 코로나19 환자와의 원활한 커뮤니케이션을 위해 다국어 자동 번역 서비스 기능도 사용한다. 인하대병원은 최근 인천항 입국 후 확진 판정을 받은 러시아 선원과의 소통 과정에서 해당 기능을 효과적으로 사용했다.

인하대병원과 인포마크는 실증 데이터를 수집하고, 효과가 인정되면 일반 병실로 시스템을 확장할 예정이다. 이와 함께 AI, 웨어러블 등 첨단 IT 기술을 활용한 비대면 스마트 간호 서비스 개발을 지속적으로 추진한다. 이미 기술적으로 완성된 낙상 방지 및 확인, 간호사 응급호출 기능까지 도입을 검토하고 있다. 다양한 기능을 기반으로 환자와 보호자의 만족도를 개선하고 의료진의 업무 효율을 높일 수 있는 방안들을 지속적으로 논의 중이다.

자료원: 뉴스토마토, 2020.8.12; 메디칼이코노미, 2020,8.12에서 발췌 정리.

정보시스템의 유형

경영자의 계층에 따라 수행해야 하는 업무는 많은 차이를 보인다. 최고경영자의 경우에는 급변하는 환경변화에 대처하기 위한 상황판단능력이 요구되며 주로 계획활동을 하게 된다. 이에 반해 일선경영자에게는 특정 업무와 관련된 지식을 이용하는 현장실무능력이 요구된다.

경영자의 계층에 따라 업무가 달라지듯이 필요한 정보도 차이가 있게 된다. 또한 필요한 정보가 다르기 때문에 계층별로 사용해야 하는 정보시스템도 달라지게 된다.

거래처리시스템(TPS)

거래처리시스템(transaction processing system: TPS)은 기업이 일상적인 업무를 수행하는 거래활동의 결과로 발생하는 데이터를 처리·저장·관리하는 정보시스템을 말한다. 가장 기본적인 정보시스템으로 종업원들에게 임금을 준다든지, 판매 영수증을 발행한다든지, 물품청구서를 발행하는 등의 활동을 처리하는 시스템이다. 이는 사용자가 행하는 단순하고 반복적인 업무를 컴퓨터가 빠르게 처리해주는 기능만을 하게 된다. 따라서 경영자가 의사결정을 내리는 데 도움이 되는 정보를 제공해주지는 못한다.

사무자동화시스템(OAS)

사무자동화시스템(office automation system: OAS)은 업무처리 과정을 컴퓨터로 처리함으로써 사무종사자와 일선경영자의 생산성을 증가시키고 의사소통을 원활히 하도록 만들어진 정보시스템을 말한다. 21세기 정보사회에서는 현장에서 근무하기보다 컴퓨터 등을 통해 사무실에서 근무하는 경우가 많아지고 있다. 최근 기업들은 현장에서보다 사무실에서 생산성을 높이는 사무자동화시스템에 많은 관심을 가지고 있다.

정보보고시스템(IRS)

정보보고시스템(information reporting system: IRS)은 일선경영자의 업무를 통제하면서 최고경영자의 의사결정에 도움이 되도록 중간경영자의 경영관리업무를 지원하는 시스템을 말한다. 거래처리시스템이나 사무자동화시스템은 업무처리 개선에는 많은 도움을 주지만, 중간경영자가 업무를 종합적으로 파악하고 이를 최고경영자에게 보고하는 데에는 적합하지 못하다. 일선경영자로부터 거래처리시스템이나 사무자동화시스템에서 나온 정보를 보고받고 이를 다시 정리해서 최고경영자에게 보고하기 위해 정보보고시스템이 만들어진 것이다.

의사결정지원시스템(DSS)

의사결정지원시스템(decision support system: DSS)은 다양한 계층의 경영자들이 필요한 정보를 적시에 제공받아 다양한 분석이 가능하도록 하는 시스템을 말한다. 의사결정지원시스템을 통하면 제품가격을 10% 올릴 경우 매출액이 어떻게 변화할 것인가 또는 환율이 10% 절상되면 얼마만큼의 환차손익(profit loss of foreign exchange)이 발생할 것인가 등과 같은 분석을 할 수 있게 된다. 중간경영자는 의사결정지원시스템을 활용하여 마케팅, 재무 등 다양한 기능별 경영활동을 분석할 수 있으므로 환경변화에 보다 적절하게 대응할 수 있을 것이다.

중역정보시스템(EIS)

중역정보시스템(executive information system: EIS)은 기업목표 달성을 위해 필요한 정보를 정확하고 신속하게 찾아 이를 기초로 다양한 분석을 하도록 지원하는 정보시스템을 말한다. 복잡한 문제들을 해결해야 할 때 컴퓨터 사용에 미숙한 최고경영자들을 위해 그래픽 위주로 분석 기능을 지원하는 시스템이다.

중역정보시스템은 최고경영층에서 사용하는 시스템이라는 면에서 중간경영자들이 사용하는 의사결정지원시스템과 차이가 난다. 의사결정지원시스템의 기능이 특정 문제에 국한되어 있는 데 비하여, 중역정보시스템은 다양한 문제가 발생했을 때 이를 지원해 준다는 점에서 차이가 있다. 중역정보시스템에서는 기업의 내부정보뿐만 아니라 해당산업의 환경, 국내외 경영환경 등 기업의 외부정보도 신속하고 정확하게 제공되는 것이 중요하다.

전략정보시스템(SIS)

전략정보시스템(strategic information system: SIS)은 기업의 정보시스템을 전략적으로 활용하여 전략적 우위를 창출할 수 있도록 하는 정보시스템을 말한다. 거래처리시스템이나 사무자동화시스템이라 하더라도 전략적으로 활용하여 경쟁우위를 창출할 수 있다면 전략정보시스템인 것이다. 전략정보시스템은 시장점유율을 높이기 위한 마케팅, 생산 등 개별시스템에서부터 전사적인 토털시스템까지 기업이 처한 상황에 따라 활용하는 내용이 각기 다르게 된다.

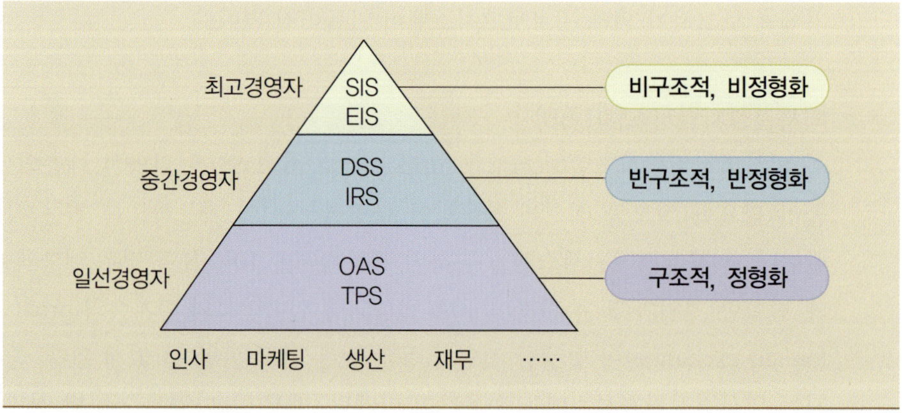

그림 15-2 계층별 정보시스템

사례 아메리칸 에어라인의 전략정보시스템

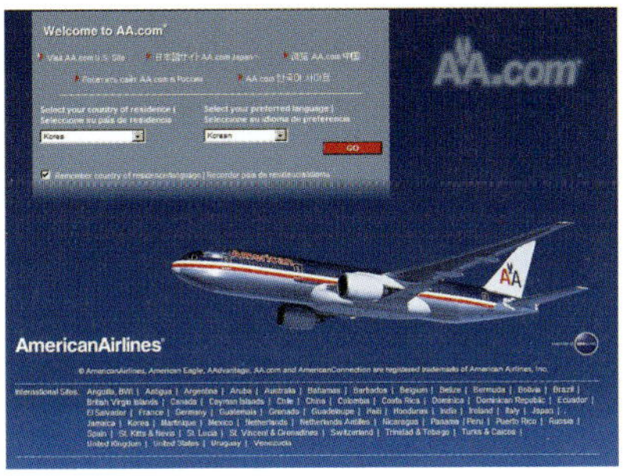

아메리칸 에어라인(American Airlines)이 활용한 세이버(semi-automated business research environment: SABRE) 시스템은 전략정보시스템의 대표적인 사례라고 할 수 있다. 이 시스템은 아메리칸 에어라인이 1970년 중반부터 10여년간 3억 달러를 투자하여 개발한 전산예약시스템으로 컴퓨터 단말기에 자사의 좌석예약사항을 우선적으로 보여주게 된다.

이러한 전산예약시스템에 따르면 고객들이 필요로 하는 노선과 시간을 입력했을 때 아메리칸 에어라인의 항공편이 먼저 화면에 나타난 후 고객의 예약을 받게 된다. 이로 인해 고객들이 아메리칸 에어라인의 항공편을 다른 항공편보다 먼저 선택하도록 유도하는 효과가 있을 것이다. 컴퓨터 화면상에 가장 먼저 나타나게 함으로써 자사의 좌석이 모두 채워져야만 다른 항공편을 이용할 수 있도록 만든 셈이다.

아메리칸 에어라인은 이 시스템을 여행사에 보급함으로써 다른 기업에 비해 경쟁우위를 확보할 수 있게 되었다.

정보경영의 발전

정보처리시스템의 발전과정

정보기술의 발달과 더불어 정보시스템을 활용한 정보경영이 기업의 새로운 경쟁적 무기로 등장하면서 중요한 요소로 등장했다. 정보경영은 제한된 기능을 가진 1950년대 고립된 전자적 회계처리장치가 1960년대 기업 본사와 몇몇 지사를 연결하는 중앙집중식 대형 메인프레임 컴퓨터로 대체되면서 시작되었다. 이어 1970년대에는 개별 부서나 사업부에 위치한 중형 미니컴퓨터가 중앙에 위치한 대형컴퓨터와 네트워크로 연결되었다.

1980년대에 들어 비로소 개인용 마이크로컴퓨터(PC)가 등장하였다. 초기에는 독립적으로 사용되다가 나중에 미니컴퓨터 및 대형컴퓨터와 연결되어 사용되었다. 1990년대 이후에는 완전한 네트워크화가 이루어져 서로 다른 조직을 연결하고 있다.

1990년대 중반에는 인터넷의 대중화로 인하여 기업의 정보시스템도 조직내뿐만 아니라 조직외의 고객과 조직들과 연계가 일반화되었다.

2000년대에는 전사적 자원관리(ERP), 공급사슬관리(SCM), 고객관계관리(SCM) 등과 같은 e-비즈니스 시스템이 조직과 정보시스템의 통합화와 최적화를 목표로 구현되었다.

2010년대에는 스마트폰의 확산으로 인하여 기업의 정보시스템 유형이 유선에서 무선 기반의 모바일 기기에 의한 이동식 업무처리로 발전하였다.

2020년대에는 인공지능, 로봇, 사물인터넷, 빅데이터, 클라우드컴퓨팅 등과 같은 스마트 정보통신기술에 의해 기업들이 업무를 스마트하게 처리하게 하는 4차 산업혁명 시대가 본격화되었다.

이러한 정보시스템의 발달은 기업에서 시시각각 벌어지고 있는 의사결정활동과 깊은 관련이 있으며, 기업의 효율성을 제고하는 데 기여하고 있다.

전자상거래의 등장

컴퓨터를 통한 네트워크화의 진전에 따라 기존의 상거래와는 다른 전자상거래(electronic commerce: EC)가 등장하게 되었다. 전자상거래는 처음에 전자문서교환(electronic data interchange: EDI)에서 비롯되었다. 1960년대 국제운송회사들이 운송서류를 신속하게 전달할 목적으로 전자문서를 표준화하여 사용한 것이 전자문서교환의 시초였다. 전자문서교환은 기업거래에 있어서 종이서류에 의하여 발생되는 오류를 감소시키고 처리비용을 절감하기 위하여 탄생된 것이다. 이를 통해 신속성과 비용절감 효과라는 두 가지 장점을 누리게 되었다.

EDI체제는 전자상거래가 확대되면서 특정 기업 간 전자상거래 형태인 CALS(commerce at light speed) 체제로 발전하였다. 상품의 설계, 개발, 생산, 판매, 유지보수, 폐기 등 상품의 전체 주기에 걸친 기업활동 전반을 전자화하는 것이며, 궁극적으로는 국내외 전체 산업활동을 전자화하는 것을 말한다.

인터넷의 급증으로 전자상거래의 개념이 인터넷 상거래로 확대되었다. 인터넷은 초창기에는 군사적 목적에서 출발했으나 1991년 미국 정부가 인터넷을 영리목적에 활용하고 모든 사람이 접속할 수 있도록 개방하면서부터 상업화하기 시작하여 현재는 전 세계적으로 대중화되었다. 특히 1992년 선보인 월드 와이드 웹(world wide web: WWW)은 인터넷 대중화를 폭발적으로 촉진시켰다. 그 결과 인터넷을 이용한 소위 e-비즈니스가 엄청난 속도로 늘어나기 시작했다. 세계 각국이 하나의 시장으로 등장하면서 기업 대 기업 간(business to business: B2B) 인터넷 상거래는 물론, 기업 대 개인 간(business to customer: B2C) 관계에서도 인터넷을 이용하여 상거래나 쇼핑을 즐길 수 있게 되었다.

정보기술을 이용한 경영활동

정보기술의 발달에 힘입어 일반적인 경영활동에서도 정보화가 크게 진전되고 있다. 인터넷 등 정보기술을 활용하여 인사활동, 마케팅활동, 생산활동, 재무활동 등이 이루어지고 있다. 인사활동에 있어서도 인터넷을 통해 인적자원을 모집 · 채용하고, 마케팅활동에서는 인터넷을 활용한 전자상거래뿐만 아니라 인터넷 광고를 통한 판매촉진활동도 활발히 일어나고 있다.

생산활동에서는 CAD · CAM, CIM 등을 활용하여 제품설계에서부터 자동화 기술이 결합된 컴퓨터 시스템으로 발전하고 있다. 자본을 조달하고 운용하는 재무활동에 있어서도 이와 같은 추세는 예외가 아니다. 재무관련 자료를 제공하는 것 이외에 환율과 주가, 금리 등 불확실한 정보에 대해서도 정보시스템이 구축되고 있는 것이다. 또한 인터넷을 통해 주식거래는 물론, 주식공모까지도 이루어지고 있다.

최근에는 기업 내 모든 경영자원에 관한 정보를 통합적으로 관리하는 전사적 자원관리(ERP)와 공급망관리(SCM)가 중요하게 대두되고 있다. 이는 글로벌 경영체제를 유지하기 위해 해외공장이나 지사와 연결된 종합적인 정보망이 필수적으로 요구됨에 따라 모든 사내 정보를 통합적으로 관리하여 경쟁력을 높일 수 있는 도구로 크게 각광받고 있다.

전사적 자원관리(ERP)

전사적 자원관리(enterprise resource planning: ERP)는 자재 · 구매 · 영업 · 인사 · 회계 등 일련의 기업활동에 필요한 모든 자원을 하나의 체계로 통합하여 운영하고, 기업의 업무처리방식을 선진화함으로써 한정된 자원을 효과적으로 관리하고 업무를 원활히 수행할 수 있도록 지원하는 통합정보시스템이다.

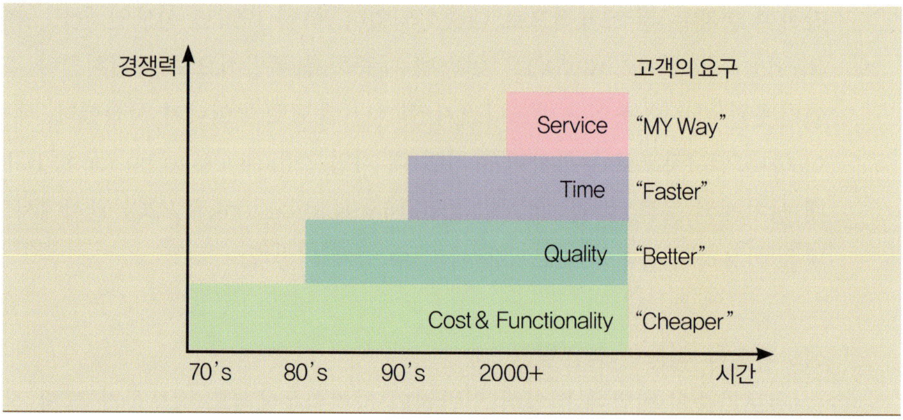

그림 15-3 ERP 등장배경

ERP는 기계·전자 등 제조회사에서 생산을 위한 자재관리를 전문으로 하는 MRP(material requirements planning) 패키지부터 이를 더욱 발전시켜 생산지시는 물론, 자재 및 생산관리, 그리고 이와 연계되는 회계관리를 망라하는 MRP II(manufacturing resource planning)로 진화되었다. 최근에는 고객사, 협력회사 등과 연계되고 관리회계까지도 가능하게 하는 개방형 시스템으로 발전하고 있다.

ERP 도입 목적

ERP가 출현하게 된 배경은 경영환경 변화에 따른 기업의 대응방안 수립을 위한 요구로 볼 수 있다. 또한 경쟁 심화에 따른 차별화방안 모색, 기능 중심에서 프로세스 위주로의 처리변화에 따른 복잡하고 다양한 요구를 반영한 정보제공의 필요성 증대, 급변하는 환경에 유연하게 대처할 수 있는 체계 요구, 그리고 정보기술 발전에 의한 투자비용 절감과 효과 상승 및 전반적인 사회환경 변화로 인한 정보기술 도입의 압박 등을 들 수 있다.

공급망관리(SCM)

기업들은 원자재공급업체, 부품공급업체, 유통업체, 물류업체, 나아가 고객과 긴밀한 관계를 유지하여야 시장에서 보다 강력한 경쟁무기를 만들 수 있게 된다. 이러한 긴밀한 관계가 가능하도록 공급자로부터 구매, 제조, 분배, 유통을 거쳐 소비자에 이르는 모든 재화 및 서비스 흐름을 통합하고 연계할 수 있도록 관리하는 것이 공급망관리(supply chain management: SCM)이다. 즉 기업이 원료공급에서부터 소비자에게 제품이 전달되기까지 전 과정에서 취급되는 제품계획, 생산, 이동 등 물적 유통과 정보를 통합적으로 관리하는 것을 말한다.

공급망관리는 자재소요량관리(material requirements planning: MRP)를 중심으로 생산에 필요한 자재소요량을 파악하는 데 초점을 둠으로써 원자재, 반제품, 조립부품 등이 언제, 어디서, 얼마만큼 필요한지를 파악하는 것에 중점을 두었다. 자재소요량관리 위주였던 MRP에서 더욱 발전하여 1970년대 들어오면서 제조활동 전반에 걸쳐 제조자원관리개념(manufacturing resource planning)으로 자원관리개념이 발전되었다. 이후 1990년대에는 전사적 자원관리(money, material, man, information)를 위한 통합적 개념으로 발전하였다.

현장수첩 전사적 자원관리(ERP)와 공급망관리(SCM)

전사적 자원관리(enterprise resource planning: ERP)는 시간과 장소에 구애받지 않고 모든 사내 정보를 통합적으로 관리하여 경영에 이용하는 시스템을 말한다. 생산, 인사, 마케팅, 재무, 자재, 재고 등 모든 부서의 정보가 기업 내 전산망을 통해 리얼타임으로 제공되도록 기업의 모든 자원을 최적으로 관리하는 것을 의미한다. 전사적 자원관리를 통해 기업들은 비용절감과 경영의 효율성을 증대시킬 수 있다.

세계적인 제약회사인 브리스톨 마이어스 스퀴브사는 전사적 자원관리를 도입, 매년 1억 5천만 달러의 비용절감 효과 및 생산·유통 프로세스의 효율을 크게 개선시켰다. 캐나다 통신장비회사인 노던 텔레콤의 경우에는 연간 350만 달러의 운영비를 줄일 수 있었다.

우리나라에서도 기업 경쟁력 제고를 위해 전사적 자원관리를 도입하고 있다. 삼성전관, 삼성전자, LG전자, LG화학, 현대전자, 한국중공업, 한국전력 등이 전사적 자원관리를 도입해 비용절감과 기업의 효율성을 높이고 있다.

정보통신의 발전에 따라 기업 내부의 통합관리 기능만을 제공하던 전사적 자원관리는 영역이 확대되고 있다. 이제는 기업 내부만의 전사적 자원관리에서 벗어나 해당 기업과 관련된 모든 업체가 정보를 공유할 수 있는 시스템을 구축해 기업의 생산, 유통, 판매를 효율적으로 수행하고 있는 것이다.

공급망관리(supply chain management: SCM)는 기업이 원료공급에서부터 소비자에게 제품이 전달되기까지 전과정에서 취급되는 제품의 계획, 생산, 이동 등의 물적 유통과 정보를 통합적으로 관리하는 것을 말한다. 제조, 물류, 유통업체 등 유통과정과 관련된 모든 업체가 공동으로 데이터베이스를 구축하게 되면 재고를 최적화하고 납기를 줄일 수 있다. 이에 따라 기업은 불필요한 시간과 경비를 낭비하지 않고 소비자의 실제 수요에 보다 잘 응답할 수 있게 되는 것이다. 미국이나 유럽 등 선진국에서는 공급망관리 추진을 통해 전체 유통공급과정에서 41%의 재고 감축과 5.7%의 소비자가격 인하 효과를 거둔 것으로 조사되었다.

삼성전자는 생활가전사업부 8개 협력사와 함께 '스타넷(Star-Net)' 체계를 구축했다. '스타넷'이란 삼성전자의 공급망관리(SCM) 체계를 기반으로 협력사의 업종 특성, 거래 형태 등을 반영해 만든 1, 2차 협력사 간 공급망관리 체계를 말한다. 그동안 대부분 1차 협력사와 2차 협력사 간에는 공급 관련 정보를 공유하는 시스템을 구축하지 못해 전화나 문서작업 등으로 공급 관련 정보를 교류해왔다. '스타넷'을 도입하게 되면 시스템을 통해 각종 정보를 실시간으로 확인 가능해 수주·발주 정보의 누락으로 인한 손실 등을 원천적으로 방지할 수 있다.

패스트패션의 선두주자인 스페인 자라(ZARA)는 빠른 정보 수집과 공급망 대응에 힘입어 성공했다. 의류 제품의 판매와 재고 상황은 실시간으로 공유되며 생산, 유통, 조달 의사결정에 바로 반영된다. 자라는 무선식별(RFID) 시스템을 활용, 생산공장으로부터 판매시점관리(POS) 시스템까지의 과정을 모니터해 실시간으로 어떤 상품이 팔리고 있는지 파악하고, 판매가 발생할 때마다 재고를 주문하면 이 정보들을 전체 공급망에서 공유하고 있다.

자료원: 매일경제신문, 1998.12.4; 한국경제신문, 2016.7.29에서 발췌 정리.

2. 전자상거래

인터넷이 국가기관이나 학교뿐 아니라 일반기업이나 가정까지 급속히 보급되면서 인터넷을 비즈니스에 활용하려는 움직임이 활발해지고 있다. 즉, 인터넷을 새로운 상거래의 도구로 활용하는 전자상거래(electronic commerce: EC)에 기업들의 관심이 집중되고 있는 것이다. 이는 기존 상거래와 달리 컴퓨터와 네트워크 등 정보통신기술을 기반으로 전자화된 정보의 형태로 상업적인 활동을 하는 것이다. 기업과 개인 간 상거래는 판매자인 기업과 소비자인 개인 간 인터넷을 이용하여 제품이나 서비스를 거래하는 인터넷 상거래가 대표적이다. 최근 스마트폰 애플

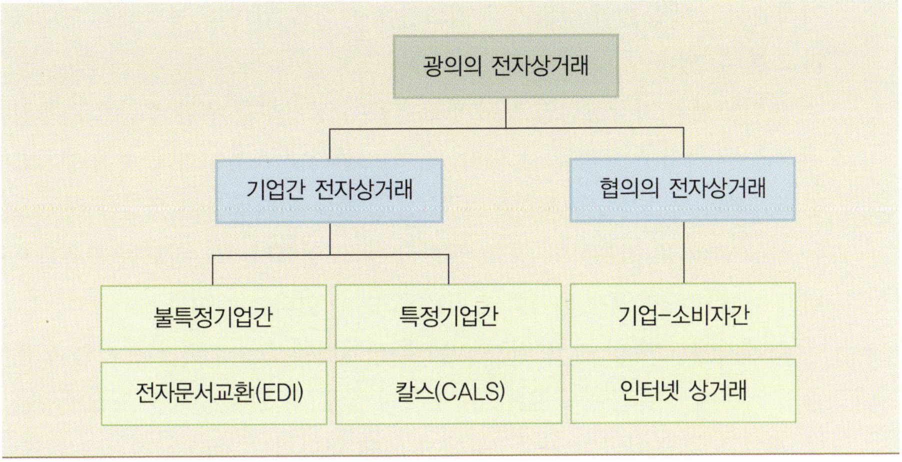

그림 15-4 전자상거래의 유형별 구성

리케이션, 모바일 결제 확대 등에 따라 인터넷을 이용해 전 세계적으로 자사의 제품을 판매하는 기업이 늘어나면서 인터넷 상거래는 기존의 상거래를 대체하는 수단으로 확실히 자리잡고 있다.

인터넷 상거래

인터넷이 폭발적으로 확대되면서 시장의 영역을 유형에서 무형으로까지 확대한 인터넷 상거래가 등장하였다. 인터넷 상거래에서는 소비자가 유형의 상점이 아니라 네트워크상에 준비된 무형의 가상상점에서 쇼핑하게 된다.

소비자가 기업의 제품이나 서비스를 인터넷상에서 구입하는 행위를 사이버 쇼핑(cyber shopping)이라고 한다. 무형의 인터넷 상점을 가상상점 또는 사이버 쇼핑몰(cyber shopping mall)이라고 한다. 소비자가 매장을 직접 찾아가 제품을 구입하는 형태가 아니고 가상공간에 개설된 가상상점에서 물건을 사고파는 행위가 일어나는데 이것을 사이버 쇼핑이라고 하는 것이다.

사이버 쇼핑몰은 일반적으로 인터넷 전문유통업체가 만든 가상공간에 판매자들이 가상의 상점을 개별적으로 임대해 개점하는 형태로 구성되어 있다.[1] 기존 상

1) 판매자가 독립적으로 가상상점을 개설한 형태를 사이버 쇼핑몰과 구분해서 사이버 쇼핑숍(cyber shopping shop)이라고 부른다. 또한 인터넷상에 가상상점뿐만 아니라 가상은행, 가상여행사, 가상서

거래에서 소매상들이 상점가나 백화점에 상점을 임대해 영업하는 형태와 유사하다고 볼 수 있다.

인터넷상의 가상상점인 사이버 쇼핑몰이 상거래를 위한 수단으로 등장하게 된 배경은 두 가지로 요약할 수 있다. 첫째는 인터넷 사용자가 급속히 증가함에 따라 잠재고객의 확보가 용이하다는 점이다. 둘째는 인터넷상에 등장한 웹(world wide web: WWW)을 적용하여 영상, 동화상 등의 멀티미디어 정보를 활용함으로써 소비자가 쉽고 재미있게 온라인 쇼핑을 즐길 수 있다는 점이다.

21세기에 각광을 받고 있는 인터넷 상거래에서는 소비자나 기업 모두에게 기존 상거래에서는 얻을 수 없는 여러 가지 장점이 있다. 소비자 입장에서는 인터넷에 개설된 세계 각국의 가상상점에서 언제 어디서나 원하는 시간에 쇼핑할 수 있다는 것이 장점이다. 마우스를 클릭하는 것만으로 가상상점을 돌아다니면서 원하는 제품을 찾을 수 있을 뿐만 아니라 제품에 대한 세부정보까지 얻을 수 있다. 또한 유통단계가 축소되기 때문에 유통비용이 절감되어 경제적인 가격에 제품을 구입할 수 있다는 장점도 있다.

판매자인 기업의 입장에서 보면 별도의 광고나 매장 없이 전 세계인을 대상으로 제품을 판매할 수 있고, 유통단계의 축소로 판매가격을 최소화할 수 있다는 것이 장점이다. 가상상점은 기존의 점포판매에 비해 점포 개설비나 운영비가 들지 않아 쉽게 개점할 수 있고 주변상권의 제약을 받지 않는다는 것 또한 장점이다.

실제로 제품을 진열하는 것이 아니므로 전시품목이나 제품설명을 쉽게 바꿀 수 있어 소비자의 취향에 맞춰 최적의 제품정보를 제공할 수 있는 유연성도 갖게 된다. 아울러 인터넷의 특징인 양방향성을 이용해 고객의 의견이나 정보를 수시로 입수할 수 있어서 소비자 지향의 마케팅전략을 수립할 수 있다는 것도 큰 장점이다.

점 등 일상생활에 필요한 서비스 기능 및 게임, 오락 등 엔터테인먼트 기능을 다양하게 갖춘 가상공간을 사이버 쇼핑 플라자(cyber shopping plaza)라고 한다.

사례 현대백화점, 업계 첫 VR 스토어 – 실제 매장에 온듯 꼼꼼히 쇼핑

유통업계에서 4차 산업혁명은 소비자와 만나는 접점에서 이미 시작됐다. 유통업계 발 4차 산업혁명 돌풍은 새로운 기술을 매장에 전시하는 데 그치지 않는다. 대신 오프라인 매장에서 고객과 판매원이 직접 만나 물건을 사고파는 기존의 쇼핑 방식을 180도 바꾸는 '새로운 쇼핑 경험'을 만든다. 가방을 사러 백화점에 가고, 백화점에서 직원이 추천해주는 제품을 골라 돈을 지불하는 수백년간의 쇼핑 경험을 대체할 쇼핑 실험이 활발하게 진행 중이다.

현대백화점그룹은 기존 유통 노하우에 정보통신기술(ICT)을 융합하고 있다. 가상현실(virtual reality: VR)과 사물인터넷(IoT) 등이 미래 신성장동력으로 떠오르면서 쇼핑 공간에 이를 접목해 새로운 쇼핑환경을 만들겠다는 취지다.

현대백화점 측은 ICT 도입을 통해 고객들에게 온·오프라인을 연결하는 경험을 제공할 것이라고 설명했다. 현대백화점은 2016년 8월 온라인몰인 더현대닷컴(thehyundai.com)에 VR 기술을 적용한 'VR스토어'를 오픈했다. 온라인몰에 VR 기술을 적용한 것은 업계에서 처음이다. 더현대닷컴 VR스토어에 접속하면 현대백화점 판교점의 캐나다구스·파라점퍼스·노비스·나이키·아디다스 매장을 모바일앱과 VR 기기를 통해 살펴볼 수 있다. VR 기술을 활용해 매장을 실제 현실에서 구석구석 보듯 360도로 재현했다.

해외 명품 브랜드에서도 자체 VR 매장을 냈다. 더현대닷컴은 최근 독일의 필기구·가죽명품 브랜드 '몽블랑' VR 매장을 선보였다. 고객들이 VR 기기로 화면에 접속하면 매장에 걸어 들어온 듯 3차원 매장이 펼쳐진다. VR 기기 화면 내 화살표를 응시하면 매장을 걸어다닐 수 있고, 선호하는 제품을 보면 제품의 상세 정보가 화면에 뜬다.

더현대닷컴에서 주목할 만한 서비스는 '헤이봇'이다. 2016년 도입한 채팅형 로봇 '헤이봇'은 채팅을 통해 고객이 상품 검색, 주문, 조회 등을 쉽게 할 수 있게 만든 소프트웨어다. 기존 챗봇은 고객이 키워드를 선택하면 정해진 답변을 내놓는 '키워드 선택형' 방식인 반면, 더현대닷컴의 헤이봇은 일상적인 인사부터 "구매 내역 알려줘" "상품 배송 현황 알려줘" 식으로 문장으로 대화가 가능하다.

현대백화점은 공식 온라인몰 더현대닷컴에 '기아자동차 굿즈 스토어'를 숍인숍 형태로 오픈한다. 굿즈스토어에는 기아자동차가 듀퐁 · 템퍼 · 하트만 등과 협업해 제작한 지갑 · 쿠션 · 파우치 등 총 100여 종의 상품이 선보인다. 특히 '기아자동차 굿즈 스토어'에는 서울 강남구 압구정동에 위치한 기아자동차 플래그십 매장인 'BEAT360(비트360)'을 VR 형태로 선보인다. 백화점 외부에 있는 매장을 VR스토어로 선보이는 것은 이번이 처음이다.

더현대닷컴 홈페이지나 앱에서 기아자동차 굿즈 스토어 내 'VR스토어'로 접속하면 이용할 수 있다. 모바일에 VR기기를 연결해 접속하면 실제 매장에서 쇼핑하는 것처럼 매장을 360도로 둘러볼 수 있다. 기기가 없는 고객도 PC나 모바일을 통해 'VR스토어'에 접속하면 실제 매장을 둘러보듯 매장을 살펴보고, 바로 상품도 구매할 수 있다.

현대백화점은 내년 상반기 중 서울 논현동에 운영하고 있는 '윌리엄스소노마 플래그십 매장'도 VR스토어로 선보일 예정이다. 현대백화점 관계자는 "같은 브랜드 상품이더라도 VR스토어를 통해 판매하는 상품은 일반 상품 대비 조회수가 50% 가량 높은 데다, 매출도 약 20% 높다"며 "특색있는 오프라인 매장을 VR스토어로 구현해 다양한 쇼핑 경험을 제공할 계획"이라고 말했다.

자료원: 매일경제신문&mk.co.kr, 2018.3.23; 뉴데일리경제, 2018.10.17에서 발췌 정리.

3. 21세기 정보경영체제

고객 중심의 디지털 경영 실현

인터넷상의 웹(world wide web: WWW)을 이용하여 고객과 양방향 커뮤니케이션이 가능한 디지털 경영이 각광받고 있다. 디지털 경영(digital management)은 웹, 온라인서비스(on-line services) 등의 양방향 매체를 통한 경영활동을 말한다. 디지털 경영이 이루어지면서 인터넷을 이용한 디지털 마케팅도 가능하게 되었다. 과거에는 텔레마케팅이 전부였으나 인터넷 유통, 인터넷 광고 등 디지털 마케팅이 이루어지게 되어 저렴한 비용으로 효과적인 마케팅활동을 할 수 있게 되었다.

디지털 경영은 인터넷 상거래를 중심으로 한 마케팅활동에만 국한된 것이 아니라 인사활동, 생산활동, 재무활동까지 영역을 넓힐 수 있다. 채용에서부터 인적자원관리 및 개발 등에서 인터넷을 이용할 수 있으며, 부품 및 원자재 조달에서 나아가 자본조달이나 운용에도 인터넷을 이용할 수 있다. 21세기에는 인터넷을 기반으로 한 고객 중심의 디지털 경영을 실현함으로써 혁신적인 경영활동을 해야만 글로벌 경쟁력을 확보할 수 있을 것이다.

사례 디지털 트랜스포메이션(디지털 전환)

'디지털 트랜스포메이션(Digital Transformation)'은 인터넷 혁명 시대라고 불리는 1990년대 처음 등장한 개념으로, 디지털기술을 사회전반에 적용해 전통적인 사회구조를 혁신한다는 뜻을 담고 있다. 제한된 분야에 적용되는 단순한 기술혁신과 달리, 디지털 트랜스포메이션은 기업경영 전반에서 광범위하게 이루어지며 비즈니스 모델을 변화시킨다는 특징이 있다.

디지털 트랜스포메이션은 2010년대 초반 사물인터넷(IoT), 클라우드컴퓨팅, 인공지능(AI), 빅데이터솔루션과 블록체인 등 첨단 정보통신기술 플랫폼의 등장으로 정점에 이르렀다. 기업들이 '전산화(computerization)'와 '디지털화(digitization)' 과정을 통해 새로운 산업생태계를 구축하기 시작한 것이다. 경영전략 및 비즈니스모델의 총체적인 '디지털 트랜스포메이션화'다. 이러한 경향은 최근 코로나19 사태로 인한 언택트(Untact) 기술의 수요증가와 맞물려 점점 더 가속화하고 있다.

세계 최대 커피전문점 스타벅스는 2009년 최고정보책임자(CIO)로 임명된 스테판 질렛이 디지털 벤처부서를 신설하며 본격적인 디지털 트랜스포메이션을 단행했다. 그 대표적인 결과물이 바로 'e프리퀀시' 서비스와 '사이렌오더' 시스템이다.

e프리퀀시 서비스가 도입되기 전까지 스타벅스의 대표적인 굿즈인 스타벅스 플래너를 받기 위해서는 누구나 17장의 종이스티커를 손수 모으는 수고를 감내해야 했다. 고객의 입장에서 음료를 시킬 때마다 일일이 종이쿠폰을 챙겨야 한다는 건 작지 않은 부담이었고, 몇장 모으다 쓰레기통으로 직행하기 일쑤였다.

이런 문제를 해결하기 위해 2013년 4월 스타벅스는 전용 모바일 앱과 함께 e프리퀀시 서비스를 시작했다. 종이스티커를 모바일 앱에 내장된 바코드로 바꿔 간편하게 사용할 수 있도록 한 것이다. 분실 우려가 없는데다, 기간 안에 e프리퀀시를 모으지 못해도 메신저나 SNS로 바코드 번호를 주고받는 '품앗이'가 가능해 스타벅스 플래너를 갖고 싶어하는 수많은 이용자가 스타벅스 앱으로 유입됐다. 사용자 편의를 고려한 기술개발이 그 자체로 강력한 마케팅 수단이 된 셈이다. 여기에 더해 2014년 5월 론칭한 '사이렌오더(Siren Order)'는 모바일 앱을 통해 주문하고 매장으로 받으러가는 시스템으로, 이용자의 수령시간을 단축해준다는 점에서 확실한 편익을 제공했다는 평가를 받는다.

2018년 6월 선보인 '드라이브 스루(Drive Through)' 서비스인 'My DT Pass' 역시 차량정보를 등록하면 매장진입 시 자동인식을 통해 결제가 이뤄지도록 해 편의성 측면에서 사이렌오더와 일맥상통한다. 올해로 출시 10주년을 맞이한 스타벅스 앱은 주문부터 포인트 적립, 모바일 기프트와 이벤트 참여 등 다양한 소비자활동이 선순환 구조를 이룰수 있도록 하고 있다. 디지털 기술로 브랜드의 감성과 문화를 녹여내는 동시에 끊임없이 새로운 고객을 모바일 앱 생태계로 끌어들이고 있다.

자료원: SKhynix NEWSROOM, 2020.5.20에서 발췌 정리.

정보기술을 기반으로 업무 프로세스 재구축

글로벌 경쟁이 격화되면서 경영활동은 여러 가지 어려움에 직면하게 되었다. 단순히 새로운 제품을 만들거나 지속적 · 점진적으로 프로세스를 개선하는 것만으로 문제를 완전히 해결할 수 없는 상태가 된 것이다. 모든 업무를 연간 5~10% 개선한다는 목표는 50~100% 개선한다는 목표에 밀려나고 있는 것이다. 이것이 업무를 근본적으로 재구축하도록 만들고 있다.

업무의 재구축과 같은 경영혁신은 컴퓨터나 통신 등 정보처리기술이 발전하면서 가능하게 되었다. 과거에는 정보기술이 실제적으로 업무혁신에까지 사용되지 못하고 있었다. 이유는 경제적인 부담보다 기업의 최고경영자들이 정보처리기술을 전산 담당부서의 고유한 업무로 간주하는 경향이 있었기 때문이다.

21세기에는 전사적 자원관리, 공급망관리 등 첨단의 정보기술을 활용, 기업의 업무 프로세스를 더욱더 효율적으로 재구축할 수 있어야 할 것이다. 업무 프로세스의 재구축을 통해서 비용을 줄이고 나아가 품질개선, 제품의 적합성 제고, 서비스 품질의 유지 등을 꾀할 수 있게 될 것이다. 이와 같은 프로세스 재구축을 통하여 지속가능기업으로 성장의 발판을 마련할 수 있을 것이다.

인터넷 상거래의 전략적 활용

넷스케이프(Netscape)나 네이버(Naver), 야후(Yahoo), 아마존(Amazon), 알리바바(Alibaba) 같이 인터넷 시장을 통하여 수십억 달러의 자산을 축적한 벤처기업들을 주변에서 볼 수 있다. 이처럼 인터넷 시장은 거대한 미지의 시장으로 우리 앞에 이미 다가와 있는 것이다. 인터넷 홈페이지나 가상상점을 개설, 인터넷 상거래를 전략적으로 이용하면 각종 부문에서 매출극대화를 통한 기업가치 극대화를 이룰 수 있을 것이다.

사례 사상 최대규모 '온라인 쇼핑' – 차별성이 생존 좌우

신종 코로나바이러스 감염증(코로나19) 확산으로 인해 대면 활동이 줄어든 것에 반비례해 온라인 쇼핑 시장은 가파른 성장세를 보이는 것으로 나타났다. 지난 8월 PC

와 모바일을 통해 이뤄진 인터넷 쇼핑 거래 금액은 14조원을 돌파하며, 통계 작성이 시작된 이후 사상 최대치를 기록했다. 지난 10월 통계청이 발표한 자료에 따르면 인터넷을 통한 쇼핑 거래 금액은 14조 3,833억원에 이르는 것으로 나타났다.

인터넷을 통한 쇼핑 거래액은 전체적인 지표에서 모두 증가했다. 전체 온라인 쇼핑 거래 금액도 전년 동월 대비 27.5%가 증가했으며, 종합몰의 거래액은 10조 817억원을 돌파하며 전년 동월 대비 38.2%가 증가했다. 전문몰은 4조 3,106억원의 거래액을 기록하며 전년 동월 대비 7.9% 증가한 것으로 나타났다.

이처럼 가파른 온라인 시장 확대 기조에 편승해 최근에는 온라인 산업 창업이나 해당 분야로 사업 분야 확대가 이어지고 있다. 온라인 쇼핑 거래액 동향을 살펴보면 모바일 거래액은 지난해 8조 7,236만원에서 9조 3,265만원으로 증가하며, 역대 최고 수치를 경신했다. 생활 분야는 전년 대비 59.7%가 증가했으며, 식품과 가전 분야 또한 각각 49.8%와 49.3% 증가한 것으로 확인됐다.

가전과 서비스 분야도 상대적인 증가 수치는 작으나 21.6%와 18.3% 증가세를 기록했다. 세부적으로는 음식서비스 분야의 가파른 증가세가 눈에 띄었다. 코로나19로 인해 영업 제한이나 영업 제한 업장이 증가하고, 매장 내에서 음식물을 섭취하는 것을 꺼려하는 경향이 강해지며 배달 문화가 더 강화된 탓이다. 음식서비스 분야는 전년 동월 대비 무려 83.0% 증가한 것으로 확인됐다.

국내 3사 이동통신사 중 하나인 LG U+의 경우 자사 공식 온라인 쇼핑몰인 '유샵(U+Shop)'를 통해 모바일 요금제 가입을 신청한 이용자가 코로나19 확산 이후 40% 이상 증가했다고 발표했다.

유플러스 측은 온라인몰 전용 제휴팩을 제공하거나 실시간 소통이 가능한 시스템을 구축하는 등 온라인 채널 확대를 위한 각종 전략을 도입 중이다. 전문가들은 오프라인 매출이 감소하고 온라인 쇼핑 거래가 증가하면서 경쟁에서 살아남기 위해선 다양하고 차별화된 마케팅전략을 세워야 한다고 말한다. 차별성이 없다면 기껏 준비한 사업이 모래 위의 성처럼 한순간에 무너질 수 있다는 지적이다.

자료원: 리쿠르트타임스, 2020.10.7에서 발췌 정리.

4차 산업혁명 시대

일반적으로 1차 산업혁명은 18세기 말 증기기관 발명에 따른 산업화, 2차 산업혁명은 19세기 말 전력·철도의 광범위한 보급으로 인한 대량생산 시스템화, 3차 산업혁명은 컴퓨터와 인터넷이 이끈 정보화·물결의 시대를 말한다.

다보스포럼(World Economic Forum: WEF)은 '4차 산업혁명'을 사물인터넷(Internet of Things: IoT)과 인공지능(Artificial Intelligence: AI) 기술로 사람과 사물을 실시간 연결해 주는 초연결과 다양한 기술 융합으로 기존 영역의 경계를 넘어 산업과 경제, 고용, 사회, 정부형태까지 모든 것이 바뀌는 혁명적 변화라고 정의하고 있다. 4차 산업혁명은 사물인터넷, 인공지능, 로봇, 바이오, 나노기술, 빅데이터, 3D 프린트 등의 기술 발전과 융합으로 변화의 속도와 범위, 영향력 면에서 인류 미래와 삶을 근본적으로 뒤바꿔 놓을 만큼 커다란 파괴력을 지닐 것으로 전망하고 있다.

세계경제포럼에서 발간한 '미래고용보고서'는 4차 산업혁명에 따라 다양한 직업이 소멸되고 생성될 것으로 예측하고 있다. 로봇과 인공지능 활용이 확산되면서 향후 5년간 전 세계에서 일자리 700만개가 사라질 것으로 전망하고 있다. 특히 반복적인 업무수행이 특징인 사무·행정 직종이 475만개로 가장 많이 감소하며, 제조·생산(160만), 건설·채굴(49만), 예술·디자인·환경·스포츠·미디어(15만) 업종이 감소할 것으로 예상하고 있다.[2)]

4차 산업혁명은 사람·프로세서·데이터·사물 등 세상 만물이 인터넷을 통해 서로 소통하는 시대, 이른바 초연결(hyper-connected)사회를 이끌 것으로 예측하고 있다. 초연결사회는 의료, 교통, 제조, 유통, 교육 등 다양한 분야에 도입되어 기존 프로세스와 서비스에 혁신적인 변화를 가져올 것으로 기대하고 있다. 이 밖에도 교통, 헬스, 금융 등 다양한 산업에서 새로운 시장을 개척하고 새로운 서비스를 제공할 것으로 전망하고 있다.

미래 전망보고서들이 이야기하고 있듯이 정보통신기술(ICT)에 기반한 주요 변화동인으로 기술·산업구조가 변화하고 일자리 지형이 변화하며, 미래사회에서 요구되는 직무역량도 변화할 것이다. 따라서 중장기적 측면에서 미래사회 변화에

2) 강원발전연구원, 2016.4.15(제540호).

대응하기 위한 방안을 마련할 필요가 있다. 4차 산업혁명이라는 파고를 슬기롭게 넘기 위해서는 미래사회 변화를 주도하고 주체적으로 대응할 수 있도록 창의성·융합성·문제해결능력 등 통섭적(consilience) 마인드를 지닌 인적자원으로 거듭 태어날 필요가 있다.

현장수첩 4차 산업혁명 시대 미래 직업

데이터 분석과 마케팅 등 광고 관련 업무 전반을 대행해 유튜버 등이 양질의 콘텐츠 생산에 집중하도록 돕는 '크리에이터 광고 관리사', 고령자들이 농촌에서 스마트농장을 운영하도록 지원하는 '실버 리부터(rebooter)', 지역사회 문제를 공공·민간·시민협력을 통해 해결하도록 이끄는 '적정기술 리빙랩 전문가'…. 한국고용정보원이 9월 20일 '제1회 대한민국 신직업·미래직업 아이디어 공모전' 수상작으로 선정한 직업들이다. 아직은 없지만 가까운 미래에 생겨날 것으로 전망되는 일자리다. 패션 온라인마켓에 가상현실(VR)을 도입해 고객의 선택을 돕는 'F-V 마케터', 유튜버의 이미지 관리를 돕는 '유튜버 평판관리전문가' 등도 충분히 가능한 일자리로 보여 수상작에 포함됐다.

역사의 변천사는 곧 직업의 변천사다. 시대가 변하고 산업이 발전함에 따라 직업도 변한다. 과거에는 각광받았지만 기술 혁신으로 사라지는 직업이 있는가 하면 새로 생겨나는 직업도 많다. 30년 전만 해도 비행기 조종칸에 앉아 비행 고도와 항로 등을 계산해주던 항법사는 고소득 전문직이었지만 위성항법시스템(GPS) 등 관성항법장치가 발달하면서 순식간에 사라졌다. 20년 전 컴퓨터게임에 몰두했다면 부모의 꾸중을 들었겠지만 지금은 프로게이머가 청소년 사이에서 선호되는 직업이다. 마찬가지로 현재 성업 중이지만 조만간 사라지리라고 전망되는 일자리도 많다. 프로테니스·프로배구 보조심판과 통·번역사는 머잖아 인공지능(AI)으로 대체될 가능성이 크다는 것이 전문가들의 견해다.

농경사회에서 산업사회, 산업사회에서 지식정보사회로 변화하는 변곡점마다 사라지는 직업, 생겨나는 직업이 엇갈렸다. 하지만 역사의 큰 흐름에서 보면 사회의 변화와 함께 사라지는 일자리보다 새로 생겨나는 직업이 더 많았다. 기술 발전이 기존 일자리를 위협했지만, 일이 더 세분화되고 다양해지면서 새로운 직업이 끊임없이 생겨났기 때문이다. 최근 사물인터넷

(IoT)과 인공지능(AI)으로 대표되는 4차 산업혁명이 인간의 노동력 자체를 위협해 과거와 비교할 수 없을 정도로 많은 일자리를 대체하리라는 전망이 제기되지만 신기술로 인해 예전엔 상상도 못한 직업이 생겨날 것이라는 전망도 만만치 않다. 인간의 생로병사처럼 새로 생겨나고 인기를 끌다 사라지는 직업의 전망에 대해 알아보자.

앞으로 유망한 직업은 무엇일까

여러 설문조사에 따르면 사람들은 앞으로 10년간 일자리가 늘어날 분야로 프로게이머, 유튜버, 인공지능(AI) 전문가, 빅데이터 전문가, 사물인터넷(IoT) 전문가, 사회복지관리사, 놀이치료사, 수의사 보조원 등을 꼽았다. 정부가 여덟 가지 미래 혁신 성장 분야로 지정한 무인자동차(엔지니어) 스마트시티(도시계획가, 교통전문가), 바이오헬스(생명과학연구원, 스마트헬스케어전문가), 스마트팜(스마트팜 컨설턴트, 스마트팜 구축가), 드론(엔지니어), 스마트공장(엔지니어), 핀테크(앱 개발자, 엔지니어, 금융공학 전문가) 분야 전문가도 유망직업으로 거론된다.

자료원: 한국경제신문, 2020.9.28에서 발췌 정리.

인공지능(Artificial Intelligence: AI)

인공지능(AI) 개념은 1956년 수학자, 과학자 등 10여명이 모인 다트머스 회의에서 처음 탄생되었다. 인공지능이란 인간처럼 사고하고, 감지하고, 행동하도록 설계된 일련의 알고리즘 체계라고 할 수 있다. 사람의 개입 없이도 사람이 의도한 바를 이루어주는 에이전트(agent)의 개념으로 인공지능을 정의할 수 있는 것이다. 인공지능의 산업별 적용사례는 다음과 같다.[3)]

- 금융
  - 투자 및 트레이딩
  - 신용평가 및 심사
  - 개인금융비서 기능(personal finance management)
- 의료
  - 웨어러블(wearable, 옷이나 시계·안경처럼 자유롭게 몸에 착용하고 다닐 수 있는 흔히 '입는 컴퓨터') 기기 활용한 스마트헬스 케어
  - 진단 데이터 수집·분석 능력 활용한 처방과 치료

3) 디지에코 보고서, 2016.3.9.

• 휴머노이드(humanoid, 인간형 로봇)형 반려동물 활용한 고령자 케어 서비스

■ 자동차

• 방대한 양의 데이터 학습을 통한 신속한 판단기능 제공
• 커넥티비티(connectivity, 연결성) 기반 지능형 교통서비스 실현

■ 제조업

• 데이터분석 · 광학센싱 통한 공정 최적화
• 휴머노이드 로봇의 노동 제공 등 '스마트 팩토리' 추진

빅데이터(Big Data)

빅데이터는 기존의 관리 및 분석체계로 감당할 수 없을 정도의 거대한(big) 데이터(data)의 집합을 의미한다. 빅데이터는 기존 데이터에 비해 너무 방대해 이전의 방법이나 도구로 수집, 저장, 검색, 분석, 시각화 등이 어려운 정형(structured) 또는 비정형(unstructured) 데이터 세트를 말한다. 삼성경제연구소(Samsung Economic Research Institute: SERI)와 가트너(Gartner, Inc.) 등이 정의한 빅데이터의 특징은 다음 표와 같다.

빅데이터의 정의 및 특징[4)]

구 분	정의 및 특징
SERI	• 거대한 데이터 집합으로 대규모 데이터와 관련 기술 및 도구를 포함
가트너	• 3V(Volume, Velocity, Variety)로 정의 –Volume(크기): 비즈니스 특성에 따라서 다를 수 있지만, 일반적으로 수십 테라 혹은 수십 페타 바이트 이상이 빅데이터의 범위에 해당 –Velocity(속도): 오늘날 디지털 데이터는 매우 빠른 속도로 생성이 되기 때문에 데이터의 생산 · 저장 · 유통 · 수집 · 분석이 실시간으로 처리 –Variety(다양성): 데이터의 정형화의 종류에 따라서 정형(structured), 반정형(semi-structured), 비정형(unstructured)로 나눌 수 있음. 빅데이터는 비정형 데이터도 처리할 수 있는 능력을 갖추어야 함
노무라 연구소	빅데이터를 처리할 수 있는 인재 · 조직, 데이터 처리 · 축적 · 분석기술, 데이터 자원 등을 빅데이터 3요소로 정의

4) 김대완 · 송민정, 빅데이터경영론, 박영사, 2019.

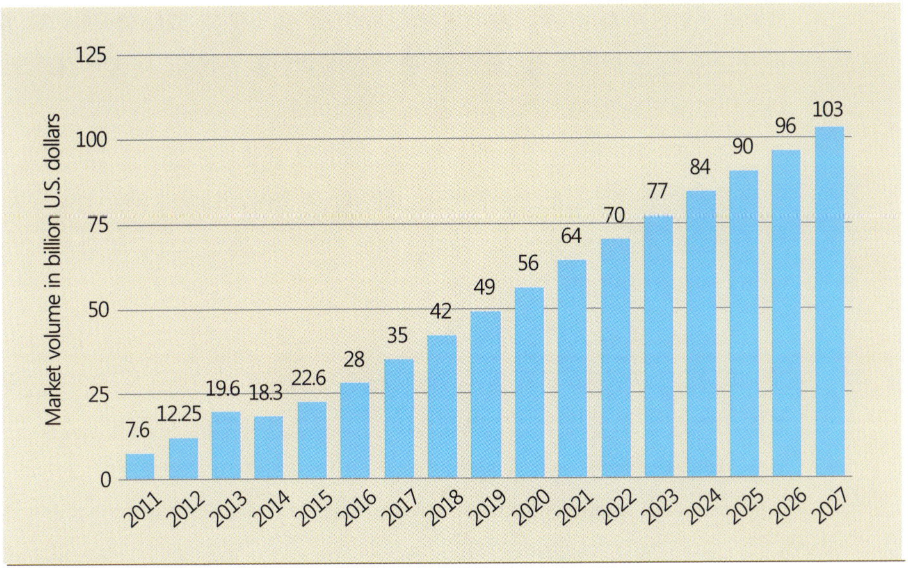

그림 15-5 빅데이터 시장 전망, 2011~2027[5)]

ICT 선두 기업들은 빅데이터 기술 및 서비스 시장을 매우 긍정적으로 보고 적극적으로 진출하고 있으며, 2027년 빅데이터 시장이 1,000억 달러에 이를 것으로 예상한다.

사례 한국기업데이터, '빅데이터 상황실' 구축 – 경영플랫폼으로 활용

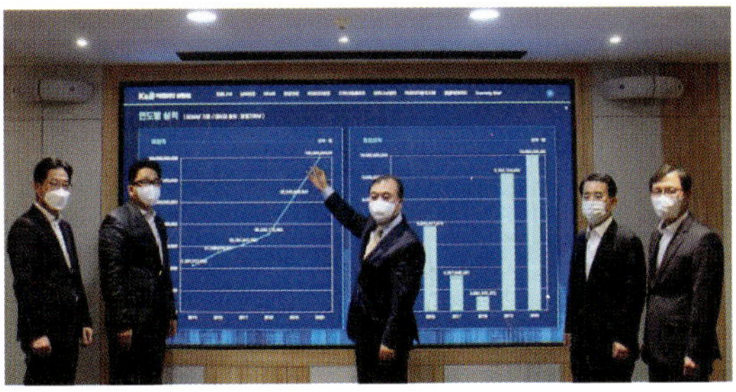

한국기업데이터가 빅데이터에 기반해 기업별, 지역별 현황을 실시간으로 파악할 수 있는 '빅데이터 상황실'을 구축했다. 중소상공인과 지역경제 활성화를 위해서 활용도를 넓힐 계획이다.

'빅데이터 상황실'은 기업경영 현황 모니터링 외에도 코로나19로 인한 기업, 지자

5) 김대완 · 송민정, 빅데이터경영론, 박영사, 2019.

체들의 재난상황 대응 등 각종 현안을 실시간으로 확인할 수 있는 플랫폼이다. 매 시각 주요 뉴스 등 다양한 정보를 한 화면을 통해 확인할 수 있고, 비대면 화상회의 등 다목적 부가 기능으로도 활용할 수 있어 효율적이다.

'기업현황' 영역에서는 자사의 매출현황, DB현황, 인원현황, 조직도, 대외협력 등 기업 운영 전반에 대한 정보를 종합적으로 확인할 수 있어 빅데이터 기반 경영이 가능하다. 화상회의 시스템을 통해서는 자사의 전국 지역조직 등 원격지 근무 활성화와 함께 코로나19에 따른 비대면 근무환경에도 유연하게 운용할 계획이다.

중소상공인 및 각 지역 지자체 등을 위한 빅데이터도 확인할 수 있다. 전국 1,100만개 기업 DB와 공공데이터가 담긴 '지역산업경제 생태계 대시보드'는 지역별 산업 현황과 위기 징후를 실시간으로 모니터링하고 대응방안 수립을 지원한다. 각종 모니터링을 기반으로 신속한 대응은 물론 맞춤형 산업경제정책 및 지원전략도 세울 수 있어 기업 및 지자체 경영에 효과적이다. 현재 인천시, 경상남도, 경상북도, 제주도 등 광역자치단체와 군포시, 광명시, 논산시 등 기초자치단체에서 활용 중인데, 한국기업데이터는 이번 빅데이터 상황실 구축으로 대시보드 활용도를 넓힐 수 있을 것으로 기대한다.

자료원: 한국금융, 2020.11.27에서 발췌 정리.

국내 · 외 기업의 빅데이터 분석 활용 사례

- **삼성SDS의 제조업 생산성 향상 지원 솔루션**

  삼성SDS는 제조, 물류 등 다양한 서비스에 활용될 수 있는 데이터 분석 솔루션 '브라이틱스(Brightics)'의 '실시간 생산시설분석', '물류 리스크 모니터링' 등을 앞세워 고객사들의 생산성 향상을 지원하는 한편, 빅데이터 서비스 사업 기회 발굴을 추진하고 있다.

- **SK텔레콤의 상권 분석 및 타겟 마케팅 지원 서비스**

  SK텔레콤은 국내 최대 이동통신 사업자로서 보유한 강점을 적극적으로 활용하여 유동 인구와 지리 정보, 소비 업종과 상품 판매현황을 종합적으로 분석하여 지오비전(Geovision)이라는 상권 분석 및 타겟 마케팅지원 서비스를 개발하여 제공하고 있다.

- **아비바(Aviva)생명의 고객맞춤형 보험상품 'RateMyDrive'**

  영국의 아비바생명은 운전자의 운전 패턴에 기반을 둔 맞춤형 보험상품을 제공하고 있는데, 이를 위해 차량 내 운행기록장치를 통해 실제 운전행태를 수집 및 분석하고 있으며, 주로 운전하는 시간과 지역 등을 감안해 보험료를 산정하는 'pay-how-you-drive' 상품인 'RateMyDrive'를 내놓아 고객들로부터 좋은 반응을 얻고 있다.

- **자라(ZARA)의 효율적인 물류 배송망**

  패스트패션(Specialty retailer of Private label Apparel: SPA) 기업의 대표주자 중 하나인 자라는 빅데이터 분석을 활용해 전 세계 매장의 판매현황을 실시간으로 분석한 뒤 고객 수요가 높은 의류를 실시간으로 공급할 수 있는 물류망을 구축함으로써 재고부담은 줄이고 매출은 극대화하는 성과를 거두고 있다.

- **후지쯔(Fujitsu)의 농업용 빅데이터 분석 솔루션**

  후지쯔는 농지작업 실적과 작물 이미지 등 데이터를 분석해 수확량 증가와 품질을 향상시키는 클라우드 기반의 농업용 빅데이터 분석 솔루션을 2012년부터 제공하고 있다. 이는 기후와 토양환경 등에 대해 센서로부터 수집되는 데이터와 과거 수확의 실적 등을 비롯한 빅데이터를 분석하여 최적의 파종, 농약 살포, 수확 시점을 제공하는 솔루션이다.

사물인터넷(Internet of Things: IoT)

사물인터넷(IoT)은 사람과 주변 사물들이 유무선 네트워크로 연결되어 정보를 상호 수집, 공유하며 통신하는 인터넷 환경을 의미한다. 사물인터넷이란 용어가 사용되게 된 것은 1999년 MIT에서 RFID(radio frequency identification) 전문가로 있던 케빈 애시턴(Kevin Ashton)이 사물인터넷에 대한 개념 및 용어를 처음으로 언급하면서부터이다. 사물인터넷은 다양한 콘텐츠 분야에서 활용되고 있으며, 해외뿐 아니라 국내에서도 대기업들과 스타트업 회사들이 진입하고 있는 영역 중 하나이다.

마켓앤마켓이 2020년 8월에 발표한 'IOT 솔루션 및 서비스 시장 보고서'에 따르면 세계 IoT 시장은 2024년이 되면 2,789억 달러로 연평균 14.9% 성장할 것으로 예측됐다. 또한 한국 IDC가 2020년 4월에 발간한 '국내 IOT플랫폼 시장 보고서'에 따르면 국내 IoT 시장규모는 2023년까지 16.1%의 연평균 성장률을 보이며 1조 3,308억원으로 성장할 것으로 예상됐다.

정보통신기술(ICT)과 타 산업 간 융합추세 속에 사물인터넷 분야는 폭발적으로 부상할 것으로 예상된다. 이에 따라 창의적이고 새로운 양상의 기기 및 서비스에 대한 요구가 대내외적으로 증가할 것으로 전망된다. 사물인터넷을 활용한 분야별 응용사례는 다음 표와 같다.

사물인터넷을 활용한 분야별 응용사례[6)]

구분	분야	업체(사례명)	서비스내용 및 기대효과
개인 IoT	자동차	커넥티드카 (구글, 테슬라)	• 자동차에 네트워크 연결기능을 탑재, 인포테인먼트 등 고도의 편의 제공
	헬스케어	스마트밴드 (Jawbone)	• 운동량 등 신체정보 제공을 통해 개인건강 증진 도모
	생활가전	스마트가전 (LG전자 홈챗)	• ICT 기반의 주거환경 통합 제어로 생활편의 제고
	물류	프라임에어 (Amazon)	• 무인비행기를 이용한 택배서비스로 소비자의 이용 편리성 제고 및 원격제어 등을 통한 관리효율 향상
산업 IoT	농업	스마트팜 (SKT)	• 시설물 모니터링, 농지, 작물의 생육과정 관찰을 통해 작업효율 개선
	공장	스마트공장 (GE,지멘스)	• 생산, 가공, 유통공정에 ICT 접목으로 생산성 향상 도모
공공 IoT	보안관제	원격 관제, 전자발찌	• CCTV, 노약자 위치정보 등의 정보 제공으로 사전적 사고 예방
	환경	스마트그린 (LG U+)	• 대기 질, 쓰레기양의 정보 제공으로 환경오염 최소화 유도
	에너지	스마트미터 (누리텔레콤)	• 에너지 사용량의 원격 검침, 실시간 과금 관리 효율성 증대

사례 승자와 패자를 가르는 사물인터넷 3대 전략

최근 세계 최대 IT 전시회인 CES(Consumer Electronics Show: 소비자가전전시회)에서는 더 강화된 IoT 기술을 접목한 신상품과 서비스가 나왔다. 미국 결제 솔루션 기업인 다이내믹스(Dynamics)와 소프트뱅크는 정보를 주고받을 수 있는 화면을 신용카드에 장착해 기본적인 카드 정보 외에도 전달 사용 내역을 요약해 보여주는 차세대 신용카드를 내놨다.

6) 미래창조과학부, 한국정보화진흥원 등을 토대로 산업은행 조사분석부 재구성.

P&G는 소비자들의 양치 패턴을 AI 기술로 분석해 더 건강하게 칫솔을 사용할 수 있도록 피드백을 주는 새로운 칫솔 제품을 선보였다. 보쉬(Bosch), 덴소(Denso) 등 산업체 생산업체도 공장 내 IoT 솔루션, 스마트홈 등 다양한 IoT 기술을 개발해 생산력을 높이고 매출 증대를 노린다.

맥킨지가 최근 미국, 캐나다, 독일, 중국 4개국의 11개 산업에 걸쳐 300명의 IoT 경영진을 대상으로 조사한 결과, IoT 도입이 실질적이고 유의미한 재무적 성과(매출이나 비용이 총 15% 이상 개선)로 이어진 IoT 승자들의 3가지 성공 전략을 파악했다.

첫째, 새로운 것이 아닌 이미 잘하는 것에 IoT를 적용하는 것부터 시작해라. IoT 리더 기업은 기존 상품이나 서비스에 IoT 기능을 추가하는 경우가 타 기업보다 3배 이상 많았다. 한 글로벌 농기계 제조사는 기존 농기계에 IoT 기술을 접목해 생산성·매출 신장이라는 두 마리 토끼를 잡았다. 농작지에 센서를 깔고 흙의 상태, 기후변화 등을 통해 언제, 어떻게, 어느 지점부터 해당 농기계를 통해 작업하는 것이 가장 좋은지 작업자의 모바일 기기로 전달한 것이다. 이런 축적된 경험으로 농기계를 개선하는 선순환 구조를 만들었다.

둘째, IoT 사용 사례를 규모 면에서 대폭 늘려라. 리더들은 IoT 애플리케이션을 타 기업보다 평균 대비 80% 이상 더 많이 실행하는 것으로 나타났다. 기업 생산성 향상 등을 위해 IoT를 적용할 때 흔히 3~4개의 소수 사용 사례를 적용해 성과를 창출하려는 경우가 많다. 하지만 실제 성과를 끌어내는 기업은 훨씬 더 과감하게 많은 사용 사례를 적용하고 있다. 맥킨지 연구 결과, 사용 사례의 적용 숫자와 재무성과는 명확히 비례했다. 사용 사례 수가 30개일 때까지는 성과가 증가하다가 30개가 넘어가면 상승곡선이 완만해지는 특성을 보였다.

셋째, IoT 효과를 극대화하기 위해 기존 일하는 방식을 바꿔라. 아무리 훌륭한 IoT 기능을 추가해도 기존 사업방식이 그 기능을 활용하지 못한다면 무용지물이다. IoT 승자들은 비즈니스 프로세스 개선 역량이 매우 중요한 IoT 성공 요인 중 하나라고 답했다. 한 글로벌 원자재 제조업체는 주요 장비에 센서와 통신설비를 신속하게 설치하고 기존에 확보하지 못했던 생산 데이터를 실시간으로 확보, 분석하기 시작했다. 하지만 제조 기술자들이 막상 데이터를 활용하지 않는 문제에 봉착했다. 이에 경영진은 생산 직원들이 실시간으로 1~2개 핵심 데이터만 보도록 하고, 데이터를 해당 부서에 보고하는 과정도 대폭 간소화했다. 데이터가 실질적인 성과로 연결되도록 프로세스를 개선한 것이다. 이를 통해 장비당 생산성은 기존 대비 50%까지 향상됐다.

자료원: 매일경제신문&mk.co.kr, 2019.2.11에서 발췌 정리.

MANAGEMENT

강/의/요/약

1. 정보경영은 다양한 데이터를 경영자의 목적에 맞게 가공한 정보로 탈바꿈시켜 활용함으로써 효과적 · 효율적 경영활동이 이루어지게 하는 것을 의미한다. 이를 위해서는 정보자원과 정보기술을 효과적 · 효율적으로 활용하는 것이 관건이 된다.

2. 경영자 계층에 따라 필요한 정보가 다르기 때문에 필요한 정보시스템도 달라지게 된다. 일선경영자에 필요한 정보시스템에는 거래처리시스템(TPS)이나 사무자동화시스템(OAS) 등이 있으며, 중간경영자에게는 정보보고시스템(IRS) 및 의사결정지원시스템(DSS) 등이, 최고경영자에게는 중역정보시스템(EIS)이나 전략정보시스템(SIS) 등이 요구된다.

3. 정보경영의 핵심인 전자상거래는 기존의 상거래를 대체하면서 급속한 성장을 거듭하고 있다. 전자상거래는 불특정기업 간 컴퓨터를 이용, 표준화된 문서를 주고받는 전자문서 교환(EDI)과 특정기업 간 상거래에 필요한 정보를 광속으로 주고받는 칼스(CALS) 및 소비자와 기업 간 인터넷을 이용한 제품이나 서비스를 사고파는 인터넷 상거래를 포함한다.

4. 21세기에는 경영활동 전반이 인터넷을 중심으로 한 고객 중심의 디지털 경영으로 탈바꿈되어야 할 것이며, 급속하게 발전하고 있는 정보기술을 적극 활용, 업무를 효율적으로 재구축할 수 있어야 한다. 또한 새로운 비즈니스의 기회로 다가오는 인터넷 상거래를 전략적으로 활용할 수 있어야 지속적으로 성장할 수 있을 것이다.

5. 4차 산업혁명은 사람 · 프로세서 · 데이터 · 사물 등 세상 만물이 인터넷을 통해 서로 소통하는 시대, 이른바 초연결(hyper-connected) 사회를 이끌 것으로 예측하고 있다.

국문색인

영문색인

E

F

G

H

[저자 소개]

지호준

서울대학교 경제학과를 졸업하고 San Francisco State Univ. MIB(Management of International Banking) 과정을 수료하였으며, 국민대학교 대학원에서 경영학 박사학위를 받았다. 대우그룹 기획조정실 전략계획부에서 근무하였으며, 대우경제연구소에서 오랜 연구활동을 하였다. 또한 정부의 유럽통합대책위원회 금융부문위원으로 참가하였으며, 삼지반도체 경영고문을 지냈다. 국립안동대학교 경영학과 교수 겸 한국금융연구원 파견교수로 활동한 바 있다.

주요 저서와 논문을 보면 「한국책략-세계경제전쟁에서 한국이 이기는 길」(범문사, 1993), 「환위험관리」(경문사, 2000), 「M&A-기업인수 · 합병」(법문사, 2001), 「국제재무관리」(경문사, 2000), "Precedence and Exogeneity of Oil to the Stock Markets"(*Seoul Journal of Business*, Fall 1996), "금융기관별 서비스경쟁우위에 관한 연구"(재무관리연구, 1997. 10), "금융겸업주의는 전업주의보다 우월한가?"(경영학연구, 1998. 5), "주식, 채권, 부동산시장의 경기순환관계"(경영학연구, 1999. 1), "우리나라 증권회사의 지식경영 실태 및 바람직한 모형"(경영연구, 1999. 11) 등 10여년간 9권의 저서와 60여편의 논문을 발표하였다.

이재범

국민대학교 경상대학 회계학과를 졸업하고 동 대학원에서 경영학 석사 및 박사학위를 받았다. 보령그룹 회장실에서 근무하였으며, 한국능률협회(KMA) 전문위원, 충남연구원 인적자원개발센터 전문위원, 충남테크노파크 기업연수원 소장, 충남고용포럼위원장, 충청남도인재육성재단 감사를 역임했다.

오랜 시간 충남지역의 고용과 일자리 창출방안을 모색하기 위한 연구와 실천에 주력하고 있다. 특히, 지역고용 및 일자리 창출을 위한 맞춤형 거버넌스(Governance) 모델 개발, 이순신 정신을 중심으로 청소년을 위한 코칭 · 멘토링 프로그램 개발, 비영리조직의 경영, 4차 산업혁명 시대의 평생교육 프로그램 개발, 폐자원 재(새)활용(AgainUse) 연구에 깊은 관심을 보이고 있다.

저서로는 「포커스 경영(공저)」, 「중소기업의 성공조건」, 「회계, 그게 그렇군요」, 「ERP 도입과 기업가치」, 「최고경영자(CEO), 이솝은 타조 사냥꾼이었다」, 「NCS 기반의 커리어 개발과 취업전략(공저)」, 「알기 쉽게 배우는 21세기 경영학(공저)」, 「Dream Designer를 위한 꿈의 대화」, 「이솝 경영학」 등이 있다.

현재, C&C(Change & Creatinnovation) 경영연구소 소장, Yi Sun-sin 경영연구소 소장, (재)SAC 꿈과 희망 이사, (재)천안과학기술산업진흥원 이사, 나사렛대학교 교수로 재직하고 있다. 그리고 동해바다가 보이는 낮은 언덕에 '상어 학교 플러스(+)' 커뮤니티 공간을 구축, 청소년과 미래의 리더(Leader · Reader)를 위한 코칭 · 멘토링 프로그램을 진행하고 있다.

E-mail: leejb@kornu.ac.kr/ipark1962@naver.com

김 대 완

영국 런던대학교(University of London)에서 컴퓨터과학 석사와 영국 런던정경대학교(London School of Economics: LSE)에서 전자상거래 박사학위(Ph.D.)를 취득하였다. 미국 하버드 대학교(Harvard University)의 경영대학(Harvard Business School: HBS) 객원교수, 미국 MIT의 경영대학(Sloan School of Management) 객원교수, 그리고 영국 런던대학교(University of London)의 컴퓨터 과학 및 정보시스템 대학(School of Computer Science & Information Systems)에서 객원교수를 역임하였으며, 현재 영남대학교 경영학부 교수로 재직 중이다.

현재까지 100여 편의 논문을 국내/외 저널에 게재하였으며, 25권의 책을 집필 및 출판하였다. 최근에는 미국 Chicago Business Press에서 *Digital Business*(2015년), 영국 Routledge에서 *Managing Convergence in Innovation*(2016년), 도서출판 창명에서 「디지털 경영」(2017년), 도서출판 청람에서 「디지털 콘텐츠 비즈니스」(2018년), 박영사에서 「빅데이터 경영론」(2019년), 도서출판 창명에서 「디지털 경영」(2020년, 개정판), 그리고 도서출판 집현재에서 「21세기 경영학」(2021년, 개정판)을 출간하였다.

E-mail: c.kim@ynu.ac.kr

알기 쉽게 배우는 21세기 경영학 [제9판]

2000년 1월 3일 초 판 발행
2001년 11월 6일 제2판 발행
2009년 2월 13일 제3판 10쇄 발행
2010년 3월 5일 제4판 발행
2010년 11월 20일 제5판 발행
2013년 1월 8일 제6판 발행
2015년 2월 6일 제7판 발행
2018년 2월 26일 제8판 발행
2021년 2월 25일 제9판 발행

저 자 지호준, 이재범, 김대완
발행인 위호준
발행처 도서출판 집현재
04091 서울특별시 마포구 토정로 222
한국출판콘텐츠센터 417호
전화 (02)332-4922 Fax (02)3142-4922
홈페이지: www.jhjbook.co.kr
e-mail: jyp4922@naver.com

출판등록 2010년 10월 25일
등록번호 제105-91-57581호

정가 28,000원 ISBN 979-11-89295-30-1